★普通高校营销省级特色专业教材
★企业营销岗位实战对接培训教程

营销原理
观念与策略

主　编　朱华锋
副主编　罗　江　周爱珠
　　　　张中英　尹文莉

中国科学技术大学出版社

内容简介

本书以中国经济新时代为背景，以传统经典营销和新兴互联网大数据营销紧密融合为特色，以价值营销为主线，以营销观念和营销策略为重点，按照发现价值、创造价值、展现价值、传播价值、交换价值和发展价值的逻辑线索，诠释了价值营销的指导思想和行动策略，具有科学的学理逻辑和实践发展逻辑，便于教学组织和学习理解。

本书严格区隔假借营销名义的商业欺诈，倡导担当社会责任，奉行营销伦理道德，坚持通过为客户创造价值实现品牌成长和企业发展，具有营销理论的经典权威性和营销实践的价值导向性。

图书在版编目(CIP)数据

营销原理观念与策略/朱华锋主编. —合肥：中国科学技术大学出版社，2018.8（2025.7重印）

ISBN 978-7-312-04461-8

Ⅰ. 营… Ⅱ. 朱… Ⅲ. 市场营销学—高等学校—教材 Ⅳ. F713.50

中国版本图书馆 CIP 数据核字（2018）第 115657 号

出版	中国科学技术大学出版社 安徽省合肥市金寨路 96 号，230026 http://press.ustc.edu.cn https://zgkxjsdxcbs.tmall.com
印刷	安徽省瑞隆印务有限公司
发行	中国科学技术大学出版社
开本	710 mm×1000 mm 1/16
印张	23.5
字数	434 千
版次	2018 年 8 月第 1 版
印次	2025 年 7 月第 4 次印刷
定价	46.00 元

总　　序

在研究型大学和应用型高校区分不太严格的时代,按照学科知识体系设置专业课程是高校课程设置的主体思路,其主要优点是学科知识体系理论性强,有利于学生全面掌握学科理论知识,培养学生理论思考与研究能力。就营销专业而言,按照学科体系导向思路设置专业课程,主要是以专业基础课程市场营销学的"STP＋4P"理论架构为依据,设置市场调查与预测、消费心理学、经营战略、品牌学、新产品营销、价格学、分销与物流、广告学、公共关系学、推销技术和商务谈判等十几门专业课程。

但是,在企业营销实践中,并不是完全按照营销理论思维和营销知识来组织营销活动的,而是根据企业营销面临的实际问题或企业确立的目标任务来策划和实施企业营销活动的。因此,对于应用型高校,基于培养营销应用型人才的专业定位,必须改变按照营销学科知识体系设置专业课程的思路,改为按照企业营销岗位的知识与能力要求来设置专业课程。

我们在营销策划省级特色专业建设过程中,在充分调研企业营销岗位设置、岗位知识与能力要求的基础上,确立了"对接营销岗位,建设特色专业"的总体建设思路,创新调整专业人才培养方案和课程设置,着力开展专业课程改革与教材建设,并以此实现人才培养方案的落实、人才培养方式的转型和人才培养效果的提升。经过长达五年时间的持续努力,出版了省级特色专业教材八部(其中省级规划教材三部),以及营销策划和公关策划等实战性著作四部,取得了系统性、立体化和动态更新的省级特色专业课程改革和教材建设丰富成果,并于2013年获得省级教学成果奖。

我们主编的《市场营销原理》《营销策划理论与实践》和《营销管理实务》三本教材,重构了营销原理、营销策划和营销管理三门课程的关系与内容,解决了这三门课程之间长期存在的内容交叉重复问题,形成了相互联系又相对独立的课程内容体系,实现了营销专业三门核心主干课程之间的合理分工。我们改造了推销技术课程,创建销售业务课程,开发出课改教材《销售业务技能》。我们首开促销活动课程,并创新开发了教材《促销活动策划与执行》。我们在课程改革和教材建设上的努力,实现了课程改革与教材建设从学科体系向职业岗位导向的转变,较好地达到了专业课程改革与教材建设的全面化与系统化、动态化与持续化。因此,得到了全国高校营销专业教育同行和企业营销实战人士的广泛肯定,《营销策划理论与实践》七年印刷五次;《促销活动策划与执行》三年印刷三次。这对于单一高校用量不大的专业课程教材来说,应该说是非常好的市场反应了。

但是由于专业建设、课程改革和教材建设的时间跨度比较长,每门课程的课改教材是分批逐年推出的,因此我们编写的这些课改教材从名称规范到封面设计都存在一定的差异,没能很好地形成系列教材的统一形象认知。而在此期间,市场营销理论和实践发展又出现了新的动态,尤其是互联网、社会化媒体、电子商务的迅速发展使得市场营销的环境与背景、策略与方法都发生了很多变化。为此,我们决定在原来的基础上,重新修订营销特色专业教材,统一教材名称格式,统一版面设计,在对接企业营销岗位、培养适合企业需要的营销专业人才方面再做一次全面和系统的努力,希望再通过2~3年的努力,编写出版10本左右可以作为企业营销岗位培训教程使用的高等学校省级特色营销专业教材。具体教材名称规划是:《营销原理观念与策略》《营销策划理论与实践》《营销管理职能与实务》《销售业务类型与技能》《市场调研方法与技能》《广告传播理论与实践》《公共关系理论与实践》《促销活动策划与执行》《消费心理认知与分析》《商务谈判理论与实践》。教材名称规划的创意动机与效果目标是,用前四个字传达教材名称主题以对应课程名称,用后五个字传达教材核心内容以透视逻辑构成。殷切地希望营销理论和实战专家继续给予关心、支持和指导。

朱华锋

前　言

习近平总书记在十九大报告中指出："我国经济已由高速增长阶段转向高质量发展阶段，正处在转变发展方式、优化经济结构、转换增长动力的攻坚期""必须坚持质量第一、效益优先"。在中国经济进入新时代的宏观背景之下，中国的市场营销理论与实践已经并将继续发生一些新变化。为此，我们以习近平新时代中国特色社会主义思想为指导，以长期的营销专业教学研究与持续的营销实践历练和跟踪为基础，编写出了《营销原理观念与策略》。

在内容体系方面，本书以价值营销为主线，以营销观念和营销策略为重点，以互联网和大数据营销为亮点，在诸多方面进行了具有创新性的探索，提出了一些新的观点，因而具有一些新的特点。

1. 在内容结构和理论精髓上，充分融合工业革命时代的经典营销与互联网信息时代的创新营销，而非"传统营销＋个别章节的互联网营销"的补丁式结构。

2. 在宏观营销环境与企业营销行为关系上，打破了企业只能被动适应宏观环境的既往观念，认为部分卓越科技创新企业可以引领行业技术环境和社会生活方式，从而影响和引导宏观环境中的政策法律、市场趋势、行业技术和社会文化。

3. 将营销观念单独成章系统论述，比较全面地介绍了营销3.0、营销4.0和全局营销等营销新观念。

4. 将目标市场优选策略和目标市场营销策略作了概念区分，清晰界定了各自的概念内涵，明晰了两者之间的逻辑关系，解决了目标市场优选策略和目标市场营销策略混淆的问题。

5. 将营销策略组合单独成章系统论述，介绍了营销策略研发、营销策略整合和营销计划制订，厘清了从市场研究到营销策略、从营销策略到营销计划的逻辑关系和工作流程，使营销策略推演和营销计划制订更具逻辑性与可操作性。

6. 将担当社会责任作为推动企业市场发展的重要举措，较为系统全面且言之有物地论述了社会责任营销、营销行为伦理和营销道德修炼的具体内容。

7. 将国际视野与中国实际有机结合起来，吸收了国际上受到普遍认可的主流营销理论，将不适合中国国情与营销实际的国外营销概念与具体方法（如中间商市场的特点、采购模式、行为特点、采购程序等）更新为符合中国实际并具有中国特色的内容。

《营销原理观念与策略》由朱华锋撰写大纲并担任主编，罗江、周爱珠、张中英和尹文莉担任副主编。参加编写的人员及其所负责的章节如下：周爱珠、黄静（第一章），张毅芳、朱芳菲（第二章），江又明（第三章），李方道、胡伟（第四章），张中英（第五章、第十四章），尹文莉、钱玉霞（第六章），朱华锋、桂金柏（第七章），罗江、朱华锋（第八章），程妤（第九章），章军（第十章），朱芳菲（第十一章），洪俊国、邹孟苏（第十二章），罗江（第十三章）。

《营销原理观念与策略》以中国经济新时代为背景，以传统经典营销和新兴互联网大数据营销紧密融合为特色，以价值营销为主线，以营销观念和营销策略为重点，按照发现价值、创造价值、展现价值、传播价值、交换价值和发展价值的逻辑线索，诠释了价值营销的指导思想和行动策略，具有科学的学理逻辑和实践发展逻辑，便于教学组织和学习理解。

由于编写时间和作者水平有限，本书还存在一些疏漏和不足，敬请营销同行和读者朋友批评指正。

朱华锋

要目概览

第一篇　建立营销价值观念

第一章　市场营销概念
市场·市场营销·市场营销组织

第二章　市场营销观念
营销观念演进·营销3.0与4.0·全局营销观念

第二篇　发现市场价值

第三章　营销环境分析
营销环境与营销调研·微观营销环境分析·宏观营销环境分析

第四章　消费者市场分析
消费者市场概念与特征·消费者购买行为模式·消费者购买行为影响因素

第五章　组织市场分析
组织市场概述·生产者市场分析·中间商市场分析·政府市场分析

第六章　行业竞争分析
行业概述·行业规模与竞争格局·竞争者分析与竞争策略·目标行业选择与进入

第七章　定位市场价值
市场细分·市场优选·市场定位

第三篇　实现市场价值

第八章　营销策略组合
营销策略研发·营销策略整合·营销计划制订

第九章　产品:创造市场价值
整体产品概念·产品生命周期·新产品开发·产品组合·品牌与包装

第十章　定价:表现市场价值
定价目标与流程·定价方法·定价策略·价格调整策略

第十一章　沟通:传播市场价值
整合营销传播·广告传播·公共关系·人员销售·促销活动

第十二章　分销:交换市场价值
分销渠道概述·中间商与流通业态·分销渠道设计·分销渠道管理·分销物流

第四篇　发展市场价值

第十三章　推动市场发展
品牌发展战略·市场发展战略·市场竞争战略

第十四章　担当社会责任
社会责任营销·营销行为伦理·营销道德修炼

目　　录

总序 ··（ⅰ）

前言 ··（ⅲ）

第一篇　建立营销价值观念

第一章　市场营销概念 ··（2）

 第一节　市场 ···（4）

  市场的概念・市场的构成要素・市场的分类

 第二节　市场营销 ··（9）

  市场营销的起源・市场营销的定义・市场营销的核心概念・

  市场营销的本质

 第三节　市场营销组织 ··（20）

  营销组织职能的扩展・营销组织形式的发展

第二章　市场营销观念 ··（26）

 第一节　营销观念演进 ··（27）

  生产观念（Production Concept）・产品观念（Product Concept）・

  推销观念（Selling Concept）・市场营销观念（Marketing Concept）・

  社会营销观念（Societal Marketing Concept）

 第二节　营销3.0与4.0 ··（33）

  营销3.0的演进脉络・营销3.0的时代背景与核心内容・

  营销3.0的实施・营销4.0畅想

 第三节　全局营销观念 ··（44）

  营销概念的创新与繁荣・全局营销观念的整合提炼

第二篇　发现市场价值

第三章　营销环境分析 ……………………………………………………（52）
第一节　营销环境与营销调研 ………………………………………（53）
营销环境与营销创新・营销调查研究・营销信息管理
第二节　微观营销环境分析 …………………………………………（58）
企业自身・供应商・营销中介・用户・竞争者・公众
第三节　宏观营销环境分析 …………………………………………（63）
人口环境・经济环境・政治法律环境・社会文化环境・
自然环境・技术环境

第四章　消费者市场分析 …………………………………………………（77）
第一节　消费者市场概念与特征 ……………………………………（78）
消费者市场的概念・消费者市场的基本特征・消费者市场的营销特征
第二节　消费者购买行为模式 ………………………………………（80）
消费者购买行为类型・消费者购买行为构成・消费者购买决策过程
第三节　消费者购买行为影响因素 …………………………………（90）
经济因素・社会因素・个人因素・心理因素・营销因素

第五章　组织市场分析 ……………………………………………………（104）
第一节　组织市场概述 ………………………………………………（105）
组织市场的概念・组织市场的分类・组织市场的特点
第二节　生产者市场分析 ……………………………………………（109）
生产者市场的概念与特征・生产者采购对象与采购类型・生产者采购
过程的参与者・生产者采购行为过程・生产者采购行为影响因素
第三节　中间商市场分析 ……………………………………………（117）
中间商市场的特点・中间商市场的采购模式・中间商市场采购行为特点・
中间商采购的一般程序
第四节　政府市场分析 ………………………………………………（122）
政府市场与政府采购・政府市场的特点・政府采购当事人・
政府采购的形式

第六章　行业竞争分析 ……………………………………………………（127）
第一节　行业概述 ……………………………………………………（128）
行业概念・行业分类・行业分析

第二节 行业规模与竞争格局……………………………………………(131)
  行业市场规模·行业竞争格局·五力竞争模型·蓝海竞争战略
第三节 竞争者分析与竞争策略……………………………………………(138)
  竞争者分析·选择竞争策略
第四节 目标行业选择与进入………………………………………………(143)
  目标行业选择·行业进入方式

第七章 定位市场价值…………………………………………………………(148)
 第一节 市场细分……………………………………………………………(149)
  市场细分的概念·市场细分的作用与要求·市场细分的标准·
  市场细分的方法与程序
 第二节 市场优选……………………………………………………………(157)
  市场优选的概念·目标市场的条件·目标市场优选策略·
  目标市场营销策略
 第三节 市场定位……………………………………………………………(167)
  市场定位的概念·市场定位的原则·市场定位的策略

第三篇 实现市场价值

第八章 营销策略组合…………………………………………………………(176)
 第一节 营销策略研发………………………………………………………(177)
  从市场研究到营销策略·营销策略理论探讨·SWOT 分析
 第二节 营销策略整合………………………………………………………(190)
  营销策略整合的作用·营销策略之间的整合关系·
  营销策略整合的基本要求·营销策略整合的方法途径
 第三节 营销计划制订………………………………………………………(197)
  从营销策略到营销计划·营销计划的编制·营销计划执行及其效果评估

第九章 产品:创造市场价值…………………………………………………(202)
 第一节 整体产品概念………………………………………………………(203)
  整体产品概念与顾客价值层级·产品分类与营销差异
 第二节 产品生命周期………………………………………………………(207)
  产品生命周期的阶段特征·产品生命周期的判断方法·
  产品生命周期与营销策略

第三节　新产品开发 ·· (212)
　　新产品的概念与类型・新产品开发的意义与方式・
　　新产品开发的流程・新产品的市场扩散

第四节　产品组合 ·· (219)
　　产品组合的概念・产品组合的方式・产品组合策略

第五节　品牌与包装 ·· (222)
　　产品品牌・产品包装

第十章　定价：表现市场价值 ·· (229)

第一节　定价目标与流程 ··· (230)
　　影响产品定价的因素・定价目标・定价流程

第二节　定价方法 ·· (237)
　　成本导向定价法・需求导向定价法・竞争导向定价法

第三节　定价策略 ·· (242)
　　新产品定价策略・差别定价策略・折扣定价策略・心理定价策略・
　　地区定价策略・产品组合定价策略

第四节　价格调整策略 ··· (250)
　　主动调整价格・应对价格调整

第十一章　沟通：传播市场价值 ······································ (255)

第一节　整合营销传播 ··· (256)
　　营销传播概述・整合营销传播概念与原则・整合营销传播决策与评估

第二节　广告传播 ·· (263)
　　广告概述・广告媒体・广告创意・广告效果

第三节　公共关系 ·· (270)
　　公共关系的内涵・公众类型与公关策略・营销公关

第四节　人员销售 ·· (273)
　　人员销售的概念与特征・人员销售的工作流程・销售风格与类型

第五节　促销活动 ·· (280)
　　促销活动的概念与特征・促销活动的类型与方式・促销活动的策划与执行

第十二章　分销：交换市场价值 ······································ (285)

第一节　分销渠道概述 ··· (286)
　　分销渠道的概念・分销渠道的特征・分销渠道的流程・分销渠道的类型

第二节　中间商与流通业态 ··· (290)
　　中间商的功能・经销商和代理商・批发商和零售商

第三节　分销渠道设计 ……………………………………………… (294)
　　分销渠道影响因素・分销渠道长度设计・分销渠道宽度设计・
　　分销渠道结构设计
第四节　分销渠道管理 ……………………………………………… (299)
　　选择分销渠道成员・激励分销渠道成员・评估分销渠道成员・
　　调整分销渠道
第五节　分销物流 …………………………………………………… (303)
　　物流与分销物流・订货批量与存货控制・订货受理与订单处理・
　　物流运输与产品配送

第四篇　发展市场价值

第十三章　推动市场发展 ………………………………………………… (312)
　第一节　品牌发展战略 ……………………………………………… (313)
　　统一品牌战略・多品牌战略・品牌延伸战略・品牌创新战略
　第二节　市场发展战略 ……………………………………………… (320)
　　密集型发展战略・一体化发展战略・多元化发展战略
　第三节　市场竞争战略 ……………………………………………… (324)
　　一般性竞争战略・竞争性营销战略

第十四章　担当社会责任 ………………………………………………… (337)
　第一节　社会责任营销 ……………………………………………… (338)
　　规范市场营销的社会舆论与行动・社会责任营销的价值和意义・
　　欺诈经营的后果分析・社会责任营销的基本内涵
　第二节　营销行为伦理 ……………………………………………… (346)
　　市场调查中的伦理道德・产品策略中的伦理道德・价格策略中的伦理
　　道德・分销策略中的伦理道德・促销沟通策略中的伦理道德
　第三节　营销道德修炼 ……………………………………………… (356)
　　营销道德的挑战冲击・营销道德的自我修炼・营销道德的维护机制

参考文献 ………………………………………………………………… (361)

第一篇

建立营销价值观念

◎ 第一章　市场营销概念
市场·市场营销·市场营销组织

◎ 第二章　市场营销观念
营销观念演进·营销3.0与4.0·全局营销观念

第一章　市场营销概念

市场营销在发达国家诞生已经超过一百年,中国自改革开放引进市场营销也已四十年左右,我们已经进入了营销无处不在的时代。然而与真正的营销科学与艺术混在一起的还有过度"营销"与欺诈"营销",它们在损害消费者利益的同时也损害了营销的声誉。开宗明义,我们需要厘清营销的本质,把握营销的真谛:创造、传播和交换价值。

"一带一路"倡议:国家营销的宏伟畅想与丰硕成果

2013年9月7日,国家主席习近平访问哈萨克斯坦时首次提出共同建设"丝绸之路经济带";10月3日,习近平主席在印度尼西亚国会发表演讲时提出共同建设21世纪"海上丝绸之路";12月,习近平总书记在中央经济工作会议上提出抓紧制定"一带一路"倡议。

2014年2月,国家主席习近平与俄罗斯总统普京就建设"丝绸之路经济带"和"海上丝绸之路",以及俄罗斯跨欧亚铁路与"一带一路"的对接达成了共识。3月,国务院总理李克强在《政府工作报告》中提出抓紧"一带一路"建设规划。12月,中央经济工作会议提出要重点实施"一带一路"倡议,争取2015年有一个良好开局。

2015年3月,中国政府制定和发布了《推动共建丝绸之路经济带和21世纪海上丝绸之路的愿景与行动》,"一带一路"倡议进入实施推进阶段。

2017年5月,"一带一路"国际合作高峰论坛在北京举办,国家主席习近平出席开幕式并发表题为《携手推进"一带一路"建设》的主旨演讲,讲述了实施"一带一路"倡议的国际背景,总结了"一带一路"倡议提出以来取得的成就:

"全球100多个国家和国际组织积极支持和参与'一带一路'建设,联合国大会、联合国安理会等重要决议也纳入'一带一路'建设内容。'一带一路'建设逐渐从理念转化为行动,从愿景转变为现实,建设成果丰硕。"

"这是政策沟通不断深化的4年。""我们同有关国家协调政策,包括俄罗斯提出的欧亚经济联盟、东盟提出的互联互通总体规划、哈萨克斯坦提出的'光明之路'、土耳其提出的'中间走廊'、蒙古提出的'发展之路'、越南提出的'两廊一圈'、英国提出的'英格兰北方经济中心'、波兰提出的'琥珀之路'等。"

"这是设施联通不断加强的4年。""我们和相关国家一道共同加速推进雅万高铁、中老铁路、亚吉铁路、匈塞铁路等项目,建设瓜达尔港、比雷埃夫斯港等港口。""以中巴、中蒙俄、新亚欧大陆桥等经济走廊为引领,以陆海空通道和信息高速公路为骨架,以铁路、港口、管网等重大工程为依托,一个复合型的基础设施网络正在形成。"

"这是贸易畅通不断提升的4年。""2014年至2016年,中国同'一带一路'沿线国家贸易总额超过3万亿美元。中国企业已经在20多个国家建设56个经贸合作区,为有关国家创造近11亿美元税收和18万个就业岗位。"

丰硕的成果表明,"一带一路"倡议顺应时代潮流,适应发展规律,符合各国人民利益,具有广阔前景。"一带一路"建设已经迈出坚实步伐,要乘势而上、顺势而为,推动"一带一路"建设行稳致远,更好地造福人类社会,更好地构建人类命运共同体。

(案例来源:朱华锋、朱芳菲《政府营销与形象传播》)

案例思考

对于市场营销而言,"一带一路"倡议的战略意义有哪些?

学习目标

1. 掌握市场和市场营销的概念。
2. 掌握市场营销的本质。
3. 了解市场营销组织的演变过程。
4. 了解市场的构成要素与市场的分类。

重点难点

1. 市场营销的概念。
2. 市场营销的本质。

第一节 市　　场

一、市场的概念

学习和掌握市场营销的原理与技能,需要从认识市场开始建立起最基本的专业认知。

在一般消费者眼中,市场是指能够购买到自己所需产品的场所。在经济学家眼中,市场是指一个特定的产品或某类产品进行交易的买主或卖主的集合。一般消费者理解的是市场的空间概念——场所。经济学家强调的是一个抽象的概念——经济主体之间产品交换关系的总和。

市场营销学认为,市场是指产品现实与潜在的购买者群体。在市场营销者的思维里,市场并不是消费者眼中所见的商店、商场等具体销售产品的场所,也不是经济学家脑海里的关于交换关系总和的高度抽象,而是具体的、可以接触的、可以与之沟通交流并有可能实现产品与价值交换的消费者,简言之,市场是消费者。深入扩展来看,这些消费者可以是现实的消费者,也可以是潜在的消费者。

消费者对市场的朴素直观认知是有其道理的,市场营销者有时也将销售产品的场所看作市场。但是销售产品的场所不是市场的本质。市场最核心的功能是能够实现产品价值的交换,具备出售产品的场所虽然也是实现产品价值交换的条件之一,但是不是根本条件,最根本的条件是必须具备购买产品的消费者。例如在电子商务中,消费者看不到具体的出售商品的场所,只能看到电商网站上的产品展示页面或视频,但这并不影响交易的实现。在现代市场经济环境中,消费者是最稀缺的市场资源,而销售产品的场所和供应商则不是最稀缺的资源。

市场营销学中的市场概念具有如下特点:第一,它以交换概念为核心。第二,是站在市场营销者的角度来定义市场的。在市场营销学中,买方的集合称为市场,卖方的集合称为行业。而经济学的市场概念之中则包括买方和卖方这两个方面。第三,具有强烈的顾客导向性,外延比经济学的市场概念更小更聚焦。

二、市场的构成要素

从市场营销学对于市场的定义延伸开来,深入探究市场的构成要素,可以发现市场包含人口、购买欲望和支付能力3个基本要素,用公式表示就是:

市场＝人口＋购买欲望＋支付能力

人口是构成市场的第一要素和根本要素。人是构成市场的主体,没有人就无法形成对产品的购买和消费,也就无法构成市场。市场交换行为、市场营销行为,本质上都是人类的行为。人口的数量规模和结构决定着市场的数量规模和结构。

购买欲望是构成市场的第二要素。人只有对某种产品心存欲望,才有可能购买和消费。购买欲望的强烈程度影响到市场的交易活跃程度和交易数量规模。

支付能力是构成市场的第三要素。有购买欲望的人,如果没有支付能力,一般不能形成现实的产品购买,所以现实市场的构成要素包含支付能力。支付能力影响到市场的实际交易数量、规模和速度。

一般而言,一个现实市场的这三个构成要素是缺一不可的,只有同时具备这三个要素,才能构成现实的市场。但是,暂时不具备购买欲望或支付能力的市场,对于市场营销者来说,也是具有意义的,我们称之为潜在市场或未来市场,因为购买欲望是可以培育和引导的,支付能力是会随着经济发展提升的,也是可以通过信贷或分期付款等方式提高的,正是这些市场给营销者留下了发挥作用的空间和机会。

三、市场的分类

1. 按照构成要素分类

市场按照构成要素的具备情况分为现实市场、潜在市场和未来市场。

现实市场指的是同时具备人口、购买欲望和支付能力的市场。一个国家或地区人口众多,对某种产品的购买欲望强烈,支付能力又强,就能构成容量很大的现实市场。如当代中国大学生的智能手机市场。

潜在市场指的是具备人口要素和购买欲望但是缺少支付能力的市场,或者是具备人口要素和支付能力但是缺少购买欲望的市场。如对于环境优美、宽敞舒适的住房,刚进入社会的大学毕业生虽然也有强烈的购买欲望,但是一般来说支付能力可能有限。辛辣食品在上海地区难有现实市场,主要是由于当地消费者缺乏消费欲望。

未来市场指的是暂时只具备人口要素还不具备购买欲望与支付能力的市场。但是富有远见的企业往往也非常看重未来市场，并提前谋划未来市场的开拓与建设问题，以期能够在未来的市场竞争中先入为主，形成领先优势。瑞士雷达表是世界著名的手表品牌之一，价格昂贵。1979年中国改革开放之初，其率先在中国上海发布了第一条广告，并设立了雷达表的维修点，按照当时中国人的购买能力和消费欲望，是很难形成现实销售和现实市场的。实际上，雷达表是在3年之后的1982年才正式进入中国市场销售的。

2. 按照购买主体分类

市场的本质是消费者，市场的第一构成要素是人口，所以按照购买主体的身份对市场进行分类是一种非常重要的分类，营销战略与营销策略的差异与此极为相关。按照购买主体的身份，市场可以分为消费者市场、生产者市场、中间商市场、政府市场和非营利组织市场。

消费者市场是指消费者个人或家庭为满足生活需求而购买或租用产品形成的市场。这是对营销者有决定意义的市场，只有产品最终被消费买走进入消费领域以后，才完成了最后的销售环节和流通过程。消费者市场对于国民经济来说也是非常重要的，生产的最终目的是消费。在供过于求的产能过剩时代，消费对于经济的决定性意义非常明显。在国际金融危机之中，中国的进出口贸易受到很大影响，拉动内需扩大消费成为中国政府应对危机的重大战略。

生产者市场又叫产业市场，生产者采购货物和劳务的目的不是为了个人消费，而是为了进行加工制造，生产出自己的产品，再进行销售以获取经济利益。

中间商市场是指购入产品再销售或租赁以获取利润的商业经营机构，如批发商和零售商等，他们自己并不消费所购买的产品，也不加工所购买的产品，而是转卖所购买的产品。中间商在生产制造企业产品的分销过程中具有重要的作用。

政府市场是指为执行社会公共管理职能而采购或租用产品的各级政府单位。政府市场上的购买者是政府机关以及政府为实现公平阳光采购而设立的采购机构。

非营利组织市场是指不以营利为目的采购产品以开展各种志愿性的公益或互益活动的非政府性社会组织。在现代社会中，非营利组织有时亦称为第三部门（the Third Sector），与政府公共部门（第一部门）和企业界的私人部门（第二部门），共同构成三种影响社会的主要力量。

3. 按照交换内容分类

按照交换内容，市场可以分为生活消费市场和生产要素市场。

生活消费市场又称大众消费市场,是广大消费者为自身生活消费而购买产品与服务形成的市场。根据购买与交换内容是否具有实物形态又可区分为产品消费市场和服务消费市场。产品消费市场的交换内容是具有实物形态的有形产品,包括快速消费品和耐用消费品等。服务消费市场的交换内容多为没有实物形态的服务或者必须同时提供现场现时服务才能交换的定制产品,比如餐饮食品等。服务消费市场因与日常生活密切相关,所以也称生活服务市场,而且由于服务消费存在非常明显的即时性和当地性,故也称本地生活服务市场。

交换内容被企业组织购买作为生产要素进入生产领域则构成了生产要素市场。生产要素市场包括金融市场(资金市场)、人力资源市场、房地产市场、技术市场、信息市场、产权市场等。生产要素市场的培育和发展,是发挥市场在资源配置中的决定性作用的必要条件,是发展社会主义市场经济的必然要求。

4. 按照直接用途分类

按照产品或服务的直接用途,市场分为生活资料市场与生产资料市场。

如果产品或服务直接进入消费者最终生活消费,则形成生活资料市场,也称消费者市场,是指消费者个人或家庭为满足生活需求购买产品形成的市场。进入消费者市场的产品是社会最终产品,它不需要经过生产企业再生产和加工便可供大众消费者直接消费。

如果产品直接进入的是生产制造领域,则形成生产资料市场,属于生产者市场,与消费者个人市场对称,也称组织市场、产业市场,是指为了生产需求而购买产品等生产资料而形成的市场。生产资料就其本来含义而言,是指人们在生产过程中所使用的劳动资料和劳动对象的总和,包括未经人类劳动加工的自然资源,如土地、森林、河流、矿藏等,也包括经过人类劳动加工的劳动对象和劳动设施,如原材料、能源、机器、厂房等。然而,从生产资料市场角度而言,生产资料是指进入流通领域进行交换的、用于生产建设的物质资料的总称,通常表现为由工业部门生产加工的、供社会再生产使用的原料、材料、燃料、机器、设备、仪器、仪表、工具、量具、刀具等。

有些产品既可以进入生活资料市场也可以进入生产资料市场,既可以进入消费者市场也可以进入生产者市场,比如电脑既可以作为生活消费品进入消费者家庭,也可以作为生产资料进入生产企业;面粉被消费者购买就进入了消费者市场,被食品加工企业采购则进入了生产者市场。因此,很多产品需要采取不同的营销策略分别针对消费者市场和生产者市场开展营销。

消费者市场与生产者市场、生活消费市场与生产要素市场、生活资料市场与生产资料市场,是三组关系密切不易区分的概念。消费者市场、生活消费市场和生活资料市场是密切相关的,生活消费市场和生活资料市场的购买者都是消费者,因此都属于消费者市场,这是两者的共性,区别在于:生活消费市场的内涵包括有形产品和无形服务,生活资料市场一般认为不包括无形服务,仅指有形产品。生产者市场、生产要素市场和生产资料市场是密切相关的,生产要素市场和生产资料市场的购买者都是生产者,这是两者的共同点,区别在于:生产要素市场的内涵包括资本、土地、人力资源等生产要素,生产资料市场包含可用于生产建设的所有物质资料,内涵更广泛。

5. 按照交换区域分类

市场按交换区域可以分为区域市场、全国市场、国际市场和全球市场。不同区域层级的市场,对于营销者的资源要求、能力要求是不一样的。能够在更大区域市场开展营销的企业和品牌,有更广阔的市场空间。只能在有限的区域市场开展营销活动的品牌是区域性品牌,能够在全国市场开展营销活动的品牌则有可能成长为一个全国性品牌。能够走出国门在其他国家开展营销活动的品牌,有可能成为一个国际品牌。而当一个品牌能够在全世界范围内开展营销活动时,我们称之为全球营销,全球营销的品牌有可能发展成为全球品牌。

市场也可以按照交换范围的行政区划和经济区划来进行划分,例如一个全国性品牌将其市场分为东北、华北、西北、华东、华南、西南和中原等七个大区,在每个大区下面再按照省份划分市场区域。因为各地区之间经济、文化、地理、人文、风俗不同,消费者(或称顾客群)也表现出很大的差异性,即市场存在差异性。为此,企业必须正视各地区的差异性,实事求是,因地制宜,有针对性地制定出符合区域市场特点的营销策略。

6. 按照交易时间分类

市场按交易时间分为现货市场和期货市场。期货是相对于现货而言的。它们的交割方式不同。现货是现钱现货,期货是合同交易,也就是合同的相互转让。期货合同是由期货交易所统一制定的、规定在将来某一特定的时间和地点交割一定数量标的物的标准化合同。期货的交割是有期限的,在到期以前是合同交易,而到期日却是要兑现合同进行现货交割的。期货市场原本是生产者为应对大宗商品价格波动而形成的生产者市场,但后来投资者为了获利也进入了期货市场。

在消费者市场中通常只有现货交易,极少期货交易。在实体商业中,产品购买、货款支付和产品交付通常是同步现时的,可以看作是现货市场。在电子商务中,产品购买、货款支付和产品交付通常是分离的,存在时间差和空间距离,在一定程度上,可以看作是期货市场。电子商务中的产品购买和产品交付之间的时间差影响了消费者的购物体验和及时消费,因此,电子商务企业一直在努力缩短产品快递时间。消费者对于强势品牌热销产品的预购,也可以看成是期货市场。由于互联网的链接优势,电子商务比实体商业在产品预购的营销上更有优势。

第二节 市 场 营 销

一、市场营销的起源

市场营销有两个含义:一是指企业的一种经营管理活动,二是指一门应用性的经营管理理论。两者在产生和发展的过程中是密切相关的。作为经营管理活动的市场营销(商业实践)比作为经营管理理论的市场营销历史要悠久得多。中国古代商贸活动就非常发达,古丝绸之路更是将商贸活动拓展到西亚和欧洲国家,因此,中国古代就具有丰富的经商智慧和商贸思想。西方国家近代工业革命以来,生产效率得到了大幅提升,而20世纪初美国科学管理的兴起,更是进一步提升了生产效率。在这种背景下,为了解决影响企业效益的瓶颈问题,企业更加积极推动产品销售。市场营销的实践活动具有普遍的意义和学术研究价值,因而引起了经济学家的兴趣和关注,通过企业营销实践活动调研,经济学者开始总结市场营销的实践经验和知识体系,并上升为经营管理理论。

市场营销理论产生于19世纪末20世纪初的美国。当时,美国资本主义迅速成长,市场规模急剧扩大,极大地刺激了生产厂商的扩张欲望,科学技术的进步使得大规模生产成为可能。这些因素有力地推动了美国的生产发展,但同时供求关系也开始逐步变化,卖方市场开始向买方市场转换,市场营销活动日益成为影响企业效益的重要因素。在这个阶段,产品流通体系也出现了很大改变,出现了与生产企业并驾齐驱的中间商体系。企业内部的销售队伍也开始迅速膨胀,一系列新问题的出现迫切需要新的理论予以解释和指导。在此大背景下,迫切需要一种研究企业如何在市场条件下提供有效供给并能在企业、中间商、消费者之间建立有效沟通以提高企业效率的理论,市场营销理论因此呼之欲出。

1905年,宾夕法尼亚大学的克鲁希首开"产品市场营销"(the Marketing of Products)课程。1910年,威斯康星大学的拉尔夫·巴特勒首次提出"市场营销方法"(Marketing Method)以代替此前分散使用的"分配""分销"等概念,开始讲授市场营销方法课程,并于1917年出版《市场营销方法》一书。20世纪20年代,"市场营销原理"首次以教材的形式出现。30年代经济危机后,市场营销理论走出美国大学校门,帮助企业推销产品,争夺市场,更多的企业开始重视和运用市场营销。

20世纪50年代以后,市场营销从基本的概念体系到核心思想均发生了根本性的转变,营销策略组合的概念得以提出。1960年4P营销策略概念的提出,奠定了市场营销策略和市场营销理论体系的基本框架。20世纪70年代中期以来,定位等市场营销新理论提出并一直流行至今。20世纪90年代以后,营销不再局限于以前的概念,而是发展出了更广泛更复杂的概念和方法,企业的营销活动也发生了改变,开始追求个性化以满足消费者的需求。进入21世纪以后,随着互联网技术的发展和普及,网络营销丰富了市场营销的传播和销售方式。

在西方发达资本主义国家,根据市场需要组织生产经营活动已经成为企业经营活动的基本模式。美国的通用电气、通用汽车、微软,日本的丰田和松下,德国的奔驰,瑞士的雀巢,都是市场营销理论应用得好,并为市场营销理论的发展做出贡献的世界领先企业。

新中国成立前,我国少数大学曾经开设过市场营销方面的课程。系统引进和应用市场营销则是在十一届三中全会决定实施改革开放以后,当时将"Marketing"翻译为"市场学"。1979年中山大学、暨南大学首次在大学开设市场学课程。1979年原国家经委在肇庆举办厂长、经理培训班,1980年建成的中国工业科技管理大连培训中心开始面向企业厂长、经理开展市场学培训。这些事件是中国引进市场营销的标志性事件。市场营销在中国传播和应用的前十五年,表现出清晰的阶段性和不平衡性。阶段性表现在:1978年,改革开放,思想解放,市场营销理论得以引进;1984年,有计划的商品经济体制确立,市场营销理论开始步入实践;1992年,市场经济体制改革目标确立,营销实践向系统和纵深推进。不平衡性表现在:流通体制改革先于生产体制,市场营销首先在流通领域得到运用;体制外改革先于体制内,市场营销首先在非国有企业得到运用;沿海改革先于内地,市场营销首先在沿海地区得到运用;产品市场发育早于要素市场,要素市场营销落后于产品市场营销;生活资料市场发育早于生产资料市场,生产资料市场营销滞后于生活资料市场营销。

1996年,在全国"两会"上,经政协委员中国人民大学郭国庆教授提议,市场营销概念被写入中央政府文件和政府工作报告,成为推动中国市场营销实践应用的官方语言。1996年3月,全国人大八届四次会议通过的《中华人民共和国国民经济和社会发展"九五"计划和2010远景目标纲要》中,有了"国有企业要按照市场需求组织生产"、"搞好市场营销,提高经济效益"、要积极发展"代理制、连锁经营等新的营销方式"、"建立科研、开发、生产、营销紧密结合的机制"等包含市场营销概念的提法与表述。1997年初国家经贸委发布了《关于加强国有企业市场营销工作的意见》,就国有企业加强市场营销工作进行了部署。2000年3月,时任国务院总理朱镕基在政府工作报告中强调所有企业要"根据国内外市场变化,正确制定企业发展战略、技术创新战略和市场营销战略"。2002年3月,朱镕基在政府工作报告中再一次强调要"加强和改革企业质量、成本、营销管理"。随后,各级地方政府也在相关文件和实际工作中要求国有企业应用市场营销观念和手段拓展产品市场、提高企业经济效益,使得市场营销从单纯的理论研究领域进入了政府经济工作领域,使得市场营销的运用从企业单一层面的尝试进入政府经济管理部门与企业双方面推动阶段,对于解决1996年以前"体制改革与营销发展的不平衡性"问题起到了非常重要的推动作用,使得原本落后于流通领域市场营销的工业领域市场营销、起步晚于非国有企业市场营销的国有企业市场营销、滞后于产品市场营销的要素市场营销、滞后于消费资料市场营销的生产资料市场营销,得以快速起步并大步赶超。由于工业制造企业、国有企业具有规模优势、资金优势、品牌优势和人力资源优势,市场营销实践的运用呈现出领域更加广泛、层面更加深入、手段更加全面、成效更加明显、影响更加深远等特点。

  1996年以后的中国市场营销实践难以清晰地划分出阶段,发展和应用的不平衡性依然存在,但是不平衡性有了新的变化:随着国有企业机制的转换、规模优势和人才优势的发挥,使得其营销运用后来居上;生产制造企业的市场营销也反超流通企业,从消费需求研究、产品研发、供应链管理等全过程与多方面展开营销,营销价值链的拓展比流通企业更深远、更广阔。生产资料市场营销落后于消费资料市场营销、要素市场营销落后于产品市场营销、内地市场营销落后于沿海市场营销的状况也大为改观。市场营销运用和发展的不平衡性和差异性,主要体现在行业和企业的发展阶段与规模上,行业发展迟缓、技术进步较慢、行业整体和企业个体规模较小,市场营销的运用则较多局限在促销等浅表层次和战术营销层面。

  进入21世纪以来,中国的市场营销实现了营销思维、营销技术的升级和营销应用行业领域的扩展。互联网尤其是移动互联网技术与数字智能终端设备的快速普及,迅速推动了市场研究、营销传播和产品分销的模式调整与效率提升,社会化媒体和电子商务经历了快速增长时期,数字营销、人工智能和智能制造已经开始快速起步。市场营销应用行业领域不再局限于营利性制造企业和流通企业,被广泛运用到文化娱乐、金融保险、餐饮旅游、图书出版、医疗卫生等多个行业,甚至国民教育和社会团体等非营利组织机构。

市场营销在政府层面也得到了运用,从中央政府实行改革开放吸引外资到地方政府招商引资,其实质都是政府营销性质的行为。昆明借1999年世界园艺博览会营销昆明是地方政府具有明确营销意识的行为。成功申办并主办2008年北京奥运会被看作是中国政府最大的营销行为,申办和举办2022年北京冬奥会是中国政府国际体育赛事营销的继续。2003年抗击非典、2008年抗击雪灾与抗震救灾,则充分显示出中国政府和中国领导人的民生意识和亲民形象。"一带一路"建设从中国倡议到世界各国响应再到成功推进,将有力促进中华民族伟大历史复兴和人类命运共同体的创建。中国的营销学者们也开始了政府营销理论的探索,出版了《政府营销论纲》(朱华锋,2010)、《政府营销与形象传播》(朱华锋,朱芳菲,2017)等学术专著。

以习近平总书记为核心的党中央高度重视质量、品牌等市场营销工作。2014年5月,习近平总书记提出"推动中国制造向中国创造转变、中国速度向中国质量转变、中国产品向中国品牌转变",为新时代中国市场营销的理论研究和实践发展指明了正确方向。

2016年6月,国务院办公厅发布《关于发挥品牌引领作用推动供需结构升级的意见》。12月召开的中央经济工作会议提出着力振兴实体经济,坚持以提高质量和核心竞争力为中心,坚持创新驱动发展,扩大高质量产品和服务供给。要树立质量第一的强烈意识,开展质量提升行动,提高质量标准,加强全面质量管理。加强品牌建设,培育更多"百年老店",增强产品竞争力。

2017年3月,李克强总理在政府工作报告中提出"以创新引领实体经济转型升级"和"全面提升质量水平","打造更多享誉世界的'中国品牌',推动中国经济发展进入质量时代"。4月,国务院同意自2017年起将每年的5月10日设立为"中国品牌日"。9月,中共中央、国务院发布《关于开展质量提升行动的指导意见》,第二届中国质量大会在上海召开,习近平总书记致信祝贺。

2017年10月,习近平总书记在十九大报告中指出:"我国经济已由高速增长阶段转向高质量发展阶段""必须坚持质量第一、效率优先,以供给侧结构性改革为主线,推动经济发展质量变革、效率变革、动力变革""必须把发展经济的着力点放在实体经济上,把提高供给体系质量作为主攻方向,显著增强我国经济质量优势"。习近平总书记的经济思想是习近平新时代中国特色社会主义思想的重要内容之一,对于中国市场营销理论与实践的发展必将起到深远的指引作用。

二、市场营销的定义

由于市场营销的广泛性与复杂性,因此对于市场营销的理解也是仁者见仁、智者见智。不同的人,对于市场营销的接触不同、感受不同,认识和说法也就不同。早先,人们通常认为市场营销就是推销,就是促销,就是销售,就是产品销售不出去时千方百计地向别人兜售。这种观点应该是一种过时的观念,虽然早期企业曾经经历过这样的时期。这样的观点应该是一种误解,虽然在中国现在还存在以这种方式做销售的企业。但是,市场营销显然不是不分对象的盲目推销行为,也不是不管对方是否愿意和接受的强销行为。市场营销也不是产品生产出来以后的被动推销和促销行为,而是一种在生产之前就思考清楚消费对象和消费需求的营销行为。事实上,推销、促销或者销售远不是营销的全部,而只不过是营销冰山上的一个看得见的点。著名管理学家彼得·德鲁克曾经说过:"虽然某些销售工作是需要的,然而,营销的目的就是使推销成为多余。营销的目的在于深刻地认识和了解顾客,从而使产品完全符合顾客的需要并形成产品的自我销售。理想的市场营销是让顾客产生购买意愿而主动购买。"

如果实际工作者无法清晰地记住和表述理论专家对市场营销的严格定义,那么,在现阶段如下对于市场营销的通俗而具象的解释具有一定参考价值,即:市场营销就是持续不断地选择适当的时间与适当的地点,以适当的方式和适当的价格,生产制造适当的产品并销售给适当的消费者。

这个通俗的概念,表明了在产品供过于求的市场上,生产什么、为谁生产的选择是非常重要的。这里已经具备了目标消费者的观点,同时还具备了价格、地点(渠道)、沟通和促销方式等营销策略手段与维护稳定客户关系的意识,因此,是一个比较接近现代市场营销理论定义的通俗说法。而在营销实战中,当苹果公司自2007年首次发布智能手机开始,每年全球的消费者都期待新苹果手机的上市,急切预定并排队抢购,就是一个很好的实例。

市场营销理论专家和专业机构对于市场营销概念的定义,也是随着时代的发展、营销的进步而与时俱进的。"现代营销之父"菲利普·科特勒教授在《市场营销原理》第 4 版(1989)中对市场营销的定义是"Marketing is the social and managerial process by which individuals and groups obtain what they need and want through creating and exchanging products and value with others",译成中文的意思是:"市场营销是个人和团体通过创造以及与别人交换产品和价值以满足其需要和欲望的社会性管理过程"。在《市场营销原理》2006年第11版至2014年第16版中的定义是:"Marketing is the process by which companies create value for customers and build strong customer relationships in order to capture value from customers in return",中文意思是:"市场营销是企业为从顾客处获得价值回报而为顾客创造价值并与之建立稳固关系的过程"。

美国市场营销协会(AMA)1985年对市场营销的定义是:市场营销是关于构思、产品和服务的设计、定价、促销和分销的规划与实施过程,目的是创造能实现个人和组织目标的交换。2004年的定义是:"Marketing is an organizational function and a set of process for creating, communicating, and delivering value to customers and for managing customer relationship in ways that benefit the organization and its stakeholders",即"市场营销既是一种组织职能,也是为了组织自身及其利益相关者的利益而创造、沟通、传递客户价值,管理客户关系的一系列过程"(郭国庆,《市场营销学通论》,第7版,2017)。2007～2014年的定义是:"Marketing is the activity, set of institutions and process for creating, communicating, delivering, and exchanging offerings that have value for customers, clients, partners and society at large"。即"市场营销是创造、传播、传递和交换对顾客、客户、合作伙伴和整个社会有价值的市场供应的一种活动、制度和过程"。

从以上几种定义来看,市场营销的内涵和外延随着时代发展而扩展,如市场营销的作用目的与对象范围从顾客和企业扩展到合作伙伴甚至整体社会,市场营销的属性从一种过程扩展到活动和制度,但创造和传递客户价值这一核心内容始终没有变。为此,接下来,我们将对一直没有被改变的市场营销核心概念展开讨论。

三、市场营销的核心概念

理解市场营销必须从一系列基本概念入手。这些概念包括内在需要、购买欲望与消费需求,产品、服务与体验,价值与满意,交换与关系等方面。

1. 顾客:内在需要(Needs)、心理欲望(Wants)、消费需求(Demands)

Needs、Wants和Demands是西方营销学家使用的市场营销核心概念,在中国通常译为需要、欲望和需求。但是,我们认为这样的翻译还不足以准确而传神地表达这三者之间的相互联系和实际差异。因此,在分析和比较这三个概念时,我们特地将其翻译为内在需要、心理欲望和消费需求。在可以清楚区分三者概念的情况下,则按照通常情况简称为需要、欲望和需求。

内在需要(Needs)是指人类内在的生理与心理状态。无论个体自己有没有清晰地意识到,内在需要都是一种客观存在和一种客观状态。内在需要是营销者无法创造的,也是营销者无法改变的,比如人类客观存在充饥、解渴、御寒、追求健康的生理需要,存在社交、尊重、娱乐和美容等心理需要。

心理欲望(Wants)是人的内在需要在意识和心理上的反映。人们需要充饥从而产生购买食物的欲望;女性需要得到尊重从而产生购买化妆品和时装的欲望。人的心理欲望是有意识的,希望得到某种具体的物品或服务以满足其内在需要,因此顾客的心理欲望也称购买欲望。但心理欲望的意识清晰程度与选择目标的确定程度是存在差异的,有的是清晰明确的,有的只是大致几种选择范围,有的是比较模糊的,因此存在营销者进行影响并成功引导的可能。

没有购买能力的心理欲望,仅仅是一种心理欲望,而不能构成实际的购买行动,因此还不是消费需求。消费需求是有购买能力作为保障的心理欲望。当购买欲望与购买能力相结合时就变成了消费需求。因此,可以说消费需求(Demands)是指有能力购买某个具体产品的心理欲望。当人们对某种产品有欲望并有支付能力购买时,我们说这种产品有需求。许多人对奔驰汽车有购买的心理欲望,但是只有少数人能够买得起而实施购买行动。因此,营销者不仅要估计有多少人对产品有购买的心理欲望,还要估计有多少人真正决定并有能力购买产品。但应注意的是,现在没有需求,并不等于将来没有需求。对于市场营销者而言,估计眼下的需求固然重要,但更重要的是能发现潜在的需求,并能创造性地将其开发出来,使之成为有效需求。

内在需要、心理欲望和消费需求三者之间的关系,可以用下列公式表示:

心理欲望＝内在需要＋具体物品　（Wants＝Needs＋Goods）
消费需求＝心理欲望＋购买能力　（Demands＝Wants＋Payments）

消费者的内在需要、心理欲望与消费需求是市场营销的出发点。满足消费者的内在需要、心理欲望与消费需求是市场营销的目的。营销者必须准确理解消费者的内在需要、心理欲望和消费需求之间的差别,才能抓住营销的关键。

内在需要是抽象的概念,它存在于人类自身和所处的社会环境;心理欲望是具体的概念,是同具体的产品或服务相联系的。内在需要是相对稳定的,在相当长的时间里会有一种或少数几种内在需要是人们的主要需要,而心理欲望则是多变的,人会经常在多种心理欲望之间徘徊和选择。内在需要是不能由市场营销者创造的,也很少受到市场营销者的影响,而心理欲望则会受到广告、公关和相关群体的较大影响。市场营销者不能创造内在需要,内在需要存在于营销活动之前,但是营销者以及其他社会因素可以影响消费者的心理欲望。比如:奔驰轿车能满足人们对社会地位的内在需要,然而营销者并没有创造人们对社会地位的内在需要。

但是,在市场营销过程中,了解消费者的内在需要和心理欲望并不总是那么容易。一些消费者并未完全意识到自己的内在需要,一些消费者表达不清他们的内在需要或无法用语言清晰完整地表达出其心理欲望。因此,营销者必须认真分析、准确理解和把握消费者的内在需要和心理欲望。

2. 市场供应:产品(Product)、服务(Services)和体验(Experiences)

市场营销都是对一定目标对象的营销。市场营销者满足消费需求的途径是向消费者提供市场供应(Market Offerings)。市场供应是营销者提供给市场以满足消费需求的产品、服务和体验的集合,具体包括产品(Products)、服务(Service)、体验(Experiences)、事件(Events)、人物(Persons)、地方(Places)、财产权(Properties)、组织(Organizations)、信息(Information)和理念(Ideas)等。

产品:有形产品在许多国家都是企业生产和营销工作的主要对象。随着互联网的出现,个人也可以更加便利地营销有形产品。

服务:随着经济的发展和社会的进步,服务在国民经济、国民生活和商业市场上的地位和价值贡献越来越高,甚至超过有形产品。服务行业的范围非常广泛,包括餐饮、旅游、航空、酒店、汽车租赁、理发、美容、修理、文化娱乐等。而且很多市场供应是产品和服务的结合,例如饭店同时提供食物和服务。

体验:通过综合运用多种类型的产品、服务和场景,营销者能够创造、表现展示和营销体验,让消费者获得深刻而美好的消费身心感受。迪士尼的梦幻王国就能提供这样的体验,人们可以身临童话世界,登上海盗船或走进鬼屋猎奇。

事件:营销者常常推广基于时间的活动,如大型商业展览、艺术表演和公司周年庆典。奥运会和世界杯等全球体育盛事也大力向企业和球迷等进行宣传。

人物:发挥名人效应的营销已经成为一种重要的商业活动。知名艺术家、音乐家、CEO、医生、律师和金融家以及其他专业人士都是重视名人效应的营销者所关注的对象。

地方:城市、地区和国家之间相互竞争以吸引游客、企业和新的居民。地方营销者包括从国家到地方的各级政府、经济发展专家、风景名胜与旅游景区、房地产开发商与代理商以及广告和公共关系代理机构。

财产权:财产权是指实物资产(如房地产)与金融资产(如股票和债券)的所有权。个人和组织通过房地产代理商、投资公司和银行的营销活动,买卖财产权获取财产收益。

组织：组织积极地在公众中构建具有影响力且受人欢迎的独特形象。大学、博物馆、从事艺术活动的组织和非营利机构不断提高自身的公众形象，以求成功地争取观众和获得资金支持。

信息：信息的产生、加工和传播是社会的重要产业之一。从本质上说，学校包括大学等教育机构就是生产信息并以适当价格向家长、学生和公众传授的机构。百科全书、非小说类图书以及互联网站营销的也是信息。就连销售实体产品的企业也通过信息的传播和沟通增加价值。

理念：每一种市场供应品都包含一个基本的理念。例如，社会营销者正致力于推广诸如"是朋友就不让他酒后开车"和"浪费心智是最大的不智"等理念。

3. 价值(Value)与满意(Satisfaction)

满足特定需要的产品和服务会有很多，客户是根据产品价值来进行选择的。价值(Value)是指客户对产品和服务满足其各种需要的能力的评估。在评估产品和服务价值的同时，客户还会考虑产品和服务的性能等因素，通常倾向于选择性能价格比最高的产品和服务。

客户满意(Satisfaction)是一种心理感受状态，是一个客户对某一产品或服务在满足其需要与欲望方面实际的与期望的程度的比较与评价。满足程度是实际效果与期望效果之间比值的函数。如果实际效果小于期望，客户会不满意；如果实际效果等于期望，客户会基本满意；如果实际效果大于期望，客户会高度满意，表现出高兴或快乐的神情。满意的客户通常会重复购买产品和服务，并将自己的满意体验感受和经历告诉自己的亲朋好友。在互联网与社交媒体时代，客户体验和企业口碑的分享比传统媒体时代更加便捷、快速而广泛。不满意的客户会转而购买其他品牌，并向身边的亲朋或网络上的陌生人传播其经历的糟糕体验。

满意度在很大程度上取决于期望。期望之中既包含客户以往的经验、相关群体的影响，又在很大程度上取决于市场营销者的刺激，如广告等各种营销沟通信息与市场营销者的承诺。市场营销者也常常处在两难境地，通过刺激提高客户的欲望和期望会吸引客户购买；但如果把客户期望提得过高，往往又会使客户失望，从而影响客户的再次重复购买，企业也就很难有持久的竞争优势。因此，企业应该坚持诚信营销，合理设定产品和服务价值，合理设定客户满意预期程度，不贬低、不夸张。已经有不少公司将"使客户满意"作为营销管理体系的核心，像全面质量管理体系一样，建立"全面客户满意"(Total Customer Satisfaction，简称TCS)管理体系，包括客户满意度监测系统、客户抱怨与建议系统、客户满意保证系统等部分。

4. 交换(Exchange)与关系(Relationship)

交换指以自己的某种物品作为代价，从他人那里换取所需物品的行为。交换的发生必须满足五个条件:第一,至少有两方参与。第二,参与方都拥有一些对方认为有价值的东西。第三,参与方都有能力沟通和运送彼此所需的东西。第四,参与方都可以自由接受或拒绝对方所提供的东西。第五,参与方认为同另一方交易是合适的或者称心的。

如果存在上述条件,交换就有可能。至于是否真正发生,则取决于双方是否能够达成交换协议。所以交换的第五个条件是非常重要的。它是现代市场营销的一种境界,即通过创造性的市场营销,使交换双方能够达到双赢。

市场营销不仅包含努力与客户达成产品或服务交换,而且包含精心维护因交换而建立起来的客户关系,实现客户关系的长期稳定,以实现更长时间、更多次数、更大规模的交易,从而促使企业业务增长和效益提升。在客户资源稀缺、客户价值宝贵、获得新客户成本越来越高的时代,服务好老客户,留住老客户,实现客户关系的长期稳定,无疑具有重要价值。

5. 消费者与营销者

通常人们认为,市场营销者就是卖方。但在现代市场营销学中,我们将寻求交换较为积极的一方视为市场营销者,而将另一方称之为消费者。言中之义,市场营销者可以是卖方,也可以是买方。

一般情况是,在买方市场情况下,卖方要做更多的市场营销活动,因此卖方常是市场营销者。理论上认为,消费者构成市场,营销者构成产业。但在卖方市场情况下,买方要做更多的市场营销活动,因此买方就成为市场营销者。这种情况在高级人才市场中表现得较为突出,用人单位(买方)必须大量发布招聘启事,甚至要聘请"猎头公司"为其招贤纳士。

市场营销核心概念之间的关系可以通过图 1.1 清晰地表现出来。

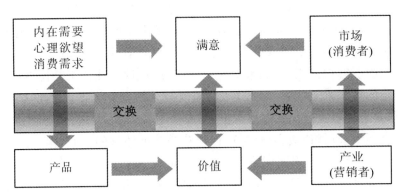

图 1.1　市场营销核心概念之间的关系

四、市场营销的本质

市场营销的手段、方法与现象是纷繁复杂的。但是透过现象看本质，往往大道至简。剥去纷繁与纷扰，市场营销的本质就是创造、传播和交换价值。

营销者要取得经济效益，必须与客户进行公平合理的价值交换，这是市场营销的本质核心。一般来说，营销者不是政府，不能像征税一样征收公民的财物，但即便是政府征税，也必须以为公民提供公共服务作为前提；营销者也不是军队，不能以武力夺取敌方的财物；营销者不能公开抢劫财物，那是强盗行径；营销者不能暗中偷窃财物，那是小偷行为；营销者不能通过诈骗、欺骗获得财物，那是骗子行为；营销者不能通过哀求乞讨的方式获得财物，那是乞丐行为。营销者获得财物和经济效益的唯一合法与合理途径就是与客户进行以双方意愿为基础的公平、合理的价值交换。从这个意义上来说，"互换价值"比"交换价值"更准确。"交换"在中国人的语言中多少还有一点贬义的成分。但是鉴于营销理论界已经形成了较为统一的"交换价值"的提法，所以我们沿用这一概念。

与客户实现互惠互利的价值交换，在逻辑上必须与客户事先实现良好的价值沟通，而价值沟通的逻辑前提又必须是事先真正为客户创造了价值。所以，创造和传播价值是实现价值交换的前提，创造、传播和交换价值的统一揭示了市场营销的真谛和市场营销的基本过程。本书的理论体系就是建立在对市场营销本质的认识基础之上的，本书分析的市场营销原理是以价值的创造、传播、交换和发展为主线的。这是本书的特色所在，也是与其他市场营销学教材的核心差异所在。

在营销实践中，美国远途货运公司——耶路运输公司的案例清晰地说明了市场营销的本质。1995年，由于受失业问题的困扰和遭遇卡车司机罢工，公司损失了3000万美元。当顾客联系耶路运输公司时，公司接待人员不是问顾客想要什么时候起运，而是告诉顾客"公司什么时候才能起运"。显然，公司是试图以便于自己而不是便于顾客的方式来安排运输时间表。1996年，比尔·佐勒斯被聘为该公司的CEO，经过一系列的改革，最终形成了顾客定制运输时间表。后来这一服务被命名为耶路及时快运服务：速度加快、时间准确、保证服务，由此产生了20%的边际利润率，是标准货运的4倍。不仅企业更加有利可图，而且顾客流失率也由原来的40%降低到5%，按时执行率超过了90%。到2005年，公司实现营业收入近70亿美元。

2010年以来,互联网技术给市场营销带来了很多明显的变化,既为市场营销带来了更加便捷、更加广泛而迅速的传播技术以及更加便利的电子商务流通模式,也给市场营销的传统媒体沟通方式和分销渠道模式带来了压力和挑战。而部分优秀互联网企业的快速发展,一度掀起了无所不能的"互联网思维"热潮,一些观点激进人士甚至认为互联网"颠覆"了营销,在互联网时代品牌已经失去了地位和价值。但是,客观地讲,互联网确实改变了市场营销的部分环节和部分技术,但是并未颠覆营销的本质。无论怎么变化,为客户创造价值、向客户传播和传递价值的营销本质不会改变。因此,进入2017年,互联网"颠覆论"开始退烧,较为客观而低调的互联网"赋能论"成为一些互联网企业的主题口号,而另一些互联网企业则更强调互联网与其他产业的配合与连接。随着互联网发展进入下半场,互联网的时尚风潮和技术优势正在被物联网、人工智能等新兴技术接替,并由此带来数字营销和智能营销等市场营销的新变化,营销者应该积极拥抱这些技术变化,善于利用新兴技术提高营销效率,但是也要坚守营销的本质不动摇,始终坚持为客户创造、传播和传递价值不放松。

第三节 市场营销组织

一、营销组织职能的扩展

企业营销组织的职能及其在企业的地位是发展变化的,从最初的一般职能与地位开始,逐步实现了组织职能的扩展和组织地位的提升。从发展演变过程来看,营销组织在企业中的职能和地位变化主要经历了以下5个阶段。

1. 营销承担一般职能

最早,企业认为市场营销部门与生产、财务、人事等部门同等重要,各自承担自己的职能,彼此之间地位相等,工作相互关联并相互制衡,没有哪个部门高人一等,如图1.2所示。

2. 营销承担重要职能

随着社会生产力的提高,产品供应量逐渐增加,行业竞争开始出现,产品销售成为企业的工作重心和企业效益的主要来源,这时,以销售为核心的营销职能变得更为重要,营销部门在组织中的地位得到提升,如图1.3所示。

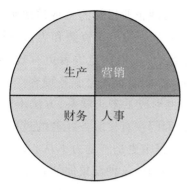
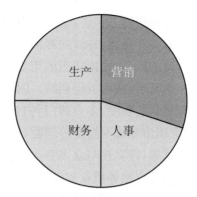

图 1.2　营销承担一般职能　　　　图 1.3　营销承担重要职能

3. 营销承担核心职能

随着市场竞争的加剧,产品供过于求,卖方市场转变为买方市场,加强促销和推销以扩大本企业产品的宣传影响,向消费者传达本企业的产品信息,劝说消费者选择购买本企业产品,是非常必要的。此时,以促销为特征的营销演变成企业的核心职能,营销部门在企业中处于核心地位,如图 1.4 所示。

但是这种组织职能和结构模式在理论上还是存在欠缺的,在实践中也是存在争议的,一些营销人员的高调做派更是引起了企业内部其他部门的不满,"都是企业内部不可缺少的部门,凭什么营销部门要高人一等"的质疑使得营销组织的职能与地位发生了新的变化。

4. 顾客承担核心职能

众多部门与营销部门观点交锋的结果,形成了这样妥协性的认识:企业所有部门都应该共同围绕顾客而运作,营销部门也和其他部门一样服务于顾客,如图 1.5 所示。

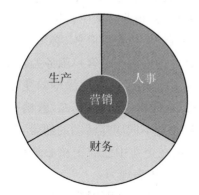

图 1.4　营销承担核心职能　　　　图 1.5　顾客承担核心职能

从道理和逻辑上来讲,这是行得通的,因为实现企业目标的关键是切实掌握目标顾客的需要和愿望,并以顾客需求为中心集中企业的一切资源和力量,设计、生产适销对路的产品,安排适当的市场营销策略组合,采取比竞争者更有效的策略,满足顾客的需求,从而取得利润。因此企业的核心职能应该是服务顾客。但是,在企业实际运营过程中,多个部门各自面对顾客也形成了多头联系、方法不同、信息混乱、职责不清和成本过高等问题,使得非营销部门在直接服务顾客的过程中深感其繁深受其累,顾客在与众多企业部门联系的过程中更是感觉力不从心,企业整体运营效率和客户服务质量并没有得到持续、稳定提升,这种现象促使企业组织职能和组织结构进一步向下一阶段演变。

5. 顾客作为营销核心和营销承担整体职能

企业组织职能和组织结构演变的趋势是,整体上企业以顾客为中心,但企业将营销部门从众多职能部门中突出出来承担直接联系和沟通顾客的核心职能,其他部门在业务流程上不再一一直接面对顾客,而是统一联系营销部门,如图1.6所示。这种组织职能设置,使得顾客只需要和代表企业整体的营销部门发生关系,顾客感受和体验优化了。企业其他部门也不需要一一面对顾客,可以专心做好本职工作,运作效率也得到了改善。这种组织职能设计理论上是先进的,体现了以顾客为中心的营销理念,企业围绕顾客需要研发产品或服务、设计营销活动并整合营销资源,最大化地为顾客创造、传播和传递价值。但其实现的前提是,企业内部的所有部门和成员都掌握了正确的营销观念,尤其是高级管理层,都确实认为顾客是营销的核心,企业必须由营销部门来协调各部门统一围绕客户提供服务,必须由营销部门来协调企业的资源行使客户服务的整合职能。

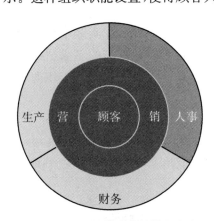

图1.6　顾客作为营销核心和营销承担整体职能

到这个阶段,营销组织职能和地位在企业中经历了两方面深刻的变化:其一,在企业职能方面,营销从一种普通职能转变为一种核心职能;其二,营销在内涵上得到了巨大的拓展,从单一的销售转变为连接企业不同职能活动的纽带,从一种单纯的企业职能活动上升为一种竞争哲学。营销在企业中已居于核心地位,企业的经营活动已深受顾客导向或市场导向的指引。具体表现为:

(1) 顾客已成为企业关注的核心。企业的一切活动都围绕满足顾客需求、创造顾客需求、维护与顾客的关系而运行。

（2）企业与顾客的关系通过营销活动来创造和沟通。企业生产、人事、财务等各种职能活动，在营销观念的指导下进行连接，并通过对各种营销活动的有效管理，与市场、顾客连接起来。

（3）企业营销组织应该也必须得到企业其他部门的密切合作与支持，营销部门则应充分发挥其在企业中的核心作用，对企业其他部门的活动实施积极的影响。

二、营销组织形式的发展

随着时代发展和市场竞争，企业的组织形式也在发生变化，营销组织形式也在时代和企业发展中相应发生着变化。一般认为，生产制造企业的市场营销组织形式发生了以下5个阶段的变化。

1. 单一销售部门

营销组织最早表现为仅仅负责产品销售的组织机构，通常是一位销售经理领导若干销售人员承担简单的产品销售工作，其基本组织模式如图1.7所示。在工业生产技术不易掌握、市场产品供不应求的时代，企业效益取决于生产效率和生产规模，销售不存在太大困难，不需要太多人，也不需要多么优秀的人就能完成销售工作。销售部门

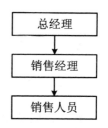

图1.7　单一销售部门

完全听命于生产部门，只需在产品生产出来之后接待上门购买产品的顾客，工作简单而轻松，完全不必考虑并向企业建议生产什么产品才更好销售。

2. 承担促销职能的销售部门

随着生产技术的普及、竞争者的出现和竞争程度的增加，产品供应增加，市场供求关系发生了改变，销售开始出现困难，甚至困难越来越多、越来越大，销售很难简单自然实现了，销售部门需要通过市场调研寻找顾客，需要通过开展广告宣传和促销活动来吸引顾客，销售人员坐等顾客上门已经行不通了，需要上门推销。销售职能的增加和销售难度的增加，促使企业不得不配备更多的销售人员和更高职位的销售管理者，导致销售部门规模扩大。其基本组织模式如图1.8所示。

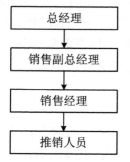

图1.8　承担促销职能的销售部门

3. 独立的市场营销部门

销售越来越困难,销售任务越来越重,使得企业开始反思经营模式问题。按照以前先生产后销售,销售不出去就强力促销的方式,已经使企业难以为继了。必须在生产之前就考虑好市场销路问题,才能从根本上避免产品生产不对路造成库存积压销售不出去的问题。为此,必须将原来附属于销售部门的促销职能独立出来,成为一个独立的市场营销部门,承担产品生产之前的市场调查研究、产品研究规划职能以及产品销售过程中的广告宣传和销售促进职能。这样,企业就同时存在市场营销和销售业务两个平行的职能相近的部门。其基本组织模式如图 1.9 所示。

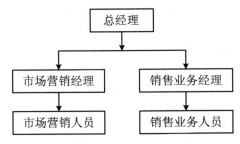

图 1.9　独立的市场营销部门

4. 现代市场营销部门

市场营销部门从销售部门独立出来以后,一方面是企业发展和市场营销的需要,实际上也确实促进了企业生产制造和销售工作的市场化和品牌建设的专业化,但也容易形成营销部门和销售部门出现难以协调的冲突问题。营销部门的职能和任务是较为长期的,是难以短期见到成效并进行效果检验的,因此不太关注短期问题;销售部门的职能和任务则是当期需要完成并进行效果检验的,因此非常关注短期问题,为此销售部门经常抱怨营销部门对销售工作的现实支持作用不大,而所谓的远期支持作用又显得虚无缥缈。为协调两者之间的矛盾,企业通常是在这两个平行的部门之上设置一个主管营销工作的副总(副总经理或副总裁)职位,统一领导企业市场营销工作,形成现代市场营销部门。其基本组织模式如图 1.10 所示。

5. 现代市场营销企业

市场营销的进一步发展在组织上的推进,是整个企业系统进化为以市场为导向的市场营销型组织,企业高层管理者是企业最高营销官员,企业所有部门和所有员工均奉行营销观念,并以市场需求统领企业行为和员工行为,持续为市场创造价值,不断与市场交换价值,这样才能在市场上获得生存和发展的机会,才能打造深受消费者欢迎的品牌从而建立长期的市场优势。

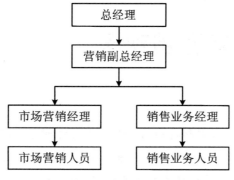

图1.10　现代营销部门

本章小结

市场是一个产品现实的或者潜在的购买者群体。市场包括人口、购买欲望和支付能力三个要素。市场可以分为现实市场、潜在市场和未来市场，消费者市场、生产者市场、中间商市场、政府市场等多种类型。

市场营销是一种经营管理活动，也是一种经营管理理论。市场营销既是一门科学也是一门艺术。市场营销是创造、传播、传递和交换对顾客、客户、合作伙伴和整个社会有价值的市场供应的一种活动、制度和过程。

营销理论知识练习

1. 市场营销学中的"市场"与老百姓常说的"市场"和经济学中的"市场"有什么区别？它包含哪些要素？

2. 有人说，市场营销就是销售，也有人说就是促销，这种理解对吗？为什么？

3. 需要与欲望有什么不同？营销者可以创造需要与欲望吗？

营销实战模拟练习

选择几家生产制造企业，调查研究其营销组织所承担的职能，分析其在企业中的地位和作用，思考企业如何向现代市场营销企业转型升级。

第二章　市场营销观念

思想观念是行为的准则和行动的指南。企业的市场营销观念引导和制约着企业的市场营销决策和市场营销行为，并影响着企业的营销绩效和品牌形象。市场营销观念是随着社会、市场和技术发展不断演进的，企业必须遵循符合社会主流价值观的市场营销观念，奉行有利于社会、为客户创造价值的营销理念，才能实现长期生存和持续发展。

创新的共享单车：应该如何更好地服务用户和社会

2016年至2017年上半年，依托互联网技术、移动支付技术的共享单车以其随处停放、方便骑行的优点受到年轻消费者的欢迎和资本市场的热捧，20多个共享单车蜂拥入局，进入全国一二线城市甚至三四线城市。

共享单车以创新的名义和解决"最后一公里"出行痛点的口号得到了政府的鼓励。一时间，为抢占市场份额，共享单车品牌之间展开了投放规模的比拼，但也出现了运维人员不足、管理不善、无偿挤占城市公共空间、超出城市非机动车辆可停放区域承载能力、影响机动车辆和行人交通出行等问题，严重影响了城市交通秩序和形象。在有些城市，被城管清理的违规停放的五颜六色的数万辆共享单车堆积如山。2017年6月以来陆续出现共享单车企业倒闭、押金难退等问题。2018年4月初，共享单车头部企业摩拜被美团收购。

2017年8月初，交通部等国家10部委联合出台关于鼓励和规范互联网租赁自行车发展的指导意见，将共享单车定性为互联网租赁自行车，要求各地研究建立与城市空间承载能力、停放设施资源、公众出行需求等相适应的车辆投放机制，引导互联网租赁自行车运营企业合理有序投放车辆；要求互联网租赁自行车运营企业加强车辆经营管理，不断提升用户体验，提高服务水平，鼓励采用免押金方式提供租赁服务，保障用户资金和网络信息安全。此后，福州、郑州、南京、广州、上海、深圳、武汉、北京等12个城市先后宣布暂停共享单车新增投放。

案例思考

曾经快速发展的互联网租赁自行车行业营销观念存在哪些问题？

学习目标

1. 掌握市场营销观念。
2. 掌握社会营销观念。
3. 掌握全局营销观念。
4. 了解数字营销、大数据营销等营销新概念。
5. 了解绿色营销和大市场营销挂念。

重点难点

1. 社会营销观念。
2. 全局营销观念。

第一节 营销观念演进

企业市场营销活动及管理，总是在一定的营销观念指导下进行的。应该用什么样的观念来指导企业的营销活动呢？如何把握和处理企业利益、顾客利益和社会利益三者之间的关系？当这三种利益发生冲突时如何解决呢？这些都是决定营销行为的营销观念问题。

随着社会进步、市场变化和市场营销理论的发展，市场营销观念也经历了生产观念、产品观念、推销观念、市场营销观念和社会营销观念五个主要阶段。在西方发达国家一百多年的企业营销史上经历了这五个阶段，在中国改革开放以后引进市场营销的企业实践中也经历了这五个阶段，因而这五个阶段的营销观念具有普遍适用的规律性。在这五个阶段的营销观念之后，西方国家营销学者对营销观念又提出了新思考、新提法，市场营销观念也出现了一些新的演变动向。对此，我们将在本章第二节和第三节进行深入分析和介绍。

一、生产观念(Production Concept)

生产观念最先产生于19世纪末20世纪初的美国,由于社会生产力水平还比较低,产品供不应求,呈现卖方市场状态,表现为企业生产什么产品,市场上就销售什么产品。在这种营销观念指导下,企业的经营主导思想是努力提高生产效率,增加产量,扩大生产规模。企业的营销策略是等客上门。营销活动以企业为思维中心,以产品为思考起点。因此,生产观念也称为"生产中心论"。

这种营销观念同美国当时的生产力水平是相适应的。当时,美国大工业生产刚刚起步,很多工业产品供不应求;对消费者而言,生活水平还比较低,能否获得某种产品较获得什么样的产品更为重要。在此背景下,由老福特首倡的"大量生产,降低价格"的生产观念大行其道。我国实行改革开放的初期,由于消费品严重短缺,供不应求,很多企业(包括主管经济的政府官员)也曾一度视生产观念为圭臬,大上项目,拼命生产。仅电冰箱全国就引进了近百条生产线,其中阿里斯顿生产线就有9条,前来提货的卡车曾经在厂门口排起长龙,甚至军用运输飞机都参加到南来北往的电冰箱销售运输中来。

生产观念是一种最古老的营销观念,总体来说是一种过时的观念,但至今在某些行业和某些市场中仍然行之有效而被企业采用,比如中国的计算机与数码产品制造商、快消品制造商,仍然通过低成本、高效率大规模的生产制造和流通分销,采用低价竞争策略占领市场,电商企业一直采用大规模低价促销和低成本运营抢夺实体商业市场份额,等等。但是这种营销观念也容易导致生产和销售"规模情结",陷入低价格、低成本恶性竞争怪圈,忽视市场变化和客户需求升级,更谈不上打造高品质产品和高端品牌。

二、产品观念(Product Concept)

随着社会生产力的提高,产品供应量逐渐增加,行业竞争开始出现,人民生活水平已有较大的提高,消费者已不再仅仅满足于产品的基本功能,而开始追求质量高、功能多、有特色的产品。在这种市场背景下,企业产品只要质量好,顾客自然会上门。正如中国古语所说的"酒香不怕巷子深"。因此,提高产品质量、降低产品价格就成为企业生产经营的主导思想。企业的营销策略仍然可以是等客上门。营销活动仍然以企业为思维中心,以产品为思考起点,只要产品好不怕卖不掉。

20世纪30年代,美国福特汽车公司一枝独秀,取得了行业主导地位,一些中小汽车公司纷纷倒闭破产。但此后的市场需求已经悄然酝酿着深刻变化,然而老福特仍然坚持奉行单品种、大批量、低成本的生产观念。当已是福特公司总裁的老福特的儿子向他提出要对产品进行差别化改进的时候,他甚至暴跳如雷地吼道:"我只要T型车,而且只要一个颜色——黑色。"通用汽车公司总裁斯隆看到了市场的微妙变化,提出了与福特汽车公司针锋相对的产品差别化策略,创建了包括雪佛莱(低档)、别克(中档)和凯迪拉克(高档)等不同产品组合的生产经营体系。由于把握了正确的营销观念,通用汽车公司不仅起死回生,而且其市场地位逐步上升,并超过了福特。

在我国,也有很多企业不同程度地奉行产品观念,它们把提高产品功能和质量作为头等大事来抓,提出了"企业竞争就是质量竞争""质量是企业的生命线"等口号,这在很大程度上推动了国产产品的升级换代,缩小了与国外同类产品的差距,一些企业也取得了较好的经济效益。海尔公开砸毁质量不合格冰箱就是奉行产品观念的典型表现。

但也应该注意到,产品观念也有其片面性。所谓质量与功能不应当是营销者头脑中的质量和功能,而应当是消费者头脑中的质量和功能。美国有企业生产从四层楼上掉下来都摔不坏的文件柜,中国有企业能生产汽车压不坏、大象踩不坏的床垫,质量非常好,但是消费者并不买账。因为消费者买文件柜并不是从楼上往下摔的,买床垫是自己睡的而不是给汽车压、给大象踩的。过于迷恋产品的企业容易陷入"营销近视症"的误区,即把注意力过多放在自己的产品上而不是消费者的需求上。铁路公司曾认为乘客需要的是火车而不是交通,于是忽视了航空客运和高速公路客运的挑战。电信运营商曾认为用户需要的是打电话而不是沟通,于是忽视了互联网的挑战。

三、推销观念(Selling Concept)

美国1929~1933年的大萧条证明大工业生产的优质产品也会卖不掉。1945年二战结束后,日本、德国等资本主义国家工业快速发展,社会产品日益增多,市场上许多产品开始供过于求。企业为了在竞争中立于不败之地,纷纷重视和加强推销工作,运用推销和促销手段刺激消费需求,如组建推销组织,招聘和培训推销人员,大力进行广告宣传,以诱导消费者购买产品。企业的营销策略由等客上门转变为加强对产品的主动宣传和出门推介。但营销活动仍然以企业为思维中心,以产品为思考起点。这种观念正是"我们会做什么,就努力去推销什么"的写照。例如,美国皮尔斯堡面粉公司在产品出现销售困难的情况下,就将"本公司旨在生产面粉"改为"本公司旨在推销面粉",以期扩大销售,扭转市场困境。

自从产品供过于求,卖方市场转变为买方市场以后,推销观念就被企业普遍采用,尤其是生产能力过剩和产品大量积压时期,企业领导层常常不假思索地采纳这种观念。在我国,曾经几近被奉为成功之路的"全员推销"正是这种观念的典型代表。

推销观念认为,消费者购买是有惰性的,尤其是在产品丰富和销售网点健全的情况下,人们已不再需要像物资匮乏和战时状态那样储存大量产品,也没必要担心产品涨价。"够用就行"已成主导性消费观念。另外,在买方市场条件下,过多的产品追逐过少的消费者也是事实。因此,加强促销和推销以扩大本企业产品的宣传影响,向消费者传达本企业的产品信息,劝说消费者选择购买本企业产品,是非常必要的。关键不在于好酒要不要吆喝,而在于吆喝的是不是好酒。在我国,很多企业试图通过强化推销把过去根据生产观念大批量生产的质量差的库存产品和根据产品观念生产的质优但不适销对路的产品销售出去。可想而知,这种做法并不能从根本上解决销售问题。

中国经过改革开放以后,生产技术快速提升,产能快速扩张,很多行业产品供不应求局面很快逆转,仅仅依靠加强推销而不管市场需求状况已经无法实现企业正常运转。而随着2008年国际金融危机的爆发和国际贸易保护主义的抬头,中国制造遭遇了海外市场的萎缩,也出现了产能过剩尤其是低端落后产能过剩的问题,推销已经无法解决这一问题,必须实现营销思想的提升和改变。

四、市场营销观念(Marketing Concept)

市场营销观念是市场营销理论和实践进入成熟阶段的产物和标志,是由美国通用电气公司的约翰·麦克金特结合企业实践于1957年提出来的。这种观念认为,实现企业目标的关键是切实掌握目标消费者的需要和愿望,并以消费者需求为中心集中企业的一切资源和力量,设计、生产适销对路的产品,安排适当的市场营销策略组合,采取比竞争者更有效的策略满足消费者的需求,从而取得企业利润。

市场营销观念较前三种观念是一次质的飞跃。它将思考问题的出发点由"企业自身"转向"市场需求",将思维中心由"企业"转向"市场",以需求为思考起点,体现了"用户至上,客户第一"的企业经营思想。

美国惠而浦(Whirlpool)在进入日本市场时,它的产品没有沿用美国市场上的大体积这一特点,而是仔细地根据日本消费者的需要重新设计。它的冰箱、洗衣机和烘干机外形小巧但功率大,洗碗机的设计也更简洁,从而成功地在日本市场上立足。

市场营销观念与推销观念的根本不同在于:推销观念以现有产品为中心,以推销和促销为手段刺激销售,从而达到扩大销售、取得利润的目的。市场营销观念以企业的目标消费者及其需要为中心,并且以集中企业的一切资源和力量、适当安排市场营销策略为手段,从而达到满足目标消费者的需要、扩大销售、实现企业目标的目的。市场营销观念把推销观念的逻辑彻底颠倒过来了,不是生产出什么就卖什么,而是首先发现和了解消费者的需要,消费者需要什么就生产什么、销售什么,消费者需求在整个市场营销中始终处于中心地位。它是一种以消费者的需要和欲望为导向的营销观念,是企业营销思想的一次重大飞跃。

市场营销观念和陈旧的推销观念的对比如图 2.1 所示。

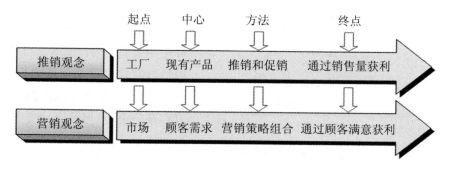

图 2.1 营销观念与推销观念的比较

五、社会营销观念(Societal Marketing Concept)

到了 20 世纪 70 年代,市场营销观念在美国等西方国家受到指责,原因如下:一是一些标榜自己奉行市场营销观念的企业以次充好、发布虚假广告、牟取暴利,损害了消费者权益。二是有些企业只注重消费者眼前需要而不考虑长远需要,如麦当劳汉堡包脂肪过多,不利于身体健康;雀巢奶粉使得母乳喂养婴儿减少,不利于婴儿健康发育等。三是有些企业只注重企业目标而不顾社会福利和环境保护,造成环境污染,生态破坏。用现在的话说就是没有考虑企业、社会的"可持续发展"。这导致人们从不同的角度对市场营销观念进行了扬弃,提出了"人道营销"(Human Concept)、"明智消费营销"(Intelligent Consumption Concept)、"生态强制营销"(Ecological Imperative Concept)、"宏观营销"等新营销观念,我们统称之为"社会营销观念"。

社会营销观念摒弃了市场营销观念单纯满足消费者短期欲望而忽视社会利益的思想和行为,坚持以维持和改善消费者和社会整体福利的准则和方式传递市场价值及满足市场需求。这就要求企业开展担当社会责任的、具有可持续性的市场营销,强调满足市场需求不能危害他人和社会福祉,满足消费者当下的欲望且不能损害消费者的未来。社会营销观念要求企业在制定营销政策和实施营销行为之时,必须考虑公司利润、消费者需要和社会利益三者的平衡和协调,并且坚持人类社会的整体利益高于消费者的利益和企业的利益,如图 2.2 所示。

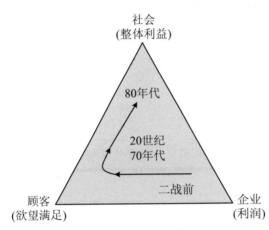

图 2.2 社会营销观念的基本要素

市场营销观念从生产观念、产品观念、推销观念,发展到市场营销观念和社会营销观念,有着深刻而广阔的社会、经济和技术背景,各自在营销思考起点、营销思维中心、营销策略和营销目的等方面也存在明显的区别,如表 2.1 所示。虽然旧的营销观念在某些行业、某些市场和某些时间范围内仍然还有存在的土壤,但是无论是营销的进步还是社会的发展,都需要企业实现营销理念的更新和升级,尽快真心地奉行社会营销理念,打造担当社会责任的优秀品牌,通过创造客户价值和社会价值实现企业发展。

表 2.1 五种营销观念的主要区别

营销观念	思考起点	思维中心	营销策略	营销目的
生产观念	产品	企业	等客上门	通过提高销售额获得利润
产品观念				
推销观念			广告促销、人员推销	
市场营销观念	用户需求	消费者	营销策略组合	通过用户满意获得利润
社会营销观念	健康生活方式	人类社会	品牌形象战略、营销策略组合	通过用户、企业、社会协调发展获得利润

第二节 营销 3.0 与 4.0

营销 3.0 的概念在 2005 年 11 月由印度尼西亚营销咨询顾问公司"MarkPlus"创始人何麻温·卡塔加雅(2002~2003 年任世界营销协会主席)和营销顾问伊万·塞蒂亚万联合提出。2010 年,菲利普·科特勒和他们合著的《Marketing 3.0: Form Product to Customers to Human Spirit》出版(中译版:《营销革命 3.0——从产品到顾客,再到人文精神》,机械工业出版社,2011)。

一、营销 3.0 的演进脉络

1. 营销 1.0

营销 1.0 是工业化时代以产品为中心的营销。在工业革命兴起和普及的工业化时代,工业机械是核心技术,当时的营销就是把工厂生产的产品全部卖给有支付能力的人。这些产品通常都较为初级,其生产目的就是满足大众市场需求。在这种情况下,企业的目标就是要实现产品的标准化和规模化,不断降低生产成本以实现低廉的产品价格,吸引更多顾客购买。

2. 营销 2.0

营销 2.0 是以消费者为中心的营销,企业注重消费者的情感诉求和塑造企业形象。营销 2.0 源于通信的进步,其核心技术是信息技术。20 世纪 70 年代,西方发达国家信息技术的逐步普及使产品和服务信息更易为消费者所获得,消费者可以更加方便地对相似的产品进行对比。营销 2.0 的目标是满足并维护消费者,企业获得成功的黄金法则就是"客户即上帝"。企业眼中的市场已经变成有思想和选择能力的聪明消费者,企业需要通过满足消费者特定的需求来吸引消费者。例如宝洁、联合利华等快速消费品企业开发出若干种不同档次的日化产品来满足不同人的需求。但不幸的是,以消费者为中心的营销方式仍坚持把消费者视为被动的营销对象。

3. 营销 3.0

营销 3.0 就是合作性、文化性和精神性的营销,也是价值驱动的营销(Values-driven Marketing)。在营销 3.0 里,营销者不再把顾客仅仅视为消费的人,更是把他们看作具有独立思想、心灵和精神的完整的人类个体。现在的消费者正越来越关注内心焦虑的问题,希望能让这个自己生活的世界变得更好。在混乱嘈杂的商业世界中,他们努力寻找着具有使命感、愿景规划和价值观的企业,希望这些企业能满足自己对解决社会、经济和环境等问题的深刻内心需求。也就是说,他们要寻求的产品和服务不但要满足自己在功能和情感上的需要,而且还要满足他们在精神和价值观方面的需要。

营销3.0把营销理念提升到了一个关注人类期望、价值和精神的新高度。在营销3.0时代,"消费者"被还原成"整体的人""丰富的人"而不是以前简单的"目标人群","交换""交易"被提升成"互动"与"共鸣",营销的价值主张从"功能与情感的差异化"被升华到"精神与价值观的契合与呼应",营销的中心应该转移到如何与消费者积极互动,尊重消费者作为"主体"的价值观,理解并满足消费者内心深处的渴望,理解并化解消费者内心深处的担忧,让消费者更多地参与到营销价值的创造中来。

和以消费者为中心的营销2.0时代一样,营销3.0也致力于满足消费者的需求。但是,营销3.0时代的企业必须具备更远大的、服务整个世界的使命、愿景和价值观,它们必须努力解决当今社会存在的各种问题。营销3.0已经把营销理念提升到了新的高度,认为消费者是具有独立意识和感情的完整的人,他们的任何需求和希望都不能忽视。因此,营销3.0把情感营销和人文精神营销很好地结合到了一起。

在全球化经济危机发生时,营销3.0和消费者的生活更加紧密,因为快速出现的社会、经济和环境变化与动荡对消费者的影响正在加剧。在这个时代里,地区疾病会引发国际危机,贫困问题日益突出,环境破坏问题越发严峻。营销3.0时代的企业努力为应对这些问题的人寻求答案并带来希望,因此它们也就更容易和消费者形成内心共鸣。

在营销3.0时代,营销1.0和2.0并不会很快消失而自发地退出市场的舞台,但是,越来越多的"人类精神"消费者将会走上营销的主场。这些新消费者关注的事物已经远远超出了狭隘的自身利益,他们具有比老一代消费者更加广阔的眼界和多样的诉求。他们对环境改进、可持续发展、社区美好生活、社会责任、快乐和幸福的意义都有高度的敏感和渴望。新一代消费者不再被"隔离",他们通过网络广泛连接,公司和消费者的关系不再是一对一,而是多对多。所有的公司都试图以"绿色环保"来取悦那些以"绿色健康"为核心价值的消费者。这些被网络连接起来的消费者比任何一个公司的营销者和公关人都聪明,任何虚伪和装腔作势都无法欺骗他们。因此,公司的最高领导层、品牌管理团队和营销团队必须深刻认识并快速去接纳这种由千百万普通消费者组成的"人类精神"的力量对品牌和营销的影响。

二、营销 3.0 的时代背景与核心内容

营销 3.0 的产生源于三大时代发展趋势的推动,即参与化时代、全球化矛盾时代以及创造型社会时代的到来。通过审视这三个时代的变化,可以了解到消费者如何变得更具合作性、文化性和人文精神驱动性。理解了这些消费者变化,就会更清楚营销 3.0 的基本内容:合作营销、文化营销和人文精神营销。

1. 参与化时代和合作营销

在过去的一百多年里,技术进步为消费者、市场和营销带来了巨大的变化。营销 1.0 时代始于工业革命时期的生产技术开发,营销 2.0 时代则是由信息技术和互联网催生的,而在菲利普·科特勒等《营销革命 3.0》的三位作者看来,催生营销 3.0 的主要动力是新浪潮科技。

自 2000 年年初起,信息技术逐渐渗透到主流市场并发展成为新浪潮科技。新浪潮科技是指能够帮助个体和群体保持互联互动的科技,它包括三个主要组成部分:廉价的电脑和手机、低成本的互联网接入以及开源性软件。新浪潮科技允许个人表达自己以及与他人合作,标志着参与化时代的到来。在参与化时代中,人们在消费新闻、观点和娱乐的同时也主动创造它们。新浪潮科技使得人们从被动的消费者变成了产消者(生产型消费者)。

推动这种新浪潮科技发展的力量之一是社会化媒体的兴起。社会化媒体可以分成两大类,一类是表达性社会媒体,其中包括博客、微博、YouTube、Facebook、照片分享网站 Flickr 以及其他各种社交性网站,在中国包括新浪微博、微信和百度贴吧等;另一类是合作性社会媒体,其中包括维基百科、Rotten Tomatoes 和 Craigslist 等网站,在中国则有百度百科、互动百科等。

在表达性社交媒体上,用户和粉丝分享新闻资讯、交流思想观点、评论时事形势,也交流购物心得和体验,一个影响广泛的网络"大 V"常常也是 KOL(关键意见领袖),可以轻松地左右一大批潜在消费者,鼓励或劝阻他们购买某个公司或组织的产品和服务,因而具有强有力的营销传播功能,不仅新兴的互联网企业而且像 IBM 等传统制造企业也纷纷开展社会化媒体营销。在中国,微博营销、微信营销、网红直播和短视频也成为营销新潮手段。

随着社会化媒体的个人表达性越来越强,消费者的意见和体验对其他消费者的影响也与日俱增,传统媒体广告对消费者购买意愿引导的作用已经逐渐下滑。消费者越来越热衷于智能手机和移动互联网,社会化媒体已经成为营销沟通的重要方式。

以开源为特征的合作性社会媒体也是非常重要的一个方面。维基百科网站的内容是由很多网友共同完成的,他们自愿牺牲时间,为这个共同作品创建无数主题和条目。合作也可以成为创新的新源泉。企业可以在网上发布需要研究和开发的问题,向广大网民寻求最佳解决方案。中国的互联网企业小米在开发早期的智能手机时,就是不断地与其粉丝用户深度互动,按照用户意见和使用体验不断迭代升级产品的。

中国著名家电制造商海尔认为进入互联网时代,传统的分工理论和科层制管理模式受到挑战。过去在专业化分工前提下遵循的从设计到原材料采购与产品生产,从生产商、批发商、分销商、零售商再到消费者的线性命令式价值链被瓦解,随之而来的是员工、消费者、供应商共同参与产品设计的互联、互通的网状生产方式。为此,海尔顺应时代发展向互联网时代的"平台型生态组织"转型。在组织层面,海尔从制造产品价值的企业转型为制造创客价值的平台。在机制层面,从管控型组织转型成投资驱动的平台,员工从企业付薪转型为用户付薪,员工不再是执行者而是创客,员工由在册转为在线。

为了更好地承接海尔人人创客转型战略,海尔集团于2014年成立了海创汇。海创汇是海尔制造创客的创业服务平台,包含5个子平台:① 与北大、清华、麻省理工等国际一流高校合作的创客学院,为小微创客提供系统的创业培训;② 开放式的创客工厂,专门开放一条生产线和3D打印模具免费给小微企业进行新产品样品开发和试制;③ 为小微企业提供低成本便利化的人力资源、财务、法务专业服务的创客增值服务平台;④ 超过十亿人民币的创业基金投资平台,为创客提供投融资服务;⑤ 供创客在线上共享海创汇资源并进行交互沟通、经验分享、用户参与设计、积累用户资源的海立方线上平台。五个平台一体化运营,线上和线下、投资和孵化、创新和创业相结合,提供全面的创业扶持和创客服务,构成了海尔的开放创业生态系统。

消费者之间强调合作的趋势也开始影响商业。如今,营销者已经无法全面控制自己的品牌,他们必须向日益强大的消费者团体妥协。营销经理必须学会倾听消费者呼声,了解他们的想法,获取市场信息。当消费者开始主动参与产品和服务共建时,企业和他们的合作就会进入一个更深的层次。

消费者的传统角色正在发生转变——他们不再是一个个孤立的个体,而是开始汇聚成一股股不可忽视的力量;在做出购买决策时,他们不再盲目地被商家引导,而是积极主动地搜集各种有关信息;他们不再被动地接受广告,而是主动向企业提出实用的反馈意见。有鉴于此,营销也就不可避免地发生了改变。在第一阶段,营销活动以产品交易为中心,强调如何实现销售;在第二阶段,营销活动以消费者关系为中心,强调如何维系回头客并增加销售;到了第三阶段,营销开始演变为邀请消费者参与产品开发和信息沟通等活动。

合作营销是营销 3.0 的第一个组成部分。对在实践中运用营销 3.0 理念,意欲改变世界的企业来说,仅靠合作营销还不够。但在经济高度互联化的今天,他们必须学会同其他企业、股东、渠道合作伙伴、员工以及消费者合作。简而言之,营销 3.0 就是企业和所有具有相似价值观和期望值的商业实体之间的密切合作。

2. 全球化矛盾时代和文化营销

对于营销 3.0 时代的消费者态度变化,除了有科技方面的影响之外,另一个重要的推动力是全球化。和科技因素不同的是,全球化是一把双刃剑,同时具有两种完全相反的作用力。

首先,全球化需要各国经济高度参与,但并不能因此创造出平等的经济体。很多发展中国家在经历全球化之后情况反而变得每况愈下。从经济角度来看,全球化伤害的国家简直和它惠及的国家一样多。即使在同一个国家,全球化也造成了财富分配失衡的现象。美国企业首席执行官的平均收入是普通职员的 400 多倍。不幸的是,与此同时世界上还生活着 10 多亿赤贫人口,他们每天仅靠不到 1 美元的收入艰难地维持生计,这便是全球化的经济矛盾。

其次,全球化催生的不是大一统而是多样化的文化。全球化在创造世界统一文化的同时,也在不断深化各国的传统文化。这便是全球化的社会文化矛盾,此类矛盾对个体或消费者来说具有最直接的影响力。

由于现代传播的作用,全球化的矛盾正在深刻地影响着各个国家、企业和个人,让我们不得不同时承受作为全球化公民和地区性公民所产生的压力。在这种压力下,很多人变得焦虑不安,内心开始出现既冲突又交织的不同价值观。

全球化带来的矛盾能让人们更加关注贫困、社会不公、环境可持续性、社区责任和社会目的等问题。企业必须努力为消费者提供生活上的连续感、沟通感和方向感。文化品牌的目标就是要消除社会上的矛盾,解决各种社会、经济和环境问题。正因为文化品牌能够消除一个国家的集体焦虑感,满足其民众愿望,因此它们才具有很高的价值。

为了更好地开展这种具有高度文化关联性的营销活动,营销者必须懂得一些人类学和社会学知识。人们总是希望看到那些能积极响应消费者、努力造福世界的负责任的品牌形象。这些品牌即公民品牌,它们致力于满足公众利益,在营销过程中坚持正义与公平,唾弃为人所不齿的手段。文化品牌有时候也是民族品牌,对那些厌恶负面国际文化(以全球化品牌为代表)以及想寻求替代品牌的消费者来说,民族品牌能有效地满足他们的心理要求。

文化品牌一般都只和特定的国家相关,但这并不表明全球化品牌就无法成为文化品牌。实际上,有一些知名度很高的全球化品牌也在不断地强化自己的文化品牌形象。例如,麦当劳就把自己定位成一个全球化标志,它要创建出这样一种概念:全球化代表着和平与合作,因此它要让全世界的人都能分享。

文化营销是营销3.0的第二个组成部分。可以这样说,营销3.0是一种可以解决全球化公民顾虑,满足其愿望的营销方式。践行营销3.0模式的企业必须了解与其业务相关的地区或社区问题。

3. 创造型社会时代和人文精神营销

营销3.0的第三个组成部分是伴随创造型社会出现的人文精神营销。创造型社会中的人都是右脑使用者,擅长科学、艺术和专业化服务等创造性工作。尽管从事创造性工作的人数远低于从事普通工作的人数,但他们在社会中的影响力正变得越来越突出。从事创造性工作的人往往是善于创造和使用新技术和新概念的人,在新浪潮科技影响下的合作性社会中,他们就像连接器一样紧紧地把消费者联系在一起。他们是最具表达性和合作性的消费者,对社会化媒体的利用程度也最高。他们的生活方式和态度决定着整个社会的动态,他们对全球化矛盾和社会问题的意见左右着其他民众的看法。作为整个社会中思想最前卫的成员,他们喜爱于合作性和文化性品牌。同时,作为实用主义者,对那些会对人类生活造成负面社会、经济和环境影响的品牌他们会大肆批评。

创造性人群非常重视生活中非物质化的一面,很多科学家和艺术家往往忽略了对物质需求的满足,一心追求自我价值的实现。他们追求的是金钱无法买到的东西:人生的意义、快乐和精神实现。相比之下,物质方面的满足无关紧要,仅仅是心灵满足之余对自己的一个小奖赏。创造力和精神性对艺术家来说至关重要,创造力可以激发精神性,而精神需求作为人性中最伟大的动力,能促进艺术家释放出更卓越的个性创造力。创造性科学家和艺术家的出现极大地改变了人类看待自身需求和愿望的方式。精神需要正逐渐取代生存需要成为人类最重要的需求。诺贝尔经济学奖获得者罗伯特·威廉·福格尔指出,当今社会越来越重视的是精神需求的满足,而不是物质需求的满足。

伴随着这种社会变化,当今的消费者所寻找的产品和服务不但要满足自己的基本需要,他们更希望能发现一种可以触及其内心深处的体验和商业模式。心理精神回报对消费者来说才是最重要的需求,能否提供这种回报将成为营销者之间的终极差异。因此,为消费者提供意义感就成为企业营销活动的重要价值主张,价值驱动型商业模式将成为营销3.0的制胜之道。

企业需要按照和消费者相似的精神需求来指导营销活动,把人类的精神动力融入自己的使命、愿景和价值观。和创造性人群一样,企业也必须超越自己的物质目标,以企业的自我实现为最终目的。企业必须了解自己的本质、为什么从事这个行业以及未来将何去何从,然后把这些问题的答案写进自己的企业使命、愿景和价值观。只有当企业努力为全人类的利益做出贡献时,消费者才会追随你,利润才会随之而来。从企业的角度来看,这就是精神营销,或者叫人文精神营销,即营销3.0的第三个组成部分。

然而不幸的是,在现实生活中我们看到太多的公司高唱企业公民意识,但从不在经营过程中认真实践。此外,还有一些企业承诺社会责任只是为了改善企业的公关形象。营销3.0对企业来说不是公关作秀,而是要在企业文化中真实地体现消费者价值。

4. 营销3.0的基本内容:合作性、文化性和精神性营销

总而言之,营销3.0时代是一个营销行为深受消费者行为和态度变化影响的时代。由于这个时代中的消费者需要更具合作性、文化性和精神性的营销方式,因此是一个以消费者为中心的价值营销时代(见图2.3)。

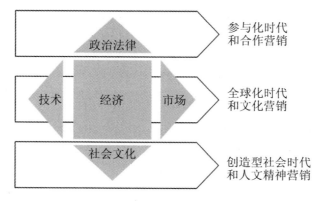

图2.3 营销3.0的三大组成部分

三、营销3.0的实施

1. 实施水平化而非垂直化营销

随着互联网等信息技术及其应用的发展、商业环境的改变、消费者主权意识的增强和消费行为模式的改变,营销必须实现深刻而持续的变革。过去的营销思维和营销手段基本上都是垂直化的,主要依靠媒体说服艺术来打动消费者,有时候甚至是操纵消费者,以此实现产品销售。但是,传统垂直营销对现在的消费者已经失去了作用,消费者对彼此的信任要远远超过对企业的信任。根据尼尔森全球调查报告,现在几乎没有多少消费者关注企业广告,更不会以此来引导自己的购买行为,消费者之间的口碑作用往往比企业广告可靠得多。

网络时代的消费者喜欢聚集在由同类人组成的圈子或社群内,共同分享属于自己的产品和消费体验。消费者社群主要有池状社群、网状社群、星状社群三类。池状社群是指消费者共享相同的价值观,但并不和其他成员互动,吸引他们走到一起的是对某个品牌的信赖和紧密关联。这种类型的社群属于典型的品牌热衷者群体,值得企业重点培育。网状社群内的成员存在互动关系,属于典型的社会化媒体社群,成员之间存在深刻的一对一影响关系。星状社群的成员会围绕某个明星人物形成忠实的粉丝团。社群存在的目的并不是为企业服务,而是为其成员服务。企业要想重新获得消费者的信任,就必须采用"新型消费者信任体系",即水平化的信任体系,积极参与消费者社群,努力为其成员服务,这样才有机会展开营销。为了更好地与消费者建立关联,品牌必须具备真实可信的基本要素,因为网络时代的消费者具有一眼便能看穿品牌本质的能力。企业必须提供名副其实、不掺半点水分的产品和服务。在消费者信任关系日渐水平化的时代,失去任何一个消费者的信任就意味着失去一个潜在的购买群体。

2. 构建人文精神营销3i模型

在营销3.0时代,企业关注消费者的人文精神层面,了解消费者的焦虑和期望,和消费者建立更深层次的关联。为此,应该构建由品牌标志(Brand Identity)、品牌道德(Brand Integrity)和品牌形象(Brand Image)形成的3i模型,见图2.4。

品牌标志应该把品牌定位到消费者的思想中。在信息爆炸的时代,要想让消费者迅速注意到你的品牌,这种定位就必须是新颖、独特的,必须是和消费者的理性需求和期望相一致的。

品牌道德必须满足品牌定位和差异化过程中提出的价值主张。品牌道德决定着企业能否实现其品牌承诺,能否让消费者信任自己的品牌,其目标是获得消费者的精神认同。

品牌形象需要和消费者形成强烈的情感共鸣,对消费者的情感需求形成吸引力,而不能仅仅停留在满足产品使用功能的水平上。

营销的最高境界在于品牌标志、品牌道德和品牌形象的完整融合。营销就是要清晰地定义企业独特的品牌标志,然后用可靠的品牌道德加以强化,最终实现建立强大品牌形象的目标。

图 2.4　品牌 3i 模型

3i 模型和社会化媒体背景下的营销高度相关。在信息爆炸和社群网络化的时代,消费者的权力变得越来越大,企业必须采取高度一致的"品牌+定位+差异化"手段才能实现营销目的。在这样一个强调口碑效应、消费者信任圈子成员胜于信任企业的时代,虚伪的品牌是不会有生存机会的。诚然,社会化媒体中也充斥着欺骗和谎言,但在消费者群体表现出的集体智慧面前,它们很快就会被揭穿。

在社会化媒体中,一个品牌形象的形成是由社群内所有成员的体验累积而成的。任何一个负面评价都会在社群内损害品牌道德,摧毁品牌形象。社会化媒体中每一位用户都很清楚,为保持公正中立的立场,社群内的意见领袖对品牌的评判非常苛刻。营销者必须认识到这种规则并学会融入这种规则,千万不要试图控制消费社群,而是切实要让企业的品牌在消费者心目中变得真实可信,让社群内的成员主动为企业品牌展开营销。在消费者彼此进行水平沟通的时代,垂直控制对他们丝毫不起作用,企业只能靠诚实、特性和可靠来赢得消费者的青睐。

3. 实施精神价值驱动营销

为了把品牌定位到消费者的思想、心灵和精神中,营销者必须了解消费者的焦虑和期望。他们希望整个社会和全世界能变得更美好,更适合人类生活和居住。因此,有志于成为楷模的企业必须牢记消费者的精神追求,把善行义举融入企业文化并保证言出必行,将精神价值融入企业使命、愿景和价值观,把企业对消费者的承诺根植于全体员工的思想认识之中。

企业使命是企业存在的基本目标。在确定企业使命时,应该明确一些基本原则以有利于建立企业可持续发展能力。彼得·德鲁克认为成功的企业在制定发展规划时首先应考虑的并不是经济回报,而是企业的使命。当企业树立了正确的发展使命时,经济回报就会自然而然地产生。

企业愿景是对企业未来理想状态的展望和描绘,是企业渴望实现或达到的成就。为激励员工共同努力,企业需要在确定使命的前提下清晰描绘企业发展愿景。

企业价值观是一系列的制度化行为标准,其中基本价值观是指导员工日常行为的价值观,核心价值观是构成企业形象本质特征的企业文化。

营销3.0同时也是意义的营销,而这些意义需要整合到企业的使命、愿景和价值观中去,从而把营销提升到一个新的高度。很显然,营销已不再是一种简单的销售或需求创造工具了,应当被视为可以帮助企业赢回消费者信任、实现基业长青的战略思维。为此,企业需要:

(1) 向消费者营销企业的使命。消费者是品牌的真正拥有者。对一个品牌来说,尽管向消费者提供卓越的产品性能体验和满足感很重要,但其最高发展目标是满足消费者的情感诉求。

(2) 向员工营销企业的价值观。3.0时代的营销,价值观具有巨大的推动力。企业通过向员工营销企业的价值观,可以成功管控内部分歧,提高工作效率,更好地服务消费者。

(3) 向渠道合作伙伴营销企业的价值观。在营销3.0时代,盈利模式的变化促使合作成为必然,企业与渠道合作伙伴的联系将会变得更加紧密。因此,企业应该向渠道合作伙伴营销企业的价值观,将那些与企业具有相似目的、特征和价值体系的合作者联系起来,让自己的品牌更深入人心。

(4) 向股东营销企业的愿景。部分股东可能过于关注短期投资利益,而不太关注企业的愿景和使命,这不利于企业长期发展和股东长期利益。因此,需要向股东营销企业的愿景,提高股东对长期投资利益的关注和企业的可持续发展能力。

四、营销4.0畅想

营销4.0是营销3.0概念的再次升级,是基于未来发展趋势预测的营销进阶创想。菲利普·科特勒2015年在东京世界营销峰会的演讲中提出营销4.0概念,2016年,菲利普·科特勒与营销3.0概念的两位提出者合著《Marketing 4.0: Move from Traditional to Digital》。

营销4.0是实现自我价值的营销。现在西方国家和东亚部分国家已经进入丰饶社会,马斯洛需求层次中生理、安全、归属、尊重等四个层次的需求相对容易被满足,最高层次的自我实现变成了消费者最重要的诉求,营销4.0正是要解决这一问题。随着移动互联网以及新的传播技术的出现,客户能够更加容易地接触到所需要的产品和服务,也更加容易和与自己有相同需求的人进行交流,于是出现了社交媒体,出现了客户社群。企业将营销的中心转移到如何与消费者积极互动,尊重消费者作为"主体",让消费者更多地参与到营销价值的创造中来。而在客户与客户、客户与企业不断交流的过程中,由于移动互联网、物联网所造成的"连接红利",大量的消费者行为都留有痕迹,并产生了大量的行为数据。这些行为数据的背后实际上代表着无数与客户接触的连接点。如何洞察与满足这些连接点所代表的需求,帮助客户实现自我价值,就是营销4.0所需要面对和解决的问题,它是以价值观、连接、大数据、社群、新一代分析技术为基础来实现的。

营销1.0、营销2.0、营销3.0和营销4.0概念内涵的升级过程如图2.5所示。

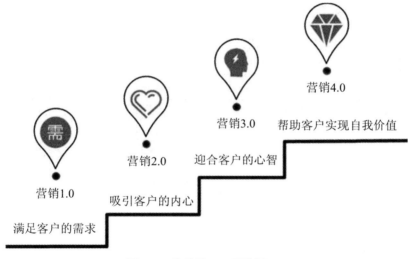

图 2.5　从营销 1.0 到营销 4.0

(资料来源:菲利普·科特勒2015年世界营销峰会演讲,东京)

营销1.0、营销2.0、营销3.0和营销4.0之间的差异,主要表现在营销目标、推动力量、对市场(消费者)的认识、主要营销概念、营销方针、价值主张等方面,如表2.2所示。

表 2.2　营销 1.0、营销 2.0、营销 3.0 和营销 4.0 综合对比

	1.0 时代 产品中心营销	2.0 时代 消费者定位营销	3.0 时代 价值驱动营销	4.0 时代 共创导向的营销
目标	销售产品	满足并维护消费者	让世界变得更好	自我价值的实现
推动力	工业革命	信息技术	新浪潮科技	社群、大数据、连接、分析技术、价值观
企业如何看待市场	具有生理需要的大众买方	有思想和选择能力的聪明消费者	具有独立思想、心灵和精神的完整个体	消费者和客户是企业与市场的主体
主要营销概念	产品开发	差异化	价值	社群、大数据
企业营销方针	产品细化	企业和产品定位	企业使命、远景和价值观	全面的数字技术＋社群构建能力
价值主张	功能性	功能性和情感化	功能性、情感化和精神化	共创、自我价值实现
与消费者互动情况	一对多交易	一对一关系	多对多合作	网络性参与和整合

(资料来源：菲利普·科特勒凯洛格商学院讲义)

第三节　全局营销观念

一、营销概念的创新与繁荣

20 世纪 80 年代以来，随着市场营销环境、营销传播技术和营销实践活动的变化，出现了众多新的营销观念，形成了营销观念纷争的局面。但删繁就简可以发现，众说纷纭的营销概念和营销观念主要有 3 条线索：

一是以市场营销概念和应用扩展为线索的大市场营销观念。大市场营销观念是菲利普·科特勒教授于 1984 年提出来的。这种观念认为一个企业不应只是消极地顺从、适应外部环境和满足消费者需求，更应借助政治力量和公共关系等手段，积极主动地改变外部环境，引导消费者需求或改变消费者习惯，以打开和进入目标市场，从战术营销转为战略营销。如果是新产品，企业还必须通过大力宣传激

发消费者的需求,甚至改变消费者的消费习惯。

二是以市场营销活动与环境保护为线索的绿色营销观念。绿色营销观念萌发于20世纪80年代,现在这一观念已被企业界普遍认同和接受。所谓绿色营销观念是指在绿色消费的驱动下,企业应从保护环境、合理利用资源的角度出发,通过生产绿色产品、满足消费者的绿色需求实现企业营销目标的一种市场营销理念。它是环保意识与市场营销观念的融合,它强调企业在注重经济效益的同时,应该比以往更加重视生态社会效益。

三是以营销信息收集和传播技术发展为线索的网络营销观念、数字营销观念和大数据营销观念等。技术的进步创造了一个全新的数字时代,互联网的出现使得市场营销也发生了全新的变化,尤其是对企业营销传播沟通和商品交易流通产生了重大影响。其中,网络营销是通过互联网来开展其产品和服务沟通传播、促销引流和销售业务的。电子商务是通过互联网实现产品销售的虚拟流通形式,实现了顾客购物的便利化。数字营销是借助互联网络、计算机技术和数字媒体实现消费需求挖掘、营销沟通和销售促进的一种营销方式。数字营销能够实现营销行为精准化、营销效果可量化和数据化。数字营销虽然主要是一种营销技术手段,但也包含了营销观念的成分,它是目标营销、直接营销、分散营销、客户导向营销、双向互动营销、远程甚至全球营销、虚拟营销、客户参与式营销的综合。大数据营销则是通过互联网和云计算采集网民的海量网络行为数据,并通过大数据分析与解读,发现网民行为规律,精准捕捉网民消费需求,精准实施网络营销传播,并可以快速实现智能化与大规模的个性互动营销传播。

二、全局营销观念的整合提炼

营销概念、营销技术和营销手段的繁荣一方面为市场营销带来了好处,但也可能造成营销者认识和行为上的迷茫。面对纷繁复杂的营销概念和说法,市场营销究竟应该怎样做才能抓住本质和关键,究竟应该怎样做才能纲举目张,从而达到化繁为简、举重若轻的境界?为此,必须整合各执一词的营销观念,采用更富有整体性、更具有关联性的观念和策略来展开自己的营销活动。

2006年菲利普·科特勒在《营销管理》第12版中提出了"Holistic Marketing"的营销整合观念,此后的《营销管理》第13版~第15版均保留了这一内容,梅清豪教授(第12版,2006)翻译为"全面营销",卢泰宏教授(第13版,2009)、王永贵教授等(第14版,2012)和何佳讯教授等(第15版,2016)翻译为"全方位营销",王永贵教授等(第 15 版、精要版,2017)翻译为"全局营销"。相对而言,全局营销的翻译最为传神达意且精炼,故本书采用全局营销的翻译概念。

全局营销观念是以对营销项目、过程和活动的开发、设计和实施的范围和相关关系的了解为基础的。全局营销认为所有事物都与营销有关。因此需要一种广泛的、整合的营销观念。全局营销包括四个维度:关系营销、整合营销、内部营销和绩效营销,如图 2.6 所示。

图 2.6　全局营销的维度

1. 关系营销(Relationship Marketing)

关系营销是指企业和内外部各主要关系方面建立相互满意的长期关系,目的在于直接或间接地促进企业营销活动的成功开展,保持或增加企业的业务与效益。关系营销中的关系包括终端顾客、公司员工、营销伙伴(供应商、分销商、批发商、代理商)、金融团体(股东、投资方、分析师)四个方面。营销者必须尊重这些成员的财富创造需求,采用相关政策和策略协调各主要利益相关方的利益回报。与这四个方面的机构建立稳固的关系,需要洞察、理解利益相关方的能力、资源、需要、目标和欲望。关系营销在各方之间建立起强大的经济、技术和社会联系,能够大大降低交易成本和时间。

关系营销的最终成果是创立营销网络这种独特的公司资产。这个网络由和企业形成了互利双赢关系的各利益相关方构成,包括顾客、员工、供应商、分销商、零售商、广告代理公司、大学科研人员等。越来越多的情况表明,现代营销竞争已经不再是单个企业与企业之间的竞争,而是营销网络之间的竞争。关系营销的实施准则也很简单:和主要利益相关方构建有效可靠的关系网络,利润自然会随之而来。因此,越来越多的企业选择自己打造品牌而非有形资产,保留核心优势业务而把非核心业务外包给更具效率优势且成本更经济的合作伙伴。

现代企业会根据每位顾客的历史交易数据、人口特征、心理特征、媒体和渠道偏好等,为顾客定制个性化产品、服务和信息。这些企业通过提高顾客忠诚度从而从每个顾客的消费中获取更高比例的利润。企业会评估每个顾客的终身价值,并依此设计产品和定价。例如,宝马公司允许顾客自己设计汽车,他们可以从 350 种款式、500 种备选件、90 种内饰颜色、170 种尺寸中进行选择。宝马 30% 的美国顾客和 80% 的欧洲顾客正在设计自己的汽车。这种与关键客户之间的丰富的多方位关系构成了双方互惠的基础。

关系营销不仅需要巧妙进行客户关系管理(Customer Relationship Management,CRM),还需要注重合作伙伴关系管理(Partner Relationship Management,PRM)。企业深化与供应商、分销商之间的关系,将他们看作是向终端客户传递价值的合作伙伴,优化合作关系管理能够使每一方都获益。

2. 整合营销(Integrated Marketing)

在整合营销方式下,营销者的任务是设计营销活动并整合营销项目来为顾客创造、传播和传递价值。营销活动的形式有很多种。麦卡锡将这些工具分为四大类,并称之为营销的 4P 策略:产品(Product)、价格(Price)、地点(Place)和促销(Promotion)。4P 代表营销者眼中可以用来影响购买者的营销工具。从购买者的角度来看,每项营销工具都是用来为顾客提供利益的。

整合营销的两个关键主题是:第一,采用大量不同的营销活动来宣传和传递价值。第二,协调所有的营销活动以实现其总体效果的最大化。换句话说,设计和实施任何一项营销活动时都要考虑其他所有活动。企业必须将需求管理、资源管理和网络管理体系整合在一起。

3. 内部营销(Internal Marketing)

内部营销确保组织内部的所有人都掌握了正确的营销观念,尤其是高级管理层。内部营销要求保持各级管理人员的垂直一致性和各部门的水平一致性,这样才能让每个人都理解、认同营销观念并付出营销努力。

内部营销是指成功地聘用、培训和激励有能力的员工,使他们更好地为顾客服务。聪明的营销者意识到,公司内部的营销活动可能与外部营销活动同样重要,甚至可能更重要。如果公司员工还没有准备好,那么提供优质服务的承诺是没有任何意义的。

内部营销要求组织中的每一个人都秉承营销的理念和目标,并致力于选择、提供和传播顾客价值。只有当所有的员工都意识到他们的工作是创造、服务和满足顾客时，公司才能成为一个有效的营销者。只有当公司所有部门齐心协力、分工协作共同服务顾客时，营销才能成功：设计部门需要设计出合适的产品，财务部门需要提供适量的资金，采购部门需要及时采购质量合格的原材料，生产部门需要制作出质量合格的产品，会计部门需要正确地计算成本和利润。

成功的内部营销是美国西南航空公司所具有的关键优势，高层管理人员对招聘、培训、内部沟通和人员激励非常关注。总裁和董事长不断地参观各分公司，感谢员工的努力，为员工发放生日卡，与员工分享顾客的意见。西南航空公司的员工微笑着为顾客提供顶级服务，而且在艰难时期他们也非常忠诚甚至不要薪水来降低公司的成本。

4. 绩效营销(Performance Marketing)

全局营销将绩效营销视为必要的部分，以准确了解从营销活动和营销方案中获得的商业回报，并更广泛地关注营销对法律、伦理、社会和环境的影响和效应。最高管理者除了检查销售收入外，还需要考察市场份额、顾客流失率、消费者满意度、产品质量和其他相关情况。

营销者不仅要从品牌建立和客户基础增长方面，还要从财务和利润方面，向高层管理者证明其营销投资的正确性。于是，营销者使用了更多的财务指标评估其营销努力创造的直接价值和间接价值。他们还意识到，企业的市场价值大部分来自无形资产，尤其是品牌、客户基础、员工、与分销商和供应商的关系以及智力资本。

绩效营销包括企业的社会责任。营销的影响范围超出了企业和顾客，发展到了整个社会。营销者必须仔细考虑更为广泛的社会角色，以及营销活动的道德、环境和社会价值。营销者必须平衡并调整企业利润、消费者需要与公众利益这三个彼此经常冲突的标准之间的关系。

社会责任营销最早产生于20世纪70年代，当时西方国家出现能源短缺、环境污染、通货膨胀现象，同时消费者维权的呼声日益高涨。市场营销观念虽然摆正了企业与消费者的关系，但在执行过程中，有时会出现满足了消费者个人需要，却与社会整体利益，特别是与社会公众长远利益发生矛盾的现象，如一次性方便用品和一次性包装品等，虽满足了消费者生活便利的需要，却危害了人类的生存环境。2003年初，《新科学家》杂志刊登了美国华盛顿大学内分泌学家迈克尔·施瓦茨教授的研究结果。他发现汉堡包、炸薯条、炸土豆片等美式快餐可以引起体内激素——瘦素的变化。瘦素是控制人体饮食行为的激素，它的变化会使食用者特别是少年儿童难以控制进食量。由此看来,食用洋快餐导致发胖,不能单纯责怪食用者没有自控力,而是因为它有"成瘾性"。社会责任营销的实质就是树立有社会责任感的"社会公民"的形象,取得客户的信赖,实现企业和社会的双赢。

综合本章内容,我们可以将市场营销观念的演进、营销3.0的演进和全局营销观念系统地进行整合分析:基于产品供求关系的三个传统营销观念——生产观念、产品观念和推销观念,可以看作是以产品为中心的营销1.0阶段;以消费者为中心的市场营销观念可以看作是营销2.0阶段;基于环境和社会利益的社会营销观念和全局营销观念,可以看作是以人文为中心的营销3.0阶段,如图2.7所示。

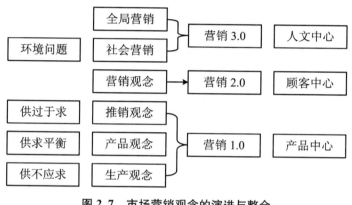

图 2.7 市场营销观念的演进与整合

本章小结

市场营销观念是指导市场营销活动的基本思想,对于营销行为活动具有基础性、本源性和先导性作用。确立正确的市场营销观念,对于正确开展市场营销活动并取得良好的市场营销绩效至关重要。本章从时间纵向维度和空间横向维度对市场营销观念进行了纵向演进分析和横向整合分析,即以供求关系和营销方法为背景分析了市场营销五个观念——生产观念、产品观念、推销观念、市场营销观念和社会营销观念,以技术发展和营销理念为背景分析了营销1.0、营销2.0、营销3.0和营销4.0,以营销对象和营销对策为背景分析了全局营销的内部营销、整合营销、关系营销和绩效营销。营销观念的演进和整合反映了人类和时代对营销的要求,也反映了市场营销从谋求自身利益发展到谋求人类社会整体利益的历史性进步。

营销理论知识练习

1. 为什么不同的时代有不同的营销观念,同一时代也存在不同的营销观念?
2. 营销观念从生产观念、产品观念、推销观念、营销观念到社会营销观念演进的背景和逻辑是什么?
3. 营销1.0、营销2.0和营销3.0的演进及其基本内容有哪些?
4. 营销4.0的主要观点是什么?
5. 简述全局营销的基本含义和主要内容构成。

营销实战模拟练习

举出一个善待你(也就是说,这个公司是以顾客为中心的)的公司的例子,它实现这一成功有哪些具体步骤?你对此公司感觉如何?你会把它介绍给你的朋友和亲戚吗?你愿意为其产品或服务接受比其竞争对手更高的价格吗?

第二篇

发现市场价值

◎ **第三章　营销环境分析**
营销环境与营销调研·微观营销环境分析·
宏观营销环境分析

◎ **第四章　消费者市场分析**
消费者市场概念与特征·消费者购买行为模式·
消费者购买行为影响因素

◎ **第五章　组织市场分析**
组织市场概述·生产者市场分析·中间商市场分析·
政府市场分析

◎ **第六章　行业竞争分析**
行业概述·行业规模与竞争格局·竞争者分析与竞争策略·
目标行业选择与进入

◎ **第七章　定位市场价值**
市场细分·市场优选·市场定位

第三章 营销环境分析

营销的真正价值存在于社会环境之中,找准营销在社会环境中的位置,按照营销宏观环境和微观环境的需要开展市场营销活动,并随环境变化而变化,才有可能创造出营销的社会价值和市场价值,才有可能使企业根植于社会环境之中。

方便面市场为何下滑

2015年全世界方便面销量为977亿份,而中国当年的年销量为404.3亿份,但近三年来,中国方便面需求量减少近80亿份,销售收入减少约300亿元。

与方便面市场下滑形成鲜明对比的则是便利店和外卖的快速增长。虽然便利店仍然销售方便面,但同时提供便当、关东煮等多种即食食品。外卖的快速增长更是直接冲击了方便面市场。根据比达咨询发布的中国第三方餐饮外卖市场研究报告,2016年国内外卖市场整体交易额达1761.5亿元,较2015年全年交易382.1亿元上涨了361%。方便面市场消退与外卖市场兴盛的原因是:方便面产品创新突破难见成效,而互联网应用的发展使得网络订餐十分便利,外卖送餐速度也非常快;方便面产品本身存在一些不足,比如品种和口味不够丰富,消费者的选择性较小,不够健康,分量不够足,仅能垫垫肚子而不能当正餐;而外卖食品的品种和口味更加丰富,消费者的选择性更多,且能够当正餐吃饱。

案例思考

方便面市场下滑的营销环境是什么?

学习目标

1. 了解营销环境与市场营销的关系。
2. 掌握微观营销环境的内容
3. 了解宏观营销环境的内容。

> **重点难点**

1. 营销环境的含义、分类和特征。
2. 宏观营销环境和微观营销环境的构成因素及其对市场营销的影响。

第一节 营销环境与营销调研

一、营销环境与营销创新

企业的市场营销行为活动总是在一定的营销环境中开展的。不断变化的营销环境会对企业的市场营销活动方式及其效果产生影响,营销环境既可能为企业的市场营销带来制约和威胁,也可能为企业的市场营销创造良好的发展机会。

营销环境是指影响企业市场营销活动及其目标实现的各种因素与力量。企业能否适应或利用复杂多变的营销环境,很大程度上影响着企业营销的成败。营销环境是企业营销活动的制约因素,通常被看成是企业难以控制甚至是不可控制的营销因素。对待营销环境的态度和行动存在以下五个层级的显著差别:

(1) 有不少企业对营销环境变化茫然不知,以至于稀里糊涂地死于环境变化,这类企业死于无知。

(2) 有很多企业对营销环境变化有感知,但在变化的营销环境面前显得无能为力,只能逆来顺受,这类企业往往死于无能。

(3) 敢于抢抓机会与勇于接受挑战的企业决非只会被动地接受环境影响,他们采取积极、主动的态度能动地适应营销环境变化、拥抱营销环境变化,这类企业往往成于积极应变。

(4) 少数具有创新变革意识、胆略、技术和能力的行业领导型企业,以及一些创业期不容易看出来的科技颠覆式创新型企业,敢于突破某些环境制约,主动引领技术环境变化、积极影响社会文化和政策法规等环境因素,创建出新产品形态、新市场业务和新技术行业,实现了市场的创新性突破和营销的创造性变革,这类企业往往成于创新引领。

（5）如果说这些为数不多的卓越创新型企业个体对环境的改变还是有限的，那么当这些企业凝集在一起形成行业合力和变革趋势之时，就会更快速度地、更大规模地推动环境的改变和社会的发展。而科学技术和营销发展的历史也表明，正是这些卓越的企业群体推动了营销环境的改变、消费方式和市场行为的改变，乃至推动了社会生活方式的进步。比如汽车工业和航空工业改变了人类的交通出行方式，电话、互联网和智能手机改变了人类的信息沟通方式，等等。

　　当然能够引导环境发展变化的卓越创新型企业是很少的，而且也确实存在比较大的风险和不确定性。但大量营销实践证明，即使在经济严重衰退等环境威胁来临之时，也总有一些优秀企业能够捕获到一些新的发展机会，其中还有相当一部分企业通过营销创新而创造了不同寻常的业绩，也有很多企业在环境机会来临时，能够及时把握机会，借助环境发展趋势的力量实现企业的腾飞。因此，对于大多数企业而言，营销者的职责就在于通过研究营销环境，预测其发展变化，分析营销机会和威胁，据以制定营销战略和策略，使得企业的营销活动与营销环境的发展变化相适应，从而保证企业的持续稳定发展。

　　营销环境是一个多因素、多层次的复杂综合体，各种环境因素不但分别对企业的营销活动产生影响，而且各个因素之间又相互交叉和互相影响，从而综合作用于企业的营销活动。纵观营销发展历史，随着营销环境的不断变化和内容范畴的不断扩展，影响企业市场营销的环境因素和力量也不断增加，企业对环境的认识也不断加强和深化。根据营销环境中各种因素和力量对企业营销活动影响的方式和程度，我们将营销环境分为宏观营销环境和微观营销环境两大类，微观营销环境对企业市场营销的影响更加直接，宏观营销环境对企业市场营销的影响较为间接，微观营销环境和宏观营销环境的具体内容，我们在本章第二节和第三节中展开介绍。

　　营销创新是企业面对营销环境变化对企业自身的营销行为进行的调整和变革。面对营销环境的变化，营销创新是企业生存和发展的必由之路，不思进取，墨守成规，一定将会被市场和竞争对手所淘汰。

　　营销创新的方式方法多种多样，营销创新的程度范围也有所不同，营销创新的属性范畴也有差别，既可以是某个营销环节的方法手段创新，比如互联网营销调研方式手段的创新、社交媒体的营销沟通创新、电子商务的分销渠道创新，也可以是营销价值链全程的创新，比如从智能化市场调研到智能化产品制造生产再到智能化产品分销。根据营销创新属性范畴和范围程度的不同，可以将营销创新区分为营销升级和营销转型。

　　营销升级是基于原有市场客户、行业技术、产品形态、分销渠道和沟通传播等方面的进步和提升而推进的营销创新。由于原来的市场客户需求和媒体习性升级了，企业的营销必须升级，否则将会失去市场客户，由于行业技术和产品形态升级了，企业的营销必须升级，否则就会被竞争对手所淘汰，等等。根据升级范围的不同，可以是营销局部环节的升级，也可以是营销整体系统的升级。

营销转型则主要是指为顺应甚至引导营销环境的重大变化而做出的营销整体性变革，通过营销思维创新和变革、营销战略创新与变革、产品和市场创新与变革、营销组织创新与变革、营销传播方式途径调整与转型，实现营销关键核心模式的创新与转型，以实现更高的营销效能和效率、取得更好的营销绩效。

营销创新的持续推进需要一个企业甚至行业整体不断交替运用营销升级和营销转型两种方式，这样才能持续推进市场发展和社会生活方式进步。例如在通信终端产品技术和营销方面，摩托罗拉通过发明和应用大哥大，实现了从固定电话到移动电话的转型，并多次引领了手机产品小型化、轻便化的技术创新和营销创新。诺基亚通过功能手机的技术和营销创新，实现了移动通信从模拟时代向数字时代的转型，摩托罗拉在这场转型中因缺乏创新而失去领导地位并被并购。苹果通过智能手机的技术和营销创新，实现了移动通信向智能手机和移动互联网的转型，而诺基亚在这场转型中因缺乏创新而失去领导地位也被并购。而苹果手机每一年的新品发布上市则是智能手机技术与营销的升级。但2017年iPhone 8上市时，市场反应平淡，市场在期待新的创新领航者出现。

二、营销调查研究

了解和掌握营销环境离不开营销调查研究。营销调查研究简称营销调研，是指运用科学的方法，有目的、有计划、系统地收集、整理和分析研究市场营销方面的相关信息，并提出解决企业营销问题的对策建议，为企业营销管理者了解营销环境、发现市场机会与威胁、作出市场预测和营销决策提供可靠依据。营销调研不同于市场调查，它不仅仅要通过市场调查了解各种真实状况和收集数据资料，更重要的是要运用科学的方法对所获得者的数据、资料进行系统、深入的研究和分析，得出合乎客观事物发展规律的结论，以供营销决策层参考。

营销调研是企业一切营销活动的出发点。通过调研活动，收集信息情报并分析处理，有利于企业制定科学的营销规划，有利于发现和开拓新的目标市场，同时也有利于优化营销策略。

营销调研是一项复杂而细致的工作，需要坚持科学的态度和运用客观理性的技术方法，必须首先确定调研目标，然后拟订周密的调研计划，并遵循一定的程序和步骤逐项分步进行。营销调研的流程通常分五步进行：确定问题与调研目标、拟定调研计划、收集信息、分析信息、得出结论，见图3.1。营销调研是市场营销的重要基础与核心职能，高等院校市场营销专业通常会开设一门营销调研课程，因此本书在这里不展开系统介绍。

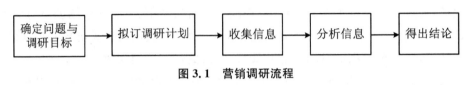

图 3.1　营销调研流程

三、营销信息管理

营销信息，也称市场信息、市场营销信息，是指存在于企业内部或外部之中，对企业的市场营销方案设计、实施及其绩效有着直接或间接影响的各种消息、情报、数据、资料的总称。企业的市场营销离不开营销信息的收集、分析和处理，以形成"市场洞察"和"营销洞见"，并为企业营销战略规划、营销方案策划提供市场依据，为实现成功营销并取得卓越营销绩效奠定市场基础。

营销信息除了具有信息的普遍性、可感知性、可处理性、可转换性、可传递性、有效性等共性外，还有其独特性：一是它的综合性，因为营销环境的多样性与综合性决定了其信息是多信源、多信宿、多信道、多层次的综合。二是它的活跃多变性，营销信息的生成速度快、变化也快，市场的多变性决定了其信息的活跃度较强和不稳定性较强，企业要抓住适时的准确的信息才能立足于瞬息万变的市场。三是它的双向性，营销信息的流动常常是双向的，如客户和企业之间的信息是双向互动互相影响的，而市场这双"看不见的手"总是利用信息沟通和双方反应来调节供需平衡。

营销信息的作用表现为：一是企业营销活动的前提和基础。任何企业的营销活动都是处在一定的营销环境中的，营销环境对企业营销活动的成败有着重要影响。收集和处理营销环境信息是企业顺利开展一切营销活动的前提。二是企业营销决策的依据。企业只有在充分调研各种营销信息的基础上，才能做出正确而明智的营销决策，才能做好企业营销战略规划和营销方案策划。三是实现营销管理的必要条件，企业管理者必须在充分地掌握营销信息的基础上才能科学地指挥营销活动，并及时调整营销行为，实现成功的营销管理。

现代信息技术的发展为营销信息的收集和处理带来了方便,但同时也带来了信息产生和传播的过载,形成信息泛滥,淹没了对企业营销真正有价值的重要信息。进入互联网时代以来,互联网技术为记录、检索网民的消费信息和企业的营销信息带来了极大的方便,网络媒体、电商平台和移动支付每时每刻都在产生、记录和存储着海量信息,所以说现代信息社会进入了大数据时代。大数据在给企业营销带来机会的同时也提出了严峻的挑战。有效收集、处理和利用大数据的企业,能够获得更精准的"市场洞察",从而更好地开展营销活动。但是对于大多数没有大数据收集、处理能力的企业来说,高效率、低成本地在海量的、复杂的大数据之中挖掘出精准有效的营销信息,绝非易事。企业营销者需要的营销信息不是杂乱无章的海量信息,而是精准有效的适量信息。因此企业必须通过营销信息管理开展精准有效的信息收集、甄别和处理。

营销信息管理是指通过人工、设备和计算机程序等对营销信息进行收集、筛选、甄别、分析、评估和利用的营销管理活动。营销信息管理已经不是一个单项工作,而是一个管理系统,包括企业内部报告系统、营销情报系统、营销调研系统和营销决策支持系统4个主要构成部分。

(1)内部报告系统:全面实施信息化管理的企业一般建立了企业内部数据库和信息管理系统,通过企业内部的信息管理平台,能及时查看企业营销运行的过程进展、实时状态与发展态势,比如终端销售数据、客户订单数据、产品生产与库存数据、销售收入与回款数据等等。通过分析这些营销信息,营销管理者能及时发现机会和问题,及时做出调整。但信息化管理不够系统的企业内部报告系统可能不完善,各个信息子系统不能互相兼容,信息报告因此不便捷、不准确。

(2)营销情报系统:市场营销不仅需要掌握企业内部信息,还需要掌握企业外部信息,因此需要建立营销情报系统,通过合法途径收集消费者、竞争者和市场发展趋势等外部营销情报信息。营销情报系统通过收集和分析消费者信息,了解消费者环境和个人状况,了解和追踪消费者行为,掌握消费者对企业和产品的感受和评价,从而更精准有效地开展营销活动,但要注意不能侵犯消费者个人隐私。营销情报系统可以通过互联网和相关人员公开合法收集和分析竞争对手的营销信息、社会公众对竞争对手的评价信息等,也可以通过购买竞争对手的产品和服务,感受竞争对手的产品与服务的优缺点,从而掌握竞争动态,制定营销竞争对策。

(3)营销调研系统:除了企业的内部报告系统持续提供的常规营销信息和营销情报系统合法收集整理的营销情报以外,企业还常常需要为一些特殊的市场情况和营销决策专门收集一些特定的营销信息。因此,需要建立营销调研系统以承担相应的营销信息管理工作。部分大型企业成立了自己的调研机构和专业调研团队自行承担营销调研工作,更多的企业通过委托专门的调研公司开展第三方独立营销调研,一方面节约费用,另一方面第三方的立场和观点也更为客观,所以即便是自有调查机构与人员的企业有时也委托第三方开展营销调研。

(4)营销决策支持系统:内部报告系统、营销情报系统和营销调研系统各自提供了有价值的营销信息,各有其营销决策层面的价值与意义,但更重要、更复杂的营销决策还需要营销决策支持系统的全面支持。营销决策系统通过计算机软件进行数据分析处理,通过提取数据库中的相关数据,应用模型库中的相关模型,为营销决策提供相关方案模型,如广告预算模型、产品定价模型、竞争策略模型和最佳营销策略组合模型等,为营销管理者的营销决策提供依据。

第二节　微观营销环境分析

微观营销环境是指对企业市场营销构成直接影响的各种因素与力量,他们与企业的市场营销紧密关联,直接影响和制约着企业营销活动能否顺利开展、企业竞争优势能否成功构建、企业营销绩效能否成功取得。从另一方面来看,企业尤其是具有优势地位的企业也能够对微观营销环境直接产生影响和作用,表现出企业对微观营销环境比对宏观营销环境具有更多的主动性和把控性。所以本章在讨论宏观环境之前先开展微观营销环境的讨论。微观营销环境包括企业自身、供应商、营销中介、用户、竞争者和公众等6个方面,下面逐一开展讨论。

一、企业自身

企业是微观营销环境的内核,是微观营销环境中最重要的核心要素和能动力量,因为企业是市场营销的主体,是微观营销环境系统成员中的发动机和牵引力。

企业自身也是一个由多个管理层级和管理部门构成的内部微观营销环境。企业内部从上到下由决策层、管理层、执行层等多个管理层级构成,水平方向由营销、研发、采购、生产、技术、销售、财务、人事、后勤等职能管理部门共同组成。企业内部微观营销环境就是由构成企业的各管理层级、各职能管理部门之间的相互关系构成的。企业营销部门是现代营销导向型企业的核心部门,是市场和客户在企业内部的代言人,是企业市场营销的思想库、发动机和推进器。但是,企业的市场营销工作仅仅依靠营销部门是不能单独完成的,智慧的营销部门必须善于向上级决策层、平级各职能管理部门和下级执行层全面推广全局营销观念,将企业真正打造成目标认识一致的、行动互相配合支持的营销导向型企业,这样才能形成一个具有凝聚力和战斗力的营销组织。

具体来说,企业的营销部门在制定营销战略、营销策略和营销方案时,不仅要考虑到营销部门自身的意识、资源和力量,还需要考虑企业决策层、管理层各个职能部门以及执行层的意识、资源和力量水平。决策层是企业管理的核心组织,负责制定企业的任务、目标、战略、政策等,其领导作用决定了整个企业的方向,必须全面考虑企业的战略投资和盈利绩效等,企业营销部门必须依据企业决策层制定的战略目标制定营销规划和营销计划,否则既不能实现对企业战略目标的贯彻实施又不能构成对企业达成目标绩效的支撑,而脱离企业战略目标的营销规划与营销方案必定得不到决策层批准,更不可能得到资源支持。

企业的研发、采购、生产、技术、销售、财务、人事、后勤等部门,直接从横向方面影响企业的市场营销。比如原料的供应直接影响产品生产数量和进度,技术部门的工艺方案直接影响产品生产品质等。它们还反作用于企业决策层,甚至直接影响整个企业的正常运作。这就要求企业营销部门在制定营销规划和计划时,必须横向分析、考虑、协调和引领企业各职能部门的意识、资源和力量,获得这些部门的密切配合和支持,才能取得预期的营销绩效,否则就有可能受到相关部门的掣肘和拖累,无法顺利推进营销工作。

企业执行层人数众多,是企业生产经营活动的基层作业层面,也是影响产品质量和消费体验的市场前沿,对企业市场营销的影响广泛而直接。因此,企业营销部门在推动营销计划执行过程中,还需要准确把握企业执行层的人力资源状况和执行能力,注重培养和提升执行一线人员服务客户的意识、能力和水平,促进企业营销活动的完美执行,保障客户服务的质量水平。

二、供应商

供应商是向企业提供产品生产与营销资源的企业和相关组织,包括提供部品、配件、原材料、能源和劳务的企业和组织。供应商对企业有着直接的和实质性的影响,比如说部品和原料的价格能够直接影响生产成本,进而影响企业利润;而部品和原料的质量与数量又与产品的质量和生产规模及进度密切相关,进而影响着企业的市场营销成效、影响着企业的形象和信誉。

寻找优秀的供应商、善待供应商、扶植供应商、帮助供应商提升技术水平和质量档次、打造优质供应链，是保障企业营销顺利推进、取得市场竞争优势和获得客户长期持续满意的重要基础。优秀的现代营销导向型企业已经具备了与供应商紧密合作、共同打造系统竞争优势、共同分享市场成果的思想意识和系统方法。

从稳健经营的角度来看，企业必须建立起由多家供应商构成的供应链体系，避免和防止因为过分依赖某家供应商而可能造成的供应链断裂风险，必要时亦可采取逆向发展策略，适当并购或收购上游企业，确保上游核心部品和技术供应安全可控。

三、营销中介

营销中介是协助企业向客户促销、分销和配送产品的组织机构，包括各类中间商、产品配送公司、营销服务机构和金融服务机构等。

中间商是帮助企业分销产品的商业机构，在企业微观营销环境中具有重要地位和作用。具体包括大批量分销企业产品的批发商、小批量高频次地向终端消费者销售企业产品的零售商，以及代为企业销售产品的代理商。中间商还可以区分为具有固定营业场所的实体商业和没有实体营业场所的虚拟电商两大类。

产品配送公司是为企业提供产品储存、运输和配送服务的物流企业。产品配送公司通过产品包装、运输、仓储、装卸、搬运等作业环节，协助制造商和中间商将产品配送到目的地。优秀的产品配送公司能够提高产品配送效率和用户体验，降低产品配送成本，减少差错，对于企业营销效率和绩效提升具有直接的促进作用和重要的价值。大批量远距离产品配送需要取得大型干线物流企业的支持与合作，小批量甚至单件性产品配送，比如服务于网购用户的电商需要得到优质快递企业的合作与支持。

营销服务机构是为企业营销提供调研、咨询、策划、广告和公关服务的机构，如市场研究公司、营销策划公司、营销顾问公司、广告公司、公关公司、大众媒体、社交媒体和网络自媒体等。与优秀的营销服务机构的密切合作，能够提升企业"市场洞察"、"营销洞见"、营销策略的精准度，营销传播影响力和营销效率。与营销服务机构保持友好合作，还可以减少营销策略失误，减弱企业负面信息传播所造成的影响。

金融服务机构是为企业提供结算、融资和保险服务的机构，如银行、支付公司、投资公司、担保公司和保险公司等。现代市场营销离不开结算支付、融资投资，必须有充足的现金流,必须有充分的资本保障和风险抵御能力,因此需要金融服务机构的合作与支持。

一个成功企业的背后往往拥有多个成功的营销中介组织的支持,而营销中介组织的发展又离不开成功的企业。企业与营销中介组织的支持与配合是营销活动必不可少的一环,双方紧密配合方能实现共赢。

四、用户

用户既是企业营销的最终目标和对象,也是影响企业营销绩效最重要的微观营销环境因素与力量。市场营销的本质和重要目标就是为用户创造、传播和传递价值并与用户建立长期稳定关系。有个广为流传的企业员工守则这样写道:第一条,用户永远是对的;第二条,如果用户错了,请参照第一条。这个员工守则充分说明了用户在企业营销环境中的地位和价值。

企业能否真正为用户创造价值,能为用户创造多大价值,能否长期为用户创造价值,是企业能否长期生存发展的重要基础。企业的用户范围和规模大小与企业的营销战略、营销定位和营销能力相关,主要有生产者市场的用户、消费者市场的用户、非营利组织市场的用户和政府市场的用户等类型。中间商市场的客户因为不是产品的最终用户,我们已经将其放在营销中介这一微观营销环境里了,因此不在这里的用户范围之内。如果企业进入国际市场,其用户范围还包括所进入国家的上述4种用户。用户身份不同,市场行为规律不同,在微观营销环境中的地位和作用也不同,需要营销者分别研究并开展具有针对性的营销活动,才能取得良好的营销效果。

五、竞争者

现代市场营销充满着竞争。个别暂时领先的企业号称拿着望远镜都看不到竞争对手,其实不过是炫耀式的吹嘘。竞争者是企业微观营销环境中唯一主要表现为负面干扰影响的因素和势力。但竞争者的存在,无疑将警醒营销者,企业要想赢得消费者,必须首先超越竞争者,必须比竞争者更快更好地满足消费者的需求才能战胜竞争者,必须在消费者的认知中建立优于竞争对手的品牌形象。竞争者的存在,能有效防止垄断,能督促大型强势企业远离大企业病,督促企业职员不能傲慢地对待消费者,从这个角度来看,竞争者的存在对于企业来说又是具有积极意义的。

竞争者的类型多种多样,并不局限于本行业中现有的企业,潜在加入者、替代品生产者等都是企业的竞争者。正确识别和定位竞争者,并采取正确的竞争策略,才能维护健康有序的市场竞争环境,才能顺利推进企业的营销活动,避免和防止竞争对手搅局。看不到竞争者的"安全"其实就是最大的风险。有关竞争者的类型、竞争格局、竞争策略和竞争战略等内容,我们将在第六章的第二节、第三节和第十三章的第二节展开深入讨论。

六、公众

公众是对企业营销进程和效果存在实际或潜在影响能力的所有组织或者个人。企业必须努力在公众面前树立良好形象,保持与公众之间的良好关系,赢得好的口碑,才能协助企业营销活动的顺利开展,而不良公众形象将会妨碍甚至终止企业营销活动的开展。公众的类型主要包括:

(1) 政府公众。是指对企业营销活动有影响作用的相关政府机构,尤其是承担市场监管职能的政府机构,即承担质量监督检验、工商行政管理、食品卫生监督管理的政府部门。企业必须经常与政府公众保持联系,随时关注政府政策的变化情况,以相应地调整企业营销行为。

(2) 金融公众。是指能够影响到企业融资能力的金融机构,包括股东、银行、投资公司、保险公司、证券分析公司等。金融机构的及时融资能有效支持企业营销,金融机构的撤资停贷则有可能断送企业前程。而对金融机构而言,成功企业的按时还款还贷能为金融机构创造效益。两者之间其实是互利互惠的合作关系。

(3) 媒体公众。是指互联网、电视、广播、报纸、杂志等联系企业与社会大众的各类传播媒体和意见领袖。媒体机构的报道往往能够对企业营销产生直接影响,企业要与媒体保持友善关系,争取媒体的正面报道,避免媒体的负面曝光,利用媒体宣传提升企业及产品形象,促进营销活动进程顺利推进。当然媒体公众也能从宣传报道企业中得到经济利益,因此和金融大众一样也具有营销中介的特性。

(4) 社会团体公众。是指消费者权益保护组织、环境保护组织、少数民族组织及其他各类有关群众团体。他们往往出于保障监督或者争取消费者权益的需要而对企业进行质疑,企业营销者要密切关注他们对企业的评价,及时吸收或采纳他们的意见或建议,妥善解决他们提出的问题。

(5) 当地公众。是指企业所在地的居民及各类社区组织。他们对企业的态度和行为直接影响着企业的营销活动。企业要与所在地居民及社区组织保持友好关系,以争取他们的大力支持,可以通过主动为社区重大活动作贡献、关注与他们切身利益有关的问题、解决他们的难处等途径来获得当地公众的认可与肯定。

(6)内部公众。是指企业内部的所有员工,包括董事会成员、经理阶层、职工甚至职工家属等。处理好内部公众关系、改善工作环境和工作条件、提高员工福利待遇,不仅可以增强内部公众对企业的信任感和责任感,还能够通过他们更好地为客户提供优质服务,增强企业的市场影响力、品牌美誉度和市场竞争力。

(7)一般公众。是指除了上述6种公众之外的一般社会公众。虽然他们并未对企业产生直接影响,也不是企业的消费者,但却有能力影响其他公众对企业及其产品的认知,企业也要处理好与一般公众的关系,在一般公众心目中建立良好的形象。

现代社会是一个开放型社会,发达的互联网和社交媒体更有利于公众意见的集结、分发和传递,因此处于现代开放透明环境中的企业更应该保持清醒认知,处理好与各方公众的关系。

第三节 宏观营销环境分析

宏观营销环境是指对企业营销活动带来市场机会和环境威胁的主要社会力量,包括人口、经济、政治、文化、自然、技术等因素。宏观营销环境是企业营销活动的重要外部环境,大多数情况下宏观营销环境通过对微观环境的影响而作用于企业,有时宏观环境因素也直接作用于企业,给企业营销活动提供机会或造成威胁。

通常来说,宏观营销环境是在更大范围内产生作用的,是企业不可控制的外部因素与外部力量。对于大多数企业来说,宏观营销环境尽管不可控制,但是却可以对宏观营销环境进行分析预测,并采取相应措施把握环境带来的机会,或规避环境带来的威胁。对于一些优秀的企业来说,虽然宏观营销环境总体是单个企业不可控的,但是可以影响或引导某个环境因素的变化,比如通过技术发明和技术创新影响和引领行业技术环境的发展方向,通过媒体沟通、公关活动和社会舆论影响和引导消费观念等社会文化环境因素的变化,促进政策法规的制定和修订等。应该说,虽然宏观环境的惯性是巨大的,改变是困难和缓慢的,但是对于创新还是鼓励的,尤其是中国政府和中国社会在鼓励和支持创新方面,立场是鲜明的,态度是积极的,行为是包容的。

宏观营销环境包括人口、经济、政治、社会、自然和技术6个方面。

一、人口环境

人口是构成宏观营销环境的基础要素。市场是由有购买欲望和购买力的人群所组成的,人口的年龄结构、地理分布、增长变化对于市场需求结构及其变化具有重要影响。企业在规划营销战略、制定营销策略时必须充分考虑人口环境因素的现状和变化。就现阶段来看,世界和中国的人口环境状况与变化趋势主要包括以下几个方面:

1. 人口增长发生变化

在人类历史中,18世纪以前人口数量增长十分缓慢;18世纪以后特别是20世纪以来,随着生产力的发展和人们生活水平的提高,世界人口增长的速度大大加快。第二次世界大战结束后,由于导致人口增长放缓的因素(如战争、瘟疫和饥荒)减少,世界人口增长明显加快。但随着经济发展,人们的生育观念发生了改变,人口增长率又逐渐下降。2016年,世界人口数量为72亿,有机构预计2040年前世界人口将达到80亿。

新中国成立以后我国人口快速增长,但由于人口增长速度超过了资源承载能力,我国政府实行了严格的计划生育政策。随着人口政策的实施和社会的发展,生育率明显下降,中国人口增长的压力得到缓解,中共中央和全国人大及时出台政策完善计划生育政策,2013年底决定启动实施"单独二孩"政策,允许一方是独生子女的夫妇生育两个孩子,2015年底决定实施"全面二孩"政策,全面实施一对夫妇可生育两个孩子,新生人口开始出现有序增长。

2. 寿命增长与老龄化

随着生活水平和医疗健康水平的提高,随着劳动时间和劳动强度的减少,世界发达国家和中国的人均寿命明显增长。很多国家人均寿命超过80岁。1949年新中国成立时,人均预期寿命仅有35岁,1981年提高到67.9岁,2016年提高到76.5岁,中央政府制定的"健康中国2030规划"提出的目标是到2030年中国人均寿命提高到79岁。

人口老龄化是指由于人口生育率降低和人均寿命延长这两种主要原因导致的年轻人口数量占比减少、年长人口数量占比增加的动态发展过程。当一个国家或地区60岁以上老年人口占人口总数的10%及以上,或65岁以上老年人口占人口总数的7%及以上,即意味着处于老龄化社会。很多发达国家已经进入了老龄化社会。我国人口老龄化的速度快于国际平均水平,2000年开始步入老龄化社会。

人口老龄化带来的人口结构变化,将会带来市场消费结构的变化,年轻消费市场规模将下降,银发消费市场规模将增加。

3. 城市化与人口流动

人口流动会引起购买力的流动和市场需要的变化。近几十年来,世界各国的人口流动明显增强。人口流动的趋势是:一是从发展中国家向发达国家的国际流动,但数量和规模受发达国家移民政策控制。二是从农村向城市的国内流动,人口从农村流入城市,劳动力从农业部门转移到非农业部门,这也是发展中国家经济发展的表现,是推进城市化或城镇化的良好结果。"十二五"时期,我国城镇化率年均提高1.23个百分点,2016年常住人口城镇化率为57.35%,规划2020年达到60%左右。城市化和人口流动带来了就业和居住的改变,也带来了市场的改变。但过度城市化之后反而会出现回归田园生活的"逆城市化"现象,目前西方发达国家已经出现这种现象,中国近年来乡村游农家乐的发展也呈现出这种特征。

4. 家庭规模的小型化

家庭规模的小型化是中西方国家家庭结构变化的重要特征之一,家庭结构呈现出以核心家庭为主,单身家庭、临时合租同居、丁克家庭、单亲家庭、空巢家庭等小规模家庭多样化的趋势,带来了以家庭作为基本消费单位的住房、家居、家用电器等市场的变化。

二、经济环境

经济环境是宏观营销环境的重要方面,对市场营销具有广泛而深刻的影响。经济环境的研究通常从经济发展阶段、宏观经济形势、居民收入和消费支出等方面进行分析。

1. 经济发展阶段

经济发展阶段是指一个国家或地区经济发展和经济水平所处的历史时期。美国学者罗斯托(Walt W. Rostow)提出的"经济成长阶段理论",将人类社会发展划分为6个经济成长阶段:

一是传统社会阶段,其特征是主要依靠手工劳动,农业居于首要地位,消费水平很低,存在等级制,家庭和氏族起着重要作用。

二是经济起飞准备阶段,是摆脱贫穷落后走向繁荣富强的准备阶段,社会开始谋求经济制度改革和资本投入从而为发展创造条件,这一阶段的主导产业通常是第一产业或者劳动密集型制造业。

三是经济起飞阶段，经济由落后阶段向先进阶段快速推进，经济起飞必须具备一些条件，比如生产性投资率提高，出现一个或几个成长性的领先部门，发明和革新十分活跃等。在起飞阶段，随着农业劳动生产率的提高，大量的劳动力从第一产业转移到制造业，外国投资明显增加，以一些快速成长的产业为基础，出现了若干区域性的增长极。国家在国际贸易中的比较优势从农产品出口转向了劳动密集型加工产品出口。

四是经济成熟阶段。这是起飞阶段之后的一个相当长的、虽有波动但仍持续增长的时期。其特点是，现代技术已被推广到各个经济领域，工业将朝着多样化发展，新的主导部门逐渐代替起飞阶段的主导部门，高附加值的出口产业不断增多，厂家和消费者热衷新的技术和产品，投资的重点从劳动密集型产业转向了资本密集型产业，国民福利、交通和通信设施显著改善，经济增长惠及整个社会，企业开始向国外投资，一些经济增长极开始转变为技术创新极。

五是大量消费阶段。这是一个高度发达的工业社会阶段，主要经济部门从制造业转向服务业，奢侈品消费向上攀升，休闲、教育、健康、社会保障消费增加。

六是追求生活质量阶段。这是罗斯托设想的社会经济发展最高阶段，社会消费从数量型消费转向质量型消费。

一般来说，经济发展处于前三个阶段的国家为发展中国家，处于后三阶段的国家为发达国家。经济发展阶段与市场营销的关系在于：企业的市场营销活动受到一个国家或地区的经济发展阶段的制约。营销战略和策略必须与所在国家和地区的经济发展阶段相适应才能获得成功。在经济发展阶段比较高的地区，更要注重产品的精神价值，品质竞争和品牌竞争多于价格竞争。而在经济发展阶段低的地区，需要注重产品的实用价值，价格竞争比品牌竞争更为重要。

2. 宏观经济形势

经济发展阶段是对较长时期经济发展阶段的划分，短时间内不会出现发展阶段的变化。分析宏观营销环境的经济方面，更需要且必须关注对当前市场营销有着更直接影响的宏观经济形势。宏观经济形势是指当前国际和国内宏观经济发展状况及其趋势。国际化企业或者与国际市场有更多联系的企业需要重点关注和分析国际经济形势，在国内区域市场开展营销活动的企业应该更多分析国家和地区经济形势。

分析宏观经济形势的主要指标有：经济增长速度，就业率和新增就业人数，物价指数（居民消费价格指数CPI和工业品出厂价格指数PPI），社会商品零售总额、结构及其增长情况。

分析宏观经济形势还需要关注国家宏观经济政策和调控措施，比如货币政策、财政政策、产业政策和公共政策等。

宏观经济形势和宏观经济政策从生产、流通和消费等多个环节对企业市场营销产生影响。高速或稳健增长的经济形势，会同步表现出旺盛或稳定的市场需求，有利于企业的市场营销；低速或下滑的经济形势，会导致市场需求的萎缩，不利于企业的市场营销。刺激或扩张的宏观经济政策通常会刺激消费需求，也有利于企业市场营销。紧缩或收缩的宏观经济政策通常会限制消费需求，不利于企业市场营销。企业的营销战略和策略需要适应当期的宏观经济形势和调控政策的总体要求，虽然可以逆向思维以寻求突破，但是不能逆势而动而胡干蛮干。

3. 居民收入和消费支出

经济环境分析还必须关注市场需求端的居民收入和消费支出情况。掌握国家和地区居民收入和消费支出的基本情况。

居民收入重点要关注居民个人收入、个人可支配收入、个人可任意支配收入等指标的变化情况。消费者支出要关注消费支出模式和消费结构两个方面。消费结构是消费者各种消费支出的比例关系，而消费者的消费支出模式会随着消费者收入水平的变化发生相应的变化，进而影响到消费结构的改变。收入越少，食物购买支出的比例就会越大，而随着收入的增加，食物购买支出比例就会下降，用于储蓄和其他方面的支出就会上升。食品购买支出占消费总支出的比例称作恩格尔系数，恩格尔系数越高，富裕程度与生活水平就越低。恩格尔系数已成为衡量居民社会阶层和富裕程度的重要参数，对企业市场营销的产品策略和价格策略制定也具有重要参考意义。

居民收入、消费支出和消费倾向对消费者购买行为以及企业市场营销的影响，我们将在本书第四章"消费者市场分析"第三节"消费者购买行为影响因素"的个人因素中展开较为具体的分析，为避免重复，这里就不具体讨论了。

三、政治法律环境

政治法律环境是指影响企业营销的政治体制、政治局势、政策法规、经济立法与行政执法等因素和力量。政治法律环境的变动会直接或间接地影响社会、经济和市场。企业的营销活动必须遵守政治规矩和法律规范，不得违规违法。企业必须密切关注政治法律环境变化及其是否给企业带来机会或产生威胁，并相应调整企业的营销战略和策略。

1. 政治体制

企业要在一个国家一个地区顺利地开展市场营销活动，必须尊重和拥护这个国家或地区的政治体制，争取执政党和政府的支持。在国际市场营销中，企业要进驻目标国的市场，首先就是要取得目标国执政党和政府的认可和支持。不同国家和地区的社会制度和政治体制存在差异，政党和政府之间的权力关系、政府的机构设置和职责权力范围也存在差别，这是营销者必须高度关注的。

2. 政治局势

政治局势是国际或国内政治局面的态势与走势。一个国家的政局稳定与否会给企业营销活动带来重大的影响。政局稳定是社会和经济稳定、企业发展与人民安居乐业的基础，在政局稳定的环境中，企业营销就会有很好的发展空间。相反，政局不稳、社会矛盾尖锐、秩序混乱，不仅在客观上会造成人们购买力的下降，在主观上人们的消费心理也会发生变化，非常不利于企业开展市场营销。

3. 政策法规

政策是国家政权机关、政党组织和其他社会政治集团以权威形式制定的行动准则，包括在一定的历史时期内应该达到的奋斗目标、应该遵循的行动原则、应该完成的明确任务、应该实行的工作方式、应该采取的工作步骤和具体行动措施。党的十八大以来，中共中央和国务院及时出台了实施供给侧结构性改革、振兴实体经济，防止经济脱实向虚等多项重大经济政策，对于企业市场营销具有重大指导意义和规范作用。

法规是指政府制定的规范社会组织和个人重要行为活动的规范性文件。在中国，法规包括 5 种类型：① 行政法规，指国务院根据宪法和法律制定的规范性文件；② 地方法规，指由省、自治区、直辖市人民代表大会及其常务委员会根据本行政区域具体情况和实际需要，在不与宪法、法律、行政法规相抵触的前提下制定的规范性文件；③ 部门规章，指国务院各部门根据法律和国务院的行政法规、决定、命令在本部门的权限内按照规定程序所制定的规定、办法、实施细则、规则等；④ 地方政府规章，指由省、自治区、直辖市等人民政府根据法律和行政法规按照规定程序所制定的普遍适用于本地区行政管理工作的规定、办法、实施细则、规则等。⑤ 其他规范性文件，即法律、法规、自治条例和单行条例以及规章以外的规范性文件，具体表现为各级各类国家行政机关为实施法律、执行政策，在法定权限内制定的具有普遍约束力的决定、命令、行政措施等规范性文件。对于各种法规，企业都必须遵守，对企业市场营销具有指导意义和规范作用的，则是有关经济方面的法规。

4. 经济立法

法律是国家立法机关制定的规范性文件。依据《中华人民共和国立法法》规定，制定和修改法律的权力由全国人民代表大会和全国人民代表大会常务委员会行使。对企业市场营销具有直接影响的是经济立法，主要包括中华人民共和国产品质量法、经济合同法、专利法、反不正当竞争法、反垄断法、商标法、价格法、广告法、消费者权益保护法等。

为推进政策法规和国家法律的贯彻执行，各级政府机关成立了相关行政机构负责行政执法，在企业营销过程中，企业需要配合和支持行政执法机构依规依法开展的正常执法检查，不得无故干扰、妨碍和阻挠行政执法。

四、社会文化环境

社会文化是指一个社会的民族特征、社会结构、价值观念、生活方式、风俗习惯、伦理道德、教育水平、语言文字等的总和。它主要由两部分组成：一是全体社会成员所共有的基本核心文化；二是随时间变化和外界因素影响而容易改变的社会次文化或亚文化。不同国家、不同地区的人民，不同的社会与文化，代表着不同的生活模式，对同一产品可能持有不同的态度，直接或间接地影响产品的设计、包装、信息的传递方法、产品被接受的程度、分销和促销推广措施等。社会文化因素通过影响消费者的思想和行为来影响企业的市场营销活动。因此，企业在从事市场营销活动时，应重视对社会文化的调查研究，并做出适宜的营销决策。社会文化所包含的内容很多，本书第四章"消费者市场分析"第三节"消费者购买行为影响因素"也作了部分讨论，这里仅就与企业营销关系较为密切的社会文化因素展开分析。

1. 教育水平

教育水平是指消费者受教育的程度。教育水平高低影响着消费者的消费心理和消费结构，影响着企业的营销策略选择。教育水平的差异通常会带来产品选择原则、方式和种类的差异。一般来讲，教育水平高的地区，消费者对产品的鉴别力强，容易接受新产品以及广告宣传，购买的理性程度高。文化程度不高的地区，用文字形式做广告难以收到好效果，而用电视、广播和产品现场演示方式做广告容易为人们所接受。在教育水平较高的地区，适合推广技术先进、制造精密、品质高端的产品，但在教育水平较低的地区，适合推广操作使用和维修保养都较为简单的产品。

2. 宗教信仰

不同的宗教信仰有不同的文化倾向和行为准则，从而影响着人们的消费行为，带来特殊的市场需求与市场禁忌。在全民信奉宗教的国家和地区，宗教信仰对市场营销的影响力更大。在信奉多种宗教的国家和地区，宗教信仰对市场营销的影响更复杂。据美国皮尤研究中心2012年发布的数据，全世界基督教徒有22亿多人，伊斯兰教徒有16亿多人，印度教徒有10多亿人，佛教徒有近5亿人。宗教组织在教徒的购买决策中有重要影响。有些新产品刚一推出，宗教组织就会提出限制和禁止使用的意见，因为该产品与该宗教信仰相冲突。有些产品则会得到宗教组织的赞同和支持从而号召教徒购买，宗教组织成为了这些产品最有号召力的推广力量。企业应充分了解不同地区、不同民族、不同消费者的宗教信仰，提供适合其要求的产品，制定适合其特点的营销策略。否则，会触犯宗教禁忌，不仅会失去市场机会，还会遭到宗教组织和教徒的强烈抗议和抵制。

3. 价值观念

价值观念是人们在长期社会生活中形成的对待各种事物的不轻易改变的稳定态度与看法，如社会准则和处事原则等。价值观念是社会文化环境的核心元素。在不同的社会文化背景下，人们的价值观念是存在很大差异的。而价值观念的差异，通常会导致生活态度、购买动机和购买行为的差异。美国人喜欢借贷消费，传统中国人坚持节俭消费。东方人将一致合群放在首位，所以广告宣传往往突出人们对产品的共性认识；而西方人则注重个体和个人的创造精神，所以其产品包装也显示出标新立异的特点。我国中老年群体重人情，求同步，消费偏向大众化，青少年群体因受新思潮影响较大，消费偏向个性化。

4. 风俗习惯

风俗习惯是人们在一定的社会物质生产条件下长期形成的世代传承并共同遵守的风尚、礼节、习惯、风俗和行为规范。风俗习惯在饮食起居、服饰装扮、婚丧活动、节庆活动和人际交往等方面表现特别突出。不同的国家、不同的民族有不同的风俗习惯，它对消费者的消费嗜好、消费模式、消费行为等具有重要的影响。人们对颜色的喜好与风俗习惯有关，中国人喜欢将白色用于悲伤的丧事中，将红色用于欢乐的喜事中；而西方人则习惯将黑色用于丧事中，将白色用于喜事中，如制作白色的婚纱。不同国家对动植物的喜欢与否与风俗习惯有关，在中国蝙蝠是"福"的象征，在美国蝙蝠则是凶神的象征。在信奉天主教的国家里人们忌讳"13"这个数字，尤其当13日和星期五是同一天时，这一天被认为是最不吉利的日子，不宜做生意和签合同；日本人忌讳"4"，四件套的包装在日本是没有市场的；和沙特阿拉伯人谈判时绝对不可提及对方的妻子,和墨西哥人谈判时问候对方的妻子则是必要的礼貌;非洲的一些国家则不喜欢猫头鹰的图案。企业在策划和执行营销活动时,应该遵从当地的风俗习惯,防止触犯当地的禁忌。

5. 审美观念

审美观念通常指人们对事物的好坏、美丑、善恶的评价。不同的国家、民族、宗教、阶层和个人,往往因社会文化背景不同,其审美标准也不尽一致。就拿形体来说,有以"胖"为美者,有以"瘦"为美者。对于色彩和图案,不同国家、不同民族,或同一民族不同的社会文化阶层,其审美情趣和标准都不一样。企业应针对不同的审美观所引起的不同消费需求,开展自己的营销活动,特别要把握不同文化背景下的消费者审美观念及其变化趋势,从而制定合适的市场营销策略。

五、自然环境

宏观营销环境中的自然环境是指能够影响企业营销活动的自然资源、生态环境和环境保护政策措施。自然环境对企业营销活动的影响主要表现在:

(1) 自然环境是市场营销活动的物质基础。产品生产和营销需要使用土地、原料、能源等物质资源,良好的自然环境可以给企业提供方便的自然资源与气候条件。而著名品牌原产地产品尤其依赖独特的地理位置和自然环境,比如贵州茅台酒,独特的生态环境是打造原产地产品著名品牌的核心资源。

(2) 产品生产和营销活动也会带来环境污染。产品生产形成废水污染、空气污染、土壤污染等产地的工业污染,电商和外卖的快递包装形成了消费地的消费污染。

(3) 环境污染侵犯人类的共同利益和生存发展空间,引起了消费者组织、自然保护主义组织、政府组织和国际社会的抵制和干预,要求企业改善生产与营销技术手段,减少环境污染,开展环境治理,保护生态环境。在这种背景下,企业必须坚持社会营销理念,兼顾企业效益和社会利益。

(4) 自然环境影响消费需求,不同地区不同气候条件下的消费者具有不同的产品需求。自然环境变化和自然灾害可能给一些企业带来威胁,也可能给另一些企业带来机会,从而影响企业的营销战略与策略。比如气候变暖,可能给冬装企业带来威胁,但可能给空调企业带来机会。

值得企业营销者高度关注的自然环境变化趋势主要包括:

1. 自然资源面临短缺甚至枯竭

空气和水似乎是大自然赋予人类取之不尽的免费资源，但其实不尽然，中国和世界其他国家都存在水资源分布不平衡的问题，很多地方严重缺水。一些地区的水污染和空气污染已经使纯净的水和空气成为珍稀资源。

森林和粮食虽然是可再生资源，但是也必须审慎节约使用。过度砍伐森林、过度侵占土地、过度开发和使用土地，已经严重影响到生态平衡和粮食安全。

石油、煤炭和稀有矿产等不可再生资源全球都面临短缺或枯竭，所以才会出现石油大战、大宗矿产资源大战。中国虽然地大但并不物博，人均自然资源并不多，很多资源枯竭城市面临转型发展，依赖稀缺资源生产制造产品的企业面临极大的资源挑战。

2. 环境污染仍会长期严重存在

工业革命带来了生产效率的极大提高、物质资源的快速丰富，但也带来了严重的环境污染。西方发达国家已经经历了工业化时代的环境污染阶段，发展中国家由于还没有完成工业化过程，所以仍然处在较为严重的工业污染阶段。20世纪60年代以来，全球二氧化碳、工业粉尘等排放量大大增加，使全球一半的人口生活在污染超标的大气环境中。由于工业化是发展中国家实现经济发展的必由之路，因此人类还将在相当长的时间内不得不面对工业污染问题。已经完成工业化进程并给人类和地球造成严重污染的西方发达国家，现在指责发展中国家严重污染环境是没有道理的，以阻止发展中国家工业化进程来杜绝环境污染事实上是行不通的。

中国是世界上最大的发展中国家，正在从农业大国向工业大国和工业强国迈进，尽管中国政府和很多中国企业都积极努力采用新兴技术和环保措施减少工业化过程中的环境污染，也取得了明显的成效，但是环境治理仍然任重道远。少数地方政府和企业出于地方经济利益和企业利益考虑，环境保护设施和措施不达标，甚至私自偷排工业废水、废气等污染环境的现象也确有存在。

3. 环境保护环境治理日益强化

由于环境资源面临短缺甚至枯竭，影响到人类的未来生存和发展，且环境污染严重影响着人类当下的生活质量和生存空间，所以环境保护问题已经成为全球公民、国际社会、国际组织和各国政府必须共同面对的问题，随着全球公民和国际社会环境保护和环境治理呼声的不断加强，国际组织在环境保护和环境治理方面已经展开了共同行动。

在中国，以习近平总书记为核心的党中央确立了"金山银山不如绿水青山，绿水青山就是金山银山"的环保发展理念，中国政府坚持实施社会经济与环境保护协调发展战略。中国宪法明确规定:"国家保护和改善生活环境和生态环境,防治污染和其他公害。""国家保障自然资源的合理利用,保护珍贵的动物和植物。"中国政府将保护环境作为一项基本国策,制定了比较完备的环境保护法律法规与标准体系,对国际社会承诺了中国环境治理的目标与措施,实施了严格的环保执法、环保督查和环保问责,对地方政府和企业的环境保护与环境治理工作起到了极大的推动作用,对企业产品生产和市场营销已经并将继续发挥重要作用,中国企业必须在国家环保政策规定下开展生产经营活动。

六、技术环境

科学技术的发展对于社会的进步、经济的增长和人类社会生活方式的变革都起着巨大的推动作用。现代科学技术是社会生产力中最活跃的因素。作为宏观营销环境要素之一的科学技术,不仅直接影响企业产品生产技术和市场营销手段,而且还同时与其他营销环境因素相互联系、相互作用,共同影响企业的营销活动。科学技术对行业和市场、对企业市场营销的影响是双面的,既有可能带来发展机会,也有可能带来生存威胁。企业必须密切关注科学技术的发展动态和变化趋势,及时调整企业营销战略和营销策略。

1. 工业革命已经产生的影响

以机械化、电气化为标志的第一次和第二次工业革命的发生,以及以电视为标志的大众传媒的普及,大大提高了生产效率和营销传播效率,也淘汰了一些低效的生产方式,改变了营销传播媒介格局。

(1)工业技术给一些创新型企业带来了机会。工业技术革命和管理理论的应用提高了生产效率,增加了产品供应和产品创新,缩短了产品研发周期和产品寿命周期,产品更新换代速度加快。电动机从发明到应用经历了65年,电话机用了56年,无线电通信用了35年,真空管用了31年。而20世纪以来,新技术从发明到应用的时间间隔越来越缩短。如雷达从发明到应用只用了15年,喷气发动机只用了14年,电视机只用了12年,尼龙只用了11年,集成电器从无到有只用了2年。

(2)工业技术也给传统企业带来了威胁。新技术作为一种"创造性的毁灭力量",对依赖过往技术获得成功的企业形成威胁和挑战,使得其中一些固守传统不愿创新的企业和行业走向衰落,但是愿意变革和创新的企业则通过应用新技术获得了新生。例如,汽车的出现淘汰了马车。电视机的出现挤掉了报纸和广播在传播媒体行业的领先位置。彩色电视机的发明淘汰了黑白电视机,世界电视鼻祖汤姆逊被中国电视新锐企业收购。液晶电视取代了显像管电视,韩国和中国彩电品牌取代了日本彩电品牌,成为世界电子显示行业领导品牌。

2. 信息技术正在产生的影响

以计算机和互联网为标志的信息科学技术已经开始并将更加广泛而深度地影响企业市场营销,或给一些企业带来机会,或给一些企业带来威胁,其作用主要表现在:

(1) 网络调研开辟了更便捷的营销调研途径。互联网便捷地连接着企业营销者和消费者,通过网络调研、网络监测,企业营销者可以更及时、更便利地了解消费者的需求和用户对企业及其产品与服务的评价,从而更快速地调整自己的产品设计和营销方案,更好地服务消费者。而仍然完全依靠传统方式调研市场的企业,可能会在竞争中因为行动迟缓而落后。

(2) 网络共创开辟了更开放的产品研发方式。互联网的开放连接使得产品研发可以突破自主研发力量的限制,在更广阔的范围内集合研发力量和研发创意思维,以更短的研发时间获得更优的研发方案和成果,从而比竞争对手更快地推出更好的新产品。当然,关键核心技术还是需要企业自己掌控。

(3) 智慧工厂、智能制造创新了产品生产方式。智能生产将会比机械化自动化生产更能满足个性化和定制化生产要求,当然这需要客户能够明确描述自己的定制需求,还可能需要花费比机械化大规模生产更高的价钱以及等待一定的时间。智能生产的普及还需要更新的技术和更低的成本支撑。

(4) 网络传播开创了更高效的营销沟通方式。受众从传统媒体向网络新媒体的转移,使得营销传播媒体和传播方式发生了重大变化,媒体格局再次重构,纸质媒体的作用和地位再度下滑。营销者与消费者通过新媒体实现了双向互动性沟通,但这种一对一和一对多的互动沟通的代价是更加费时费力。从理论和技术方面来说,网络传播确实能够实现营销信息的精准推送,但过度追求商业利益的吸粉和炒作实际上使得便利的网络营销传播费用高企而效果欠佳。

(5) 电子商务创建了更便利的产品分销渠道。"互联网+物流"的配合打破了实体商业时间和空间的限制,实现24小时全域性销售,快速增长的电商采用低价攻击手段不断抢夺实体商业的市场份额,2017年实物商品网络零售额占社会商品零售总额的比重达15%,对实体商业形成明显冲击。无需物流配送的网上预订票务和酒店等服务消费更具竞争优势。

(6) 移动支付创建了更便利的交易结算方式。互联网企业的第三方移动支付、银行间的网络支付和手机支付,大大提高了交易结算效率并降低了结算成本,对于促进电商销售起到了关键性的作用,对于便利实体商业销售也起到了帮助作用,对于共享单车的发展更起到了提供关键技术的基础支持性作用,对于公交出行等高频小额支付也起到了良好的支持作用。

应该说互联网对当下的市场营销的影响是系统性的全面性的,但是互联网红利已经被最大化利用了,影响市场营销的将是更新的未来技术。

3. 未来技术可能产生的影响

放眼未来,新技术不断涌现。德国"工业 4.0""中国制造 2025",将会进一步促进制造业的智能化升级与创新。从目前来看,最有可能具有广泛应用前景的新技术包括人工智能技术、物联网技术和区块链技术等。无人驾驶智能汽车已经行驶在测试的道路上,无人值守商店已经出现在一些街头,量子通信技术也有可能在不远的将来为保障中国的网络通信安全作出卓越的贡献。当然创新技术的未来应用还存在一些不确定性和风险性,需要企业以科学的态度和智慧的眼光去追踪、探索。

本章小结

企业要积极主动地去研究和把握营销环境因素,主动地与其所处的各种内外环境因素相适应。为此企业需要建立营销信息管理系统,并进行市场营销调研。营销信息管理是指利用一切工具和手段对市场营销信息进行的管理活动。营销信息管理系统由人工、设备和程序系统组成,它为营销决策者收集、挑选、分析、评估和分配需要的、及时的和准确的信息。营销信息管理系统包括企业内部报告系统、营销情报系统、营销调研系统和营销决策支持系统。

微观营销环境是指与企业紧密相连,直接影响和制约企业营销活动的各种参与者,包括企业本身、供应商、营销中介、用户、竞争者和公众。宏观营销环境是指给企业营销活动带来市场机会和环境威胁的主要社会力量,包括人口、经济、政治法律、社会文化、自然和技术等因素。

微观营销环境直接作用于企业,宏观营销环境主要通过微观营销环境间接作用于企业但有时也直接作用于企业。营销环境既有可能给企业营销带来机会,也有可能带来威胁。营销管理者应采取积极、主动的态度去适应营销环境,利用环境机会开拓市场,化解环境威胁,维护市场。

营销理论知识练习

1. 什么是营销环境？分析营销环境的意义何在？
2. 什么是营销调研？简述营销调研的主要过程。
3. 描述你所了解的营销信息管理系统及其构成。
4. 微观和宏观营销环境各有组成哪些因素？对市场营销各有什么影响？

营销实战模拟练习

1. 分析大学生群体消费趋势对企业市场营销的影响。
2. 结合你感兴趣或熟悉的一个行业，分析其营销环境。

第四章 消费者市场分析

消费者是消费品市场价值的最终评判者和购买者,营销者如何才能为消费者创造价值,必须倾听消费者的心声,洞悉消费者的心理和行为,甚至要做到比消费者更了解他自己。

消费者为什么购买豆浆机?

随着人们健康意识的提高,越来越多的消费者选用豆浆机自己磨制豆浆。在北京沃尔玛超市宣武门店,来购买豆浆机的刘莹女士告诉记者:"自己磨出来的豆浆喝起来放心,而且口感更好。家里孩子正是长身体的时候,应该有一份健康营养的早餐。"如今超市里看到的豆浆机,品牌更多,技术更先进,选择的面也更大了。

国内家电企业纷纷推出新款豆浆机,从口感、安全性和适用性方面来吸引顾客。豆浆机价格从300多元到1000多元不等。豆浆机最直观的差别在于容量,大容量的适合3~4人用,小容量的供1~2人用。产品价格相差较大的主要原因是豆浆加热的方式不同,采用底托加热的一般价格稍高些。

业内人士表示,营养消费已经成为市场流行趋势,营养消费水平日益增长,因而豆浆机这种厨房健康小家电具有广阔而持续稳定的市场空间。

案例思考
消费者购买豆浆机的动机和影响因素是什么?

学习目标

1. 了解消费者市场的基本特征与营销特征。
2. 了解消费者购买行为的构成因素。
3. 掌握消费者购买决策过程及各阶段的营销任务与策略。
4. 掌握影响消费者购买行为的各种因素及具体内容。

重点难点

1. 以消费者在购买过程中介入程度划分购买行为类型。
2. 消费者生活方式对购买行为的影响。

第一节　消费者市场概念与特征

一、消费者市场的概念

消费者市场是指消费者个人或家庭以满足生活消费需求为目的而购买产品或服务所形成的市场。由于市场主体的购买者是广大消费者个人或家庭,所以又称大众市场、个人市场、家庭市场和家用市场;由于购买的目的是用于个人和家庭最终消费,所以又称终端消费市场、消费品市场或生活资料市场。

与消费者市场对应的概念是组织市场,包括生产者市场、中间商市场和政府市场及非营利组织市场等,这些市场主体的购买者虽然各不相同,其购买目的也各有差异,但都存在一个与消费者市场完全不同的共同特性,即都不是为了购买者个人和家庭的生活消费。

进入消费者市场和组织市场的产品存在很多明显的不同,但也有一些产品既可以进入消费者市场也可以进入组织市场,比如乘用车就同时进入这两个市场,通常将进入家庭市场的乘用车叫作家庭轿车,将进入组织市场的乘用车叫作商务用车或政务用车。

消费者市场和组织市场在购买主体、购买行为模式与特点、购买影响因素方面存在非常大的差异,因此消费者市场营销和组织市场营销的策略方法也就存在明显不同,所以必须分开研究。在现代营销实践中,将针对消费者市场的营销称作2C营销(to Consumer Marketing),针对组织市场的营销称作2B营销(to Business Marketing)。

然而,消费者市场是整个市场体系的基础,组织市场制造的产品、转卖的产品和提供的公共服务,最终还是要进入消费者市场。消费品是社会最终产品,它不需要经过生产企业再生产和加工，便可供人们直接消费。在整个市场结构中，消费者市场占有重要地位。消费者市场的发展，直接或间接地影响着组织市场的发展及整个社会经济的发展。因此消费者市场是最重要的市场，是具有最终价值和意义的市场，因而成为市场营销研究的主要对象。所以本书首先对消费者市场进行研究，然后再对组织市场进行研究。

二、消费者市场的基本特征

成功的市场营销者能够有效地创造和选择对消费者有价值的产品，并运用富有吸引力和说服力的方法将产品有效地呈现给消费者。学习和掌握消费者市场的基本特征，对于有效开展消费者市场的营销活动至关重要。

1. **买者具有广泛性和分散性**

消费者市场的购买者数量众多，地理分布广泛，从城市到乡村，从国内到国外，消费者市场无处不在，但是由于消费者又是独立存在的不同的利益主体，因此又存在分散性。

2. **需求具有差异性和变化性**

由于消费者存在职业岗位、教育背景、经济收入和消费观念的不同，因此，不同的消费者之间的消费需求存在着各式各样的差异性，即便是同一个消费者也会由于年龄和收入的增长、消费能力的变化或者其他因素的影响，表现出消费需求的变化性。

3. **产品具有选择性和替代性**

由于消费者市场存在广泛性和分散性、差异性和变化性，导致消费者市场的营销者不得不提供品种丰富的产品供消费者选择，产品供应的丰富化使得消费者市场的产品存在明显的选择性和替代性。

4. **购买具有零星性和高频性**

由于消费者市场的购买目的是个人和家庭的最终消费，消费的规模非常有限，加上很多消费品存在保质期限、购买具有便利性，因此消费者倾向于按照需要随时购买，从而显现出购买的小规模零星性和高频次性。

5. **购买技术多存在非专业性**

由于消费者的生活需求涉及吃穿用住行多个方面，因此普通消费者难以拥有各种产品的专业技术知识、商品知识和市场知识，消费者在购买商品时大多表现出非专业性的特征。

三、消费者市场的营销特征

基于消费者市场的主要特征，相对于组织市场的营销策略方法，消费者市场的营销策略和方法具有以下基本特征和规律：

1. 营销对象广而分散

这是消费者市场购买者带来的营销特征，针对终端市场的消费者，营销者需要根据消费者的实际情况，做好一对一的周到、细致、有效服务。

2. 营销过程较为简单

相对组织市场来说，消费者市场购买规模小、价值低，且具有非专业性，因此营销过程也比较简单，不像组织市场营销那样漫长而复杂。

3. 单个交易效益细微

相对于组织市场来说，消费者市场的单个交易数量少、获利少、利润薄，但这就是终端消费者市场营销的特征和规律，必须依靠消费者市场的广泛性和高频性来取得营销效益，切记莫以利小而不为。

4. 依赖大众媒体沟通

为了影响广大而分散的消费者，营销者必须通过大众传播媒体持续而广泛地与消费者进行品牌和产品沟通，也需要运用各种社交媒体与消费者社群或圈层进行沟通，这与组织市场只需要通过专业媒体和专业销售人员开展沟通是非常不同的。

5. 侧重消费利益沟通

在通过大众媒体、社交媒体和终端销售人员与消费者沟通的过程中，必须重点传播品牌和产品对于消费者个人最终消费的利益和价值。这与组织市场营销沟通侧重品牌和产品对组织机构的利益也是非常不同的。

第二节　消费者购买行为模式

深入研究消费者购买行为，对于企业有效开展市场营销具有十分重要的现实意义，需要运用心理学、社会学、经济学、文化学、行为学等多学科的相关知识。本节主要从消费者购买行为类型、消费者购买行为构成和消费者购买行为过程等三个方面来研究消费者购买行为。

一、消费者购买行为类型

购买行为是指消费者为了满足某种需求,在购买动机的驱使下围绕产品和服务的购买而发生的各种反应和活动过程。由于不同产品的复杂程度及消费者对之重要性的理解不同,在做出购买决策时,消费者身心投入程度及邀请其他成员参与的情况相差很大。例如,消费者为购买一套房子所花的精力及亲朋参与介入程度要远大于购买普通生活用品。

消费者的购买介入程度包括两层含义:

(1)消费者购买的谨慎程度以及为购买而花费的时间和精力的多少。如:① 消费者购买电脑、家具等耐用品比购买普通日用品时所花费的时间和精力要多得多,因为前者单价高,使用年限更长,购买风险较大;② 消费者对已有购买经验的产品或服务,决策过程快,反之则介入程度就要高些;③ 对于使用外显程度高的产品,如服装、手机、首饰、汽车等,它们通常也反映一个人的社会地位、经济状况、品位偏好等,消费者购买时会思考较多。

(2)购买过程中参与者人数的多少。有些产品的购买通常只需一人即能完成,而另一些产品的购买,要与家庭成员和亲朋等人共同商议后才能作出购买决定。他们在购买中,分别充当发起者、影响者、决策者、购买者和使用者等不同角色。发起者是指最先提出购买动议的人,影响者是对最后的购买决定具有某种影响力的人,决策者是对购买拍板定论的人,购买者是实际具体采购的人,使用者是消费或使用这种产品的人。

产品的品牌差别程度也是影响消费者购买行为的重要因素。美国学者亨利·阿塞尔(Henry Assael)认为,根据消费者在购买过程中的介入程度和品牌间的差异度,可将消费者购买行为划分为以下四种类型,如表 4.1 所示。

表 4.1 产品品牌差异、消费者介入程度与购买行为类型的关系

品牌间的差异 \ 消费者介入程度	低度介入	高度介入
差异很小	习惯型购买行为	协调型购买行为
差异很大	变换型购买行为	复杂型购买行为

1. 习惯型购买行为

消费者对日常需要的、价格低廉的、品牌差异小的快消品通常表现出低度介入

的购买行为特征,大多是根据习惯或凭经验购买,如对食盐、牙膏、香烟、面条等产品的购买。

针对习惯型购买行为,企业可采取的营销策略有:

(1) 改进产品功效,增加产品用途,保质保量,提供优质服务,塑造品牌效应。

(2) 在居民区和人口流动性大的地段设置销售网点,方便消费者购买并形成购买习惯。

(3) 运用各种让利促销策略,利用促销活动吸引新顾客,回报老顾客。

(4) 加大促销宣传力度,扩大产品知晓率和美誉度。广告宣传要简洁明快,突出产品功效、特色,塑造独特的产品形象与视觉符号记忆。

2. 变换型购买行为

消费者对那些品牌差异虽然明显但却易于选择的产品通常表现出低度介入的购买行为特征。消费者为使消费品种多样化,对产品品牌差异大、功效类似、价格不高的产品,不愿花费过多的时间进行了解、选择,通常采取随意购买或尝新购买,因而常变换购买的品牌或产品。例如,对零食、日用洗涤品、休闲服装、鞋帽等产品的购买。在这类购买行为中,消费者一般不主动地寻找信息,只是在不经意中被动地接受厂商的营销传播信息,购买前也不会花费过多精力对比不同的品牌,一般不会真正形成对品牌的态度。

针对变换型购买行为,企业可采取的营销策略有:

(1) 使用多品牌策略,突出各种品牌优势,即同时为一种产品设计两种或两种以上互相竞争的品牌策略,例如,宝洁公司的飘柔、海飞丝、潘婷等洗发用品的众多品牌形象已深入人心。

(2) 占据商店货架和电商网站的有利位置,扩大产品展示面积,设法引起消费者更多的关注。

(3) 增加社交媒体、卖场售点和电商平台等终端促销广告,加强对消费者的营销沟通和刺激。

(4) 拉开产品价格档次,满足不同层次消费者的需要。

3. 协调型购买行为

消费者对那些品牌差异不大、单价高、不经常购买的产品通常表现出高度介入的购买行为特征。消费者对于此类产品的购买,一般比较重视,会花费一定的时间和精力去比较和选择。由于品牌差异不显著,消费者主要关心价格优惠程度、购买时间和便利程度等;购后也容易出现不满意等心理状态,尤其是发现所购品牌的产品存在缺陷而没有购买的品牌的产品其实有较多优点之时。

针对协调型购买行为,企业可采取的营销策略有:
(1) 重视产品质量和品牌传播,创建优质名牌,树立良好形象。
(2) 选择专业品牌聚集的销售地点和电商平台,便于消费者对比选购。
(3) 做好产品导购与服务承诺宣传,让消费者了解产品优势和服务保障,化解消费者后顾之忧。
(4) 加强售后服务,以优质服务化解和消除用户购买产品之后的心理失调。

4. 复杂型购买行为

消费者初次购买品牌差异大、购买风险大、价格昂贵的耐用品时通常表现出高度介入的购买行为特征。消费者对此类购买非常重视,由于不太了解产品的性能、规格等技术要素,加之价格昂贵和可能存在的风险,需投入很大精力甚至邀请家人参与决策,以求降低购买风险。如初次购买电脑、高档新潮家电、商品房、汽车等贵重产品。消费者要在广泛收集信息、充分了解品牌差异的基础上,才能慎重做出购买选择。复杂型的购买行为,偶尔也会因消费者工作繁忙,或某种名牌产品即将脱销等原因使消费者介入程度降低、决策时间缩短。消费者在经过初次购买和使用后,对该类产品因已有较多了解,再次购买时就显得轻松和容易得多。

针对复杂型购买行为,企业可采取的营销策略有:
(1) 利用能够较好具体介绍产品性能与技术参数的平面广告和产品说明书,帮助消费者全面了解本企业的产品知识与产品优势,增强消费者对本企业产品的购买信心。
(2) 实行灵活的定价策略和付款方式,为消费者提供购买便利。
(3) 加强营销传播力度,打造品牌影响力。
(4) 运用训练有素、专业知识丰富的销售人员从事导购工作。
(5) 提供优质的售后服务,维护良好的客户关系。

二、消费者购买行为构成

消费者因自身条件和环境因素不同,购买行为存在明显的差异性,购买内容五花八门,购买形式多种多样,购买过程有快有慢;即使是同一消费者,在不同条件下的具体购买行为也有一定差异。尽管消费者的购买行为复杂多变,但都有共同的行为构成特征。一般而言,消费者的购买行为都是由以下6个基本方面组成,我们简称"5W1H"或"6O"。

（一）5W1H：Who，What，Why，Where，When，How

1. Who——谁购买

从市场营销的角度来说，"Who"的内涵，不仅是指产品的购买者或使用者，还要考虑那些可能对消费者购买有着直接影响的人。因此，Who应包括：① 谁是产品的购买者和决策者？② 谁是产品购买的倡议者、使用者和影响者？③ 在购买过程中上述各种角色具有什么样的特点？④ 如何区分、把握和说服这些角色？

2. What——购买什么

企业只有弄清了消费者将要"买什么"，才能明确自己要做什么，即研发、生产、销售什么。消费者购买什么，应包括：① 所购产品的品牌、型号、价格、款式、颜色、包装、售后服务及数量多少等具体问题；② 满足消费者购买愿望的产品效用是什么？③ 消费者对企业产品与服务的期望有哪些？④ 本企业产品能满足消费者需要的程度及"卖点"何在？在当今消费需求多样化的时代，弄清楚消费者要"买什么"是营销的关键所在。

3. Why——为什么要购买

这是消费者对购买原因或目的的思考。消费者购买产品的目的多样，即使购买同一产品，不同消费者的购买目的也可能不同。例如购买运动鞋，有人是为了参加健身运动，有人是为了参加体育比赛。企业应围绕消费者的购买目的展开如下思考：① 顾客的消费需求和欲望是什么？② 消费者的购买动机有哪些？③ 消费者的实际购买力如何？④ 消费者对某种产品乐于购买或不愿意购买的原因是什么？有时消费者的购买目的是不会轻易流露出来的，需要销售人员认真分析、仔细观察，不断揣摩总结。

4. Where——到何处购买

消费者的购买地点受很多因素影响，因产品特性、购买动机、习惯、经验、时间与便利性等因素而不同，也与市场供求、商业网点设置、可供选择产品种类、经营者声誉、销售方式与服务水平、广告宣传及交通便利等因素有关。对Where的理解包括：① 在本地购买还是异地购买？② 在实体商店购买还是在电商平台网购？③ 如果在实体商店购买，还可区分在大型商场、综合性超市购买，还是在一般社区便利店购买？等等。

5. When——何时购买

消费者对购买时间的选择与需求迫切程度、工作节奏、生活习惯、收支计划、所购产品的季节性及促销宣传等因素密切相关。对消费者购买时间的探究,需要明确:① 消费者是何时需要?何时使用?拟何时购买? ② 是应季购买还是反季购买? ③ 消费者的闲暇时间如何分配? ④ 消费者曾经何时购买过?习惯性购买的时间?重复购买或换代购买的时间? ⑤ 消费需求何时发生新的变化?

6. How——怎么购买

消费者如何购买产品的方式主要包括:① 购买的途径,例如是现场购买?还是邮购、网购或海外代购? ② 购买结算方式,现金结算还是刷卡支付或者手机移动支付,是否需要分期付款?影响消费者如何购买的因素很多,如:① 购买者自身因素,如需求迫切程度、文化程度、经济收入、个性心理等;② 产品因素,如产品功效、价格水平、品牌差异、技术复杂性等;③ 企业因素,如商业信誉、供货保证、售后服务等。

(二) 6O:Occupants,Object,Objective,Outlet,Occasion,Operation

"5W1H"是从消费者的角度来思考购买行为的,而从企业的角度看待消费者购买行为,则要思考"6O",即:谁是购买者(Occupant)、他们购买什么(Object)、他们的购买目的(Objective)、他们怎样购买(Operation)、什么时间购买(Occasion)及在何处购买(Outlet)。企业必须掌握消费者购买行为的6个O,才能制定行之有效的营销策略。

"5W1H"和"6O"之间存在着清晰的对应关系,见表4.2。

表 4.2　消费者购买行为"5W1H"与"6O"的对应关系

消费者的思考	营销者的思考
谁去购买?(Who)	与购买有关的人(Occupant)
购买什么?(What)	他们的购买对象(Object)
为何要购买?(Why)	他们的购买目的(Objective)
如何购买?(How)	他们的购买方式(Operation)
在何时购买?(When)	他们的购买时间(Occasion)
到何地购买?(Where)	他们的购买地点(Outlet)

三、消费者购买决策过程

从消费者的角度解析消费者的决策与行为过程,较为深入地探察消费行为过程与规律,可以为企业制定营销策略及其实施步骤提供重要依据。

(一)"刺激-反应"模式

刺激-反应模式也称"S-O-R模式",或消费者"黑箱理论"。这种理论认为消费者购买行为的刺激因素主要包括外部环境因素和消费者内部自身因素,外部环境刺激因素很多,如社会经济、文化、群体的影响,企业营销策略及产品特性等,来自消费者内部的刺激因素主要是其生理和心理因素。内外刺激因素作用于消费者,经过消费者的一系列心理活动,然后确定购买决策内容,并作出相应的行为反应。心理学家把消费者这一心理活动看作是外界不易察觉的"心理黑箱",而"心理黑箱"又是由消费者心理特征和购买决策过程两部分组成的,它们共同影响消费者的购买行为。实施购买行为之后,消费者将对产品是否满意的结果进行反馈,并影响以后的购买行为,如图4.1所示。其中"S"代表各种因素刺激,"O"代表消费者心理活动过程,"R"代表消费者的行为反应。

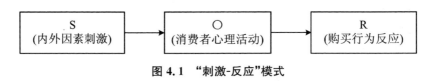

图4.1 "刺激-反应"模式

(二)购买行为五阶段模式

了解消费行为的"刺激-反应"模式能为市场营销引导消费行为提供基本的思维路径,但是对于精准研究和掌握消费者购买决策行为规律,并以此为依据开展准确有效的营销活动是远远不够的。进一步研究表明,消费者的购买行为都要经历一个购买决策过程,这个过程通常包括确认需要、收集信息、评估产品、购买决策、购后行为等五个阶段,如图4.2所示。企业营销人员应根据消费者购买决策各阶段的特点,明确各阶段营销任务,细化营销方案。

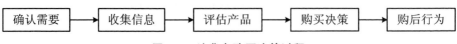

图4.2 消费者购买决策过程

1. 确认需要

消费者的购买行为受购买动机支配,购买动机又源于消费者的需要。因此,确认需要是消费者购买行为的起点。消费者对需要的认识取决于两个方面:一是来自消费者内部的生理及心理缺乏状态,即内部刺激,如饥饿感、干渴感等,当这种感觉强烈到一定程度时,就会形成一种行为驱动力;二是外部环境刺激,如企业的广告宣传和朋友之间的交流等。消费者在内外部刺激共同作用下产生消费需要。

在消费者确认需要阶段,企业营销的任务与策略是:

(1) 分析目标市场中消费者的需求状态;

(2) 分析引发消费者对产品产生现实需求或潜在需求的原因和内在驱动力;

(3) 设计营销刺激方案,引起消费者注意和兴趣,唤起或诱发消费需求。

2. 收集信息

对于确定需要购买的产品,消费者通常会有意收集相关信息,以便更好地做出购买决策,除非消费者对所购产品(如生活日用品)的特征、品牌、价格等信息已经十分清楚。消费者收集信息的态度,是消费者介入程度的一个反映,与需要迫切程度、产品特性、品牌差异、认知能力、购买风险和个性因素等密切相关。对于价格高、使用时间长、技术复杂的产品和初次购买的产品,消费者在购买前一般会努力搜寻更多的信息。在个性方面,谨小慎微的人比办事马虎的人更在意信息的搜集。消费者搜集信息的途径主要有以下 4 种:

(1) 个人来源:家庭成员、朋友、邻居和熟人提供的品牌或产品消费体验;

(2) 商业来源:来自公关广告、包装展览、销售人员、商业网站等方面的信息;

(3) 公共来源:大众媒介、消费者权益保护机构和互联网等提供的信息;

(4) 经验来源:消费者通过观察、试用、实际使用获得的信息。

不同来源的信息对消费者的影响度是不同的。总的说来,消费者收集的信息主要出自商业来源,但最有影响力的往往不是出自商业来源而是出自个人来源,出自公共来源的信息消费者一般也认为有较高的可信度。

在消费者收集信息阶段,企业营销的任务与策略是:

(1) 调查和掌握不同消费者信息来源的主要渠道;

(2) 掌握不同信息来源对消费者购买行为的影响程度;

(3) 分析消费者的认知水平与收集信息的差异性;

(4) 依据以上 3 点合理设计营销传播路径、传播媒介、传播方式与内容。

3. 产品评估

消费者在获取相关信息后通常会对备选品牌和产品进行多项分析和评估。

（1）产品属性。产品属性是指产品能够满足消费者需求的特征。它涉及产品的功效、性能、质量、寿命、价格、款式、包装等产品因素。在价格一定的情况下，消费者自然对能提供多重属性的产品更感兴趣，但不同的消费者对产品属性的具体要求也是不同的。

（2）属性权重。属性权重是消费者对产品有关属性所赋予不同重要性的权数。如购买智能手机，如果消费者注重上网功能，那么他就会选购 CPU 和内存强大的手机；如果他注重智能手机的拍照功能，那么他就会倾向于选择具有高像素摄像头的手机。销售人员要了解消费者对产品有关属性权重的期望。

（3）品牌信念。品牌信念是消费者对某种品牌优劣程度的看法。这带有明显的个人主观倾向，受个人经验、选择性注意等因素影响，有时消费者的品牌信念与产品实际属性并不一致。

（4）效用函数。效用函数是描述消费者所期望的产品满足感随产品属性的不同而有所变化的函数关系。它反映的是消费者对某种品牌产品的各种属性的效用功能和标准的要求，如果能满足消费者的效用需求，消费者就愿意购买。

（5）评价模型。指消费者对不同品牌产品进行评价、选择的程序与方法。不同的消费者评价程序和方法差异较大。

在消费者产品评估阶段，企业营销的任务与策略是：

（1）重点宣传产品的重要属性和功能，让消费者易于感知和理解；

（2）引导和改变消费者对产品属性权重的看法；

（3）把握消费者对产品效用的期待标准；

（4）传播品牌信念，消除消费者对企业和品牌的成见或偏见；

（5）把握目标消费者对产品评价的程序和方法，适时做好产品推介。

4. 购买决策

在对产品的性能、价格、品牌、售后服务等各项产品特征进行分析、评估之后，消费者通常会从几个购买方案中做出购买决策。消费者在决策过程中遵循的主要决策原则包括：

（1）最大满意原则。消费者决定购买自己最满意的品牌和产品，使自己的消费需要能得到最大限度的满足。这也是一种理想原则，但由于各种因素的限制完全按这种原则决策的很少。

（2）相对满意原则。消费者在购买决策时，只需做出相对合理的选择，达到相对满意即可，以期以较小的代价取得较大的效果。

（3）遗憾最小原则。如果说最大满意和相对满意原则是消费者的正向行为选择,那么遗憾最小原则就是消费者的逆向行为决策,它以购买方案或产品可能带来的损失最小为选择标准。

（4）预期满意原则。消费者以自己心理的预期标准(如质量、价格、款式、品牌等)作为决策标准,选择和预期标准最为吻合的方案或产品。

消费者购买决策还会受到"他人态度"和"环境变化"等因素的影响,他人态度的影响力主要取决于他人态度的强烈程度、他人与消费者关系密切程度及他人产品专业水平的高低。重要人物和专业人士对消费者的影响肯定大于人微言轻者。环境变化可能对现有产品的购买带来积极或不利影响,比如房价上涨通常会刺激购房,但也可能积累购房风险,尤其是将导致政府出台楼市调控政策抑制房价过快上涨,为楼市降温。

在消费者购买决策阶段,企业的营销任务和策略是:

（1）真实而负责任地传播品牌和产品价值,促进消费者放心选择、安心决策；

（2）重视"他人态度"对购买决策的影响,努力形成购买决策的"他人态度"支持；

（3）分析和把握"环境变化",正确引导消费者对环境变化的预期认知,消除消费者购买决策的后顾之忧。

5. 购后行为

消费者购买产品以后,往往通过消费使用检验自己的购买决策水平,并作为今后购买决策的重要参考。消费者对产品的期望值越高,不满意的可能性越大。因此,企业过度宣传,盲目扩大消费者的期望值,虽然在短期内会提高产品销量,但消费者因之心理失衡而发生退货、投诉的现象也会增加,从长远看也会影响企业的持续销售。消费者的购后行为,对其他消费者的购买亦有影响。因此让消费者满意是企业的不懈追求。让消费者满意的价值主要体现在:

（1）消费者将重复购买该产品,忠诚于企业的时间更长久；

（2）消费者将可能购买公司更多的新产品或其他产品,增加购买数量,提高购买产品等级；

（3）消费者向其他客户推荐企业及产品,扩大产品美誉度；

（4）消费者忽视竞争者的品牌和广告宣传,并对价格的敏感性下降；

（5）消费者向公司提出改进产品和服务良好的建议；

（6）降低企业营销成本,因为企业稳定一个老客户比吸引一个新客户的成本要低得多。

当消费者对产品和服务感到不满意时,可能采取的行动包括:

（1）投诉反映。向消费者权益保护组织、新闻媒体投诉，以期获得这些公共组织的支持，帮助其解决问题。

（2）负面传播。在亲朋好友之间口头传播产品或服务的负面体验，利用互联网在社交媒体上传播产品或服务的负面体验。

（3）提出索赔。向造成问题导致其损失的企业提出赔偿要求，如果得不到赔偿，还有可能提出法律诉讼。

在消费者购后行为阶段，企业营销的任务与策略是：

（1）建立用户有效沟通机制，主动开展售后回访服务；

（2）快速响应消费者正常诉求尤其是投诉，及时解决消费者因产品原因造成的实际问题或经济损失，消除消费者的不满，取得消费者的理解。

（三）互联网时代的消费行为模式

进入互联网时代，消费者生活形态和购买行为发生了显著变化，新的消费者购买行为模式就被提出来了。日本电通广告公司提出了 AISAS 模式：注意（Attention）、兴趣（Interest）、搜索（Search）、行动（Action）、分享（Share），突显出互联网时代消费者购买行为的主动搜索（Search）和分享（Share）的行为特性。

中国互联网第三方研究机构 DCCI 互联网数据中心提出了 SICAS 全景模式：品牌—用户互相感知（Sense）、用户对品牌产生兴趣并形成互动关系（Interest & Interactive）、用户与品牌建立连接与沟通（Connect & Communication）、用户产生购买行为（Action）、用户购买体验与分享（Share），突出了互联网时代消费者行为的主动性和能动性。

这些研究不仅具有理论探讨意义，也具有实践应用意义，值得互联网时代的营销者分析研究并在营销实践中加以运用。

第三节　消费者购买行为影响因素

研究和掌握消费者购买行为的影响因素，对于企业通过正确的途径和方式有效开展市场营销活动以引导消费者购买行为具有重要作用。影响消费者购买行为的内外因素主要有经济因素、社会因素、个人因素、心理因素和营销因素，前 4 个影响因素营销者难以控制，但需要研究和掌握，以便可以在第 5 个可以控制的企业营销因素中做出行为反应。这些因素共同作用和影响消费者的购买决策与行为,其影响方式如图4.3所示。

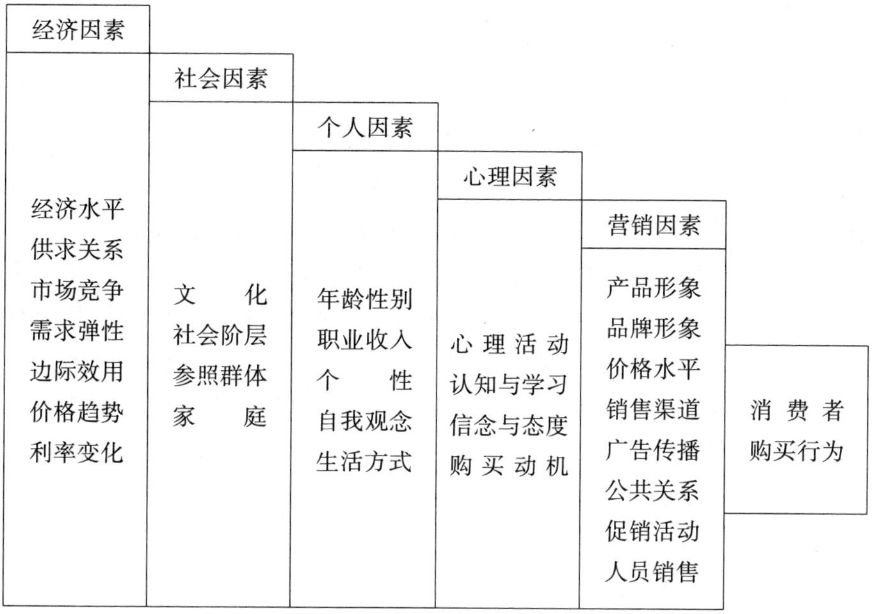

图 4.3 影响消费者购买行为的因素

经济因素	社会因素	个人因素	心理因素	营销因素	
经济水平 供求关系 市场竞争 需求弹性 边际效用 价格趋势 利率变化	文　化 社会阶层 参照群体 家　　庭	年龄性别 职业收入 个　　性 自我观念 生活方式	心理活动 认知与学习 信念与态度 购买动机	产品形象 品牌形象 价格水平 销售渠道 广告传播 公共关系 促销活动 人员销售	消费者 购买行为

一、经济因素

1. 经济发展水平

经济发展水平直接影响居民的收入状况,而收入因素又是直接影响消费者购买行为的重要因素。经济发展水平提高对消费者购买行为的影响是多方面的,比如:增加居民的总体收入和消费能力,提高居民消费总量,改变人们的消费观念、消费结构,提升消费层次,使得人们在追求消费数量满足的同时更加注重消费质量和消费安全,导致个性化的消费方式日益增多,还会引导人们更加注重消费行为对社会可持续发展的影响,等等。

2. 供求关系

产品供求规律表明,当产品供给大于社会需求时,市场价格下跌,引起供给减少,需求增加;反之,当需求大于供给时,价格上涨,又促使供给增加,抑制需求,从而使供求趋向平衡。在供求总量和结构调整的过程中,会形成不均衡的两种市场供求状态,即卖方市场和买方市场。在卖方市场,需求持续超过供给,产品供不应求,消费者也因之失去了与生产者讨价还价的余地。在买方市场,供给持续超过需求,产品供大于求,消费者在讨价还价中处于有利的要价条件。

3. 市场竞争

市场竞争是市场经济运行最基本的机制。在市场竞争中,有卖方之间的竞争,有买方之间的竞争,也有买卖双方之间的竞争,但这里主要分析卖方之间的竞争。从消费者购买的角度来看,价格竞争和非价格竞争是卖方企业之间为争夺市场而采取的最常见的竞争手段。价格竞争是卖方争夺市场的基本手段和最有效手段,价格竞争的结果通常使消费者受益,但恶性的价格竞争虽然表面上短期内也使消费者受益,但由于低价格造成的低质量实际上还是会使消费者的根本利益和长期利益受到损害。非价格竞争是指卖方不通过低价竞争,而是以价格之外的其他方法争夺市场份额,如提高产品质量、增加花色品种、改善售后服务、改进销售方法等。这种竞争也是卖方企业实施全面竞争的表现,它能使企业在市场竞争中获得更大的发展潜力并形成核心竞争力。非价格竞争是有利于保护消费者利益、有利于品牌升级的竞争方式。

4. 需求弹性

在经济学中,一般用需求弹性也即需求价格弹性(Price Elasticity of Demand)来衡量需求随价格变动而变动的程度,并用需求价格弹性系数(E_d)表示。

(1) $E_d>1$,表明需求量的变动率大于价格的变动率,该类产品富有需求弹性,一般即指高档非生活必需消费品。这类产品价格升高则需求量迅速减少,反之增多。

(2) $E_d<1$,表明需求量的变动率小于价格的变动率,该类产品缺乏需求弹性。例如,米、油、菜、肉等生活必需品,遇价格升高,需求量下降的幅度不大,这种需求也称称作"刚性需求"。

(3) $E_d=1$,表明需求和价格以相同幅度变动,又称单一弹性,这是一种特例,即属特殊情况。

(4) $E_d=0$,表明需求量为一常量,表明该类产品或服务需求量不随价格变化而变化,也称为完全无弹性,这也是一种特例。

(5) $E_d=\infty$,表明价格为一定的情况下,需求量无限大,称为无穷大弹性。这也是一种特例,如战争时期对常规军用物资的需求及完全竞争条件下的产品可视为需求无限大。

反过来说,消费者的购买行为对产品需求弹性也有影响:

(1) 购买欲望。若消费者对产品购买欲望强,则该产品需求弹性增大;反之需求弹性减小。

（2）可替代程度。若某产品的替代品数目越多、替代品之间越相近,则该产品的需求弹性越大,例如牛肉和羊肉,当牛肉贵了人们就会多吃羊肉;反之,则该产品需求弹性越小。

（3）用途广泛性。若某产品用途广泛,则该产品需求弹性较大;反之,需求弹性较小。

（4）使用时间。使用时间长的产品,其需求弹性较大;反之,寿命短的产品需求弹性则小。

5. 边际效用

边际效用是指消费者每增加一个单位的产品消费量所能增加的心理满足感。就某种产品而言,消费者每增加一个单位的购买量,单位产品给消费者带来的心理满足感是逐步递减的,这就是边际效用的递减规律。根据这一规律,当产品购买数量增加时,产品的总效用是增加的,但单位产品的边际效用是递减的,因而总效用的增长速度也是递减的。消费者欲以有限货币获得需求满足最大化的办法是把有限货币投入到多种多样的消费需求上,而不是仅局限于某一产品的消费,以此充分发挥单位货币所能带来的最大边际效用,并使总效用最大化,如图4.4所示。

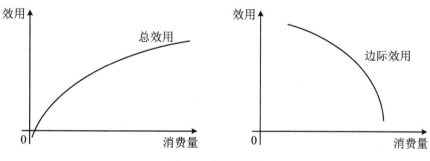

图4.4 边际效用

6. 价格趋势

从经济学角度分析,价格是市场的风向标,是调节供求关系和居民消费的关键因素。产品价格的高低是相对而言的,也具有一定的地域性,同一产品在不同地区的价格高低也有差异。一般情况下,当产品价格上涨时,若其他条件不变,消费需求会下降;反之则上升。但如果消费者预期产品价格还将不断上升,他们就会倾向于扩张消费,增加当前的购买;如果消费者预期产品价格将不断下降,则倾向于紧缩消费,减少目前的购买,也即所谓"买涨不买跌"。

7. 利率变化

利息率高低是影响消费需求的另一个重要经济因素,它能影响消费者消费支出和储蓄之间的分配比例。银行利息率调高,人们的储蓄意愿增强,现实购买愿望减少;反之亦然。当利率水平远远低于物价上涨水平时,人们会多消费、少存款。消费者面对利率变化,还要和产品价格变动结合在一起综合考虑,有时虽然银行利息率调低,但产品价格更低时,居民储蓄意愿依然会很高。

二、社会因素

1. 文化

文化是影响消费者心理和行为的基本因素之一,影响方式既是潜移默化的又是根深蒂固的。在中国文化传统里,普遍崇尚勤俭持家、精打细算、量入为出,忌讳寅吃卯粮、举债度日。而在美国文化中,物质享受和个人主义盛行,因此普遍接受信贷消费。文化作为有形的一面,又通过文学艺术、饮食服饰、产品设计和包装等得以真实体现,对消费者的购买行为具有直接而广泛的影响。

一个国家的文化又包含着若干不同的亚文化,主要包括民族亚文化、宗教亚文化、种族亚文化、地理亚文化等,还可以分为年龄亚文化、性别亚文化、职业亚文化、社区亚文化等。亚文化使人们的生活方式、消费行为更具多样性和差异性。

随着时代的发展、国际交流的增加、地区和民族交流的增加,也出现了文化变迁与文化融合的现象。文化变迁主要是指一个国家或地区的社会文化随着时代发展出现的新的变化趋势,文化融合主要是指不同国家或地区的社会文化随着交流和影响的增加出现的互相接纳与交融。社会文化变迁和社会文化融合都对消费行为尤其是年轻消费者的行为带来了重要影响。

2. 社会阶层

社会阶层是指具有相对同质性和稳定性的群体。人们的社会阶层通常是职业、收入、教育和价值观等多种因素作用的结果。同一阶层的人,往往具有类似的社会地位、经济条件、利益追求、价值观取向、兴趣爱好和行为方式。社会阶层不仅是影响消费者行为的重要因素,也被用作细分消费者市场的重要依据。

在不同社会形态下,社会阶层划分的依据不同。在现代社会,一般根据社会地位、收入水平、财产数量、受教育程度、居住区域等因素,将人们归入不同的社会阶层。同一阶层中的人,其消费水准、消费内容、生活习惯、兴趣行为比较相近,甚至都有一些共同的消费偏好。

3. 相关群体

相关群体是指对个人的态度、意见和行为有直接或间接重要影响的群体,也称为参考群体或参照群体。相关群体有两种基本类型:直接相关群体和间接相关群体。直接相关群体是指个人具有某群体成员的资格并直接受其影响的群体,它又分为主要群体和次要群体。主要群体是指对个人有最大影响的直接群体,如家庭、朋友、邻居、同事等;次要群体则对个人有较次要影响,如职业协会、学生会。间接相关群体是指此个人虽不属于这个群体,但又受其影响的群体,包括向往群体和厌恶群体。向往群体也称渴望群体,是指个人崇拜和向往能成为其中的一员的群体,最典型的如青少年对体育、演艺明星群体的崇拜、向往;厌恶群体也称隔离群体,是指个人厌恶、回避远离的群体,人们在各方面都希望与其保持距离,甚至经常反其道而行之。相关群体的分类与组成如表 4.3 所示。

表 4.3 相关群体的分类与组成

直接相关群体	间接相关群体
首要群体 次要群体	向往群体 厌恶群体

相关群体对消费行为的影响主要体现在:① 向消费者展示新的生活方式和行为模式,影响消费者的价值观和生活习惯;② 影响消费者对产品和品牌的选择;③ 对高档耐用品、时装、家具、烟酒、装饰品等产品的购买影响较大,对购买使用时不易被人觉察的低价日用品影响较小;④ 在产品导入期、成长期、成熟期影响强烈,在产品衰退期影响则很小。

在相关群体对消费者行为影响的过程中,消费领袖的行为和意见,往往被追随者接受、效仿,进而在群体内传播、推广并引发大量从众购买。

进入互联网时代,随着社交媒体的普及,网络社群更容易集结,更容易实现互动,也更容易影响社群成员的思想观念和消费行为,从而成为互联网时代影响消费者行为的重要力量。如网络大 V、关键意见领袖(KOL)和网红对粉丝的影响更加明显而直接。

4. 家庭

家庭是由婚姻、血缘或收养而产生的亲属间的共同生活组织,是社会组织中的基本单位,对消费者的购买行为影响重大,某些影响可能伴其一生。在家庭生命周期的不同阶段,成员及家庭消费内容和行为模式都有较大差别。家庭的生命周期可划分为 7 个阶段:

(1) 未婚期。指单身未婚青年,消费支出以服装、娱乐为主,爱追逐时尚,购买新产品。

(2) 新婚期。指新婚夫妇无子女阶段。这是家庭消费的一个高峰期,购买产品种类多、数量大、价值高,是住房(含农村建房)、电器、服装、首饰等重要"家当"购置期,住房按揭消费或借贷消费较普遍。

(3) "满巢"Ⅰ期。指孩子在6岁以下阶段,孩子的启蒙教育、营养健康等开支较大。

(4) "满巢"Ⅱ期。指孩子处在接受义务教育和高等教育阶段(孩子接受义务教育至大学毕业或能步入社会独立生活之前),子女教育支出占家庭总支出比例大。孩子也随其年龄增长逐渐形成自我购买意识,有自己喜爱的品牌或产品。

(5) "满巢"Ⅲ期。指子女已经成年但还未成家仍与父母共同生活的阶段。这是家庭经济购买力非常强大的一个时期,也是家用电器、住房等大件耐用品更新换代的主要时期。

(6) "空巢"期。指子女成家后夫妻俩重回"两人世界"。此时,家庭经济条件较好,补偿性购买动机明显,是旅游、娱乐、健康保健的主要消费时期。

(7) 未亡人时期。指单身独居的老人,支出主要集中在基本生活、医疗、保健、护理等。

家庭是一个重要的消费单元,对于消费品营销来说尤其重要,很多消费品是以家庭为单位购买和消费的。家庭购买决策模式至少有4种类型:

(1) 户主独断型。指家庭购买决策权掌握在某个成员(往往是户主)的手中。如购买家庭日常用品由妻子说了算。

(2) 夫妻协商型。指家庭购买决策先由某主要家庭成员拿出初步意见再征求其他成员意见后决定。如购买家用电器。

(3) 民主集中型。指在家庭内部充分发扬民主,根据多数成员的意见做出购买决策,如外出旅游等。随着子女年龄增长,他们对家庭购买决策的影响逐渐增大。

(4) 各自支配型。指对独自所需产品的购买由家庭成员各自决定,其他人不大过问。如购买个人嗜好品。

三、个人因素

1. 年龄与性别

年龄和性别是影响消费者购买行为最直接也是最明显的个人因素。人的一生需要经历婴儿期、儿童期、少年期、青年期、中年期和老年期等不同人生阶段,在不同的年龄与人生阶段,身体生理特点、人生阶段目标、消费需求和消费观念存在较大差异,也会产生明显不同的消费重点、消费倾向和消费方式。儿童是玩具的主要消费者,青少年是文化体育和学习用品的主要消费者,中青年是汽车和住房的主流购买者,中老年是医疗健康产品与服务的主要消费者。青年人追求自我形象与个性塑造,注重消费时尚和名牌产品,容易受所崇拜的明星偶像和青春伙伴的消费风潮影响,但同时也因缺少经验容易出现冲动性购买;中年人富有购买经验,注重产品赋予自己的社会形象,购买行为理性成分较多;老年人一般比较相信自己的人生阅历和消费经验,一般不会盲从时尚潮流和商业宣传。除生理年龄以外,心理年龄和社会年龄也会影响到消费者的心理和行为。绝大多数的消费者心理年龄和社会年龄与其生理年龄是一致的,但也存在一些不一致的地方,例如一些中老年人由于生活水平和健康程度的提高,其心理年龄和社会年龄要低于其生理年龄,消费观念、消费需求和消费行为也更显年轻化。

男性和女性由于存在生理和心理上的先天区别,所以消费心理、消费构成和购买习惯也存在明显差异。男性消费者购物目标与目的明确,购买心态理性明智,注重产品内在质量,购买行为果断、迅速,但有时缺乏耐心;而女性消费者购物目标不甚明确,但喜欢逛街,喜欢购买打折和促销商品,容易发生情景型购买和计划外购买,购买过程中非常享受体验感受,喜欢精挑细选,比男性更加注重对产品外观的感受和想象。女性对于服装鞋帽、美容化妆及家庭生活日用品的消费购买决策权力较大,男性对于烟酒、家电、住房等产品的消费购买决策权力更大一些。

对消费者年龄和性别的综合深入研究,还会得出更多更具体的消费洞察。比如,女性在首饰消费方面,年轻时可能喜欢比较前卫的首饰,结婚时可能选择具有纪念意义或象征意义的首饰,而到中老年时可能选择能保值或传给后人的首饰。

2. 职业与经济收入

消费者的职业不同,工作场景与条件、工作性质与职业要求、社会角色和地位也就不同,经济收入也随职业不同而存在差别。虽然职业没有贵贱高低之分,只有社会分工的不同,但是职业特征和职业文化还是会影响到不同职业者的消费观念、消费结构和消费习惯。例如,工人和农民的消费更显朴素和节俭,演员和商人的消费更显时尚和奢华。

除少数富裕家庭之外,绝大多数消费者的经济收入与其就业情况和职业岗位紧密相关。工作职业是绝大多数消费者获得经济收入的第一来源甚至是唯一来源,而由于历史等多方面的原因,不同职业之间的经济收入也是存在明显差别的,例如金融行业从业者的薪资收入高于制造行业,著名品牌优秀企业职员薪资收入高于事业单位职工。因此,职业和经济收入对消费者行为的影响可以合并在一起进行研究。

经济收入是影响社会购买力、市场规模大小以及消费者支出的一个重要因素。经济收入决定着消费者的购买规模及所购产品种类、数量和质量档次,收入较低的消费者往往比收入较高的消费者更关心产品的价格高低和实用程度。

在消费者的经济收入中,个人可支配收入、个人可任意支配收入、货币收入和实际收入对消费品的需求和购买有着重要影响。

个人可支配收入是指个人收入中扣除个人应缴纳的各种保险和个人所得税等之后剩余的部分。这是可用于消费或储蓄的个人收入,它构成实际购买力,是影响消费者购买力和消费支出的决定性因素。消费者一般都在可支配收入范围内考虑消费支出和存款的分配,以便更好地满足自己的需要。

个人可任意支配收入是指在个人可支配收入中减去消费者用于购买生活必需品的支出(如:最基本的衣食开支、房租水电物业费用等)之后所剩余的部分,这部分收入是消费需求变化中最活跃的因素,也是企业开展营销活动时所考虑的主要对象。这部分收入一般用于购买高档消费品、贵重耐用品、娱乐、旅游、汽车等,它是影响非生活必需品消费的主要因素。

货币收入是指消费者所获得的货币总量,实际收入是指消费者所获得的货币总量能够实际购买产品的数量。实际收入还受通货膨胀、失业及税收等因素的影响;如果出现通货膨胀、税率提高,居民货币收入即使有所增加,但实际收入和购买力可能反而下降。

此外,消费者的储蓄水平和信贷能力对现实购买亦有很大影响。如果储蓄增加,则居民现实购买需求下降;反之亦然。当然储蓄的最终目的主要还是为了消费。消费者信贷就是消费者凭信用取得产品使用权,然后按期归还贷款,从而实现产品购买与消费的一种方式。分期付款购房买车和使用信用卡消费已被广泛接受,购买电脑和智能手机等生活消费贷款在年轻人中也较为流行,各种信贷服务为消费者提前实现潜在需求和扩大消费提供了可能,对中国的消费需求与消费支出已经产生了一定的影响。但是以网络为媒介的生活消费贷款也存在一些问题和乱象，为此教育部等部门明文禁止网络贷款进入校园。

3. 个性与自我观念

个性是指个人特有的一种心理特征，是其对所处环境或事务所做出的相对一致的持续性反应，也是一个人区别于其他人的独特心理特征。个性通常用形容词来描述，如：自信或自卑、冒险或谨慎、倔强或顺从、独立或依赖、主动或被动、急躁或冷静等等。个性能影响消费者的购买行为，例如，喜欢求新逐异的消费者易受广告影响而成为新产品的早期使用者，自信或急躁的人购买决策过程较短，等等。直接与消费者个性相联系的购买风格有：爱赶时髦的购买前卫型，不轻易改变消费品种类和品牌的购买习惯型，爱慎重思考的购买理智型，注重价廉物美的购买经济型，易受外来刺激而消费的购买冲动型，感情、联想丰富的购买想象型，缺乏主见的购买从众型。消费者的个性不仅表现在购买行为上，还体现在品牌形象认知、消费观念、态度信念和营销沟通等深层次的心理意识上，比如消费者更倾向于选择与自身个性相符的品牌。

自我观念也称自我形象，是指一个人对于自身形象的认知，即消费者认为自己是一种什么样的人，或者希望自己成为什么样的人，同时也希望别人认可自己的形象。自我观念包括对自己品质、能力、外表、社会意义等形象方面的自我认知，和自尊、自爱和自卑等情感方面的自我评价。很多消费者的购买和消费行为，是出于表现和维护其"自我形象""自我观念"的动机。如果认为品牌和产品与自我想象一致就会购买，不一致则放弃购买。换言之，即通过购买一些特定的品牌和产品来展现自我观念与自我形象。例如：在服饰选择方面，如果消费者想把自己塑造成风度翩翩的"绅士"，则偏向于购买名牌西装、领带、皮鞋等正装；如果想把自己塑造成自然潇洒、悠闲自在的人，则会以购买休闲服饰为主。不同的自我观念导致消费者购买行为具有很大的差异性。

4. 生活方式

生活方式是一定社会形态下人们在物质和精神文化生活中呈现出来的基本状态和行为特征，包括工作方式、消费方式、社会交往方式等，具有社会性、民族性、时代性等特点。生活方式不仅反映了个人的社会阶层、精神面貌和行为个性，还反映了个人在社会大环境中的生存状态。生活水平和生活质量是生活方式在质和量两个方面的基本反映。生活方式决定了消费者购买行为的目标指向、格局层次和基本状态。消费者购买产品，不仅购买产品本身，而且购买产品所代表的价值观与生活方式。生活方式不同的人，消费倾向和购买行为存在明显区别。如"娱乐型"的人生活丰富多彩,紧跟时尚;"生活型"的人购物以能满足家庭生活为主;"事业型"人常常忙于工作,很少参与休闲娱乐活动。

对生活方式的研究主要有 AIO 分析模式和 VALS 分析系统两种方法。AIO 分析模式通过活动(Activity)、兴趣(Interest)和观念(Opinion)等元素来分析生活方式。VALS 分析系统(Value and Lifestyles Survey)以自我价值导向和个人资源多少为依据将生活方式划分为实现者、满足者、成就者、享乐者、信念者、奋斗者、劳作者和挣扎者 8 种类型。2002 年的 VALS™ 则分为创新者、思考者、信念者、成就者、奋斗者、体验者、劳作者和挣扎者 8 类。中国新生代市场监测机构运用 VALS 分析系统将中国消费者的生活方式分为积极形态派、求进务实派和平稳现实派。

四、心理因素

1. 消费者的心理活动过程

人类的心理活动过程包括认识过程、情绪过程和意志过程三个阶段。消费者的心理活动过程通常也要经历这三个阶段。消费者的认识过程是通过人的感觉、知觉、注意、记忆、想象、思维、联想等心理活动了解品牌和产品价值的过程;消费者的情绪过程是消费者对品牌及产品产生喜欢与厌恶、肯定与否定的内心体验和情感反应的过程,这也直接影响到消费者的购买欲望;消费者的意志过程是根据消费认识和消费情绪进行购买决策的过程。

消费者在购买过程中还表现出各自的个性心理特征。例如,有的消费者购买行动快,有的则犹豫不决;有的外向开朗、主动沟通,有的内向、木讷;有的认知能力强,有的认知能力较差,等等。

2. 消费者的认知与学习

认知是人对作用于感觉器官的外界事物进行信息加工的过程。由于每个人都以各自的方式注意、整理、解释感觉到的信息,因此不同的消费者对同种刺激或情境的知觉结果可能是不同的。认知具有选择性注意、选择性理解和选择性记忆等特性。选择性注意是指对作用于人的各种刺激,只有少数引起了人的注意并被知觉,多数刺激则被忽略了;选择性理解是指人们对注意到的事物,往往喜欢依据自己的经历、偏好和当时的情境等因素做出理解或解释;选择性记忆是指人们容易忘掉大多数与己无关的信息,只能在记忆中有选择地留存少数与己有关的信息,选择性记忆的结果对消费者的购买决策有很大影响。

人类行为多数是通过学习获得的。学习是指由经验引起的个人行为的改变,是通过驱动、刺激、诱因、反应和强化之间的相互作用而实现的。现代社会科技日新月异,新技术、新产品不断涌现,消费者必须学习新知识、了解新技术和新产品的新消费体验,经过比较分析才能做出购买决策,这就是消费者的学习过程,也是重大消费购买决策的必经阶段。

3. 消费者的信念与态度

信念是人们对某种事物确信无疑的认知与稳定的看法,是在长期的认知和实践积累中逐渐形成的,一般不会轻易改变。消费者对企业和产品的信念形成,有的是建立在某种认知的基础上(如质量上乘),有的是建立在信任的基础上(如名牌产品),有的则可能是基于偏见、讹传而不信任。比如:消费者一般认为日本的汽车、美国高科技产品、法国的时装和香水都是全世界著名的。

态度是人们对事物持有的一种相对稳定性的心理倾向,是人的一种心理准备和内部行为反应倾向,但不是行为本身。消费者的态度是指在其购买和使用产品及服务时所持有的一种相对稳定的心理倾向,可支配和决定其购买行为。

信念会形成产品和品牌的形象,态度会直接影响消费者的购买选择。消费者持有好的信念和态度,有利于产品长期畅销并获得良好口碑。

4. 消费者的购买动机

人的行为是受动机支配的,动机是由需要引起的。消费者购买行为亦是如此。需要是指个体因生理或心理上感到某种缺乏或不平衡时而产生的内心紧张并力求获得满足的心理状态。美国心理学家马斯洛的"需要层次理论"将人类需要分为五个层次:① 生理需要,指对满足自身生存而必不可少的基本生活资料的需要;② 安全需要,指对满足人身安全和健康的需要;③ 社交需要,指对参与社会交往、获得社会承认和归属感的需要;④ 尊重需要,指在社交活动中对受人尊敬、取得一定社会地位、荣誉和权力的需要;⑤ 自我实现需要,指为发挥个人最大潜力、实现自身理想的需要。人类的需要一般是由低级(生理、安全)到高级逐渐发展起来的,在同一需要层次内是先追求数量满足,再追求质量满足;但特殊情况下,也会出现需要"跃层"现象。

动机是引起和维持个体活动并使之朝一定目标和方向推进的内在心理动力,是引起行为发生、发展和产生结果的直接原因。购买动机是为满足一定的消费需要而引起人们产生购买行为的内在心理动力,它推动和控制着消费者的购买行为。消费者的购买动机类型有物质功利性的,也有精神享受性的,也有物质与精神双重性的。同时消费者对自己的购买动机,有能清楚意识到的,也有模糊不清的。营销者能够洞察到连消费者自己都不清楚的购买动机是有效开展营销的必要条件。

五、营销因素

在经典营销理论中,外部宏观环境是存在于企业营销系统之外的不可控因素,而企业的产品、价格、渠道、促销则是企业营销中最基本的可控因素。企业的市场营销工作正是运用这些可控的因素向消费者开展营销活动,为消费者创造符合其需要的产品,并向消费者传播和传递价值,建立并维护长期稳定的客户关系。

从消费者角度来看,对其购买行为影响最为直接的企业营销因素主要包括:品牌形象的认知度与美誉度、产品与包装的质量档次、价格和促销活动的合适程度、购买渠道和购买方式的便利程度、销售人员的服务态度和服务技能、售后服务保障等等。

从企业营销者的角度来看,影响消费者的这些营销因素,一方面是企业营销策略和营销活动实施过程产生的影响,比如产品与包装质量、价格和促销活动、销售服务等;另一方面也是企业营销行为累积的形象认知所产生的影响,比如品牌形象。企业所有的营销行为,从创造价值的生产制造到传播价值的广告与公关,再到传递价值的分销渠道和销售人员,都从各个环节、都在不同方面积累着品牌形象。已经形成的品牌形象对于消费者购买行为的起始导向作用和最终决策作用,都是非常明显的,而营销 4P 策略工具尤其是价格、分销和促销沟通的运用,在消费者的购买行为中,影响和作用是具体而直接的。

企业的营销策略既是企业对消费者购买行为的反应,但也会反过来影响消费者行为,两者相互影响、相互作用。营销策略只有正确地反应和影响消费者行为,才能达到预期目的。影响消费者购买行为的各种营销因素的具体内容在本书以后的有关章节中详细介绍。

分析影响消费者行为的各种因素及其规律,就是要使企业在适应外界环境因素的前提下,通过企业可控营销因素的运用和实施,对消费者予以积极正面引导,促进企业与外界环境因素达到动态平衡,实现企业生产经营与消费者需要之间的有效沟通。

本章小结

消费者市场是最重要、最复杂的购买市场,是市场营销研究的重点对象。消费者购买行为,按消费者介入程度的不同,可分为习惯型购买行为、变换型购买行为、协调型购买行为和复杂型购买行为。企业要在分析消费者不同购买行为特点的基础上,采取不同的营销策略。

消费者购买行为的构成包含六个要素,即谁购买、购买什么、为什么购买及在何时、何地、如何购买。

消费者购买决策过程包括确认需要、收集信息、评估产品、购买决策和购后行为五个阶段。深入探察消费行为的过程与规律,能为企业制定营销策略和实施步骤提供重要依据。

影响消费者购买行为的因素很多,有来自消费者自身的,也有来自外部环境的,主要包括经济因素、社会因素、个人因素、心理因素和营销因素等五个方面。

营销理论知识练习

1. 消费者市场的基本特征和营销特征各是什么?
2. 消费者的购买决策过程包括哪五个环节?
3. 以消费者介入程度为依据,消费者购买行为分为哪四种类型?
4. 消费者购买行为构成包括哪些要素?
5. 哪些重要的社会因素影响着消费者购买行为?它们是如何影响的?
6. 生活方式是如何影响消费者购买行为的?

营销实践模拟练习

1. 以你自己或好朋友的一次花费较多的网购经历为例,分析电商网站通过哪些营销手段实施了积极有效的购买影响。
2. 选择本地一家大型零售超市调查其主要营销策略,分析哪些策略对消费者的购买行为影响较大。

第五章　组织市场分析

组织市场是营销者应该服务好的另一个重要市场。营销者必须掌握生产者、中间商和政府这些组织市场主体的购买需求、行为规则与制度要求,才能赢得组织市场。

美的和碧桂园战略合作

2017年11月,广东顺德北滘镇两家千亿规模的世界500强企业——美的集团与碧桂园集团签署战略合作协议,双方将在产城融合、科技小镇、智能家电、智慧家居、"一带一路"国际产能合作等领域展开深入合作。其中,产城融合和科技小镇是碧桂园主导的项目,碧桂园属于采购方,美的属于被采购的包括硬件产品在内的解决方案提供商。未来三年,碧桂园要打造100万套长租物业,采购规模显然不小。提供智能家电和智慧家居是美的优势,美的将碧桂园的住宅和其他各类物业视为重要的"消费场景",美的属于需求方,碧桂园属于给予方。智慧社区是未来的发展方向,碧桂园和美的互有战略需要。"一带一路"国际产能合作是双方共同发展的需要,两家企业都已经在国际化方面迈出了重要步伐,未来将通过产品、市场、渠道方面的海外合作共同深化海外市场布局。智能化无人工厂的联手打造将整合美的旗下的库卡机器人和美的自身的工业自动化优势,在中国建设生产基地,于此碧桂园不但是重要的出资方而且是重要的集团客户和生活场景推广伙伴。

案例思考

美的和碧桂园实施战略合作的意义何在?

学习目标

1. 了解组织市场的概念与特点,理解组织市场与消费者市场的区别。
2. 了解组织市场的分类,理解不同种类组织市场的基本特征。

3. 掌握生产者市场采购类型和影响因素，了解生产者采购过程的参与者和采购行为流程。

4. 掌握中间商市场的特点和采购行为特点。

5. 掌握政府市场的特点和政府采购的形式，理解政府市场的影响因素。

重点难点

1. 组织市场区别于消费者市场的特点。
2. 生产者采购行为过程和中间商采购的一般程序。
3. 政府采购的形式。

第一节 组织市场概述

一、组织市场的概念

组织市场是与消费者市场相对应的一种市场类型。在消费者市场中，个人和家庭是购买主体，消费品是购买对象，购买目的则是满足个人或家庭的生活消费需要。日常到超市购买食品或网购衣服，春节前置办年货或为朋友的婚礼购买礼品等等，都属于消费者市场中的购买行为。

显然，市场上的购买行为远远不止这些，例如，一家罐头厂原料仓库中的水果快用完了，需要加紧收购更多的新鲜水果以便继续生产罐头；一家机械厂的机床出现了故障，需要到市场上去购买新的零部件进行维修；一家超市发现某品牌的洗发水特别好卖，决定从生产厂家购进更多该品牌的洗发水；某市政府决定在市区修建一个标志性的广场，同时作为市民的休闲场所，于是公开对外进行工程招标……这些购买行为都应该归属于组织市场行为。在本书第一章第一节的"市场的分类"中，我们按照购买主体的身份，将市场分为消费者市场、生产者市场、中间商市场、政府市场和非营利组织市场。上一章我们对消费者市场进行了全面研究，本章我们将生产者市场、中间商市场、政府市场和非营利组织市场合并统称为组织市场，并进行专门研究。

在组织市场中,购买主体是组织机构,包括各类企业、公司、政府和非营利性组织等;购买的对象主要是生产性用品,也有部分消费者所熟悉的消费性用品被各种组织机构用于办公需要而采购;购买的目的则很复杂,有的是为了满足生产的需要,有的是为了转卖或出租,有的是为了履行组织职能等。工厂采购生产所需的原料和材料、商场采购和补充货源、政府招标采购办公设备和办公用品等,都属于组织市场中的购买行为。组织市场的"购买"在营销实战中又常称"采购"。

根据以上分析,我们对组织市场的定义是:组织市场就是各种组织机构以生产或转卖手段谋求营利为购买目的和以履行组织职能为购买目的而形成的市场。组织市场是市场营销的一个重要市场领域与重要战场,企业也必须高度重视,有些企业甚至完全定位于为组织市场服务。在营销实战中,企业针对组织市场的营销,又被称为B2B营销(Business to Business Marketing)。因此,为做好组织市场营销,赢得组织市场营销的激烈竞争,我们必须深入开展组织市场研究,掌握组织市场的需求特征和行为规律。

二、组织市场的分类

组织市场是一个庞大的市场,对组织市场进行分类研究,有利于企业具体掌握各种组织市场的特征和规律,分别制定和实施具有针对性和实效性的营销战略与策略。组织市场按照购买行为主体身份,分为生产者市场、中间商市场、政府市场和非营利组织市场四种类型。本书第一章对这四类市场做了初步的基本性介绍,这里再做一些更具体和详细的介绍。

1. 生产者市场

在这一类市场中,购买主体具有生产者的身份,他们采购产品或服务的目的是为了生产出自己的产品并通过自身产品销售或租赁的方式获取经济效益,因此生产者市场又被称为产业市场。生产企业购买设备、原料、部品、材料以及招聘新员工(购买劳动力)等,都属于生产者市场中的采购行为,他们采购的产品与他们销售的产品,由于经过了生产或加工,在实物形态上已经明显不同。生产者市场的采购者,来自农业等第一产业、制造业等第二产业和服务业等第三产业。

2. 中间商市场

在这一类市场中,购买主体具有中间商的身份,他们采购产品的目的主要是为了转卖以获取进销差价所形成的利润。与生产者市场不同,中间商市场采购的产品与销售的产品,没有实物形态的改变,因为他们没有对产品进行加工制造,最多不过是对所采购的产品进行简单的分装。根据转卖的规模与对象,中间商市场可以分为大规模转卖给其他商业机构的批发商和小规模转卖给消费者的零售商。根据转卖的地点与方式,可以分为消费者到固定地点购买的实体商业和消费者通过网络购买而无需到固定地点购买的电商企业。

3. 政府市场

在这一类市场中,采购主体是各级政府机关及其设立的采购机构。政府采购产品或服务的目的是为了履行政府的公共服务职能。为了向国民提供国土安全、社会治安、国民教育、公共卫生等基本公共服务,政府需要采购武器装备、投资基础设施建设和公共事业建设、提供公共产品和公共服务,因而会使用财政收入进行政府采购。政府为了塑造和传播政府形象,开展政府营销活动,也会开展投资与采购行为。例如为了办好2008年奥运会,我国政府进行了大量的采购工作,从体育馆场的建设到比赛设备的采购,甚至志愿者的帽子和标识都要立项招标采购,开幕式上让所有观礼者都印象深刻的烟花也是采购自国内知名的烟花厂商。

4. 非营利组织市场

在这一类市场中,购买主体本身是一些非营利组织,层次上有全国性组织和地方性组织之分,性质上则有宗教组织、学术组织、慈善组织、艺术组织和环境保护组织之别。非营利组织市场不以营利为目的,这些组织具有志愿性、公益性或互益性,它们要维持正常运作,同样需要从外界购买产品和服务,但市场规模不是很大,非营利组织市场与政府市场有类似的地方,在以后的章节中就不作专门的介绍和说明了。

综上所述,组织市场的类型可以通过图5.1进行概括。

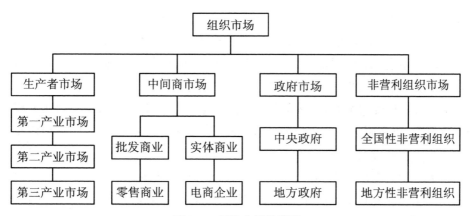

图5.1 组织市场的类型

三、组织市场的特点

组织市场与消费者市场有着显著不同的特点,尤其是在市场需求和购买行为两个方面。做好组织市场的市场营销工作,必须了解和掌握组织市场的特点,不能简单照搬消费者市场的营销经验。

1. 组织市场的需求特点

(1) 是派生需求。组织市场的需求不是原生需求,而是派生需求。组织市场的采购需求——采购什么品种、采购多少和采购时间,本质上不是由其自身单独随意决定的,而是根据消费者对消费品和服务的需求派生出来的,最终由消费者市场的需求品种、需求数量和需求时间决定的。

(2) 需求弹性小。组织市场上产品或服务的价格发生较大变动时,短期内采购需求的变化较小。其主要原因是各类组织尤其是生产企业,在短期内难以改变生产规模、生产方式和工艺流程。

(3) 需求波动大。组织市场中需求的变化受价格影响小,受消费者需求的影响大。当消费者需求增加一定比例时,会导致生产企业在设备和原材料上追加更大比例的投入,也就是说会带来更多的组织市场需求。

2. 组织市场的购买行为特点

(1) 购买主体少,购买规模大。与消费者市场相比,组织市场中的购买主体都是组织机构,数量上显然要少得多,但从购买规模上看,它又远远大于一般的消费者。对于卖方来说,组织市场中的购买者就是营销实践中常说的"大客户"。

(2) 购买具有重复性和周期性。由于组织市场的生产或组织活动具有持续性和循环性,因而组织市场的购买行为也是具有重复性和周期性的,尤其是生产者市场和中间商市场,购买的周期性更为明显,并且周期和批量的选择对于成本的控制和效益的保障非常重要。

(3) 采用直接购买形式,注重互动深度沟通。组织市场中的购买由于规模大、金额价值大,更多属于专业化采购,因此通常采用直接购买形式,中间环节较少,购买方直接与供应方对接,通过专业化的深度沟通和规范化、制度化的采购流程实施采购行为。因为组织市场的客户数量相对较少,又必须通过专业化的深度沟通、商务谈判和招标评标环节才能决定是否采购,因此消费者市场常用的广告宣传方式在这里并不十分重要,组织市场的客户虽然也看重品牌知名度,但更关注产品技术参数、实际性能和企业声誉。

（4）购买决策理性慎重，购买过程复杂漫长。组织市场的购买行为不仅数量规模大、金额价值大，对于企业成本和政府预算影响非常大，而且对企业生产经营活动的正常开展和效益获得具有重大影响，对政府职能履行的质量和效率也具有重要影响。因此，为了慎重起见，也为了防止采购过程可能出现的贪腐行为，购买决策的制度化、流程化要求严格，个人单独决策较少，集体决策专业决策较多。生产者市场和中间商市场甚至将供应商资格甄选权力和产品采购的管理权力严格分开，由不同的团队分别管理。生产者市场的首次购买必须经历招标流程，重复购买虽然不一定每次都经历招标流程，但通常都会进行评估，通过评估的供应商才会得到重复采购的订单。

（5）售后服务要求严格，合作关系持续密切。组织市场的购买行为事关重大、影响持续，因此，购买方售后服务的需求强烈而长期持续。尤其是生产者市场对于供应商的售后服务要求更为严格，包括采购之后的安装、维修、保养、培训、技术升级，甚至共同研发新材料、新工艺和新产品，这是他们打造优质供应链、提升系统竞争力的需要，供需双方因此而成为紧密合作的技术伙伴与利益共同体。

第二节　生产者市场分析

一、生产者市场的概念与特征

1. 生产者市场的概念

生产者市场是指为了生产制造、销售或租赁新形态新用途的产品实现营利目的而采购设备、原料等产品和服务的生产经营型企业组织。生产者市场与中间商市场最明显的区别是，采购进来的产品和销售出去的产品，在形态和用途上已经发生了明显的变化，比如，工业生产企业采购机器设备、原料、材料生产出工业产品，农业生产企业和农民采购种子和化肥生产出粮食作物，餐饮企业采购禽蛋蔬菜和粮油米面生产烹调出菜品和食品。

消费者的购买消费是最终消费，整个社会的生产经营活动最终都要落实到消费者市场的最终消费。但是在消费者购买消费品之前，还需要大量制造和销售最终消费品的上游生产制造企业，当然，我们这里所说的"生产制造"是广义的生产制造，包括第一产业（农林渔牧等）、第二产业（采矿、制造、建筑等）和第三产业（不包括零售批发等商业活动)中所有能够创造价值的生产制造活动。生产者市场是消费者市场的上游支持系统。在现代化大生产中,如果没有生产者市场,绝大多数的生产活动都将无以为继,消费者市场也就得不到产品供应。因此,从社会大生产的过程看没有生产也就没有消费。

2. 生产者市场的基本特征

(1) 买者存在数量少和聚集性。生产者市场的购买主体数量较少,且存在产业聚集现象,地理分布比较集中。这种现象是产业集群效应决定的。这种特征与消费者市场购买者的广泛而分散形成明显差异。

(2) 购买具有目的性和技术性。生产者购买目的性、指向性非常明确,具有经济理性和技术特性,具有明确的技术标准和指标参数等品质要求和采购时间与批量要求,与消费者购买的情绪感性完全不同。

(3) 购买具有规模性和批量性。生产者市场虽然购买主体数量少,但是采购批量大规模大,这是消费者市场的批量和规模无法比拟的,也是生产者市场营销的动力所在。

(4) 购买具有专业性和程序性。由于购买的技术性要求高、规模大金额高,对企业的成本、品质和效益影响事关重大、至关重要,因此生产者市场购买者必须是行业专家,为了防止采购差错和采购贪腐,现代生产制造企业都建立了采购招标制度和集体决策制度。这与消费者市场的个人决策与非专家购买特性是明显不同的。

(5) 需求具有升级性和迭代性。生产制造企业之间的技术与产品竞争具有越来越激烈的趋势,技术进步越来越快,产品更新换代也越来越快,导致生产者市场的采购需求出现快速升级和快速迭代的特征,这种特征在消费类电子和网络智能终端硬件产品生产制造行业表现得最为明显。

3. 生产者市场的营销特征

基于生产者市场的主要特征,相对消费者市场的营销策略方法,生产者市场的营销策略和方法具有以下基本特征和规律:

(1) 营销对象少且聚集。生产者市场购买主体的稀缺性决定着每一个客户都是珍贵的,都要努力争取,都不能轻言放弃,营销者需要根据每一个生产者的实际情况,制定精准有效的营销策略,做好一对一的周到、细致、有效的服务。而生产者市场购买主体的聚集性又为开拓市场带来了时间和空间上的便利,成功开拓一个客户,也较容易带来示范效应,便于企业连续成片开辟产业集群内的相关客户,从而扩大营销成果。

(2) 单个交易效益巨大。生产者市场采购具有的规模性和批量性决定了生产者市场营销的单个交易的规模效益性,因此值得营销者为此付出长时间的艰苦的营销努力。

(3) 营销过程复杂漫长。由于生产者市场采购的目的理性、技术专业、集体决策和流程严密,因此生产者市场营销存在着过程复杂漫长的特性,尤其是第一次开发的客户和第一次全新采购的行为,从客户拜访、接触交流、资质确定、产品选型到招标投标、签订合同、履行合同,需要经历多重反复,经历长期考察,经过多次谈判沟通,需要战胜各种各样的竞争对手。老客户的后续采购过程通常会简洁一些,但营销者也必须认真做好每一个环节,包括产品品质的稳定性、交货数量和时间的准确性、售后服务响应的快速性、服务质量的可靠性等等,不断提升客户满意度,不断巩固和强化客户关系,防止客户流失,决不可掉以轻心。

(4) 注重组织关系沟通。由于生产者市场客户数量少、要求高,因此适合数量多、要求低的消费者市场的大众营销传播和网络社交沟通,并不适用于生产者市场营销,生产者市场需要通过专业媒体开展营销基础性传播,需要依靠专业销售人员拜访客户开展面对面的长期、持续的深度沟通,到一定阶段还需要营销管理者与客户的高层管理者进行深度沟通,需要专业技术研发、生产制造和售后服务团队与客户的对口部门进行深度沟通,甚至根据客户个性化的特殊性的要求,为客户全新研发、量身定制独一无二的产品或个性化的系统解决方案。因此,生产者市场营销既需要销售业务人员具备深入市场一线的单兵作战能力,又需要企业具备系统配合的整体作战能力。

(5) 注重组织利益沟通。与消费者市场营销重点传播品牌和产品对于消费者个人最终消费的利益和价值不同,生产者市场的营销沟通必须聚焦品牌和产品对客户的利益,对客户打造完美产品、提升市场竞争力的价值和作用,对客户降低成本、提升经济效益的价值和意义,对客户采购经理人员在职业发展和企业地位提升上的帮助作用,这样才能打动理性的客户,赢得客户订单。如果将营销成功押宝在为采购人员谋取私利上,将会陷入商业腐败丑闻而损害公司形象,导致客户流失。

(5) 注重产品技术升级。因为生产者市场客户的技术竞争和技术升级导致客户需求不断升级,因此生产者市场营销也必须时刻关注行业技术变化趋势,快速响应客户技术新需求,为客户提供满足新技术需求的新产品、新设备、新原料和新材料等,甚至与客户一起联合攻关、联合开发新技术与新材料,与客户形成长期战略合作,打造无缝紧密合作供应链,这样才能保持长期持续竞争优势。如果满足于现有技术、现有客户、现有供应品,很快就会落后而被淘汰。

二、生产者采购对象与采购类型

1. 生产者的采购对象

看似简单的终端消费品,却需要生产者采购很多元器件并通过各种生产制造和总装工艺流程才能制作出来。例如制造智能手机,至少要采购和组装主板、芯片、屏幕、电池和操作系统等;制造汽车涉及底盘、发动机、钢材、塑料、轮胎、玻璃、汽车电子产品等诸多产业领域,采购范围十分广泛。

生产者采购对象的类型可以按照进入制成品的程度分为完全进入制成品的产品、部分进入制成品的产品和支持性产品3类。根据实物形态和对制成品的作用,可以分为以下4类:

(1)原料。原料是未经过工业生产加工的初级产品,包括各种农产品、矿产品和海洋产品等,它们是所有工业生产活动的基础,也是生产过程中的加工对象。原料的质量差别主要来自于产地自然因素,人工影响和控制的作用相对不大。生产者采购原料有相应的质量标准。

(2)材料、部品和零配件。材料是经过生产加工提纯的原料。部品是由两种以上的材料和元器件组成的半成品。原料、材料和部品都进入制成品阶段,都是构成制成品的重要组成部分,只是加工程度不同。零配件虽然也进入制成品阶段,但不是构成制成品的主要组成部分。

(3)辅助产品。包括能源物资、设备、工具等。辅助产品为生产制造提供能量或支持,虽然不能独立发挥生产作用,也不进入制成品阶段,但会影响到生产的正常进行。

(4)劳务和服务。这是容易被忽视的一种采购对象,它包括两个方面,一是企业对劳动力的购买,主要是指招聘新的工人或员工;二是对外购买各种服务项目,如维修、运输、咨询等。

2. 生产者的采购类型

(1)全新采购。生产制造企业第一次采购某种产品或服务。因为是第一次,所以会非常慎重,参与决策的成员较多,论证复杂充分,供应商资质、采购数量、价格都会认真研究,是最复杂的采购类型。全新采购给众多企业提供了营销机会,但由于可以参与的企业众多,因此竞争也最为激烈。营销者需要从最初接触客户的基层采购人员逐级接触中高层管理人员直至决策者,深入沟通交流,把握客户需求,传递产品价值,制作竞标方案,参与招标投标,中间的过程漫长而复杂,充满各种变数,赢得客户订单实属不易,但是一旦成功就有可能成为长期供应商。

（2）直接重购。生产制造企业基于上次或前期采购绩效的评估，直接向符合要求的合格供应商按照以前的价格等条件再次采购产品。这是最简单的采购类型，很多直接重购都采用自动化再订购系统，无需再经过复杂的招投标程序和决策评估程序，能够减少采购时间，降低采购成本，提高采购效率。但是对于供应商来说，也不能掉以轻心，必须做好优质服务，保障产品供应，否则将会被客户从供应商名录中剔除，失去订单和市场。

（3）调整重购。生产制造企业基于上次或前期采购绩效的评估，对采购产品、采购价格和供应商等主要采购项目进行一定的调整后再实施新一轮采购。调整重购也是一种较复杂的采购类型，它是生产者市场中采购行为的一种常态，每个企业都有可能根据市场情况调整自己的采购行为。调整重构对原有的供应商提出了挑战，给新的供应商提供了机会，供应商之间又将开展一轮新的激烈竞争，只有信誉卓著、品质优良、服务优质的供应商才能再次赢得客户和订单。

三、生产者采购过程的参与者

在消费者购买中，购买过程和购买决策相对简单，只有在购买耐用品或大型消费品时，才会征求和参考他人的意见，出现多种购买角色。而在生产者采购过程中，参与者人数更多，角色更加多元。虽然也会因生产者的企业规模不同、组织结构与采购制度不同，形成采购组织、采购过程与决策方式的差异，但是总体来说，生产者采购过程主要包括以下参与者：

1. 使用者

使用者是直接使用所采购产品的一线人员，对产品使用效果具有切身体验和发言权，在大多数情况下，使用者能够提供产品使用评估建议和产品采购标准建议。使用者也是所采购产品的最直接的受益人，采购正确的产品往往能够改善他们的工作环境、提高工作效率，采购不合适的产品不利于提高工作效率和工作质量。使用者的利益与企业的利益通常是一致的，因此使用者的建议值得重视。

2. 影响者

影响者是影响采购过程和决策的专业技术人员、经理人员以及外聘的技术专家顾问，他们通常参与所采购产品的技术标准的制定、招标方案的制订、投标方案的评审。专业技术人员一般独立性较高，经理人员对供应商的情况较为熟悉，影响者还有可能是企业内部的财务或审计人员，对于采购全新产品或技术的必要性和代价，他们会给出自己的意见，如果采购费用过高，采购要求就可能会被否决。

3. 决策者

决策者是做出最终采购决策的管理人员。采购决策者决定采购的供应商,采购产品的规格、数量和价格等。决策者的身份与企业规模、采购制度和采购类型有关,在中小型民营企业里,有可能所有的采购决策都由企业老板拍板。在大型民营企业、股份制企业和国有企业,通常是具有重大战略意义的或金额价值重大的全新采购,才会由企业最高决策者决策,调整重构可以由相关产业或事业负责人决策,直接重构则可以由相关部门负责人按照流程决策。决策者是营销者最关注的采购参与者,能否得到采购订单,决策者是最关键的因素,因此找准决策者对于营销者来说非常重要。

4. 采购者

采购者是在采购方案确定后具体执行采购行为的人员,在一些大型的或复杂的采购行为中,也会有高层管理人员成为采购者。在一些企业中,采购者只是采购决策的具体执行人,职责权限空间很小,而在另外一些企业,采购者也可能拥有一定的选择具体供应商和产品的权限,这与企业的管理体制有关,采购人员拥有较大自主空间时,采购效率可能有所提高,但寻租的可能性也随之增加。

5. 守门人

守门人也称信息控制者,是指能够控制采购过程与信息的人员,如技术人员、接待人员等,他们控制采购过程信息及营销者与采购标准制定者和采购决策参与者之间的沟通联系,防止他们之间发生串通行为,信息控制者在整个购买过程中,虽然影响广泛,但很少起决定性的作用,当然,如果信息传递出错,也可能对购买流程造成破坏。

营销者在针对生产者市场开展营销工作时,了解采购过程参与者及其职能范围是非常重要的,只有找准了关键性的参与者及其职能作用范围,才有可能有效开展营销工作,争取赢得订单。

四、生产者采购行为过程

生产者采购过程不仅参与者很多,而且流程复杂漫长,从发现采购需求到采购完成,至少可以分为五个阶段。

1. 发现需求

生产者的采购行为起始于需求的发现,这种发现可能源于生产中的一种阻碍,也可能来自于改进工艺以超越竞争对手的一种理念。

需求的发现总体上可以归纳为内在刺激和外在刺激两种情形。内在刺激是指从企业内部自发产生的采购需求,主要是来自于生产过程中出现的困难或障碍,例如机械发生了故障,内部维修无法解决,需要向外采购新的零部件,甚至需要采购新的机械,才能解决生产过程中的困难或障碍从而保证顺畅生产。外在刺激是指来自于企业外部的因素促使了需求的发生,主要是来自于同行业的竞争压力,例如行业内其他企业普遍都针对某个技术环节进行了更新换代,本企业会产生落后的担忧,也会产生采购新产品或技术的需求。

2. 确定需求

确定需求和发现需求是不一样的,发现需求是对需求最初的、模糊的、未加论证的一种感受,这种需求是否真的存在和有必要,则需要经过各相关方的探讨和确认,尤其是得到决策者的认可。所以,确定需求是一个把需求明朗化,进行具体分析、认真论证的过程。

3. 公开招商

在确定需要采购之后,启动采购流程,制定采购标准,公开发布招标方案,邀请供应商参与投标,组织专家和相关人员开标评标,评估供应商投标方案的价值高低,优选最合适的供应商。这是采购行为过程中最漫长、最复杂的阶段。对于供应商来说,也是竞争最为激烈的阶段。在互联网时代,在互联网上发布招标信息,实施网络采购,能够提高采购效率。但很多重大的、非常规的全新采购,还是需要采用线下面对面的现场深入沟通的方式才能做出正确的选择。

4. 签约履行

在确定供应商之后,为了保障双方的利益,明确双方的权利和义务,确保采购活动的顺利持续开展,必须签订标准规范的合约或合同,明确规定采购产品质量标准和价格、采购产品数量和批量、交货时间和地点、检验验收和结算支付方法等。合约分为一次性采购合约和连续性采购长期合约等形式。一次性采购合约是每一次采购都签订一个合约,比较适合于单次性采购。连续性重复采购适合长期合约形式,不必每次采购都签订合约,而是根据长期合约通过采购系统按照需要采购,这样更有效率,对于长期合作的优质客户尤其适用。合约签订以后,合作关系建立,即进入合约履行阶段。

5. 评估绩效

在完成第一轮采购活动后必须依据采购合同,对照合同履行情况和实际使用效果进行绩效评估,为决定维持、调整和终止合作关系提供客观依据。评估涵盖供应产品的规格、质量、数量和价格,对企业生产过程和绩效产生的影响,供应商的售后服务及信誉等。持续性采购供应的绩效评估可以周期性地开展,也可以随机开展,遇到特殊和突发情况则应及时开展,以保证企业的正常生产秩序、经济效益与市场声誉。

五、生产者采购行为影响因素

1. 环境因素

影响生产者采购行为的外部环境因素包括经济形势与发展前景、市场需求变化、技术发展与变化、市场竞争和政策法规变化等方面的因素。如果经济发展态势良好、市场需求旺盛、技术成熟稳定,生产者就会扩大生产规模增加采购;如果预测经济发展速度降低、市场需求萎缩、市场竞争激烈、市场行情看跌、技术面临变化、行业面临改组、政策法规又会调整,生产者就会谨慎决策,不轻易扩大采购规模,甚至缩减采购规模并压低采购价格。

2. 组织因素

组织因素是指影响生产者采购行为的组织结构、组织体制、组织目标、组织战略、决策方式等因素。例如,一个目标一致、认识统一、锐意进取的企业,往往会投入较多资金采购先进的设备,而一个更重视成本的企业,则可能会考虑采购二手设备。一个致力于打造高端品牌的企业倾向于采购高端材料和核心部品,一个致力于打造大众品牌的企业则倾向于购买性价比更高的合格材料和部品。

3. 人际因素

人际因素是指影响生产者采购行为的人际关系因素。参与生产者采购过程执行与决策的人数非常多,多种层级的各类人员,在采购过程中的立场角度不同,在企业中的地位、职责、权力和影响力不同,相互之间的关系和影响方式与影响力度也不同,对采购进程和决策或多或少产生着各自不同的影响。如果企业决策者更加重视技术人员的意见,则技术人员对产品采购决策就会产生更大的影响力,如果决策者更重视财务人员的意见,则财务人员对采购决策的影响力就更大。

4. 个人因素

个人因素是指采购参与者尤其是决策者的年龄、性别、受教育程度、个性、偏好和风险意识对采购行为过程和决策的影响,尽管生产者的采购行为一般是理性行为,但也不能完全排除受到行为参与者和决策者个人因素的影响,尤其是当供应商在产品品质、价格等硬性条件等方面比较接近甚至完全一致时,采购人员的主观看法与价值判断就会影响到供应商的选择。

第三节 中间商市场分析

一、中间商市场的特点

中间商是通过商品转卖谋求营利的流通企业。由于生产者存在集中性而消费者存在分散性,两者在时间和空间上的差异矛盾,使得产销之间很少能大规模快速度地直接对接,需要通过中间商购进、存储和分销,以解决产销之间的矛盾,这是中间商存在的客观原因。中间商市场的特点主要有以下 6 个方面:

1. 市场规模巨大

消费市场的规模巨大决定着中间商市场的规模巨大。根据国家统计局发布的数据,全国社会消费品零售总额 2012 年为 21 万亿元,2016 年为 33 万亿元,4 年增长了约 12 万亿。全国 2015 年批发零售企业产品购进额达到 46.8 万亿元。

2. 购买主体众多

根据国家商务部数据,2015 年全国批发和零售业法人企业单位数超过 18 万个。据中国连锁经营协会报告,2016 年中国连锁品牌化便利店门店数接近 10 万家。另有数据说明全国社区便利店达到数百万家以上数量级,京东计划打造 100 万家社区便利店,阿里巴巴马云曾称天猫和淘宝上有 900 万个卖家。

3. 地理分布广泛

中间商是服务于消费者的,消费者的分布广泛性决定了中间商的分布广泛性。这是中间商市场与生产者市场特别明显的差异。

4. 多层分销体系

生产企业产品的远距离广泛分销,需要通过总经销或总代理、二三级批发和终端零售等多层分销体系。虽然传统商业时代也存在厂家直销,且互联网拉近了生产者和消费者之间的距离,可以实现中间商渠道和层级的扁平化,但是也不能完全取代中间商多层分销。

5. 经营业态多元

中间商的经营业态多种多样,有实体商业与电商企业之分,有批发商业(2B 销售)和零售商业(2C 销售)之分,其中实体商业的零售业态最为丰富,有购物中心、连锁卖场、百货商店、超市、专业商店、品牌专卖店、便利店、自动售货机等。

6. 市场竞争激烈

中间商由于不直接参与产品生产制造，总体上来说对于产品个性和品质没有影响，因此难免形成同质化竞争局面，导致价格竞争、服务竞争和促销竞争，价格大战和促销大战频繁上演，竞争非常激烈。

二、中间商市场的采购模式

中间商的本质是转卖，采购和销售是其最主要的业务活动，根据采购和销售业务之间的关系，中间商的采购模式主要分为采销分离和采销合一两种模式。采销分离模式是采购和销售分为两个团队运营，采购团队只负责集中采购，不负责销售，这种模式的优点是专业分工效率高，缺点是容易出现采购不适合销售的情况，并导致采销矛盾。采销合一模式是采购和销售由一个团队负责，团队既负责采购又负责销售，因此优点是采购与销售矛盾较少，缺点是专业效率不高，采购范围受到局限。

在营销实践中，由于中间商业态多元、规模差异明显，因此中间商市场的具体采购模式也各有不同。现以中间商的业态和规模为依据，对中间商市场的具体采购模式分别介绍如下：

1. 连锁业态的总部集中采购与门店分散采购

全球连锁或全国连锁商业企业是能够直接对接上游生产制造商与终端消费者的中间商，其采购模式主要有总部集中采购和门店分散采购两种模式。沃尔玛是总部集中采购的典型代表，在世界主要制造产地设有若干全球采购中心，实行集中采购全球分销。这种采购模式的好处是采购规模大、采购成本低，具有价格竞争优势，不足是不一定符合各地市场需求。家乐福是门店分散采购的典型代表，采购决策权在门店产品部门负责人手中。这种采购模式的好处是产品采购较为适应当地市场需求，不足是采购规模小、成本高，采购腐败行为难以监控。

2. 单体企业的采购部门统一采购与业务部门单独采购

非连锁经营的区域性单体商品流通企业，采购规模没有全球或全国连锁企业大，但也比社区便利店规模体量大很多，企业或设有专门的采购职能部门实行企业统一采购，或设有多个业务部门实行部门单独采购。这两种模式的基本方式和优缺点与连锁企业的总部集中采购和门店分散采购类似。

3. 大型商业的工厂直采与便利门店的间接采购

大型商业零售企业（包括连锁和单体企业）由于采购规模大、市场影响力大，可以直接向生产制造工厂采购，但中小便利店尤其是社区便利店由于销售规模和专业人员的限制，通常不能实现工厂直采，需要通过厂家的经销商、代理商甚至二三级批发商间接采购，由于没有专业采购人员，通常是便利店老板自己采购。

4. 经销商单一品牌合作采购与零售商众多品牌综合采购

以批发为主营业务的经销商通常与单一品牌合作，即使可以多品项经营多品牌合作，也需要错开同等类型、同等档次具有直接竞争关系的品牌。零售商除品牌专卖店以外，通常都需要多品牌经营，需要多品牌综合采购。

5. 自营电商工厂直采与平台电商卖家自营

以京东为代表的综合自营电商所销售的产品大多为京东直接从工厂采购。以天猫淘宝为代表的综合平台电商，产品销售和采购均由入住卖家自营，平台只负责卖家招商入驻和组织大型促销活动。

三、中间商市场采购行为特点

与生产者市场和政府市场采购行为相比较，中间商市场的采购行为主要具有以下6个特点：

1. 流程相对简单，无需招标投标

中间商采购商品、选择合作厂商，主要通过商务考察、商务沟通与商务谈判等方式来进行，一般不需要经过招标环节，流程相对简单。

2. 厂商长期合作，持续连续采购

中间商的转卖行为讲究快进快出和长期持续经营，因此，希望和上游厂商长期合作，持续进货连续采购，如果市场行情不发生变化，通常不变更交易对象和交易条件。

3. 看重产品市场，不重生产技术

中间商采购产品非常注重市场销售现状和前景，畅销单品和热销爆款产品最受欢迎，但对产品生产技术和工艺并不太关注。

4. 看重进销差价，关注产品毛利

中间商采购产品不单纯看价格高低和价值大小，更看重采购进价和销售单价之间的差价，更愿意采购差价大、毛利空间大的产品。差价小的产品除非是名牌和畅销爆款（能为其带来大量顾客）以外，通常不感兴趣。

5. 看重厂家支持，促进市场销售

经销商和工厂直采零售商非常重视厂家对于市场推广是否有足够的资源投入，倾向于选择营销推广力度大、广告投放多、促销活动力度大的厂家合作，对于营销推广力度小的厂家则不愿意合作。

6. 看重厂家诚信，规范销售管理

中间商最希望合作的生产制造商是不过多过快开发新销售渠道与新商业客户、规范市场运作和销售管理的厂商。厂家在同一个市场过多过快开发新网店新客户，会挤占原有商业客户的市场，损害原有商业客户的利益。而如果厂家给其他同类商业客户或电商业态客户更低的价格，则会导致激烈的价格竞争和市场混乱，甚至造成商业客户市场损失和经济损失。因此，中间商对于不诚信经营、不规范运作的厂商，必要时会选择终止合作。

四、中间商采购的一般程序

不同类型、不同规模和不同定位的中间商的采购程序存在一定的差异。持续运营的中间商和新开业运营的中间商的采购程序也存在一定差异。以新开业运营的中间商为例来说，采购程序主要包括以下 5 个环节：

1. 确定采购品类

新开业的中间商首先必须清晰自己的产品经营范围定位，才能正确决定采购产品品类。

一般来说，产品经营和采购品类定位有 4 种选择：

（1）独家产品：只经营一个品类产品，且只采购来自一家制造企业的产品。虽然产品范围比较有限，但因为有品牌效应，往往能在市场中独树一帜，吸引本品牌的忠实拥护者。独家经销、独家代理、品牌专卖是其代表。

（2）深度搭配：只经营一个品类产品，但采购来自多个厂家或品牌的同类产品，实现同一品类多种品牌产品的深度化和丰富化。专业批发和专业零售门店是这类实体商业的代表，垂直电商是这类电商的代表。

（3）广泛搭配：经营多个品类产品，采购来自多个品类的众多厂家和品牌的产品。百货商场是其代表，经营品类涉及美妆服装等选购品、食品酒水等快消品和家用电器等耐用消费品。

（4）混合搭配：跨行业经营多种消费形态，采购各种消费形态的产品和服务。购物中心是其典型代表。购物中心功能远不止于购物，休闲娱乐、餐饮消费、展示咨询混业经营是其经营常态，故又称大规模、大体量的购物中心为城市商业综合体，内有电影院、儿童娱乐设施及各种风味的中式餐厅、西式快餐厅和糕点房，以深度消费体验和高频消费吸引顾客。

2. 选择采购品牌

确定经营范围和品类定位以后,就要开始选择供应商和采购品牌了。最初的选择范围可以比较宽,以便有较好的选择范围和商务合作考察对象。

3. 招商谈判签约

选择范围内的供应商和品牌能否达成合作,还需要通过招商考察、商务交流、商务谈判等流程才能决定。在城市商业发达甚至过剩的背景下,招商已经是一项具有挑战性的工作。最理想的供应商和品牌当然是诚信经营、产品畅销、市场运作规范的供应商和品牌。通过招商谈判达成合作意向后需要签订合作协议,明确合作时间期限、目标任务、内容项目和财务结算等合约条款。

4. 采购订货补货

中间商和供应商之间的合作通常并不是每一次交易都签订合同,而是在合作协议的框架下根据需要进行采购订货和补货。这是由中间商市场的特点决定的。采购订货和补货的方式主要有:

(1)定期定量订货:订货时间和数量固定,适用于产品销售非常稳定的情况。

(2)定期不定量订货:订货时间周期固定,订货数量则视库存情况而定,适用于产品销售不够稳定而保鲜期保质期要求严格的情况。

(3)定量不定期订货:订货时间不固定,只要库存低于订货点就补充订货,订货量固定不变。这种方式适用于需求较稳定但销量有波动的产品。

(4)不定期不定量订货:订货时间和数量都不固定,适用于销售进度和销售数量波动较大的产品。

这4种订货方式都有一个前提条件,那就是货源充足,可以随时按需求订货。还要说明的是,无论采取什么订货方式,都需要考虑到安全库存和订货提前期,以免出现不必要的断货。安全库存是指为了预防不确定因素,如销量突然增加、交货延误等而准备的缓冲库存。订货提前期是指发出订货需求到收到货物的时间间隔。

5. 采购评估调整

与生产者的采购类似,中间商也要对自己的采购活动进行评估与调整。由于中间商需要特别关注市场需求的变化和产品销售进展情况,也需要考察供应商的信誉和能力,这种评估与调整需要及时进行,对于不畅销的产品要减少订货甚至停止订货,对于较长时间难以动销的产品要实行退货,对于产品滞销效益低下的供应商要终止合作。

第四节 政府市场分析

一、政府市场与政府采购

在市场经济理论中,政府、企业与社会居民共同组成三大市场经济主体。政府为正常履行社会公共管理职能,为公民提供各种公共产品和公共服务,必须具备一定的物质条件,因此必须采购必要的办公设置、办公装备和办公用品。政府为了维护国民经济健康发展,必须实施宏观经济调控,通过政策及投资引导和干预经济行为。政府投资、政府公共消费和日常政务活动消费构成了政府市场。

政府市场是市场体系的一个重要组成部分。政府市场的规模为政府财政支出中政府消费和政府投资的总和,通常占一个国家或地区年度 GDP 的 10% 以上,发展中国家规模还要大一些,一般为 20%~30%。

政府市场不同于生产者市场和中间商市场。政府采购资金使用的是社会公共资源,必须提高使用效率和效益,政府采购活动必须公开、公正、公平地开展,为此必须建立政府采购法律制度,规范政府采购行为。

2002 年 6 月《中华人民共和国政府采购法》颁布,于 2003 年 1 月正式实施。《中华人民共和国政府采购法实施条例》于 2015 年 3 月 1 日施行。中国法律对政府采购的定义是:"政府采购指各级国家机关、事业单位和团体组织,使用财政性资金采购依法制定的集中采购目录以内的或者采购限额标准以上的货物、工程和服务的行为。"全面地看,政府采购不仅是指具体的采购方式,而且是采购政策、采购程序、采购过程及采购管理的总称。

二、政府市场的特点

1. 采购面广量大

政府采购范围包括货物、工程和服务三大方面。货物是指各种形态和种类的物品,包括原材料、燃料、设备、产品等;工程是指建设工程,包括建筑物和构筑物的新建、改建、扩建、装修、拆除、修缮等;服务是指除货物和工程以外的其他政府采购对象。政府采购数量规模大增速快。财政部发布的数据显示,2016 年全国政府采购规模为 31089.8 亿元,剔除一些地方以政府购买服务方式实施的棚户区改造和轨道交通等工程建设项目相关支出 5358.5 亿元,全国政府采购同口径规模为 25731.4 亿元,较上年增加 4660.9 亿元,增长 22.1%。货物类采购规模为 7240 亿元,较上年增加 668.6 亿元,增长 10.2%,占全国政府采购同口径规模的 28.1%;工程类采购规模为 13630.4 亿元,较上年增加 2475.2 亿元,增长 22.2%,占全国政府采购同口径规模的 53%;服务类采购规模为 10219.3 亿元,剔除以政府购买服务方式实施的棚户区改造和轨道交通等工程建设项目相关支出 5358.5 亿元后,服务类采购同口径规模为 4860.8 亿元,增长 45.4%,占全国政府采购同口径规模的 18.9%。

2. 采购目标多元

政府采购应当有助于实现国家和地区的经济和社会发展政策目标,包括保护环境、扶持不发达地区和少数民族地区、促进中小企业发展等。政府采购除追求成本费用等经济目标外,还要兼顾很多非经济目标,如政治性、军事性和社会性的目标。

政府应当采购本国货物、工程和服务。政府采购可以优先考虑国有品牌,事实上各国政府都有这种政策与制度规定。2007 年,国务院机关事务管理局和中央国家机关事务管理局联合下发的《关于做好中央和国家机关节能减排工作的紧急通知》中也明确提出:"要求中央和国家机关各部门、各单位切实做好公务用车节能减排工作""带头使用国产自主品牌、小排量、经济环保、手挡变速的汽车""除特殊需要外,原则上不配备越野车",明确了中国政府汽车采购的变化和趋势。其中,采购"自主品牌的小排量车"作为政府用车,颠覆了多年来德系、美系、日系车辆一统政府用车天下的局面,无疑也有支持国内汽车产业的用意。

3. 采购计划性强

政府采购应当严格按照批准的预算执行。政府采购受财政预算计划的约束,且关系到政府的施政目标,因而采购方案的制订、预算审批的制度流程应严格规范。负有编制部门预算职责的部门在编制下一财政年度部门预算时,应当将该财政年度政府采购的项目及资金预算列出,报本级财政部门汇总。部门预算的审批则按预算管理权限和程序进行。

4. 监管约束力强

法律规定政府采购应当遵循公开透明原则、公平竞争原则、公正原则和诚实信用原则。政府采购的信息应当在政府采购监督管理部门指定的媒体上及时向社会公开发布。在政府采购活动中,采购人员及相关人员与供应商有利害关系的必须回避。政府采购当事人不得相互串通损害国家利益、社会公共利益和其他当事人的合法权益；不得以任何手段排斥其他供应商参与竞争。供应商不得以向采购人、采购代理机构、评标委员会的组成人员、竞争性谈判小组的组成人员、询价小组的组成人员行贿或者采取其他不正当手段谋取中标或者成交。采购代理机构不得以向采购人行贿或者采取其他不正当手段谋取非法利益。各级人民政府财政部门是负责政府采购监督管理的部门，依法履行对政府采购活动的监督管理职责。

三、政府采购当事人

政府采购当事人是指在政府采购活动中享有权利和承担义务的各类主体，包括采购人、供应商和采购代理机构等。

1. 采购人

采购人是指依法进行政府采购的国家机关、事业单位和团体组织。虽然从组织属性上来说事业单位和团体组织并不属于政府机构，但由于他们的采购资金来源于政府财政资金，因此也纳入政府采购统一管理。采购人在政府采购活动中应当维护国家利益和社会公共利益，公正廉洁，诚实守信，执行政府采购政策，建立政府采购内部管理制度，厉行节约，科学合理确定采购需求。

2. 采购代理机构

采购代理机构是指集中采购机构和集中采购机构以外的采购代理机构。集中采购机构是设区的市级以上人民政府依法设立的非营利事业法人，是代理集中采购项目的执行机构。集中采购机构应当根据采购人委托制定集中采购项目的实施方案，明确采购规程，组织政府采购活动，不得将集中采购项目转委托。集中采购机构以外的采购代理机构，是从事采购代理业务的社会中介机构。采购代理机构的资格需要经过财政部门审批。采购代理机构的组织名称包括政府采购中心和交易中心等。

3. 供应商

供应商是指向采购人提供货物、工程或者服务的法人、其他组织或者自然人。供应商参加政府采购活动应当具备下列条件：具有独立承担民事责任的能力；具有良好的商业信誉和健全的财务会计制度；具有履行合同所必需的设备和专业技术能力；有依法缴纳税收和社会保障资金的良好记录；参加政府采购活动前三年内，在经营活动中没有重大违法记录；法律、行政法规规定的其他条件。

四、政府采购的形式

1. 公开招标

公开招标是政府采购的主要采购方式。采用公开招标的采购项目一般是价值较大的项目。公开招标的具体数额标准,属于中央预算的政府采购项目,由国务院规定;属于地方预算的政府采购项目,由省、自治区、直辖市人民政府规定;采购人不得将应当以公开招标方式采购的货物或者服务化整为零或者以其他任何方式规避公开招标采购。

2. 邀请招标

邀请招标是先将投标企业经过筛选,限定在一定范围之内(一般必须在3家以上),主动邀请他们进行投标的招标方式。采用邀请招标的形式,一方面是因为所采购的货物、工程或服务可能具有一定的特殊性,只能向有限范围内的供应商进行采购;另一方面,限定范围邀请招标而不公开招标也有降低采购成本的考虑。

3. 竞争性谈判

竞争性谈判是指采购单位同时与多家供应商进行谈判并从中确定最优供应商。竞争性谈判一般适用于4种情形:招标后没有供应商投标或者没有合格标的或者重新招标未能成立的;技术复杂或者性质特殊,不能确定详细规格或者具体要求的;采用招标所需时间不能满足用户紧急需要的;不能事先计算出价格总额的。

采用竞争性谈判方式进行采购时,遵循的程序如图5.2所示。

图 5.2　竞争性谈判程序

4. 单一来源采购

单一来源采购即定向采购,也就是一开始就只确定唯一的供应商。单一来源采购适用于这样3种情况:所采购的产品只有唯一的生产者;或者为了保证与以前采购产品的配套或兼容,需要继续从原供应商处添购,且添购资金总额不超过原合同采购金额10%的;发生了不可预见的紧急情况,不能或来不及从其他供应商处采购。为了保证政府采购的公开公正,单一来源采购需要谨慎采用。

5. 询价采购

询价采购是指采购单位向国内外的供应商(一般不少于3家)发出询价单,接受报价,进行比较后再确定供应商进行采购。一般适用于货物规格统一、现货货源充足且价格变化幅度较小的政府采购项目。采用询价采购方式进行采购时,遵循的程序如图5.3所示。

图5.3 询价采购流程

以上五种政府采购方式没有优劣之分,只是适用情况、操作程序和成本不同,都要遵循共同的政府采购原则,并接受社会的监督。但是近年来,随着政府简政放权工作的推进,公开招标规模占政府采购总规模的比重明显下降,分散采购规模占政府采购总规模的比重呈上升趋势。财政部数据表明,2016年政府集中采购、部门集中采购、分散采购规模分别为16446亿元、6132.9亿元、8510.8亿元,占全国政府采购规模的比重分别为52.9%、19.7%和27.4%。

本章小结

组织市场是与消费者市场相对应的重要市场形式。组织市场分为生产者市场、中间商市场、政府市场和非营利组织市场等几种类型,它与消费者市场存在很多不同的特点。

生产者市场中的购买者是生产性企业,购买的目的是为生产服务。影响生产者购买行为的因素有宏观环境、内部组织、技术因素和个人因素。中间商市场中的购买者是各类中间商,购买的目的是为了转租以获利。政府市场中的购买者是国家机关、事业单位和团体组织,政府采购必须遵守程序接受监督。

营销理论知识练习

1. 什么是组织市场?
2. 结合上一章的学习,比较组织市场与消费者市场的不同之处。
3. 生产者市场的购买行为有哪些影响因素?
4. 简述中间商采购行为特点。
5. 政府采购有哪些形式?

营销实战模拟练习

到一家商场去采访负责人,调研商家采购产品的行为特点。

第六章　行业竞争分析

市场是充满竞争的,营销者必须准确判断自己在行业中的市场地位,正确制定自己的竞争策略,才能比竞争对手更好地创造市场价值与竞争优势,从而赢得用户、赢得市场。

微信支付宝红包大战

2014年春节,微信红包"一战成名"。大家在除夕夜领取到的红包总计超过2000万个,平均每分钟领取的红包达到9412个,零点时分2.5万个红包瞬间被拆开。这样的场景让马云称其为"偷袭珍珠港"。有媒体认为,微信春节红包一战相当于支付宝干了八年,微信线下支付通道被迅速打开。

2015年春节,微信用户通过摇一摇方式可以抢到总数量为2500万个的现金红包。微信还联合各类商家推出春节"摇红包"活动,送出金额超过5亿元的现金红包(单个最大红包为4999元)。

2016年2月8日,微信公布的除夕红包数据显示,除夕当日微信红包的参与人数达到4.2亿人,收发总量达80.8亿个,是2015年的8倍。

2016年春节,支付宝斥资2.688亿元拿下猴年央视春晚独家合作权,推出"咻一咻"和"集五福"两种玩法,红包总额达到8亿元。支付宝公布的数据显示,支付宝"咻一咻"互动平台的总参与次数达到了3245亿次,是2015年春晚互动次数的29.5倍。但网民吐槽集不到敬业福。2017年春节,支付宝再次推出了"五福红包"活动,表示要"把欠大家的敬业福都还给大家"。

微信红包是微信支付挑战支付宝的关键产品,如果不是因为抢红包,很多人未必会把自己的银行卡绑到微信这个聊天工具上。2017年微信退出春节红包大战,原因在于微信基本完成了支付普及。微信用户数达到8亿以上,日活跃用户占比接近90%,支付宝用户在5亿左右,日活跃用户占30%。当然,在支付规模上,支付宝仍然领先微信。

案例思考

微信支付宝红包大战的动机和目标是什么?

● 学习目标 ☆☆☆☆☆

1. 了解行业特点分析的要点。
2. 了解四种竞争格局和五力竞争模型。
3. 掌握竞争者分析和竞争策略选择的内容。
4. 掌握目标行业选择的分析内容和行业进入的方法。

● 重点难点 ☆☆☆☆☆

1. 竞争格局的理解与运用。
2. 五力竞争模型的理解。
3. 竞争者分析的内容。

第一节 行业概述

一、行业概念

行业分工是社会发展的产物。行业选择是企业家、创业者和就业者都非常重视的问题,因此俗话说"女怕嫁错郎,男怕入错行"。对于行业的概念和分类,人们有些通俗的看法,比如人们常常说到的服装行业、餐饮行业等,从事家电制造的所有企业被称为家电制造行业,从事家电销售的所有企业被称为家电销售行业,也有将家电生产和销售两类企业统称为家电行业。但是这些认识和看法虽然在实践中非常普遍,但在专业概念上却并不规范和严格。

根据我国国民经济行业分类标准的定义,行业(或产业)是指从事相同性质的经济活动的所有单位的集合。关于行业的内涵范围,国家标准分类与大众普通认知存在比较大的差异,具体见下面关于行业分类的介绍。

二、行业分类

目前国际上行业分类标准主要有这样三项：一是联合国统计委员会制定的《所有经济活动的国际标准行业分类》(ISIC)，二是欧盟统计局建立的欧盟产业分类体系(NACE)，三是由美国、加拿大和墨西哥联合建立的北美产业分类体系(NAICS)。

我国《国民经济行业分类》国家标准于1984年首次发布，分别于1994、2002和2011年进行了三次修订，第四次修订的版本(GB/T4754—2017)于2017年10月1日实施。2017版标准及时、准确地反映我国经济新常态和产业结构转型升级涌现出来的新产业、新业态，把行业分成20个门类、97个大类、473个中类和1381个小类，新增了制造业门类中工业机器人制造、特殊作业机器人制造、新能源车整车制造、高铁车组制造、可穿戴智能设备制造、智能车载设备制造、智能无人飞行器制造、服务消费机器人制造；批发和零售业门类中的互联网批发、互联网零售；住宿和餐饮业门类中的民宿服务、露营地服务、外卖送餐服务；信息传输、软件和信息技术服务业门类中的互联网生产服务平台、互联网生活服务平台、互联网科技创新平台、互联网公共服务平台、互联网数据服务、物联网技术服务；金融业门类中的小额贷款公司服务、消费金融公司服务、网络借贷服务、创业投资基金、天使投资；科学研究和技术服务业门类中的三维(3D)打印技术推广服务、创业空间服务等。

20个行业门类并分别用字母 A～T 表示：农林牧渔业(A)；采矿业(B)；制造业(C)；电力、热力、燃气及水的生产和供应业(D)；建筑业(E)；批发和零售业(F)；交通运输、仓储和邮政业(G)；住宿和餐饮业(H)；信息传输、软件和信息技术服务业(I)；金融业(J)；房地产业(K)；租赁和商务服务业(L)；科学研究和技术服务业(M)；水利、环境和公共设施管理业(N)；居民服务、修理和其他服务业(O)；教育(P)；卫生和社会工作(Q)；文化、体育和娱乐业(R)；公共管理、社会保障和社会组织(S)；国际组织(T)。

20个行业门类被划分为97个行业大类，每一个大类都用两位数来表示，如批发和零售业(F)行业门类包括批发(51)和零售(52)两个行业大类；97个行业大类又被细分为473个行业中类，每一个中类都用三位数来表示。如零售行业大类包括综合零售(521)等9个中类；473个行业中类进一步细分为1380个行业小类，每一个小类都用四位数表示，如零售行业大类中的货摊、无店铺及其他零售业(529)中类被分为流动货摊零售(5291)、互联网零售(5292)、邮购及电视、电话零售

(5293)、自动售货机零售(5294)等8个小类。

行业分类的国家标准是以经济活动的生产技术和经营方式为划分依据的。在市场营销中研究行业特点、行业竞争规律和行业营销规律,也可以在国家行业分类标准的基础上,结合产品用途、消费需求和销售渠道来划分行业范围、研究行业特征。

三、行业分析

对于营销工作者来说,了解自己所在行业的性质特点和发展规律是非常重要的。常言说"隔行如隔山",不同的行业在技术要求、进入和退出壁垒、行业规模、用户群体、竞争方式和激烈程度等方面都有很多不同。分析和掌握一个行业,应该主要从生产特点、行业竞争和行业发展三个方面来考虑。

1. 生产特点

生产特点不同是构成行业差异最重要的因素。投入要素、生产周期和投入回报比例是对行业特点的形成最有影响的三项要素。从投入要素方面来考虑,可以将行业区分为劳动力密集型行业、资金密集型行业和知识密集型行业。从产品生产周期长短考察,可以区分为长周期行业和短周期行业;从投入回报的比例关系考察,可以区分为高投入-高回报行业、低投入-低回报行业、低投入-高回报行业等类型。例如,房地产行业属于资本密集型、长周期行业,从投入回报比例方面看,一般认为房地产行业是高投入-高回报行业。

2. 行业竞争

不同的行业有不同的竞争格局和形态,这种格局和形态又与行业的进入和退出壁垒、竞争激烈程度和竞争主要手段等密切相关。例如,从20世纪90年代起,我国的家电行业就"硝烟弥漫",价格战异常惨烈,出现了其他行业都难以见到的激烈竞争;而在另外一些行业则"风轻云淡",比如葡萄酒行业在我国还有很大的发展空间。对于行业竞争的格局,我们将在本章下一节进行更详细的说明。

3. 行业发展

行业发展主要是指行业规模、发展前景、发展速度等几个方面的状况。行业规模一般是指行业现实的整体市场容量大小。行业发展前景是指行业未来的发展态势,不同行业的发展前景差异很大。通常说的"朝阳产业"就是前景光明的行业,"夕阳产业"则是指发展前景不好的行业。行业发展速度一般以行业每年产量或业务的增长情况来衡量,不同行业发展速度存在很大差异。

第二节　行业规模与竞争格局

一、行业市场规模

1. 行业市场规模的概念

行业市场规模又称行业市场容量，是指市场在一定时期内对某行业产品的需求总量。行业市场规模是了解一个行业最基本的数据，也是开展市场营销必须掌握的基础市场数据。

一个行业的市场规模通常用行业的总产量或行业产品的总需求量来衡量，在实际工作中，也用出货量或产值和销售收入等指标来衡量。例如，工业与信息化部曾报告 2015 年电子信息行业完成销售收入总规模达到 15.4 万亿元。由于市场的复杂性，很难对一个行业的年度市场规模提前做出非常精确的数值预估，但是需要而且应该能够做出大致准确的估计或预测。

2. 行业市场规模的预测

很多组织或机构都会对各种行业的市场规模做预测，营销者可以参考，但不能完全依赖他人的结论，需要根据自己的市场调研和研究方法做出自己的预测和判断。可以采用的预测方法包括：

（1）类推法。这是通过类比推断行业市场规模的方法，分纵向类推和横向类推两种。纵向类推是指把当前市场情形与历史上类似时期的情形相对比，推断当前的市场规模；横向类推是指把同一时期的本国或本地区的行业市场与其他国家或地区进行对比，然后推断本国或本地区的市场规模。这一方法虽然难以得到非常精确的数值，但简洁有用，尤其是可以借鉴发达国家历史上类似发展时期的数据。当然，在类推的同时，也要注意不同时期或国家的差异，不能简单套用。

（2）专家意见法。这是收集行业研究专家、企业高管对市场规模预测判断的基础上综合考虑专家意见做出行业市场规模预测的方法。这也是一种简单易行的预测方法，并具有较大的参考价值。为了避免专家之间互相影响，可以采用"背对背"的方式征求专家意见。

（3）趋势预测法。这是将历史资料和数据按照时间先后次序排列，根据数据的升降趋势对行业市场规模、发展趋势进行分析推断的方法。利用趋势进行预测有较好的时间延续性,在大多数情况下能揭示行业规模的发展态势。但是这种预测方法不能预计到未来可能发生的行业突变因素,不能预计到可能影响行业趋势出现拐点的因素,因此可能不够准确,最好结合专家意见法使用。

二、行业竞争格局

不同的行业存在不同的竞争格局。经济学中的市场结构类型可以用来分析行业的竞争格局。根据竞争或垄断的程度,市场可以分为完全竞争、垄断竞争、寡头垄断和完全垄断四种类型,也代表了不同的行业竞争格局。

1. 完全竞争市场

在完全竞争市场中,产品是同质的,同行企业数量非常多,而且规模都不大,没有哪一个能够左右整个行业,只能接受市场形成的价格。与这些特点最接近的是农产品市场。

在完全竞争市场中,企业都是市场价格的接受者,没有价格竞争的必要,一般也没有进行广告宣传的动力,企业进出行业没有什么壁垒,也只能通过降低自己的生产成本来获得超额利润。不过,从长期来看,随着企业规模的变化和行业内企业数量的变动,获取超额利润是不能持久的,最终大家都只能在竞争后获得正常利润。

2. 垄断竞争市场

垄断竞争市场比完全竞争市场多了一些垄断的成分,因为产品不再是完全同质的,虽然行业内企业数量仍很多,但总算可以使用差异化经营策略了,显然也有了少许的定价权,而且还可以选择广告宣传促销。

这种市场形态在现实中比较常见,最典型的是餐饮业,既有肯德基、星巴克这样的大企业,也有无数家中小企业,大企业永远没有办法排斥所有的小企业,大家都通过各种形式的竞争获取利润。

3. 寡头垄断市场

寡头垄断市场中的垄断性进一步加强,行业中有少数几家大型企业,他们掌握着行业市场的大部分资源。在这样的行业中,一方面少数大企业间有着激烈的竞争,通过价格比拼、广告投入、产品研发等进行市场和利润的争夺;另一方面,这些寡头们也会一起设置行业壁垒,维护共同的利益,更糟糕的是,他们还有可能联合起来操纵价格或产量,以获得超额利润。

中小企业在寡头垄断市场中生存发展是比较艰辛的,他们在寻找市场空隙的同时,可以尽量突出自己产品或服务的特色,执行差异化战略。

4. 完全垄断市场

完全垄断市场是一种极端情形,即行业中只有一家企业垄断所有的市场,这种独此一家、别无分店的行业状况在生产力发达的现代社会是不大可能出现的,很多国家也会对过分垄断进行限制。

值得一提的是,不应该把垄断理解为绝对的坏事,在某些情况下,垄断也能够有利于集中有限的资源以促进生产。例如,中小企业难以承担的研发项目,大型企业就可以利用资金优势进行研发。

我们把四种市场形式和竞争格局的特点用一个表格来归纳,见表6.1。

表 6.1　行业竞争格局类型的比较

特征项目	竞争类型			
	完全竞争	垄断竞争	寡头垄断	完全垄断
企业数量	大量	大量	少数	唯一
产品同质性	同质	有差别	同质或有差别	无相近替代品
企业定价能力	无	较小	不同行业不等	完全
进入壁垒	无	较低	较高	极高

当然,以上四种市场形式并不能完全概括现实中的行业竞争格局,一方面,"理论是灰色的",现实中的情况更复杂、更多样化;另一方面,这四种市场类型中加入了很多限制条件,尤其是完全竞争市场和完全垄断市场,都属于理想状况,现实中缺乏与之完全对应的市场结构类型。所以,这种市场结构类型的划分仅仅是为我们考察行业的竞争格局提供了一种思路,在营销实战中需要根据实际情况坚持实事求是的精神进行科学分类研究,切莫以书本理论生搬硬套。

三、五力竞争模型

五力竞争模型是由美国著名的战略管理专家迈克尔·波特(Michael Porter)提出的。他认为,一个行业的竞争状况取决于五种基本竞争力量,即现有同行企业、潜在进入者、替代品威胁、客户和供应商,如图6.1所示。

五力竞争模型把行业竞争中最重要的几种影响因素归纳到一个简单的模型中。下面分别就行业竞争的五种力量进行说明。

1. 现有同行企业

现有的同行企业是最主要的竞争者,它们直接参与行业内部竞争,对本企业的竞争行为有最为敏感的反应。现有同行企业之间的竞争程度受下列因素影响：

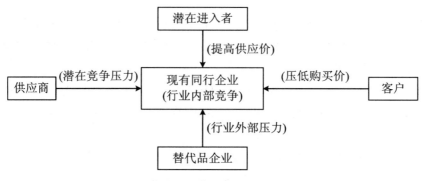

图 6.1　五力竞争模型

（1）行业的发展阶段。大多数行业都存在着基本类似的发展过程和阶段。一般来说，在一个行业刚兴起时，由于参与者不多，行业竞争不激烈；随着行业的兴盛，进入者越来越多，竞争也越来越激烈；一直持续到行业总体利润开始下降，有企业开始退出，竞争激烈程度开始减缓。

（2）行业内企业的数量。虽然企业的数量显然与竞争程度密切相关，但也不能绝对化，需要结合不同行业特点进行具体分析，既不能说企业数量越少竞争程度越强，也不能简单地说企业数量越多竞争程度越强。

（3）行业内垄断程度。一般来说，垄断程度越高，竞争程度越低，在打破垄断之前，一般的中小企业与垄断者并不真正在同一个竞争层面上。

（4）产品的差异度。同行业产品的差异度越小，价格或服务上的竞争就会越激烈。这个特性也促使大多数行业的企业不断创新，改进自己的产品，以避开与对手在价格上的比拼。

（5）退出障碍。退出障碍是行业内企业退出时所遇到的阻碍的大小。例如某行业是资金密集型行业，企业经营不善想退出，可是厂房、设备投资无法收回，机器老化又难以转让，只好勉强维持生产。退出障碍高的行业，容易致使大量企业滞留在行业内，使得竞争环境恶化。

2．潜在进入者

潜在进入者是打算进入或正在进入某一行业的企业，这个企业既可能是新创业的，也可能是采用多元化经营战略的大企业从其他行业杀入的。潜在进入者显然是一个行业现在竞争格局的破坏者，它代表着新的生产能力、新的资源配置和更激烈的客户争夺。当然，从客观上来说，潜在进入者是一种长期存在的外在压力，对现有企业是一种竞争威胁，对行业来说也未尝不是一种保持前进的动力。潜在进入者对本行业的威胁大小,主要取决于进入壁垒和原有企业的反应两个因素。

(1) 进入壁垒。进入壁垒是进入一个行业的障碍,壁垒越高,进入行业所要付出的成本或代价就越高。这种壁垒可能是天然存在的,也可能是人为设置的。天然存在的因素如技术门槛、资金要求、经验积累等;人为设置的因素如行业管制、行业准入限制等。显然,进入壁垒越高,潜在进入者的威胁就越小。

(2) 原有企业的反应。一旦某个行业市场分割接近完成,或者形成了较强势的行业领导者,行业内原有的企业就很容易为潜在进入者设置障碍,这种障碍在竞争者进入前和进入后都存在。在竞争者进入前,行业原有企业可以通过控制原材料渠道、联合起来制定行业标准、要求经销商进行抵制,甚至可以影响政府管理部门出台对他们有利的法规。新的竞争者进入行业后,原有企业可以进行低价倾销,可以从营销渠道方面进行压制,可以增加广告投入进行"淹没",等等。显然,原有企业的反应越激烈,潜在进入者的顾忌就越多,对行业的威胁就越小。

3. 替代品企业

替代品是与本企业产品具有相同或类似功能的产品。替代品让需求者有了更多的选择,是买方的福音,却是供方企业的一种竞争威胁。因为能够互相替代,所以有了相互竞争。替代品企业的威胁程度受下列因素影响:

(1) 替代品的替代程度。替代品只能在一定程度上代替原有产品,这种替代程度上的大小不一样,带来的威胁度也不一样。替代程度越大,带来的威胁也越大。

(2) 替代品的性价比。替代品虽然在功能上能够替代原产品,但如果其性价比太低,则其威胁就很有限。如果性价比很高,则威胁严重。

(3) 购买者的转换成本。购买者放弃原来的产品采用替代品,存在一个转换成本,尤其是对大型的耐用产品来说更是如此。比如说工厂换用一个更先进的大型设备,除了设备本身的价格之外,还需要对新设备进行调试、对员工进行操作培训,甚至为它改造整个生产线,这些都需要耗费时间和资金,如果这个成本太大的话,就会阻碍购买者选用替代品,替代品的竞争威胁就会小得多。

(4) 替代品厂商的能力。除了替代品本身的影响因素外,替代品的生产厂商的主观能动作用也不可忽视。厂商的组织能力、创新能力和营销能力的高低都会影响它威胁力的大小。

4. 供应商

供应商是从上游向企业提供生产所需资源的企业或个人,这些资源包括原料、能源、设备、资金、劳务等。供应商的讨价还价能力会对企业形成竞争压力,具体的表现可能是要求提高供应品的价格、降低供应品的质量、减少紧俏资源的供应和延迟供货时间等。这种企业与供应商的竞争关系,曾经在备受关注的中国钢企与国际铁矿石供应商的谈判中得到经典呈现。供应商的讨价还价能力受到下列因素影响:

(1) 供应商的垄断程度。垄断程度越高,供应商的定价能力越强。

(2) 供应品的可替代性。显然可替代性越低,供应商的讨价还价能力就越强。

(3) 供应品对本企业的重要程度。供应品对本企业越重要,供应商越不肯轻易让步。

(4) 企业是否是供应商的主要客户。一般来说,供应商对非主要客户更加强硬,对主要客户则更可能会让步。

5. 客户

客户是从下游购买本企业产品或服务的企业或个人,他们的讨价还价能力同样也会对企业形成竞争压力,具体表现为向企业要求更低的价格、更高的质量或更多的服务。客户的讨价还价能力受到下列因素影响:

(1) 客户的集中程度。一般来说,客户越集中议价能力就越强。

(2) 购买数量。客户购买的数量越大,越容易以更低的折扣购买。

(3) 客户掌握的信息量。客户对产品所掌握的相关信息越多,讨价还价能力就越强。

(4) 产品的替代性。这与供应商中的情况是相反的,产品的替代性越高,客户的讨价还价能力就越强。

(5) 客户对产品需要的迫切度。越是客户迫切的需要产品,客户越没有余力去讨价还价。

五力竞争模型得到了广泛的传播,为我们进行行业竞争分析提供了重要的思路,但它也有一定的局限性。例如它属于一种静态分析,而竞争是动态的,我们在实际运用中需要结合实际情况进行分析。同时注意行业内部除了竞争之外还有合作,要在开展行业竞争的同时注意行业合作,形成适度的竞争合作关系。

四、蓝海竞争战略

蓝海战略(Blue Ocean Strategy)是 W·钱·金(W. Chan Kim)和勒妮·莫博涅(Renée Mauborgne)于 2005 年 2 月在二人合著的《蓝海战略》一书中提出的。蓝海战略认为,聚焦于红海等于接受了商战的限制性因素,即在有限的土地上求胜,却否认了开创新市场的可能。运用蓝海战略,视线将超越竞争对手转向买方需求,跨越现有竞争边界,将不同市场的买方价值元素进行筛选并重新排序,从给定结构下的定位选择向改变市场结构本身转变。

"现存的市场由两种海洋所组成:即红海和蓝海。红海代表现今存在的所有产业,也就是我们已知的市场空间;蓝海则代表当今还不存在的产业,这就是未知的市场空间。"在红海中,每个产业的界限和竞争规则为人们所知。在这里,随着市场空间越来越拥挤,利润和增长的前途也就越来越黯淡。残酷的竞争也让红海变得越发鲜血淋漓。与之相对的是,蓝海代表着亟待开发的市场空间,代表着创造新需求,代表着高利润增长的机会。尽管有些蓝海完全是在已有产业边界以外创建的,但大多数蓝海则是通过在红海内部扩展已有产业边界而开拓出来的。

身陷红海的企业采用的都是常规的方法,也就是在已有的产业秩序中树立自己的防御地位,竞相击败竞争对手。而蓝海的开创者根本就不以竞争对手为标杆,而是采用完全不同的战略逻辑,也就是所谓的价值创新(Value Innovation)。价值创新是蓝海战略的基石。"我们把它称作价值创新,是因为在这种战略逻辑的指导下,你不是把精力放在打败竞争对手上,而是放在全力为买方和企业自身创造价值飞跃上,并由此开创新的无人争抢的市场空间,彻底甩脱竞争。"

价值创新对"价值"和"创新"同样重视。只重价值,不重创新,就容易使企业把精力放在小步递增的"价值创造"上。这种做法虽然也能改善价值,却不足以使企业在市场中出类拔萃。只重创新,不重价值,则易使创新局限于技术突破驱动,或只注重市场先行,或一味追求新奇怪诞,结果是常常超过买方的心理接受能力和购买力。因此,很重要的一点就是要把价值创新与技术创新及市场先行区分开。

研究显示,开创蓝海的成功者和失败者之间的分水岭,不在于尖端技术,也不在于"进入市场的时机"。这些因素在更多时候并不存在。只有当企业把创新与效用、价格、成本整合为一体时,才能实现价值创新。如果创新不能如此植根于价值之中,那么技术创新者和市场先驱者往往会落到为他人作嫁衣的下场。常规看法认为,一家企业要么以较高的成本为客户创造更高的价值,要么用较低的成本创造还算不错的价值。这样,战略也就被看作在"差异化"和"低成本"间作出选择。

第三节　竞争者分析与竞争策略

一、竞争者分析

1. 识别竞争者

参加竞争，首先要知道与自己竞争的是谁，也就是先要能够识别竞争者。最大的失败就是在失败的那一刻才发现真正的竞争者是谁。

识别竞争者看似很简单，例如百事可乐当然是可口可乐的竞争者，耐克的竞争者当然也包括阿迪达斯，但作为制度竞争战略的一项基础工作，我们应该从更深层次去理解竞争者的识别。

首先，在广度上，竞争者的范围并不仅仅限于同一产品的生产者。由前面分析可以知道，一个企业的竞争威胁是来自方方面面的：有的来自行业内，有的来自行业外，有的来自上游供应商，有的来自下游客户。竞争者可能并不与你生产同一产品，但它的产品能够在一定程度上替代你的产品；更广泛地看，竞争者生产的产品可能与你的产品都可以满足同一类需求。

其次，在深度上，不能忽略潜在的竞争者。识别竞争者不能把目光仅仅局限于自己的"家门口"，很多潜在的竞争者是需要搜集信息和花费功夫才能识别的。例如，正在摩拳擦掌准备进入本行业的大型企业有哪些？近期行业内成长迅速、即将赶超自己的企业有哪些？自己想进入的区域市场有哪些同行业的"地头蛇"？

最后，识别关键的竞争者要结合自身情况进行考察。在实际运作中，最终与本企业发生最激烈碰撞和争夺的，是那些在经营目标和战略上与自己都一致的企业。比如，都针对同一顾客群、都重点抢夺同一区域的市场、都使用降价策略等。所以在识别关键竞争者时，需要与自身的经营目标和战略结合起来考察。比如，腾讯不是电信企业，但是腾讯的QQ和微信却对移动通信行业形成了强有力的竞争，阿里巴巴不是银行，但是支付宝却对银行业形成了竞争压力。

从行业角度看，竞争者有现有企业、潜在进入者和替代品企业三种，这在上一节的五力竞争模型中已有涉及。从市场角度看，竞争者则可分为4种类型：

（1）愿望竞争者（Desire Competitor）。愿望竞争者指提供不同的产品以满足不同需求的竞争者。例如消费者要选择一种价值万元的消费品，他所面临的选择就可能有大屏幕、高清晰电视机和出国旅游等,这时大屏幕、高清晰电视机与出国旅游之间就存在着竞争关系,成为愿望竞争者。

(2) 普通竞争者(Generic Competitor)。普通竞争者指提供不同的产品以满足相同需求的竞争者。如私家车、出租车和网约车都是交通工具,在满足需求方面是相同的,他们就是普通竞争者。

(3) 产品形式竞争者(Product Competitor)。产品形式竞争者指生产同类但规格、型号、款式不同产品的竞争者。如自行车中的山地车与城市车,男式车与女式车,就构成产品形式竞争者。

(4) 品牌竞争者(Generic Competitor)。品牌竞争者指生产相同规格、型号、款式的产品,但品牌不同的竞争者。以电视机为例,三星、TCL、海信、创维等众多品牌之间就互为品牌竞争者。

2. 判断竞争者目标

判断竞争者的目标似乎也很简单,作为企业,它的目标不就是盈利或者说利润最大化吗?关于这一点,我们同样也应该有更深刻一些的认识。

企业的终极目标是利润最大化这一点并没有错,但是由于企业所处的阶段有差异,以及达到终极目标所选择的路径不同,每个企业的细分或者短期目标并没有那么简单,营销者必须判断清楚竞争对手的细分或短期目标,以便估计竞争者对于不同竞争行为的反应,并对自身竞争策略进行相应调整。

在盈利的总目标下,有的企业当前更关注市场占有率,有的企业则非常重视技术革新,有的企业把成本控制当成第一要务,还有的企业想要尽快打响自己的品牌……这些目标的侧重点不一样,会带来企业竞争行为差异,以及对不同竞争行为的敏感度的差异。

例如,注重市场占有率的企业会全力抢占市场,密切关注并快速反击竞争对手的促销活动,大打价格战和补贴战,电商企业、网约车和共享单车在快速发展阶段就是如此;注意控制成本的企业则会加强对采购和内部生产的管理,对大规模的促销活动持谨慎态度,面对互联网企业的低价和补贴攻势,实体企业大多采取这种措施。

3. 分析竞争者策略

分析竞争者策略也是竞争者分析中的重要一环。分析竞争者策略时一般要从如下一些方面进行考察:

(1) 竞争者的产品定价。产品的价格能够最直接地透露出竞争信息,通过观察竞争者如何定价,至少可以确定对方是否采用价格策略。

(2) 竞争者的广告宣传。从竞争者广告宣传中可以了解对方产品所针对的顾客群和广告投入成本,也能从侧面帮助确定竞争者策略。如根据竞争者的广告诉求主题,可以较容易地捕捉到对手的产品定位。

(3) 竞争者产品研发和推广。考察竞争者的产品研发和推广,主要是要确定对方是否采用了差异化策略。如果竞争者非常重视新产品的研发,推广过程中也着重强调性能特点,那就是想通过"人无我有"的差异化策略获得竞争优势。

(4) 竞争者的售后服务。提供更优质的服务也是一种竞争策略,20世纪90年代海尔在中国家电行业的崛起就受益于此。售后服务是相对容易观察到的服务项目,应该重点关注。

(5) 竞争者的物流系统。物流系统是影响分销效率和成本效益的重要因素,因此采用第三方物流是主流方式。但当京东商城发现第三方电商物流效率不高时,决定投入巨资自建电商物流以提升用户网购体验。阿里巴巴原来认为京东这种重资产经营方式将会带来沉重的负担因而未予重视,但是后来发现京东自建物流对于提升电商竞争力确实起到了明显的作用,于是也组建菜鸟网络以提升天猫淘宝快递速度与竞争力。

4. 评估竞争者优劣势

知此知彼,百战不殆。一家企业要想在激烈的竞争中立于不败之地,当然要对竞争者的优势和劣势了然于胸,以便避其锋芒、攻其弱点,有针对性地制定自己的竞争策略。一般来说,竞争者的优劣势,至少要从如下几个方面来考察:

(1) 产品与生产。产品的功能、质量、顾客人群,以及产品的系列性;产能与生产管理等。

(2) 资金实力与融资能力。竞争企业的资金结构、筹资能力、偿债能力、现金流量、资信度和财务管理能力等。

(3) 组织结构与组织活力。竞争企业的组织构架、组织学习能力、应变能力、领导者威信、企业文化等。

(4) 技术与研发。竞争企业的技术人员状况与研发水平等。

(5) 营销与渠道。竞争企业的营销能力、销售队伍、销售渠道的建设等。

很少有企业能在优劣势评估的每个方面都领先,在对竞争者进行了较正确的评估后,一方面要发掘自身的长处,充分发挥自身优势;另一方面也要学习对手的长处,花工夫补齐自己的"短板"。

5. 判断竞争者的反应模式

在市场竞争中,不能仅考虑自己的行动而忽略对手的反应,准确预判竞争者的反应，就可以先行一步制定适当的防控与应对措施。

（1）强烈反应型。对任何竞争性攻击都有快速而强烈的反应，并展开针锋相对的争夺。采用这种反应模式的竞争者通常是行业的领先者，强烈反应意在在维护自身份额的同时，也用行动警告对手；它还有可能出现在寡头市场中，少数大企业瓜分了大部分的市场，对手又非常明确，容易使用"盯人战术"；产品、客户相近的"狭路相逢"的企业很多都会对竞争对手的攻击产生强烈反应。电商大战、团购大战、网约车大战和共享单车大战就是这类竞争反应模式的典型案例。

（2）从容/迟钝型。与强烈反应型相反，从容/迟钝反应类型是指对竞争者的攻击行动没有明显的反应，这种反应缓慢可能是因为"从容"，如胸有成竹、相信顾客的忠诚度、不认为对方的攻击有效等；也可能是因为"迟钝"，如根本没有发现竞争者的行动、一时缺乏应对措施、没有迅速反应的资金或能力等。

（3）选择反应型。对竞争者的攻击行动有选择地进行应对，即对一部分攻击置之不理，对另外一部分则积极应对。

（4）随机反应型。对竞争性攻击的反应具有随机性，对某一特定行动有无反应或反应强度都很难根据以往的情况加以预测。

以上四种反应模式都较常见，显然，企业应该尽量避免与强烈反应型的对手遭遇，而应该在从容/迟钝型的对手那里寻找机会。但是如果行业竞争大战是不可避免的，那就必须勇敢迎接这种关乎生死存亡的竞争大战。竞争大战的结果有可能谁也不能完胜对方，于是停战言和走向合并，如滴滴与快的、美团与大众点评等。对于选择反应型的对手，应该多使用对方没有明确反应的竞争行为；而如果对手属于随机反应型，则应尽量弄清对方反应的内在逻辑，并且谨慎行事。

二、选择竞争策略

在对竞争者有了较全面的分析后，就应该选择自己的竞争策略了。需要说明的是，并不是你所分析过的所有竞争者都是你应该攻击的对象，而应该分清主次和远近，这也是我们分析竞争者的意义所在。

1. 确定竞争对象

确定竞争对象要解决的问题是：在众多竞争者中，哪些是我们首先会遭遇的？哪些竞争者会对我们的行动有最强烈的反应？对于哪些竞争者我们应该主动出击？对于哪些竞争者我们应该回避？一般而言，确定竞争对象应该从以下3个层面依次去甄别：

(1) 区域甄别。就是从目标市场的地理区位上判断同行企业是否构成直接竞争威胁,例如对方目前正在全力争夺一线城市市场,而本企业暂时没有进入一线城市的计划,正在巩固二线城市市场,这样双方至少在短期内不会有直接竞争冲突。

(2) 产品甄别。产品甄别可以从两个方面展开,一是产品的同质性和替代性,完全同质产品的竞争性最强,替代性越高的产品竞争性越强;二是产品所针对的目标客户,即使产品的替代性不高,但所针对的目标客户基本相同,也会构成一定程度的竞争关系。

(3) 策略甄别。通过以上两项区分出竞争者的身份后,可以通过双方的竞争策略对比进行进一步甄别。例如,如果 A、B 两家企业在区域和产品上都和本企业构成了较强的竞争关系,还需要对比它们在竞争策略上的差异。A 企业正在通过改进产品的功能以增强竞争力,B 企业则准备开展低价促销活动,以增加市场份额,而本企业也正在考虑打价格牌,以打压其他竞争者。那么,与本企业策略一致的 B 企业是最接近的竞争者,它对本企业的竞争行动会有最强烈的反应,也是本企业应该最先研究的对手。

2. 制定竞争策略

制定竞争策略是一项系统工程,涉及的内容非常多,本书后面的章节还有详细的说明,这里不就竞争策略的内容展开详细分析,仅就制定竞争策略的要点作 4 点说明。

(1) 企业战略资源的盘点。一方面,企业战略资源是有限的,制定竞争策略必须在这个限度内做选择;另一方面,只有明确了解企业战略资源的长短优劣,才能扬长避短,制定恰当的竞争策略。

(2) 明确竞争策略的回避区域。如果很难一步到位地精准制定竞争策略,那么至少在最初就应该明确自身应该回避的策略。比如说,进入行业不久的小企业,如果没有外部供应链资源和资本的强大支持,一般不要轻易对行业巨头发动正面进攻,试图与大企业拼资源、打价格战,但是如果有足够的外部资源支持,则可以向行业领导者发动侧面进攻,以打响企业知名度和影响力。

(3) 明确各级竞争策略要达到的目标。好的竞争策略是由层次分明的子策略组成的体系,并且每个策略都是目标明确的,这样在防止目标迷失的同时,也具备了缩小差距的参照点。

(4) 制定关键节点的应急方案。关键节点是指竞争策略执行步骤中的重要环节,或者说一旦出错就会出现重大损失的环节,这样的环节,应该在制定策略的时候就考虑到应急方案,并以书面形式确定下来。

第四节 目标行业选择与进入

一、目标行业选择

1. 行业吸引力分析

行业吸引力是指一个行业对相关企业的吸引力。一个行业的发展前景越好、利润水平越高、竞争越不充分,则行业吸引力越大。

一个行业的吸引力是企业进入之前需要分析和评价的重点内容。一般来说,对于行业吸引力的分析至少要考虑以下 5 项因素:

(1) 行业平均利润率。这是最直接、最强劲的吸引力因素,一家企业最开始考虑进入某一个行业,多数是被较高的行业平均利润率所吸引。

(2) 行业技术壁垒和资金壁垒。企业考虑进入某一行业,紧接着应该考虑的问题就是壁垒问题,无论是技术方面还是资金方面的壁垒,都可能对行业进入的热情形成无情打击。

(3) 行业竞争强度。一方面,利润率高的行业,最终会吸引更多的进入者和竞争者;另一方面,利润率接近的不同行业,竞争强度也不一样。进入一个行业,应该对它的竞争强度有心理准备,在进入之前就对这个因素考虑清楚。

(4) 行业的发展潜力。有的行业可能处于这样一种状况:目前的行业利润率并不高,存在一定的技术壁垒或资金壁垒,甚至竞争强度也很大,但是它可预见的潜力非常大,行业需求正在扩张之中,这是值得考虑进入的,有实力的企业应该实施战略布局,比如云计算和人工智能等。

(5) 行业风险状况。行业风险是最后一个值得认真考虑的重要因素,比如说,有的行业目前规范程度不高,竞争处于"乱战"状况,利润率很高,被淘汰的危险也很大;有的行业被看好,不过还处于技术导入阶段,介入企业有夭折的可能性;有的行业表面上很风光,不过"潜规则"很多。这些风险因素必须多方考虑,再根据自身的风险承受力予以取舍。比如 2015~2016 年间风起云涌的互联网金融、网红直播等行业就因涉及法律和道德问题被政府整顿查处。

2. 企业战略资源分析

企业的战略资源是指企业能获得并可用于达成战略目标的要素的总和。这些资源是多种多样的,比如有的企业有优秀的领导或勤奋的员工,有的企业有着充沛的资金,还有的企业在行业内或消费者中都有很好的声誉,等等,这些都是企业宝贵的战略资源。一个企业要想正确地选择行业进入,并在以后的发展中扬长避短、不断壮大,就应该对自己的战略资源有一个正确而清醒的认识。

企业战略资源总体上可分为有形资源和无形资源两大类。

有形资源一般是看得见、摸得着的,也很容易数量化计算的资源。在具体形式上,我们又可以大致归纳为人力、物力和财力三大块。人力资源包括领导能力、员工数量、员工素质等,物力资源包括厂房、设备、工具、原材料储备等,财力资源包括固定资产、流动资金、财务结构等。

有形资源是一个企业最基本的战略资源,如果把一个企业比喻成一个人,那有形资源就好比是这个人的基本身体素质,从一个人的身高、体重、五官状况等能够看出这个人的身体能力,一个企业的有形资源状况也可以用来考察了解这个企业实现战略目标的能力。

当然,企业的有形资源状况不是一成不变的,在卓越管理者的手里,企业的有形资源会在数量上增加、在结构上改善;而一个管理不善的企业则会发生有形资源萎缩的情况。

无形资源是难以觉察却又确实存在并且难以量化的资源。无形资源虽然不像有形资源那样容易计量,却并不因此而无足轻重,它在企业发展中发挥着巨大的作用。无形资源对于企业的重要性,相当于精神气质和名誉声望对于一个人的重要性。企业的无形资源包含以下3个方面:

(1) 关系资源:与供应商的关系、与经销商的关系、与消费者的关系等,还包括企业形象、行业声誉等。

(2) 能力资源:包括企业的学习能力、创新能力、技术水平、专利、商标等。

(3) 制度资源:这里的制度是广义上的制度,不仅包括公司形式、组织构架、管理制度,还包括道德水准、企业文化等。

需要说明的是,一个企业的有形资源和无形资源不是截然分开的,有形资源是无形资源的物质基础,无形资源的提升能够极大地促进有形资源的利用效率,两者相辅相成,共同构成企业的战略资源。

3. 企业核心能力分析

在一个企业的众多的战略资源中,企业的能力资源显得尤其重要。一个企业可以有多种能力,不同的企业在同一种能力上也有高下之分。在所有能力中,对企业最重要的、其他企业难以模仿或超越的能力,就是一个企业的核心能力,很多时候我们也称之为企业的核心竞争力。企业所有的有形资源和无形资源都围绕着核心能力进行优化配置。

知人者智，自知者明，一个优秀的企业应该找到自己的核心能力，并围绕着这个核心能力构建自己的能力体系。企业核心能力可以通过价值链分析和企业能力的顾客贡献分析去发现和确认。

价值链是指由企业中相互关联的生产经营活动所构成的创造价值的动态过程。例如，一个企业可能会从事设计、采购、生产、销售、物流、售后服务等经营环节（还可以更加细分），每一个环节都可以视为一个创造价值的过程。企业与企业的竞争不是某一个环节的竞争，而是所有这些环节所构成的整个价值链的竞争，但每一个环节对于赢得竞争的贡献率又是不一样的。企业对自身的价值链进行分析，找出促使自己赢得竞争的最关键环节，就是找到了自己的核心能力。商业巨头沃尔玛能够由美国一个地方性的百货商店成长为世界第一实体零售企业，最重要的原因之一就是一直牢牢地掌握着自身价值链中的核心：物流与信息技术。

如果说价值链分析是从企业内部进行分析，企业能力的顾客贡献分析则是从企业外部进行分析。就是分析众多的企业能力中哪一项带给顾客的价值最多，或者说哪一项令顾客最满意，让顾客愿意花钱购买产品。这是一种分析方法，也是一种思考方式。例如，大家愿意到麦当劳去吃汉堡，并不一定是因为它的口味多么好，而且很多人都知道那里的食品属于高热量低营养食品，但大多数人之所以还愿意去消费是因为麦当劳整洁的环境和良好的氛围，那么创造这种环境和氛围就是麦当劳的核心能力。

二、行业进入方式

总体来看，企业要进入一个新的行业，有直接进入和间接进入两种方式。

1. 直接进入

直接进入是指企业完全依靠自身的资源和能力，或者借助天使投资和风险投资注入的资本，进入新的行业或领域。这种行业进入方式是最直接的一种方式，是大多数创业型企业的基本选择，也是成功企业进行行业扩张的重要选择。

直接进入的行业，既可以是与自身核心技术相关的业务拓展，也可以是企业价值链上的某个环节的独立发展，当然也可以是与原有业务差别较大的行业跨界。

一家企业如果直接进入的行业比较多，相互之间的关联性又不大，我们就可以称之为多元化发展战略。但是企业实践表明，多元化战略是一个应该谨慎考虑和选择的战略。如果对新行业不是非常熟悉,贸然进入往往会带来战线过长、资金链紧张、风险加剧等问题。

一般来说,企业直接进入一个新的行业的成本是很高的,不仅包括购置新的机器设备、招聘新的员工等显性成本,还包括调查研究、学习新的知识和建立新的销售渠道等隐性成本,而且还有可能遭到行业内原有企业的打压。为了规避这些成本,企业也可以选择间接进入的方式。

2. 间接进入

行业的间接进入方式主要有并购和合资经营两种。

并购(Merge & Acquisition)是兼并与收购的简称,英文简称为M&A。

兼并有三种类型:横向兼并(两个企业在同一行业,并在生产经营上处于同一阶段)、纵向兼并(两个企业在同一行业,但在生产经营上处于不同阶段)和混合兼并(两个企业在不同行业中)。

收购是买方企业从卖方企业购入资产或股票以获得对卖方企业的控制权。当然,收购也可以分为对行业内企业的收购和对其他行业企业的收购。

兼并与收购的形式较相近,主要的区分在于,兼并发生时,没有明显的收购方和被收购方,双方规模相近,共同参与兼并企业的经营管理。

一家企业混合兼并另一家企业,或从其他行业收购另一家企业时,它实际上就相当于间接地进入了被兼并或被收购企业所在的行业。

必须说明的是,并购并不是一个企业进入新行业或者扩张自身的万能钥匙,在所有的并购案例中,有成功的例子,也有很多失败个案。

合资经营是由两个或两个以上不同的投资者共同投资组成具有法人地位的企业,并由投资各方共同管理、共负盈亏、共担风险。

合资经营这种模式是改革开放之初外国企业进入中国市场最主要的方式之一,也为中国经济的高速发展做出了重要贡献。现在合资经营也成为国内有实力的企业进入国外市场的一种手段。我国对于中外合资经营的企业的组织形式和出资方式都有一系列的规定。例如:合营企业的组织形式只能为有限责任公司;合营各方对合营企业的责任以各自认缴的出资额为限;合营企业的投资总额(含企业借款),是指按照合营企业合同、章程规定的生产规模需要投入的基本建设资金和生产流动资金的总和;合营企业在合营期内不得减少其注册资本,因投资总额和生产经营规模等发生变化确需减少的,须经审批机构批准,等等。

本章小结

行业由从事相同性质的经济活动的所有单位所构成,分为门类、大类、中类、小类四个级别。行业分析主要从生产特点、行业竞争和行业发展三个方面着手。行业竞争格局需要在完全竞争、垄断竞争、寡头垄断和完全垄断四种市场结构框架下进行探讨。五力竞争模型把企业面对的竞争力量归纳为现有同行企业、潜在进入者、替代品企业、供应商和客户五种。

竞争者分析的步骤是识别竞争者、判断竞争者目标、分析竞争者策略、评估竞争者优劣势和判断竞争者反应模式。选择竞争策略主要是要确定竞争对象和制定竞争策略。

目标行业的选择应该进行行业吸引力分析、企业战略资源分析和企业核心能力分析。行业的进入方式分为直接进入和间接进入两大类,其中间接进入又有并购和合资经营两种形式。

营销理论知识练习

1. 按照我国的统一标准,行业分为多少门类?
2. 五力竞争模型包含哪五种竞争力量?供应商和客户为什么会对企业产生竞争?
3. 竞争者分析包括哪些内容?
4. 竞争者的反应模式有哪些?
5. 目标行业的选择,应该对哪些因素进行分析?

营销实战模拟练习

通过互联网收集信息,对智能手机行业或瓶装水行业进行竞争格局分析。

第七章 定位市场价值

正确定位市场价值是创造市场价值的前提。营销者在制定营销策略之前必须首先明确定位自己为市场创造什么样的价值,在市场上树立什么样的形象。这正是市场营销"先营而后销""谋定而后动"的传神写照。

王老吉的品牌定位

凉茶本是广东、广西地区的一种用中草药熬制的具有清热去湿等功效的"药茶"。2002年以前,表面上王老吉是一个活得很不错的品牌,在广东、浙南地区有比较固定的消费群,红罐王老吉饮料的销售业绩连续几年维持在1亿多元。发展到这个规模后,加多宝管理层发现,要把企业做大、要走向全国必须克服一系列问题,而最核心的问题是将王老吉当"凉茶"卖还是当"饮料"卖。2002年底,加多宝找到成美行销广告公司想拍一个广告片来解决宣传的问题。可成美公司经过认真研究发现,王老吉的核心问题不是通过简单地拍一个广告就可以解决的,关键是没有正确的品牌定位。经过深入沟通后,加多宝公司最后接受了建议,决定暂停拍摄广告片,委托成美公司先对红罐王老吉进行品牌定位。成美公司研究人员在进行二手资料收集的同时,对加多宝内部、两地的经销商和消费者进行了访谈与研究,最终将品牌定位为"预防上火的饮料"。红罐王老吉由此取得了巨大成功,2003年销售额增至6亿元,2004年突破10亿元,2005~2008年销售分别接近25亿元、40亿元、90亿元和120亿元。2012年广药集团收回王老吉品牌自行运营,加多宝团队则创建凉茶品牌"加多宝",与曾经是自己打响的凉茶品牌王老吉开展了针锋相对的市场竞争,并且取得了优秀的市场业绩,中国市场出现了加多宝和王老吉两大凉茶领先品牌。

案例思考

红罐王老吉取得成功的主要原因是什么?王老吉自行运营后,加多宝团队又是如何将王老吉的品牌定位及形象资源转移到加多宝上的?

学习目标

1. 了解市场细分、优选、定位的概念。
2. 掌握市场细分的要求和目标市场优选的条件。
3. 理解市场细分的方法和程序。
4. 掌握目标市场优选策略和目标市场营销策略。
5. 理解市场定位的概念和策略。

重点难点

1. 运用市场细分的标准和方法对市场进行细分。
2. 目标市场优选策略与目标市场营销策略之间的关系。
3. 市场定位的实际应用。

第一节 市 场 细 分

一、市场细分的概念

市场细分（Market Segmentation）是指营销者通过市场调研，根据消费需求特点、购买心理和购买行为等方面的差异性，把整体市场上的消费者划分为若干具有不同特征的消费者群体。在这里，具有不同特征的消费者群体被称为细分市场，亦称"子市场"或"分市场"；每一个细分市场都是由具有类似需求和行为特征的消费者群体组成的，表现出同一细分市场的同质性；不同细分市场的消费者在消费需求与购买行为方面存在着明显差别，表现出不同细分市场的异质性。

市场细分并非是自市场营销活动初始出现就有的概念，而是随着市场营销实践发展提出来的概念。具体来说，是美国市场营销专家温德尔·史密斯在1956年提出来的概念，此后受到了广泛重视和普遍应用，成为企业市场营销战略的一个核心内容。

市场细分是在产品供不应求时代的大规模营销和供求基本平衡时代的产品差异化营销等市场营销阶段的基础上产生和发展起来的。在美国,市场细分理论和实践的发展经历了以下 3 个阶段:

1. 大规模市场营销阶段

19 世纪末 20 世纪初,美国市场以卖方为主导。在卖方市场条件下,企业营销的基本方式为大量营销,即大批量生产品种、规格单一的产品,试图以一种产品吸引市场上所有的顾客。大量营销使企业产品成本降低,利润丰厚,因此企业没有必要研究市场需求,市场细分战略也不可能产生。这个阶段与市场营销观念中的生产观念阶段基本一致。

2. 产品差异化营销阶段

20 世纪 30 年代的经济危机使美国等西方国家产品严重过剩,企业不得不转变经营观念,开始实行产品差异化营销,即向市场推出许多与竞争者产品不同的,具有不同质量、外观等的产品。这个阶段与市场营销观念中的产品观念阶段基本一致。但企业仅仅考虑自己现有的设计、技术能力,忽视了对顾客需求的研究,所以仍然不能为市场细分的产生创造条件。

3. 目标市场营销阶段

20 世纪 50 年代以后,在科学技术革命的推动下,生产力水平大幅度提高,面对买方市场的严峻形势,美国企业不得不再次转变经营观念和经营方式,即转向市场营销观念阶段,由产品差异化营销转向以市场需求为导向的目标市场营销。即企业通过市场细分选择一个或几个细分市场作为自己的目标市场,专门研究其需求特点,针对其特点设计适当的产品、确定合理的价格、选用适合的分销渠道和促销手段,开展营销活动。至此,市场细分战略应运而生。

二、市场细分的作用与要求

(一)市场细分的作用

1. 有利于深入认识市场,发现市场机会

开展市场细分研究,企业可以有效地分析和了解各个消费者群体的需求满足程度和市场上的竞争状况,发现哪类消费需求已经满足,哪类满足不够;发现哪些细分市场竞争激烈,哪些较少竞争。而满足水平低的市场,通常存在着更好的市场机会,不仅市场潜力大,而且竞争也不是太激烈。抓住这样的市场机会,企业就能

够得到有利的发展机会。

2. 有利于选择目标市场,进行市场定位

对于大多数企业来说,不可能满足所有消费者的需求,因此,必须将企业资源聚焦在一个适当的市场范围内,明确应该为哪一类消费者的哪种需求服务,从而选定对自己最为有利的目标市场。企业能否正确地选择目标市场,是制定企业市场营销战略的重要问题。而市场细分又是企业选择目标市场的前提。开展市场细分研究,准确把握市场特征,有利于企业准确选择目标市场,准确进行市场定位。

3. 有助于规划营销策略,形成竞争优势

准确选定目标市场(Target Market)之后,还必须基于对市场需求的准确把握,正确制定进入市场的营销策略组合(Marketing Max),才能占领市场并取得市场竞争优势。而这都依赖于市场细分对于消费需求和购买行为的深入研究。如果对消费需求和购买行为研究不透,掌握不准确,就不能够制定精准有效的市场营销策略,更难以领先于竞争对手更好地满足消费需求,也就谈不上建立竞争优势,更难以取得稳固的市场地位。

(二) 市场细分的要求

尽管市场细分是识别市场机会、发现市场机会和制定营销策略的有效手段,但并不是所有的市场细分都是成功有效的。市场细分不当,也可能招致市场机会把握不当和市场营销策略的失败。因此,正确开展市场细分十分重要,为此必须准确把握市场细分的以下要求:

1. 细分标准可衡量性

选择合适的细分标准是正确开展市场细分的关键要素。用来细分市场的细分标准必须是可以衡量的,也就是说,细分标准能够清晰区分消费需求、消费心理和购买行为的差异性,不会出现界限模糊不清的不可衡量问题与不可辨别问题。拿模糊不清难以辨析的细分标准来开展市场细分,实际上是难以清晰地细分市场的,是难以准确把握和区隔消费者需求与消费行为的。

2. 细分标准的组合性

消费者的需求往往不只受一个因素所影响,而是多因素综合影响的结果。因此,仅用一个标准开展市场细分很有可能达不到区分市场差异的作用,这就需要采用多个细分标准进行多标准组合市场细分。多标准组合市场细分已经是现代市场细分与深度研究的重要方法。

3. 细分市场的区分性

正确开展市场细分的结果必须是细分市场之间存在明显的差异性,在消费需求、购买心理和购买行为等方面表现出明显的不同。如果细分市场之间没有明显的区分性,这样的市场细分就是没有意义的,也是没有价值和必要的细分,并不能为制定差异化的目标市场营销策略提供有价值的市场基础。

4. 细分市场的规模性

不同消费者的需求和行为总是有差异的,因此从理论和技术上来说,市场可以无限细分,可以细分到每个单一的消费者,甚至细分到每个消费者的不同消费场景和不同消费时间。但是,由于规模效应和成本规律的作用,无限细分难以形成市场规模,难以降低供给成本,因此不能无限细分,必须确保适度细分以达到细分市场的规模经济性。在互联网时代,个性化消费需求与个性化产品供应的对接十分便利,可以做到一对一营销,但整体来说,细分市场的规模必须是企业成本可控与效益可期的,如果市场规模过于窄小,就不值得去占领。细分市场的规模性还意味着细分市场要有一定的发展潜力和持续稳定性,其规模化的消费需求不会很快消失。

5. 市场细分的动态性

不同时代背景、不同市场背景下的消费需求和消费行为具有变化性。随着时间的推移和市场的变化,消费者购买产品所追求的利益会发生变化,如果仍采用不变的细分标准就难以真正把握消费需求,因而也就难以正确区分市场。因此,市场细分不能一定终身,而要根据时间推移和市场变化持续开展;市场细分不能使用一成不变的细分标准,而应适时加以研究与调整,实现市场细分的动态优化。

三、市场细分的标准

(一) 消费品市场细分的标准

市场细分需要依据一定的细分标准和变量,否则无法进行细分。消费者的地理环境、人口特征、心理和行为是影响消费品市场的主要因素,因此,消费品市场细分的主要标准和形式就有地理细分、人口细分、心理细分、行为细分等4种。

1. 地理细分

即按照消费者所处的地理位置和自然环境来细分市场,比如,根据国家、地区、城市规模、气候、人口密度、地形地貌等方面的差异将整体市场分为不同的细分市场。地理标准之所以作为市场细分的依据,是因为处在不同地理环境下的消费者对于同一类产品往往有不同的需求与偏好,他们对企业采取的营销策略与措施也会有不同的反应。

地理因素易于辨别和分析,因此是市场细分优先考虑的重要依据。但是,地理因素是一种静态因素,处于同一地理位置的消费者仍然会存在很大的需求差异。在我国的一些大城市,如北京、上海等,流动人口超过百万量级,这些流动人口本身就构成一个很大的市场,很显然,这一市场有许多不同于常住人口市场的需求特点。所以,简单地以某一地理特征区分市场,不一定能真实地反映消费者的需求共性与差异,还需结合其他细分变量予以综合分析。

2. 人口细分

即按照人口标准和变量来细分市场。年龄、性别、职业、收入、教育、家庭人口、家庭生命周期等人口变量与消费品的需求和购买行为之间客观上存在着密切的关系。人口细分标准和变量也具有清晰的可衡量性。因此,依据人口标准和变量来细分市场历来为企业所普遍重视。

(1) 年龄细分。消费者的年龄不同,对产品的需求也不同。例如,儿童对玩具、少儿读物的需求较多;年轻人对时装、文化体育用品的需求较多;老年人则对营养保健品、医疗用品的需求较多。所以企业可以根据不同年龄段的消费者的不同特点,生产出不同的产品以满足不同年龄段消费者的需求。需要注意的是,随着人们生活水平的提高,心理年龄正显示出越来越重要的作用,反映出消费者的心理需求,因而值得在以年龄细分的市场中特别考虑。

(2) 性别细分。性别是影响消费者购买行为的重要因素,在服装和化妆品等市场上影响最为明显。一些企业对性别差异明显的产品分别创立男性"他"品牌与女性"她"品牌,在产品的设计上更符合男性和女性的特点,受到消费者的青睐。

(3) 收入细分。收入水平是影响消费者购买力的直接因素,对消费者需求的数量和结构具有决定性的影响。汽车、住房、耐用消费品、酒店服务等市场更需要用收入标准来细分市场。

(4) 家庭人口与家庭生命周期细分。家庭人口反映家庭规模的大小,直接影响到家庭用品的消费形态。家庭生命周期是指一个以家长为代表的家庭结构变化过程,包括从年轻单身到结婚生子,再到子女独立生活,最后到老年夫妇及老年单身。不同的家庭生命周期阶段,其购买力大小和购买力投向也有显著区别。

3. 心理细分

即按照消费者的心理特征来细分市场。具体细分变量包括生活方式、个性、购买动机、价值取向以及对产品供求局势和销售方式的感应程度等。心理因素十分复杂,往往难以准确把握。但确实有很多消费者,在收入水平及所处地理环境相同的条件下,却有着截然不同的消费习惯与特点,这就是消费者心理因素在起作用。

因而,心理因素也是细分市场的一个重要标准。例如,按照购买动机,可将消费者分为不同的类型:经济实惠型、求美型、求实型、求新型、求名型、求便型、炫耀型等。

4. 行为细分

心理细分非常重要,但由于消费心理是内在的,难以准确洞察,因此较难把握。而购买与消费行为是外在的,因而是更可衡量、更易区别的细分标准,是市场细分更重要的细分标准。营销者可以根据消费者对产品的了解、态度、使用和反馈等行为情况来细分市场上的消费群体。

(1) 购买阶段细分。从不知道产品到注意到产品,对产品产生兴趣,再到产生购买欲望,最后到采取购买行动,不同的消费者处在购买行为的不同阶段,以此细分消费者具有重要意义,营销者可以根据消费者所处的购买行为阶段采取具有针对性的营销措施。

(2) 使用者细分。依据使用者情况,可区分为非使用者、曾经使用者、潜在使用者、首次使用者和经常使用者五种。总体来说,营销者应该巩固经常使用者,吸引非使用者和潜在使用者,找回曾经使用者。具体来说,市场领导品牌有实力能够将非使用者和潜在使用者转变为首次使用者和经常使用者,而中小企业则将难以做到,故应重点吸引经常使用者。

(3) 使用频率细分。按消费者使用频率的不同,可分为轻度消费者、中度消费者和重度消费者。轻度和中度消费者的人数多但消费量不多,重度消费者虽然人数不多,但消费量很大,是营销者应该重点关注的少数派消费群体,对于烟草、啤酒、茶叶等嗜好产品,重度消费者的市场价值最为明显。

(4) 购买时机细分。根据消费者计划购买和实际购买的时机来区分消费者,如旺季购买的消费者和淡季购买的消费者,按照实际需要时间购买的消费者和等待打折促销时机购买的消费者,等等。

(5) 忠诚度细分。根据消费者对已购买产品和品牌的忠诚度反应,可以将消费者区分为:"一往情深型"忠诚者(Hard-Core Loyals),这是始终忠实购买某个品牌的消费者;"一心多用"型忠诚者(Split Loyals),这是忠实购买二到三个品牌的消费者;"移情别恋"型忠诚者(Shifting Loyals),这是从忠诚于一个品牌转向另一个品牌的消费者;"频繁转换"型消费者(Switchers),这是对任何一个品牌都不忠诚的消费者。几乎每个市场上都不同程度地存在这四种消费者。培养消费者对自己品牌的忠诚度是任何一个企业都应努力追求的,企业应认真分析研究消费者对企业品牌的不同表现,及时发现问题并采取适当对策,争取更多的品牌忠诚者,以此来巩固或树立自己的竞争优势。

（二）工业品市场细分的标准

1. 地理细分

工业品市场的地理分布受资源分布、地形气候和产业布局的影响。例如，我国钢铁产业主要集中在华北和上海，轻工业主要分布在东南沿海地区，如长江三角洲、珠江三角洲等。产业集中区对特定的生产资料具有相对集中的需求。对于用户较为集中的地区，企业可以采取直接销售方式，对于较为分散的用户则可充分利用中间商网络进行分销。

2. 行业细分

由于工业品市场存在许多不同的行业，例如冶金、军工、机械、服装、食品、电子、化工、医疗等，在不同的行业市场上，不同的最终用户所追求的利益不同，对同一种产品的属性也会看重不同的方面。例如，购买轮胎时，飞机制造商对该产品的安全性要求比农用拖拉机制造商高得多；而汽车制造商在生产比赛用车和标准车时，对轮胎的质量等级也有不同的要求。最终用户的每一种要求都可以是企业的一个细分市场，企业为满足最终用户的不同需求，应运用不同的营销策略组合。

3. 规模细分

在工业品市场中，有的用户采购量很大，而另外一些用户采购量很小。以钢材市场为例，像建筑公司、造船公司、汽车制造公司对钢材需求量很大，动辄数万吨地购买，而一些小的机械加工企业，一年的购买量也许不过百吨量级。因此，用户规模是企业细分工业品市场的又一个重要标准，企业应当根据用户规模大小来细分市场，并采取差异化的营销策略。

4. 行为细分

在某一目标行业与用户规模之下，企业还可以根据采购行为来细分工业品市场。比如，用户追求利益不同，有的注重价格，有的注重服务，有的更加重视质量；从采购方式来看，工业品生产可以分为租赁企业、招标采购的企业和系统采购的企业；从实际客户关系看，可以分为已经建立密切合作关系的企业和尚待开拓业务关系的企业，或者分为高忠诚度的企业和低忠诚度的企业；从用户风险态度来看，可以分为承担风险的用户和逃避风险的用户。企业应当根据用户购买行为来细分市场，并采取不同的营销策略组合方案。

上述工业品市场细分的标准都是从某一角度来分析的。通常情况下，工业品市场不是仅用单一的标准来细分的，而是综合几个标准来细分的。而由于市场竞争、技术进步、企业兼并等都会改变行业格局，因此工业品市场细分必定是动态的。

四、市场细分的方法与程序

1. 市场细分的方法

每个企业都可以用前面所讲的标准对市场进行细分,但是,由于企业规模大小、产品品种数量不同,因而选择的市场细分标准数量也不相同。根据市场细分时使用的细分标准的多少,常用的市场细分方法有 4 种:

(1) 单一因素法。仅以某一细分标准对市场进行简单的细分,如按性别细分洗浴市场,按年龄细分儿童图书市场,比如将儿童图书市场分为 1~3 周岁幼儿识字卡片市场、4~6 周岁学前绘本图书市场和 7~12 周岁课外辅导教材市场等。

(2) 主导因素排列法。一个市场的细分标准存在多种选择时,可以从消费者需求和行为规律中寻找和确定各影响因素的影响程度,以此确定市场细分标准的主次。例如,收入与职业一般是影响青年女性服装选择的主要因素,文化程度和婚姻状况可能是次要影响因素,因此,应以收入与职业作为细分女性青年服装市场的主要依据,以文化程度和婚姻状况作为次要依据。

(3) 综合标准法。指运用两个以上的细分标准从多个角度对整个市场进行细分,如以收入水平、性别、年龄来细分服装市场和化妆品市场等。这时可以借助二维或三维坐标图,直观地显示细分市场的状况。以收入、年龄来细分某一市场为例,根据综合标准法则可得到如下一些细分市场,以每一个方格代表一个子市场,共有 12 个子市场(3×4),见图 7.1。

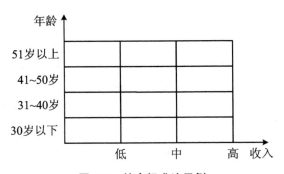

图 7.1 综合标准法示例

(4) 系列因素法。运用两个以上的因素,依据一定的顺序来逐步细分市场。细分的过程也是逐步深入认识市场的过程,下一阶段的市场细分以上一阶段的细分市场为基础。这种方法可使目标市场更加明确而具体,有利于企业更好地制定相应的市场营销策略。

2. 市场细分的程序

美国学者杰罗姆·麦卡锡提出一套逻辑性强、简洁直观的七步细分法,很有实用价值,其具体步骤如下:

(1)明确企业的营销方向和营销目标。这是市场细分的基础和前提,一般而言企业的营销方向和营销目标是由企业高层决定的。

(2)根据用户需求状况确定市场细分的细分变量。这是企业进行市场细分的依据,企业一定要按照实际需要加以确定。

(3)根据细分变量进行初步细分。一般根据用户需求的具体内容,可初步确定将消费者分为哪几种不同的类型。

(4)进行筛选分析。由于同类的消费者还存在某些差异,因而要抓住重点、求同存异,删除某些次要的因素。

(5)对细分市场初步命名。企业应采用形象化的方法命名细分市场,使细分市场的名称既简单又富有艺术性。

(6)进行检查分析。进一步认识初步确定的细分市场是否科学、合理和恰当,是否需要做一些合并或者进一步拆分。

(7)确定市场细分。企业要对各个细分市场进行细致全面的分析,尤其要对经济效益和发展前景作出评估,从而确定市场细分,以便有利于明确选择目标市场。

第二节 市 场 优 选

一、市场优选的概念

市场优选是指在市场细分的基础上,优选对于企业最有利的"细分市场"作为企业营销的目标市场。因此,市场优选又称目标市场选择。目标市场就是被企业优选出来作为营销目标的细分市场。

企业所有营销活动应该围绕其目标市场进行,因此正确地选择目标市场,明确企业具体的服务对象,关系着企业任务和目标的落实,是企业制定营销策略的首要内容和基本出发点。

通过市场细分企业可以发现有多少可进入的市场机会,但并不是所有的细分市场都可以是企业的市场机会,都可以成为企业的目标市场。因为并非所有的市场机会都具有同等的吸引力,细分市场之间存在着赢利机会与水平的差异、竞争激烈程度的差异,并不是每一个细分市场都是企业所愿意进入和所能够进入的。对于大多数企业来说,资源和能力总是有限的,大多无法提供全体消费者所需要的产品与服务。因此,企业的营销活动必然限定在一定范围内,优选目标市场就成为必要措施。

市场细分、目标市场优选的成功标志是对各细分市场和目标市场消费者的准确而清晰的认知,能够对各细分市场尤其是目标市场的消费者(用户)的重要标志进行准确描述,即有准确的消费者画像(用户画像)。比如,女装品牌"例外"选择和定位的目标消费者是:有一点文艺气质,追求生活品质又与众不同,了解国际的流行趋势却想表达东方气息。

二、目标市场的条件

企业选择目标市场是否适当,直接关系到企业的营销成败。选择目标市场必须认真评价细分市场的营销价值,一般来说,良好的目标市场应该同时满足以下 5 个条件:

1. **目标市场有一定的规模**

良好的目标市场应该是具有一定现实规模的市场。这是目标市场的首要条件,如果没有一定的市场规模,就不可能有较好的市场收益,进入这样的细分市场就没有经济价值。

2. **目标市场有持续的需求**

良好的目标市场还应该是具有一定持续需求与增长潜力的市场。选择既有一定现实规模又有持续需求的目标市场,不仅具有现实意义而且具有未来发展意义。

3. **目标市场未被完全垄断**

良好的目标市场最好是没有被竞争对手完全控制和垄断的市场。企业应尽量选择那些竞争相对较少、竞争对手实力较弱的市场作为目标市场,避免进入竞争已经十分激烈、竞争对手实力强劲的市场。

4. **目标市场企业可以进入**

良好的目标市场虽然具有非常好的市场价值,但是也可能存在一些进入障碍和壁垒。因此,企业选择目标市场还需要考虑现实条件,选择企业可以进入的市场,选择企业力所能及的市场。

5. 企业营销资源能够支持

虽然期望进入的目标市场是竞争不太激烈的市场,但是进入之后竞争还是有可能越来越激烈,因此,企业必须确信进入的目标市场是营销资源能够长期支持的市场,否则就有可能失败于营销资源和竞争资源不足。

三、目标市场优选策略

结合经典营销理论和互联网时代营销技术手段的发展,我们认为目标市场(Target Market)主要有以下 4 种典型的优选策略:

1. 选择整体大众市场

选择整体大众市场就是企业把无法细分的整个市场作为自己的目标市场。既然市场无法细分成具有不同需求和行为差异的细分市场,因此也就没有必要,也没有可能将整体市场区隔开来,而将整体市场作为目标市场就是最合理、最有效的策略。这是覆盖范围最广的目标市场选择之一。以无差异的整体市场作为目标市场的好处是能够实现大规模、低成本、高效率生产,但问题在于无差异市场很少存在或者原来曾经存在过但很快会发生变化,而营销者如果没有及时发现市场差异化的出现而仍然采用老一套营销策略时,将会面临极大的市场风险。

2. 选择全部分众市场

选择全部分众市场就是在市场细分出多个分众市场(细分市场)的基础上,选择所有全部分众市场作为企业的目标市场。这也是将整体市场选定为企业目标市场的选择模式,也是覆盖市场最广的目标市场选择之一。采取这种市场优选策略的企业明知市场需求和行为是存在差异的,市场存在着明显不同的用户分层或用户群体,但企业基于自身战略资源和营销能力的自信,决定将每一个分众市场无一遗漏地都作为企业的目标市场,不放弃任何一个分众市场。很显然,这种目标市场选择策略对企业资源和能力的要求是极高的。

3. 选择单一分众市场

选择单一分众市场就是在市场细分出多个分众市场(细分市场)的基础上,仅选择其中一个分众市场作为企业的目标市场。这是市场覆盖范围较小的目标市场选择。采取这种市场优选策略的企业也确信市场需求和行为是存在差异的,市场存在着明显不同的用户分层或用户群体,但企业基于自身战略资源和营销能力不足的客观认识以及在个别市场达到独特竞争力的理性思考，只选择其中一个分众市场（细分市场）作为自己的目标市场。

4. 选择个人小众市场

选择个人小众市场就是将个别有特定需求的客户作为自己的目标市场，只为个性化的客户提供定制化服务。这是市场覆盖范围最小的目标市场选择。这种市场选择或许经过市场细分了解到有各种差异化的细分市场存在，但并未选择规模更大、用户更多的细分市场，而是只选择他所了解和接触到的个人市场，因为这或许能给他带来更大的收益；或许没有经过市场细分，也不了解有其他细分市场的存在，只是顺其自然地选择了他所能接触的个人小众市场。

根据上述分析，我们可以将4种目标市场优选策略的差异与特点进行总结比较，见表7.1。

表 7.1　目标市场优选策略特点比较

	选择整体大众市场	选择所有分众市场	选择单一分众市场	选择个人小众市场
目标市场	整体不可细分市场	所有细分市场	一个细分市场	一个特定客户
市场特征	市场没有差异	市场存在差异	市场存在差异	市场存在高度差异
企业目标	节约生产成本	扩大市场份额	赢得竞争的专门化优势	赢得个性化高价值客户
主要缺点	忽视市场差异变化	需要大量资源	市场单一规模较小	市场小成本高
适用场合	无法进行细分的整体市场	企业有能力占领每个细分市场	企业只有占领一个细分市场的能力	企业具有特定的能力或存在资源与能力限制

在这4种典型的目标市场优选策略之外，还有一些非典型的目标市场优选策略，比如，选择2～3个或者更多但不是全部的细分市场作为目标市场，这种目标市场优选策略介于选择全部分众市场与选择单一分众市场之间，这种目标市场选择在营销实战中也是比较常见的。

由于互联网技术方便了营销者与消费者之间的信息沟通，智能化生产带来了流水线生产的柔性化，个性化定制能够较为便利地与流水线大规模生产制造实现切换，从而选择全部分众市场的企业也可以同时选择个人小众市场，但其实际经济效益还有待深入持续和广泛范围的验证。

随着互联网技术的商业化应用，营销者还可以实现市场的超级细分，并选择更多超级细分市场作为目标市场。长尾理论就是在互联网时代发展出来的一种营销理论。

长尾理论(the Long Tail)由美国人克里斯·安德森在2004年提出。长尾理论认为,由于成本和效率的因素,过去人们只能关注重要的人或重要的事,如果用正态分布曲线来描绘这些人或事,人们只能关注曲线的"头部",而将处于曲线"尾部"、需要更多的精力和成本才能关注到的大多数人或事忽略。例如,在销售产品时,厂商关注的是少数几个所谓"VIP"客户,无暇顾及在人数上居于大多数的普通消费者。而在互联网时代,由于关注的成本大大降低,人们有可能以很低的成本关注正态分布曲线的"尾部",关注"尾部"产生的总体效益甚至会超过"头部",如图7.2所示。例如,互联网搜索平台以广泛的中小客户作为目标市场而成为最重要的网络广告平台,早先并没有多少著名品牌和大客户,收入完全来自被传统广告媒体忽略的中小企业。C2C电商平台如淘宝等都是以数以百万计的个人小卖家作为目标市场发展起来的。

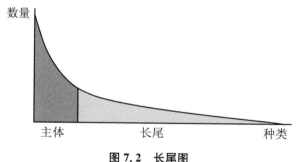

图7.2　长尾图

"长尾理论"被认为是对传统的"二八定律"的彻底叛逆。"二八定律"认为20%的人口享有80%的财富。当然,这并不是一个准确的比例数字,但表现了一种不平衡关系,即少数主流的人(或事物)可以造成主要的、重大的影响。以至于在市场营销中,为了提高效率,厂商们习惯于把精力放在那些由80%客户去购买的20%的主流产品上,或者着力维护购买其80%产品的20%的主流客户。

但是在互联网时代,被奉为传统商业圣经的"二八定律"开始有了被改变的可能性。这一点在媒体和娱乐业尤为明显,经济驱动模式呈现从主流市场向非主流市场转变的趋势。

长尾理论与中国市场营销学者发现的消费者越来越个性化、市场越来越细分化现象极为相关,有些营销学者甚至形容为市场碎片化。市场越来越难以出现大规模的主流市场,因此低成本、高效率的大众营销的用武之地将越来越少,个性化的分众营销甚至是小众营销将成为企业不得已的选择。高度聚焦于广泛的超级细分市场,确实也有可能创造出特定的竞争优势,但是这种个性化与碎片化的营销方式或许需要营销者付出更多的时间成本,就像新媒体沟通和电商销售确实可以实现点对点的互动沟通和互动营销,但也确实需要付出更多的时间代价一样。

四、目标市场营销策略

运用目标市场优选策略可以优选出适合企业开展营销活动的目标市场,这是问题的一个层面,但不代表问题得到全面解决。接下来的问题是采用什么样的营销策略能够有效占领选定的目标市场并取得良好的营销绩效。针对优选出来的4种典型目标市场,也有4种相对应的目标市场营销策略。

1. 无差异营销策略(Undifferentitated Marketing or Mass Marketing)

这是占领不可细分的整体大众市场的营销策略。既然整体市场没有需求与行为差异,也就只需要运用一种产品和一种价格为主要特征的一套营销策略方法,就能够满足目标市场所有消费者的需求,低成本、高效率地实现企业营销目标,如图7.3所示。

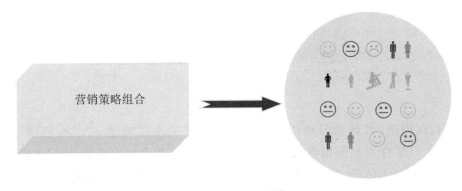

图 7.3　无差异营销策略

当企业断定各个细分市场之间差异很少时,可考虑采用这种无差异营销策略。国际上运用无差异营销战略最成功的企业是美国的可口可乐公司。早期的可口可乐就是靠一种口味、一种包装、一种牌号和相同的营销策略打遍天下,并取得了很大的成功。直到20世纪60年代以后,百事可乐的出现才迫使它不得不放弃无差异性营销战略。在个人电脑市场上,微软曾经也只用一个操作系统(Windows)成功占领全部市场,但是当智能手机出现并快速发展时,微软明显没有及时发现差异化需求的快速涌现,以至于在智能手机操作系统上落后了。

无差异营销策略运用的条件:一是具有同质性市场的产品,如棉花、粮食、油料等;二是具有广泛需求,可以大批量销售的产品,如电商时代的爆款单品。但需要注意的是,对于大多数产品来说,其需求都具有明显的差异,而且市场是不断变化的,同质需求的产品也会转为异质需求的产品,这就要求企业注意这些变化,及时改变战略。否则,必将在竞争中失败。

采用无差异营销策略具有明显的优点:一是大批量生产、储运,大大降低了生产成本;二是采用单一的营销策略组合,特别是无差异地集中广告宣传,节省了促销费用,各种促销活动集中于一种产品,可以强化品牌形象,创造出名牌,甚至是超级品牌。

无差异营销策略同样具有明显的缺点:一是不能满足消费者多样性的需求;二是容易导致竞争激烈和市场饱和;三是易于受到其他企业发动的具有挑战性与竞争力的营销攻击。

2. **差异化营销策略**(Differentitated Marketing)

这是占领全部分众市场的营销策略。要占领差异化的每一个细分市场,显然运用无差异的大众营销策略是无法奏效的,必须运用不同的营销策略组合分别满足每个细分目标市场的需要,通过分别占领每个细分市场才能达到占领所有细分市场也就是差异化的整体市场的目的,如图 7.4 所示。宝洁公司在洗发水市场推出海飞丝、飘柔、潘婷、沙宣等多个差异化品牌及其产品,就是差异化市场营销策略运用的成功实例。

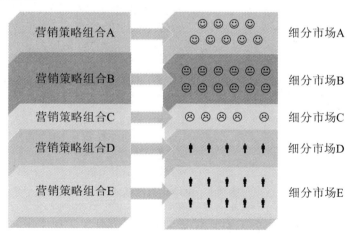

图 7.4 差异化营销策略

一般来讲,在以下几种情况下可考虑采用差异化营销策略:一是企业的人力、物力、财力雄厚,能进行多产品生产;二是企业营销管理人员水平较高,能适应各种市场要求;三是企业的技术水平和设计能力能适应多品种生产的要求;四是产品销售额的提高远远高于成本费用的增加。

差异化营销策略的优点表现在:一是能够满足市场多样性的需求;二是大大降低了经营风险,即企业同时经营若干个既有联系又有区别的子市场,如果一个市场失败,不会威胁到整个企业;三是大大提高了企业的竞争能力,有效地阻止其他竞争者利用市场空隙进入市场。

同样,差异化营销策略也具有局限性,主要表现在生产和营销成本的提高上:一是差异营销的产品批量小,致使单位生产成本增加;二是差异营销须改进现有产品或开发新产品来满足不同细分市场的需求,这必然增加产品改进成本或研究开发费用;三是不同的细分市场须设计、采取不同的营销策略组合,因而增加了企业的促销、分销费用;四是库存产品的种类多,致使库存成本增加。所以,企业在采用该策略时应考虑消费者是否可以接受,进行市场细分时应注意掌握规模性要求,不能过度细分,以免给企业带来过度的负担。

3. 集中化营销策略(Concentrated Marketing 或 Niche Marketing)

这是占领单一分众市场的营销策略。集中化营销策略是指企业以一个差异化的细分市场为目标市场,集中资源为一个细分目标市场服务,如图7.5所示。

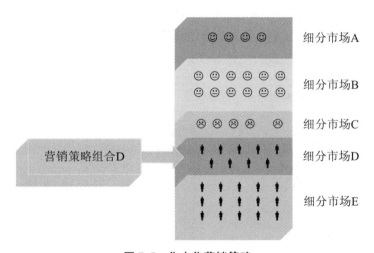

图7.5 集中化营销策略

这种策略就像人们通常所说的"把全部鸡蛋都放在一个篮子里"。前两种策略面对的都是整个市场,而集中化营销策略是集中针对一个细分市场或者补缺市场开展针对性的市场营销。日本的很多公司就曾运用这种策略在汽车、家电、手表等行业的全球市场上取得了惊人的市场份额。

采用集中化营销策略具有以下优点：一是可以提高企业在一个细分市场中的市场占有率；二是可以降低生产成本和销售费用；三是可以使企业集中力量创建品牌。同时，采用该战略也有明显的不足，主要表现在风险性上。因为企业的目标市场范围比较狭窄，一旦外部环境发生变化，会给企业的经营活动产生不利影响，使企业陷入困境。所以，企业是否采取该策略，必须首先认真地进行调查研究，不要轻易做出决策。一般来说，该策略适用于以下情况：一是企业实力不强，资源少，营销能力弱，无法与大企业正面抗衡，因此可把大企业未注意或不愿涉足的子市场作为目标市场，并集中力量加以开拓，从而实现自己的目标；二是企业产品要具有独到性，以便进行自我保护，防止更强大的竞争对手闯入市场。

4. 微营销策略(Micromarketing)

差异化营销策略和集中化营销策略根据不同的细分市场和补缺市场的需要来制定产品及其营销策略组合，但是并未针对每个客户的特定需求提供定制化的产品与服务。微营销策略针对特定个人和特定地区的个性化需求制定精准化的营销策略。微营销不是探求把每一个个体都变成客户，而是探求每个客户的个性。微营销包括本地化营销(Local Marketing)和个性化营销(Individual Marketing)两类。

本地化营销是指根据本地客户——城市、街区甚至特定商场客户的需要制定产品和营销策略。而随着移动通信技术的发展，产生了基于地理位置的营销手段。营销者可以根据客户手机信号和社交媒体信息追踪到客户的地理位置并推送相应的产品与服务信息。由于移动互联网的普及，基于地理位置的营销越来越移动化和便利化，随时能够触及到出入本地市场的消费人群，这被称之为 SoLoMo 营销(Social＋Local＋Mobile)。当然，本地化营销也存在一些缺陷，比如客户规模的减少导致了生产成本和营销成本的上升，市场和营销的过渡碎片化和差异化，也会带来整体品牌形象的支离破碎。

微营销的极致化就是个性化营销，即根据每个客户的需要和偏好制定产品和营销策略。个性化营销也称一对一营销(One to One Marketing)、定制化营销(Customized Marketing)和单人市场的营销(Markets-of-One Marketing)。

个性化营销和定制化营销被互联网行业的激进人士看成是互联网技术带来的营销创新："传统的市场营销都无法做到满足每一个客户的个性化需求，只能大规模生产、大规模库存、大规模促销。互联网带来了依据客户需求精准定制的营销革命，消灭了大规模生产的盲目性。"

其实，真实情况并不是这样。在工业革命带来大规模高效率生产之前，传统手工业基本都是个性化定制。比如,裁缝为客户量身定做衣服,木匠为客户定制家具。但是个性化定制因为存在效率低、时间长和成本高的问题,因此在工业革命以后逐步被大工业产生所取代。服装厂取代裁缝实现服装的大规模、低成本、高效率生产,家具厂取代了木匠实现了家具的大规模、高效率制造。但直至现代,仍然有些行业必须定制化生产,比如图书印刷必须根据客户内容定制,无法提前印刷。再比如飞机和航母等高技术和高价值产品,也必须有客户订单也才能生产。

应该说是大规模市场和大众营销的高效率、低成本淘汰了标准化产品传统的小规模定制化生产。但是现在,互联网技术和智能化生产降低了客户个性化需求采集与传递、个性化设计与定制的难度与成本,使得个性化定制和个性化营销重新回到了现实生活当中。个性化定制原本就是工业革命之前的生产准则,大规模生产才是20世纪的生产准则,而21世纪个性化定制和互动营销又成为生产准则,生产方式完成了一次轮回和循环,不过这种轮回和循环不是简单的重复,其中包含着技术的进步、效率的提升和个性的回归,所以应该说是一种螺旋式的上升。然而,这种螺旋式的上升也还存在一些不可回避的规律性问题,个性化定制的效率仍然低于大规模生产,成本仍然高于大规模生产,因此完全单个的个性化定制效率与成本难以与大规模生产竞争,要保证满足个性化需求就必须付出比大规模生产更高的价格和更多的等候时间,否则就可能需要舍弃个性化的需求满足。为协调两者之间的矛盾,一定程度上的求同存异的大规模定制就成为比较现实的应用选择。

我们认为4种目标市场优选策略和4种目标市场营销策略之间存在着紧密的逻辑关系,必须在优选目标市场(Market)的基础上,针对性地制定占领目标市场的营销策略(Marketing),如图7.6所示。

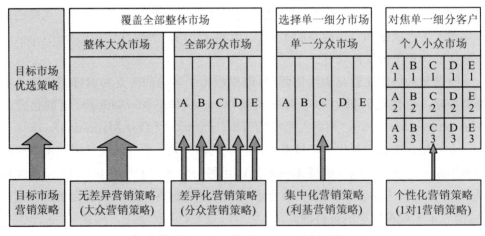

图7.6 目标市场优选策略与目标市场营销策略的逻辑对应关系

第三节 市场定位

一、市场定位的概念

1. 市场定位的动因

选定目标市场以后，企业还必须为自己的产品、企业和品牌定位，确定产品、品牌和企业在目标市场上的位置、特色与形象，以便在充满竞争的目标市场上建立起自己的鲜明形象，以便目标消费者能够认识、接受和信赖企业及其产品和品牌，这个过程就是市场定位。

尽管企业通常将市场竞争不太激烈且存在市场空间作为选择目标市场的一项重要标准，但是，实际上在企业选定的目标市场上，还是会遇到竞争对手。众多企业在同一个目标市场上开展营销竞争，取胜的关键之一就是要塑造符合消费者心理需求的、便于消费者识别的产品形象、品牌形象和企业形象，否则便没有胜出的机会。市场定位是企业进入目标市场之前就必须明确的，在进入目标市场的过程中、在持续服务目标市场的整体进程中都必须保持清晰的形象定位。

消费者被太多的产品和品牌信息所包围，他们不可能每次购买产品时都对产品和品牌进行重新评估，而是依据自己对产品和品牌的认知记忆进行购买，这种产品和品牌的认知记忆其实就是消费者在心智上对产品和品牌的定位。消费者对产品和品牌的心智定位如此重要，使得企业不能被动接受消费者的定位，而应该主动开展产品与品牌定位、主动向消费者传播定位，以抢占消费者的心智资源。

2. 市场定位的概念

市场定位就是根据目标市场竞争态势、消费需求偏好以及企业自身资源优势，确定企业、品牌和产品在目标市场上的位置、特色与形象，以便形成消费认知和竞争优势。企业一旦确立了定位，就必须保证所有的营销策略都支持这个定位，并持续向消费者传达这个定位。

市场定位的概念包含 4 个层次的含义：

（1）市场定位的依据。营销者进行市场定位的依据有三个方面，目标市场的竞争态势、目标消费者的需求偏好以及企业自身的资源优势。进行市场定位时需要综合考虑这三个方面的条件，应尽可能不要遗漏每一个定位依据。当然，最主要的定位依据是目标消费者的需求偏好。

（2）市场定位的内容。市场定位的内容包括为企业定位、为品牌定位和为产品定位三个方面，这三个方面的定位内涵、方法和策略也是有区别的。营销界存在市场定位内容混淆不清的现象，我们应清晰地区分这三种定位。

（3）市场定位的本质。市场定位的本质归结于在目标市场上确定位置、特色与形象。位置、特色与形象也经常被混为一谈，这三者之间确实有着密切的联系，但是也存在一定的区别。三者之间的正确关系是：位置是基础，特色是表现，形象是认知。没有明确的位置，就不可能打造明确的特色，也没有办法形成明确的形象。三者是由内而外逐渐扩展和外化的关系。但是位置也不能代替特色和形象，位置也不能自动生成特色和形象，所以在确定了明确的位置之后，还需要为企业、品牌和产品着力塑造特色、打造形象。

（4）市场定位的目的。现代营销竞争在一定意义上来说就是抢占消费者心智的战争，市场定位的目的是为了占据消费者的心智资源，形成有利的消费认知和竞争优势。消费者对企业、品牌和产品的认知是非常重要的，是能够促进产品销售的无形资产，而清晰的市场定位有利于消费者认知的建立和巩固。

二、市场定位的原则

1. 可行性原则

可行性是指企业在进行市场定位时要从实际出发，认真研究分析制约因素，包括自然、社会条件的制约和目标市场的制约，全面地考虑和权衡各种得失利弊，既要考虑需要，又要考虑可能，既要考虑到有利因素和成功的机会，又要考虑到不利因素和失败的风险，还要符合现行的法律法规。

可行性原则的具体要求包括：① 市场定位要具有可操作性。要在保证科学地反映企业实际情况和目标市场本质特征的前提下，切实可行，既不是高不可攀，也不是一蹴而就。② 市场定位要真实具体，不能只是空洞的概念。③ 市场定位要为绝大多数人所理解、接受。④ 市场定位的内容要明确而精练，用一句话就能够清晰传达，易于消费者理解、记忆和传播。

2. 科学性原则

科学性是指企业的市场定位必须建立在科学的基础上，必须具有科学的依据，采用科学的程序和方法，力求主观愿望符合客观实际。市场定位是一项创造性的思维活动，但它绝不是随心所欲的，而是具有严谨的科学性。要使市场定位做到科学性,首先,要把市场定位建立在对市场形势、消费者态度、社会环境、竞争对手的情况进行周密、科学的调查、研究与预测的基础上;其次,要按照科学的定位程序,采用科学的方法进行定位,充分运用心理学、传播学、营销学、系统论、控制论等多学科的方法对所掌握的资料和信息进行综合分析,找出关键点,进行准确定位;再次,要对市场定位反复论证,尽量避免定位不准甚至不当。

3. 创新性原则

创新性就是企业在进行市场定位时,要敢于冲破老的条条框框和传统观念的束缚,不断地进取和创新,使企业能够在新的定位基础上实现新的发展。创新是企业发展的根本,是企业生命的源泉。在现代信息社会中,随着科学技术的进步、经济全球化进程的加快,企业的管理思想、管理制度和管理方式等必然发生改变。企业外部环境的这些变化必然要求企业在管理理念、营销战略、组织机构、管理制度、管理方式方法等方面进行创新,建立起更为完善的机制,增强企业的市场竞争优势。因此,企业在进行市场定位时要有战略眼光和勇于创新的精神,勇于提出新的定位设想,树立新的竞争优势,开辟新的发展道路。

三、市场定位的策略

(一)心理性定位策略

这是以目标消费者的需求偏好为主要定位依据形成的市场定位策略,主要适用于品牌定位和产品定位。心理性定位策略主要有3种定位方式:

1. 第一定位策略

几乎所有的人对第一名、冠军的记忆总是清晰的、美好的。在大部分消费者心目中,第一品牌也是印象最深刻、最美好的品牌。而在营销实践中,第一品牌、最畅销产品的市场回报也确实是最好的。因此,第一定位是非常具有价值的。也许并不是所有的消费者都清楚第一品牌的好处在哪里,但是他们通常相信市场上的第一品牌是大家共同信赖的,大家共同信赖某一品牌总是有一定道理的。

在营销实践中第一定位是充满诱惑和竞争的。因此常常出现第一定位之争。但是真正能够独占鳌头稳居第一的,不仅取决于其定位传播,而且更取决于其定位执行与定位巩固,历经长期的市场竞争,仍然能够坚守第一定位的其实并不多见。长期坚持第一定位的实例有百威啤酒——美国销量第一的啤酒,海尔——中国家电第一品牌,等等。在中国,由于广告法规定不能出现"第一""最"等极端性概念,因此第一定位在传播上存在一定的难度,尤其是在广告法执行比较严格的中央级媒体上。

2. 偏好定位策略

有些目标市场的消费者具有清晰而坚定的需求偏好,并以其需求偏好作为购买选择的主要准则,因而具备良好的定位价值。比如2015～2016年间,中国智能手机市场已经实现普及,高中低档智能手机品牌之间的竞争均转向个性化的偏好定位,针对青年女性市场的智能手机品牌更多定位于拍照美颜功能并积极传播。

3. 情感定位策略

情感是影响人类心理和行为的一大要素,有时情感甚至能够战胜理智,在人的心理活动与意志决策中占据上风。消费者在购买活动中,也有相当多的情感成分。因此,情感定位策略在市场中占有一定的位置,具有一定的价值与作用。在充满国际品牌竞争的国内市场上,民族品牌定位于民族情感与民族情结,是能够获得一部分将购买国货视为爱国行为的消费者的支持的。

(二)竞争性定位策略

这是以目标市场的竞争态势和企业自身的资源条件为主要定位依据进行市场定位的策略,主要适用于企业定位和品牌定位。因为企业和品牌的竞争地位相对来说稳定而清晰,而产品的竞争地位相对来说繁杂而多变。

1. 迎头定位策略

迎头定位又称对抗式定位,是指有实力的企业或品牌采取与主要竞争对手几乎完全相同的市场定位,与竞争对手展开正面竞争,抢夺竞争对手的市场份额。市场领导者、市场挑战者大多采用这种定位方式。市场领导者为保持自己的优势地位,常采用迎头定位打击竞争对手,拉开与竞争对手之间的差距。市场挑战者既可对抗攻击市场领导者,也可迎头攻击市场追随者,试图成为市场领导者。在牙膏市场上,佳洁士长期以迎头定位对抗高露洁,在防蛀牙膏的定位传播上,创意表现手法也极其相似,一个以鸡蛋做演示,另一个则以贝壳做演示。

2. 追随定位策略

追随定位是市场追随者采取的一种市场定位策略,这种策略虽然不能出人头地,但是相对于自身资源比较弱小只能采取跟随战略的企业来说,不失为一种明智的选择。"我也是"的定位传播说辞不仅可以避免市场领导者的打击,甚至可能会被领导者视为同盟者而加以关照。

3. 比附定位策略

比附定位即通过与竞争品牌的比较来确定自身市场地位的一种定位策略。其实质是一种借势定位或反应式定位。借竞争者之势,衬托自身的品牌形象。在比附定位中,一般选择知名度、美誉度高的品牌作为比附对象,以借势抬高自己的身价。比附定位的形式包括以下 3 类:

(1) 甘居第二。就是明确承认同类产品中另有最负盛名的品牌,自己只不过是第二而已。这种策略会使人们对公司产生一种谦虚、诚恳的印象,相信公司所说是真实可靠的,同时迎合了人们同情弱者的心理,这样消费者对这个品牌的印象会更深刻。美国爱维斯出租汽车公司的行业第二定位是运用比附定位取得成功的经典案例。在传播"因为我们是老二,所以我们更努力"之后,爱维斯品牌知名度反而得到很大提升,赢得了更多的忠诚客户,因为巧妙地与市场领导品牌建立了联系,爱维斯的市场份额一度上升了 28%,大大拉开了与行业排名老三的国民公司的距离。中国的蒙牛在创业初期也以创建内蒙古乳业第二品牌小心翼翼地避开伊利的打击而获得了成长的空间。

(2) 攀龙附凤。具体来说,就是首先承认同类产品中已卓有成就的品牌,本品牌虽自愧弗如,但在某一地区或在某一方面还可以与这些最受消费者欢迎和信赖的品牌并驾齐驱,平分秋色。例如,郎酒在广告中诉求"赤水河畔诞生了两大酱香名酒,其中一个就是青花郎",虽然没有提及茅台酒,但明显是借势茅台。

(3) 进入第一阵容(或称高级俱乐部)。公司如果不能攀附第二名,也可以利用模糊的手法,借助群体的声望,把自己归入高级俱乐部式的第一品牌阵容之中,强调自己是第一阵容的一员,从而提高自己的形象和地位。美国克莱斯勒汽车公司宣布自己是美国三大汽车公司之一,使消费者感到克莱斯勒和第一、第二名一样都是知名轿车,同样收到了良好的宣传效果。

比附定位的意义在于:① 有利于品牌的迅速成长,因此更适用于品牌成长初期的定位。② 比附定位有利于避免受到强势品牌的攻击。

4. 避强定位策略

避强定位策略是指企业力图避免与实力最强的或较强的竞争对手发生直接竞争与正面竞争,而将自己的产品定位于另一市场区域内,使自己的产品在某些特征或属性方面与最强或较强的对手有比较显著的区别。

避强定位策略能够使企业较快速地在市场上站稳脚跟,并能在消费者或用户心目中树立起一种新的形象,市场风险也较小,成功率较高。美国七喜汽水的定位策略就是一个避强定位策略的典型案例。因为可口可乐和百事可乐是市场的领导品牌,占有率极高,在消费者心中的地位不可动摇。所以,将产品定位于"非可乐饮料"就避免了与两大巨头的正面竞争。成功的市场定位使七喜在龙争虎斗的饮料市场上占据了老三的位置。

5. 防御定位策略

防御定位策略是市场领导者的竞争性定位策略。当市场领导者在行业里遥遥领先的时候，短时间内没有挑战者，缺乏竞争的压力往往会使市场领导者麻痹大意，斗志松懈，久而久之，就会失去进取心与战斗力，结果在受到竞争对手攻击时就会无力反击，或束手就擒，或坐以待毙。因此，明智的市场领导者在暂时没有竞争对手进攻的时候，自己进攻自己，用进攻是最好的防御这一方法来挑战现在的自己，成就持续领先的自己。微软在 PC 操作系统中长期保持行业优势，原因就是 Windows 操作系统的更新总是自己推翻自己，没给竞争对手留下任何超越的机会。

（三）功能性定位策略

这是以产品功能特征、消费者需求和消费场景为主要依据开展市场定位的策略，比较适合于产品定位，当品牌的产品品类比较单一时，也可以用于品牌定位。

功能性定位也称利益定位，是指将产品的功能与品牌的利益清晰地定位于目标消费者关心与关注的功能点或利益点上。在同类产品品牌众多、竞争激烈的情形下，清晰的产品功能定位和品牌利益定位，可以突出产品与品牌的特点和优势，让消费者按自身偏好和对某一品牌利益的重视程度，更迅速、便捷地选择产品。例如，在中国市场上，电冰箱产品的功能性定位，有的品牌是保鲜，有的品牌是抗菌，有的品牌是节能，有的则是静音。洗发水产品的定位，海飞丝是去头屑，飘柔是柔顺头发，潘婷是营养头发，沙宣则是专业美发。

消费需求和消费场景定位清晰传达了消费者特定的生活状态和消费选择，具有触景生情、引发消费需求和购买行为的能力。比如，"来不及吃早餐，来瓶营养快线""小饿小困，喝点香飘飘"就具有年轻消费者非常熟悉的生活场景，并为之提供了解决问题的产品选择，从而因准确定位而实现了产品的长期持续畅销。

（四）形象性定位策略

这是以企业形象资源优势为依据进行市场定位的策略。历史悠久的著名品牌在长期的市场经营中积累和传承了一些特殊的形象性资产，这是品牌定位的重要财富和依据。比如，茅台定位于国酒形象，五粮液定位于高端商务酒的形象，剑南春定位于历史名酒中性价比最高的"价值典范"形象，等等。这样的定位具有历久弥新的力量，是不能轻易改变的。服装、珠宝等消费感性化的产品，品牌定位也较适合于运用形象性定位策略。

本章小结

定位市场价值的过程即STP战略分析过程,包括市场细分、市场优选(选择目标市场)和市场定位三个阶段。

市场细分是根据消费需求特点、购买心理和购买行为等方面的差异性,把整体市场上的消费者划分为若干具有不同特征的消费者群体。消费品市场细分标准主要有地理细分、人口细分、心理细分和行为细分。工业品市场细分的标准主要有地理细分、行业细分、规模细分和行为细分。

市场优选是指在市场细分的基础上,优选对于企业最有利的细分市场作为企业营销的目标市场。典型的目标市场优选策略包括选择整体大众市场、选择所有分众市场、选择单一分众市场、选择个人小众市场。相应地,进入目标市场的营销策略包括:无差异营销策略、差异化营销策略、集中化营销性策略和微营销策略(本地化营销策略和一对一营销策略)。

市场定位就是根据目标市场竞争态势、消费需求偏好以及企业自身资源优势,确定企业、品牌和产品在目标市场上的位置、特色与形象,以便形成消费认知和竞争优势。市场定位策略有心理性定位策略、竞争性定位策略、功能性定位策略和形象性定位策略等。

营销理论知识练习

1. 什么是市场细分?它对市场营销有何作用?
2. 消费品和工业品市场细分的标准分别有哪些?
3. 市场细分的要求和目标市场的条件有哪些?
4. 简述目标市场优选策略的4种典型策略。
5. 简述目标市场营销策略的4种典型策略。
6. 简述市场定位的概念、原则和策略。
7. 有一种观点认为,互联网时代市场定位理论失效了。请联系这种观点出现的背景和市场定位理论与实践的发展,谈谈你的看法。

营销实战模拟练习

到市场细分、选择和定位做得较好的企业进行实地考察,在企业营销人员的指导和帮助下学习市场细分、选择和定位的实际运用。

第三篇

实现市场价值

◎ 第八章　营销策略组合
营销策略研发・营销策略整合・营销计划制订

◎ 第九章　产品:创造市场价值
整体产品概念・产品生命周期・新产品开发・产品组合・品牌与包装

◎ 第十章　定价:表现市场价值
定价目标与流程・定价方法・定价策略・价格调整策略

◎ 第十一章　沟通:传播市场价值
整合营销传播・广告传播・公共关系・人员销售・促销活动

◎ 第十二章　分销:交换市场价值
分销渠道概述・中间商与流通业态・分销渠道设计・分销渠道管理・分销物流

第八章　营销策略组合

营销不是"一招鲜吃遍天"式的单打独斗,也早已走过了一个点子、一条广告救活一个企业的时代。从市场研究到市场价值定位,再到市场价值的创造、传播和交换,市场营销是一个系统整合的营销策略组合。营销者必须掌握营销策略研发与整合的系统思维与作业方式,并将营销策略转换成具有可执行性的营销计划。

"网红餐厅"为何纷纷关门

"黄太吉""雕爷牛腩""赵小姐不等位"等众多利用互联网思维、借助互联网风口快速发展起来的"网红餐厅",不是关门歇业,也已门可罗雀,昔日排队消费的火爆场景已不复存在。

黄太吉的"营销神话"曾经无人能够超越,最美煎饼老板娘、开跑车送煎饼等"营销"噱头,一度成为互联网餐饮的旗帜,但仍然逃不过煎饼难吃、价格贵而被消费者诟病,半数门店已经关闭。

雕爷牛腩号称是"互联网餐饮鼻祖",玩转互联网营销,天价配方、明星造势、资源嫁接,一度让传统餐饮企业充满危机,终因"难吃"和"价格贵"而热度退散,曾经不接受预定的餐厅,现在上座率不满三分之一,北京爱琴海店早已"暂停营业"。

"网红餐厅"的老板,大多都是跨界餐饮人,他们共同的特征就是:擅长包装炒作,情怀讲得比产品好,往往借助名人效应,引起年轻群体的消费欲望,餐厅开业初期引发火爆场面,然后一鼓作气开设分店。然而老板本身对于竞争激烈的餐饮市场不够了解,对餐饮行业市场规律和营销特点没有深入研究,以为开业的火爆可以永远持续,忙于颠覆传统餐饮,而忽视餐饮本身菜品的开发和研究,菜品单调、定价过高、环境一般、服务不周,仅有一点"营销"手段,不足以支持餐厅长期运营,难以形成长期重复消费,难以养成消费忠诚度,失去新鲜感后品牌便快速陷入颓势,从而走向倒闭、关店的道路。此外,食材供应链管理、店面运营管理等深度管理问题,不是短期可以快速建立起来并持续巩固的,这些硬功夫显然是"网红餐厅"的致命软肋。

案例思考

"网红餐厅"闪红闪衰在营销策略上的原因是什么?

学习目标

1. 掌握 SWOT 分析的基本内容和方法。
2. 掌握营销策略之间的整合关系以及营销策略整合的基本要求。
3. 掌握营销策略整合的主要方法途径。
4. 了解营销计划的主要内容。

重点难点

1. SWOT 分析方法的实际运用。
2. 经典营销策略理论与相关学术探索。

第一节 营销策略研发

一、从市场研究到营销策略

通过营销环境研究、消费者和用户调查和研究、行业竞争分析研究,营销者对市场建立了重要的认知,通过市场细分和目标市场优选,营销者对市场机会和市场价值有了重要的认知、判断和选择,通过市场定位,营销者明确了企业、品牌和产品在目标市场上的位置、特色与形象,确定了营销目标与愿景。

但是,市场营销不能停留在市场研究上,也不能停留在营销目标的制定上。必须考虑如何将营销目标付诸实施,通过什么样的营销策略快速度、低成本、高效益地实现营销目标。市场营销的实战应用研究不是纯粹的营销理论与学术研究,不能将营销环境和市场研究成果仅仅作为学术成果分享而不图如何价值回报,不能将企业制定的营销目标束之高阁,不能让企业美好的营销愿景仅仅作为海市蜃楼观赏,而是必须以市场研究为坚实的基础,正确制定科学有效的营销策略,高效推进营销策略的贯彻实施,将企业市场研究发现的市场机会和市场价值,变成企业的经济效益和市场价值回报,实现企业的营销目标和营销愿景,实现企业价值循环和持续健康发展。

从市场研究到营销策略制定,是企业市场营销运作的需要,也是企业市场营销研究的逻辑。在营销原理课程学习中,上一篇我们学习了发现市场价值,接下来就要在此基础上探讨通过制定和实施营销策略来实现市场价值。

自从 20 世纪初市场营销实践探索和理论研究开展以来,企业营销实践者和理论研究者都在不断探索市场营销的策略和方法,但直到 1960 年营销策略 4P 理论诞生之前,都没有一种被大家普遍认可的营销策略理论体系,也没有一套广泛运用的营销策略实战工具,大约半个世纪的营销策略探讨基本上是对营销经验和方法的探索和实践。

营销策略 4P 理论打破了众说纷纭、莫衷一是的营销策略与方法摸索,也引发了对营销策略模式的各种探索,出现了营销策略的多种理论概念与理论模式。因此,本章第一节首先对营销策略理论进行分析,在众多营销策略理论中找出最具有实战运用价值的营销策略模式,然后按照这个最实用的营销策略模式来研究营销策略制定的方法。

二、营销策略理论探讨

1. 营销策略 4P、6P 和 8P

1960 年,美国西北大学杰罗姆·麦卡锡,在其导师素理查德·克莱维特教授将营销要素分为产品、价格、渠道和促销的基础上,精心挑选出 4 个以 P 为首写字母的词语来统称这 4 个营销要素,即 Product、Price、Place 和 Promotion,由于简单好记而得到广泛接受和长期应用,形成了著名的 4P 营销策略组合概念,成为市场营销的经典理论与有效实战工具,也成为全球企业自 1960 年以来制定营销策略的通用范式。

麦卡锡认为,企业从事市场营销活动,一方面要考虑企业的各种外部环境,另一方面要制定营销策略组合,通过营销策略组合的实施,满足目标市场的需要,实现企业的营销目标。如果说在影响企业营销的诸多因素中,市场营销环境是不可控制的因素,"4P"则是企业可以控制的因素,企业的营销方案即适当安排营销策略组合,使之与不可控制的环境因素相适应。

麦卡锡绘制了一幅市场营销策略组合模式图(见图 8.1)。图的中心是消费

者,即目标市场,中间一圈是四个可控的营销要素:

(1) 产品(Product)。产品是最主要的营销策略因素,是品种、质量、品牌、包装及服务的集合。

(2) 价格(Price)。价格是关键的营销工具,是各种定价策略、交易条件和折扣策略的集合。

(3) 分销(Place)。分销是应该重视的营销工具,由各种不同的分销渠道和分销机构组成。

(4) 促销(Promotion)。促销是最常用的营销工具,是广告、人员推销、销售促进和公共关系的集合。

图 8.1　4P 营销策略组合模式

图 8.1 的外圈表示企业外部环境,它包括各种不可控因素,如经济环境、社会文化环境、政治法律环境等。麦卡锡指出,4P 营销策略组合的各要素将要受到这些外部环境的影响和制约。

4P 营销策略组合的基本思想在于:从制定产品策略入手,同时制定价格、促销及分销渠道策略,形成营销系统性策略,以便将合适的产品以合适的价格、合适的渠道和促销方式,销售给合适的消费者。企业营销的成败,在很大程度上就取决于这些组合策略的选择和它们的综合运用效果。

由于 4P 营销策略得到了广泛认可,取得了广泛影响,成为很多营销学者按照营销环境和市场发展变化扩展营销策略模式的基础,发展出 6P 营销策略和 8P 营销策略等营销概念。甚至连现代营销权威菲利普·科特勒也称自己也加入了"以 P 命名的游戏"。

进入 20 世纪 80 年代以来，世界经济处于剧烈的变动之中，国际市场上竞争日趋激烈，发达国家间贸易摩擦加剧，许多国家的政府干预加强，贸易保护主义抬头，公众利益团体的力量增强，企业开拓新市场时，遇到了新的阻碍。针对以上情况，菲利普·科特勒在 1984 年提出了"大市场营销"和 6P 营销策略概念。科特勒对大市场营销的定义是："企业为了成功地进入特定市场，并在那里从事业务经营，在策略上就必须综合地、协调地运用经济、心理、政治和公共关系等手段，以博得所在国和所在地有关方面的合作和支持。"也就是说，在实行贸易保护主义的条件下，除了"4P"以外，企业的市场营销策略还必须加上两个"P"，即政治（Political）和公共关系（Public Relations），从而形成了 6P 营销策略。政治是指依靠国内政府的力量对外开展活动，便于企业"闯进"国外或地区市场的大门；公共关系是指企业通过外部活动、谈判、宣传、战略性合作经营等，在公众心目中树立起良好的形象，在一定程度上改善市场环境，使企业能比较顺利地在国内外市场开展营销活动。

1986 年，菲利普·科特勒提出营销战略计划的制订必须优先于战术营销组合的制定。而营销战略计划的制订过程也可以归结为"4P"：第一个"P"是调研（Probing），第二个"P"是细分（Partitioning），第三个"P"是优选（Prioritizing），第四个"P"是定位（Positioning），从而形成营销战略 4P。营销战略 4P 和营销战术 4P 是一个相互联系的营销策略系统，具有战略战术配合和承接关系。营销战略 4P 加营销战术 4P 共同构成了营销 8P 策略模型。

2012 年，菲利普·科特勒在《营销管理》第 14 版中升级了 4P 营销概念，提出现代新营销 4P 组合，包括 People（人员）、Process（流程）、Program（方案）和 Performance（绩效）。

People（人员）：成功的营销离不开人，包括内部员工和外部公众。营销管理既要抓好以员工为主体的内部营销，也要抓好以顾客为核心的外部营销。员工素质的高低直接影响营销成功的程度。如果企业的员工不够优秀，那么很难设想营销可以获得持续的成功。营销人员不能仅将顾客当作购买公司产品的人，还必须把顾客当成更多面的人，并从广义的角度去理解其生活，而不是仅仅关注其购买和消费了什么样的产品或服务。

Process（流程）：指营销过程中所涉及的创意、规则和结构等。只有建立正确的营销流程，才有可能与顾客更好地建立起长期稳定关系，并产生创新性的思想和突破性的产品与服务。

Program（方案）：指企业面向消费者开展的所有实体活动与网络营销活动，既包括传统的 4P，也包括与传统营销方式不同的其他营销方式。

Performance(绩效)：主要包括公司的财务绩效(营收、利润)与非财务绩效(如品牌资产、用户资产)，还包括超越公司范畴的社会绩效，如社会责任、法律、道德和社区等。

我们认为，菲利普·科特勒提出的新营销 4P 组合，实际上是营销管理 4P 组合，是营销管理层开展营销管理的工具箱，与营销策略组合不是同一概念。

我们认为，麦卡锡的 4P 营销策略组合概念是市场营销理论的重大突破，其后的营销学者的各种"＋P"的理论探索在学术研究上具有创新意义，但实践意义都未超过 4P 营销策略组合。麦卡锡提出的"4P"，即产品、价格、渠道、促销仍是市场营销的四大核心因素。但结合时代发展和中国营销实践，我们将促销策略称为"沟通策略"，将原促销策略中的"人员推销"称为"人员销售"，将"销售促进"(或"营业推广")按照中国营销实践中的习惯用语称为"促销活动"。

2. 4C 营销理论

1986 年，罗伯特·劳特伯恩提出了与经典 4P 营销策略组合理论相对应的 4C 营销理论。他认为 4P 理论仍然是以企业为中心的营销理念在实际营销行为上的反应，而真正实施以消费者为中心的理念，必须以顾客需要和欲望(Customer needs and Wants)、顾客的成本(Cost to the Customer)、便利(Convenience)、沟通(Communication)等四项要素来制定营销策略。这一理论认为应该以顾客为中心制定营销策略。正确制定营销策略，一要考虑顾客的需求，二要考虑顾客的成本，三要考虑顾客的便利性，四要考虑与顾客的沟通。

4C 营销理论有其重要的理论与现实意义。4C 营销理论强调消费者是企业一切营销活动的核心，即从"消费者请注意"("4P")已转向"请注意消费者"("4C")。这对于指导企业开展以消费者为中心的市场营销具有重要价值。

但是 4C 营销理论依然存在一些不足。4C 理论以消费者为导向这当然没错，但对市场竞争的考虑不够。市场营销处处存在着竞争，企业不仅要看到消费需求，还要注意竞争对手的营销策略及反应，客观分析自身在竞争中的优劣势并迅速采取相应的策略，才能在激烈的市场竞争中立于不败之地。但是遗憾的是，4C 理论并没有提出更加详细而具体的营销策略组合工具与手段，使得它在营销实践中的运用无法得到具体实施。因此，在营销实践中 4C 理论并不能也无法替代 4P 营销策略组合。尽管如此，4C 理论对 4P 营销策略的制定仍然具有积极的指导意义，即在制定产品策略时，更多地考虑消费者的需要；在制定价格策略时，更多地考虑消费者的购买成本；在制定分销渠道时，更多地考虑消费者购买的便利；在制定沟通策略时，要更多地考虑与消费者的互动沟通交流。

3. 4V 和 4R 营销组合理论

20 世纪 80 年代之后,随着高科技产业的迅速崛起,营销观念、营销方式也在不断丰富与发展,并形成独具风格的新型理念。国内的学者(吴金明等)综合性地提出了 4V 的营销组合理论,即差异化(Variation)、功能弹性化(Versatility)、附加价值化(Value)和共鸣(Vibration)。

20 世纪 90 年代,美国学者唐·E·舒尔兹提出了 4R 营销组合理论。21 世纪伊始,《4R 营销》的作者艾略特·艾登伯格进一步完善了 4R 营销理论:与客户建立关联(Relativity)、提高市场反应速度(Reaction)、关系营销(Relation)越来越重要、回报(Retribution)是营销的源泉。总体来说,4R 营销组合理论以竞争为导向,着眼于企业与顾客的互动和双赢,以关系营销为核心,通过提高顾客忠诚度来赢得长期稳定的市场。

4. 4D 营销策略模型

随着移动互联时代的到来,营销者需要从新的视角来审视和思考品牌与用户的关系。2015 年北京大学副教授赵占波博士在《移动互联营销:从 4P 时代到 4D 时代》一书中提出 4D 营销模型:关注用户的真正需求(Demand)、向客户快速传递价值(Deliver)、跟客户保持动态沟通(Dynamic)以及基于数据(Data)的营销决策。在此基础上借助大数据、平台化、跨行业等思维重塑企业营销管理模式和价值传递渠道,并通过协同线上线下业务、优化运营模式实现营销模式的互联网转型。

5. 4A 营销模型

心理学家杰格迪什·谢思(Jagdish Sheth)和拉詹德拉·西索迪亚(Rajendra Sisodia)2012 年提出了 4A 营销模型。他们认为营销失败的很大一部分原因是不知道消费者的行为驱动机制,提出了以顾客为中心的 4A 营销模型:Acceptability (可接受性,顾客对产品价值和品牌形象的可接受程度)、Affordability(可支付性,顾客的经济负担能力和支付意愿程度)、Accessibility(可获得性,顾客获得产品的便利程度)和 Awareness(知晓程度,顾客的品牌认知与产品知识)。

4A 营销模型虽然是一个新提法,但是与 4P 营销策略组合还是存在着非常类似的关联:产品主要影响可接受性、价格主要影响可支付性、渠道主要影响可获得性、沟通主要影响知晓程度。

上述营销策略创新探讨的学术意义是明显的,但是从实际情况来看,4P 营销策略以后的理论创新在实践中的运用还有一定的距离,4P 营销策略的实践价值和操作执行性是任何营销策略理论都无法取代的,因此 4P 营销策略仍然是营销实战中的可操作的主流营销策略。我们在本书中也仍然采用 4P 营销策略模式。

三、SWOT 分析

SWOT 分析法是一种营销战略分析工具。SWOT 分析法通过对企业内部条件和外部环境的系统评估,分析判断企业的优势(Strength)、劣势(Weakness)、机会(Opportunity)和威胁(Threat),从而科学制定企业营销战略与策略。

1. 优势劣势(SW)分析

优势(Strengths)是指企业自身具有的优势,劣势(Weaknesses)是指企业自身存在的劣势。企业的优势和劣势来自于企业内部,因此优势和劣势要通过企业内部自身检测与评估来进行分析和判断。企业优势劣势的评估主要在营销、财务、制造和组织系统等20多个项目上展开,通过企业表现状态5个等级和重要程度高中低3个等级进行评估,见表8.1。

表 8.1　企业优势劣势检核评估表

评估项目		表现状态评估					重要程度评估		
		主要优势	次要优势	一般状态	主要劣势	次要劣势	高	中	低
营销系统									
1	企业声誉								
2	市场份额								
3	客户满意度								
4	客户留存度								
5	产品质量								
6	服务质量								
7	价格成效								
8	分销成效								
9	广告传播成效								
10	公共关系成效								
11	促销活动成效								
12	销售人员成效								
财务系统									
13	成本水平								

续表

评估项目	表现状态评估					重要程度评估		
	主要优势	次要优势	一般状态	主要劣势	次要劣势	高	中	低
14 现金流								
15 资本实力与融资能力								
16 财务稳定性								
制造系统								
17 设备装备								
18 经济规模								
19 生产能力								
20 技术工艺								
组织系统								
21 领导远见								
22 员工素质								
23 组织文化								
24 组织弹性与组织效率								

在上述全面分析的基础上，需要进行企业优劣势排序，将影响企业营销战略策略与营销效果的2~3个（最多3~5个）重要优势与主要劣势挑选出来，带入下一步深入研究。

一般来说，重要的优势通常主要来自营销能力、技术能力、资金实力等方面，劣势也主要来自营销能力、技术能力、资金实力和组织能力等方面。但不同行业和不同企业之间，也存在一些差异。比如在技术密集型行业，技术优劣势最为重要，营销优劣势不太重要；在资本密集型行业，资金优劣势非常重要，技术和营销方面的优劣势不太重要。而在快消品行业，营销方面的优劣势非常重要，技术和资金方面的优劣势则不十分重要。

优势和劣势又是相对的，因此优势和劣势的分析判断需要确立一个参照对象。在实际分析中，企业优势和劣势的对比分析，就是以主要竞争对手为参照对象，以影响营销战略策略和营销绩效的主要内部因素为对比项目，通过横向对比来展开的。优势是企业较之竞争对手在某些要素方面具有独特能力和比较优势，劣势是企业较之竞争对手在某些要素方面存在不足的相对劣势。

优势和劣势的分析判断应该是客观公正的,而不能是主观偏颇的。营销者自身在分析企业优劣势的时候,存在两种截然相反的不客观的倾向,要么对自身优势过于高估而对竞争对手的优势过于轻视陷入盲目自信,要么对自身劣势和竞争对手的优势过于夸大而陷入过分自卑,这都是必须避免的。客观的企业优劣势分析,应该以社会公众和消费者的视角来做出,最好是通过第三方独立开展市场调研得出客观公正的评价,当然企业自身也可以进行自身评估,但必须注意保持客观理性的立场和态度。

2. 机会威胁(OT)分析

企业必须动态监测影响市场营销及其运营效果的关键宏观营销环境因素和重要微观营销环境因素,分析判断环境对企业带来的是正面影响还是负面影响。机会(Opportunities)是指外部环境变化给企业带来的市场机会,即外部环境变化趋势中对本企业营销有吸引力的、积极的正向影响,需要企业采取措施积极利用,以促进企业的进一步发展。威胁(Threats)是指外部环境变化对本企业营销的市场威胁,是外部环境发展变化对企业不利的、负面影响,需要企业采取措施及时规避或化解,以防止企业市场下滑、效益受损。

在营销专业学习和营销实践活动中,常常出现混淆机会与优势、威胁与劣势的情况。出现这类问题的根本原因,在于混淆了机会与优势、威胁与劣势产生或存在的背景条件。优势和劣势是企业自身存在的,机会和威胁是外部环境变化带来的。解决的办法是,优势和劣势要在企业自身中去寻找,机会和威胁要在外部环境变化中去发现。

对外部机会和威胁的初步分析,可能发现的机会点和威胁点都比较多,难以全面兼顾,因此为了集中资源把握主要机会和应对主要威胁,必须将初步分析出来的机会和威胁按照重要程度进行排列,挑出1个甚至2~3个可以利用的重要机会,挑出1个甚至2~3个必须应对的重大威胁进行深度重点分析。

(1) 机会分析

从某种意义上来说,营销就是发现和捕捉外部环境变化带来的市场机会的艺术。机会主要来自以下方面:① 原有消费需求增加而供应不足带来的机会,比如住房需求上升对房地产企业带来机会;② 新技术新发明带来新的消费需求,比如互联网和移动通信技术带了智能手机消费需求和市场机会,小米手机正是把握了这次机会实现了快速发展;③ 政府政策支持鼓励带来了机会,降低了市场进入的成本和障碍;④ 竞争对手失误或退出带来了机会;等等。

外部机会是客观的,既有可能是本企业的机会,也有可能是全体同行包括竞争对手的机会,因此是不是企业的独特机会、是不是企业真正值得把握的机会,还需要结合企业的优劣势,通过机会矩阵进行深入分析。根据机会的吸引力大小和成功概率大小,机会矩阵分为四个象限,如图8.2所示。

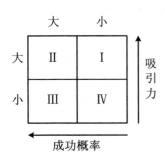

图8.2 机会矩阵

在机会矩阵第Ⅰ象限,机会吸引力很大但成功概率很小,说明企业暂时还不具备利用这些机会的条件,这样的机会不是首选机会和必选机会,不要勉强。

在机会矩阵第Ⅱ象限,机会吸引力和成功概率都很大,表明机会对企业发展很有利,企业也有能力和优势利用机会,这是企业的首选机会和必选机会,应快速采取有效战略措施牢牢把握这类机会。

在机会矩阵第Ⅲ象限,机会吸引力很小,成功概率很大,虽然企业拥有利用机会的优势,但机会收益和营销效益不大,不太值得企业去利用。

在机会矩阵第Ⅳ象限,机会吸引力很小,成功概率也很小,这样的机会企业应当主动放弃。

根据企业是否具有优势,能否有效利用市场机会,相应的对策包括:

① 及时利用策略。当市场机会与企业的营销目标一致,企业又具备利用市场机会的优势和条件,应及时抓住和充分利用这种市场机会,实现更大的发展。

② 待机利用策略。有些市场机会相对稳定,在短时间内不会发生变化,而企业暂时又不具备利用市场机会的必要条件,可以积极准备,创造条件,等待自身条件成熟时再加以利用。

③ 果断放弃策略。市场机会虽然有吸引力,但企业缺乏必要的条件,无法加以利用,此时企业应做出决策果断放弃,吸引力小和成功概率小的机会也可放弃。因为任何犹豫和拖延都可能导致错过其他有利机会的利用。

(2) 威胁分析

营销还必须具备危机管理意识,动态监测环境发展变化可能给企业带来的威胁,并采取相应措施规避威胁。环境带来的威胁,有可能对所有企业都是共同的,也可能是不同的,其中对某些企业负面影响和冲击更大,有些影响不大,因为不同企业的优劣势和抗风险能力存在差异。

威胁主要来自以下方面:① 经济整体下滑、市场消费需求下降带来的威胁;② 新技术、新发明创造出新产品与新需求,对传统技术、传统产品、传统市场带来了威胁,比如移动互联网给移动通信带来了威胁;③ 政府支持鼓励政策取消,甚至出台了更为严格的监管与限制政策与法规,比如各城市出台的互联网租赁自行车管理办法对共享单车行业带来了威胁;④ 实力强大的竞争对手或新竞争方式出现带来的威胁,比如华为和小米的进入给手机制造行业带来威胁;等等。

研究外部环境带来的威胁,一般分析两方面的内容:一是分析威胁对企业影响的严重性,另一个是分析威胁发生的概率,两者形成一个威胁矩阵,见图 8.3。

在威胁矩阵第Ⅰ象限,威胁严重性大,但出现概率小,企业不可忽视,必须密切注意其发展方向,也应提前制定相应的措施,预先防范威胁的危害。

在威胁矩阵第Ⅱ象限,威胁严重性大,出现概率也大,表明企业面临着严重的外部环境威胁,企业应处于高度戒备状态,必须快速主动采取积极对策,避免威胁造成灭顶之灾。

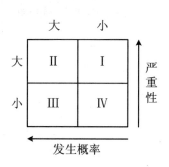

图 8.3 威胁矩阵

在威胁矩阵第Ⅲ象限,威胁严重性小,但出现的概率大,虽然企业面临的威胁不大,企业必须充分重视,不能掉以轻心,必须制定有效对策以备使用。

在威胁矩阵第Ⅳ象限,威胁严重性小,出现的概率也小,面对这种小概率轻度威胁,企业不必惊慌失措,但应该关注环境威胁的发展动向。

换言之,应对环境威胁的营销对策主要包括以下 3 个方面:

① 转移策略。即当企业面临环境威胁时,通过改变自己受到威胁的产品的现有市场,或者转移营销业务方向避免环境变化对企业的威胁,也就是说退出原来的市场或行业,另谋发展。

② 减轻策略。即当企业面临环境威胁时,力图通过调整、改变企业的营销策略组合,尽量降低环境威胁对企业的负面影响程度。

③ 对抗策略。即当企业面临环境威胁时,试图通过自己的努力限制或扭转环境中不利因素的发展。对抗策略通常被称为积极、主动的策略。例如日本的汽车、家用电器等产品曾源源不断地流入美国市场,而美国产品却受到日本政府贸易保护政策的威胁。为对抗这一严重的市场威胁,美国企业通过美国政府多次与日本政府展开谈判,不断要求日本政府降低贸易壁垒,减少美国企业进入日本市场的障碍,甚至向有关的国际组织提出仲裁,要求日本开放市场。同时由于美国企业对国会和政府的游说和压力,美国政府也对日本采取一系列贸易保护行动,美国政府硬性规定进口配额的威胁,迫使日本厂商减少了对美国的产品出口。

（3）机会与威胁综合分析

比环境单独给企业带来机会或威胁更为复杂的情况是,环境可能给企业同时带来机会和威胁,或机会中有威胁,或威胁中有机会,机会和威胁还有可能相互转化,从而增加了环境分析和企业应对的复杂性。比如,移动互联网一方面给通信运营商带来了威胁,减少了语音通信的业务需求,也给宽带业务带来了机会。为此,企业可以运用机会-威胁矩阵进行分析和评价,见图8.4所示。

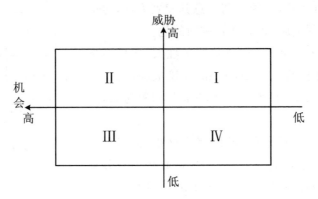

图8.4　机会-威胁矩阵

依据"机会-威胁矩阵",企业的业务类型和营销发展方向有4类:① 象限Ⅲ的理想业务——高机会、低威胁的业务,这是企业应该重点发展的最优营销业务方向;② 象限Ⅱ的冒险业务——高机会、高威胁的业务,这是企业应该慎重决策的营销业务方向;③ 象限Ⅰ的困难业务——低机会、高威胁的业务,这是企业应该限制进入的营销业务方向;④ 象限Ⅳ的成熟业务——低机会、低威胁的业务,如果企业没有更多更好的营销业务方向的话可以维持该营销业务方向,反之则可以有计划地退出该营销业务方向。

3. 优势劣势机会威胁(SWOT)综合分析

根据上述企业内部优势劣势分析、外部机会与威胁分析,我们可以提炼出若干项企业优势和劣势、若干项外部机会和威胁。需要说明的是,优势和劣势、机会和威胁的数量并不一定相同,对于有些企业来说,可能优势多于劣势,对于另外一些企业来说,可能劣势多于优势。甚至还有可能存在缺项,比如外部环境并没有带来特别利好的机会,或者并没有带来严重性的威胁。

将提炼出来的若干优势和劣势、机会与威胁放入表8.2所示的SWOT分析矩阵里,可以归纳出4种可供选择的战略:SO战略(优势-机会战略)、ST战略(优势-威胁战略)、WO战略(劣势-机会战略)和WT战略(劣势-威胁战略)。

表 8.2　SWOT 分析与战略选择

	内部优势——S 优势(1) 优势(2) 优势(3)	内部劣势——W 劣势(1) 劣势(2) 劣势(3)
外部机会——O 机会(1) 机会(2) 机会(3)	SO 战略——最优发展战略 战略意图:利用优势,抓住机会	WO 战略——次优生存战略 战略意图:利用机会,克服劣势
外部威胁——T 威胁(1) 威胁(2) 威胁(3)	ST 战略——次优生存战略 战略意图:利用优势,规避威胁	WT 战略——被动求生战略 战略意图:克服劣势,规避威胁

　　SO 战略是利用企业或组织的内部优势抢抓外部机会。这是最优的发展战略选择。所有的企业或组织都希望自己能运用内部优势来抓住外部机会。比如具有劳动力资源和成本优势的国家和地区积极发展国际和国内产品市场需求旺盛的劳动密集型产业,具有科技教育与核心技术开发优势的国家和地区积极发展高科技产业,等等。

　　ST 战略是利用企业或组织的优势来规避或者减少外部威胁的冲击。这是一种次优的战略选择。当外部没有良好机会而偏偏遇到了不可改变的威胁时,必须采取这种战略。例如,在应对 2008 年爆发的国际金融危机中,中国政府利用国内市场庞大的自身优势,利用中国政府决策速度快、执行力强的体制优势,通过扩大内需和基本建设投资,成功抗击了国际金融危机的冲击和国际市场下滑的威胁。

　　WO 战略的意图在于利用外部机会来改变内部劣势。这也是一种次优的生存战略选择。有时关键的外部机会是存在的,但是企业或组织的内部劣势妨碍了它去利用这种机会,这时就需要采用补短板战略,利用良好的机会整改劣势,完善和提升自身能力,扭转不利竞争态势。

　　WT 战略则是一种防御性的战略,通过克服劣势降低威胁,以规避外部威胁和内部劣势带来的不利影响。这是一种最糟糕的内外交困情况下的战略选择,也是一种无可奈何下的背水一战以置之死地而后生的战略选择。

　　总体而言,SO 战略是最容易实施的战略,是最容易取得最好结果的战略,所以是最应该重点把握和优先选择的发展战略。ST 战略和 WO 战略,相对来说比较容易实施,也较容易取得较好的结果,如果没有 SO 战略可选,这是可以选择的两种战略。WT 战略是最难执行的战略,也最不容易取得良好效果。在有其他策略可选的情况下,应该回避这种战略选择。但是如果没有其他战略可选,WT 战略还是必须选择的战略。虽然这样成功逆袭的概率不高,但也还是有可能的,至少能够抑制情况的恶化或控制事态的进一步升级,因而在确实不得不选择的时候还是有意义的。

对于大型企业或者多元化企业来说,不同营销业务单元的优势劣势不同,外部带来的机会与威胁也可能不同,因此不可单一选择某一项战略,而是必须同时选择和实施两种以上的战略,或者针对不同的营销业务单元分别选择和实施不同的战略。

机会和威胁判断失误,战略选择出现失误,不仅会给中小企业而且也会给大型企业带来未来发展机会的错失和原有市场的损失。比如,功能手机时代的巨头诺基亚忽视了发展智能手机的机会和前景,轻视了智能手机对功能手机业务的威胁,过于留恋过去的辉煌,过于迷恋原有的核心业务,非理性化地采取了固守功能手机的保守战略,放弃了进入智能手机的战略,造成了战略失败,其实诺基亚是能够通过运用自身具有的技术、制造、资本、营销和品牌等多种优势,同时把握智能手机市场机会和规避智能手机市场威胁的。

在正确做出营销战略选择之后,营销者还必须研究发展出能够实现营销战略的营销策略组合。在企业营销实战中,营销策略的研发主要是以 SWOT 分析揭示的营销战略选择为基础,以 4P 营销策略组合为基本结构框架开展策略推演和研发的,本章第二节继续对此展开讨论。4P 营销策略的具体内容将在本书第九到十二章详细介绍,学习完这些内容应该能够了解营销策略研发的基本内容和基本方法,更加专业和更有深度的营销策略研发则属于营销策划的范畴,市场营销专业的学生将在学习营销原理之后继续学习营销策划课程,获得营销策略研发的专业知识与专业技能。(参考教材:《营销策划理论与实践》,朱华锋、朱芳菲编著,中国科学技术大学出版社,2017 年第 4 版)

第二节 营销策略整合

一、营销策略整合的作用

在市场营销实践中,企业为满足顾客需求,促成交易,达到预期目标,很难仅运用一种营销策略就获得成功。尤其在市场竞争日趋激烈的今天,企业必须综合利用产品、价格、分销渠道和沟通手段,并将这些要素进行整体组合,保持协调性、统一性,而不是对几种营销策略的简单组合。只有整合地发挥各种营销策略的最佳作用,才能获得营销成功。否则,各种营销策略、各个营销手段虽然简单组合在一起,但互不协调,互相矛盾,互相冲突,只能互相抵消其作用。

营销策略整合是一种动态组合。营销策略组合是指营销要素之间的匹配以及要素组合与营销战略的匹配。每一个营销策略组合因素都是不断变化的,同时又相互影响,都会引起整个营销策略组合的变化,形成一个新的组合。营销策略整合则不仅强调营销策略组合,更强调营销系统与企业研发、供应、生产、财务和人力资源各系统的动态整合。企业还必须根据市场的动态发展,调整相应的营销策略,并进行四大营销策略的系统整合。营销策略整合的实质是以市场为导向,以战略为基础,以消费者为中心,通过各种营销策略的动态优化组合,以充分利用各种资源的综合效应,从而实现企业的营销目标。因此,营销策略整合的目的是追求整合各种营销策略的合力效果而不是单一策略的最大效用。

营销策略整合在企业实际工作中的实践意义表现在以下方面:

1. 营销策略整合是实现企业市场营销战略的工具

企业战略的组成部分之一是市场营销战略,市场营销战略本质上是企业为实现其长期营销目标而制定的行动规划。企业必须先制定营销目标,在营销战略指导下确定营销策略组合。为实现营销目标,企业既要强调营销策略组合诸因素的协调配合,又要根据产品和市场的特点,充分发挥企业优势,运用营销整合手段,形成企业的最佳营销策略组合。因此,营销策略整合是实现企业市场营销战略的工具,是保证企业营销目标得以实现的手段。

2. 营销策略整合是提升企业竞争力的有效手段

营销策略整合是完善企业市场竞争策略、提升企业竞争力的需要。成功的市场竞争策略是企业在对顾客、竞争者、企业资源进行分析的基础上确定的一种竞争策略。任何企业的资源都是有限的,竞争对手之间无论实力大小也都各有其优势和劣势,企业应根据自身的资源条件和优势、市场竞争格局和市场环境的变化,巧妙地运用各种营销要素,制定相应的营销整合策略,使本企业能提供比竞争对手更适合消费者需要的产品和服务,从而赢得市场竞争的胜利。

3. 营销策略整合是协调企业内部力量的纽带

任何企业的资源都是有限的,企业内部资源如何分配成为各部门的焦点,而连接各部门工作的纽带就是市场营销策略整合,它为合理配置资源提供了依据。如营销部门根据市场需求的变化提出开发新产品的需求,生产部门就必须考虑现有技术力量、设备、资源和能力能否达到要求,如果不足就需要扩大生产能力和技术力量。如果需增加新设备,财务部门就要考虑企业的财务能力,现有资金不足就需要开展融资等。因此,贯彻和执行营销整合策略成为企业各部门协调工作的一条主线,市场导向的企业必须是营销整合策略贯彻执行的统一体。

二、营销策略之间的整合关系

市场营销的本质是创造、传播和交换价值,即为消费者创造价值,向消费者传播价值,与消费者交换价值。而在营销策略4P组合中,产品为消费者创造价值,价格向消费者表现产品的价值,分销向消费者传递产品的价值,促销沟通则是向消费者传播产品的价值。营销策略之间是价值创造、表现、传递和传播的关系,是一个紧密的策略整体。

1. 产品是营销策略组合中最根本的策略

在营销策略4P中,产品是最基础性的,是最根本的,其他策略均是围绕产品策略制定出来的。没有产品,价格、分销和促销沟通都无从谈起。因为消费者最终购买的是产品,价格只是消费者购买产品的经济代价,分销渠道只是消费者购买产品的地点场所,促销沟通只是消费者了解产品信息来源的方式。所以,在初次进入市场时,产品是制定营销策略组合的核心。在市场营销过程中,产品一旦发生变化,或者产品生命周期出现阶段性调整,其他营销策略也都需要相应进行调整。在面对市场变化和市场竞争的挑战时,其他营销策略会先产品变化一步做出反应和调整,因此,从4P营销策略内部来看,产品策略的变化最少最小才是更经济、更有效益的。但最终当这些策略反应仍然不能取得预期成效时,一切仍然需要回到产品源头,通过产品创新谋求营销创新和市场领先,从产品策略开始重新组合营销策略以再次赢得市场胜利。

2. 价格是营销策略组合中最敏感的策略

在营销策略组合中,价格是运用最便捷、作用最直接、效用最快速的一个策略,其他营销策略的运用速度和执行效果都比价格策略起效慢、见效差。价格的高低对于市场接受产品速度的快慢、市场占有率提升的快慢和企业盈利水平的高低,都有着直接的影响,所以价格是企业营销者十分关注且压力巨大的因素。此外,价格的涨落还是政府、社会民众和新闻媒体关注的焦点,价格升降关系到经济发展和社会稳定,也因此给企业带来营销道德和品牌形象方面的影响。价格变动的便捷性与影响的广泛性,使得价格策略的运用十分敏感。虽然价格策略运用可以快速且高效,但企业却希望保持价格稳定,不会轻易调整变动。

3. 分销是营销策略组合中最复杂的策略

宏观营销环境被称为是企业难以控制的营销因素,4P营销策略则是企业可以控制的营销要素。但是在这4个被认为可控的营销要素之中,分销又存在不同的特性,它是与企业密切相连的外部微观营销环境要素之一,既有与企业营销活动、经济利益密切相连的一面,又有与企业互相博弈的一面,其自身是一个独立于制造企业之外的经济组织。在营销合作中有些分销渠道成员往往还持有比制造企业更强的话语权,因此分销是企业营销策略组合中最复杂而较难掌控的一个策略。

4. 促销沟通是营销策略组合中最灵活的策略

相对于产品策略的根本而不宜动、价格策略的敏感但不能随便动、分销策略的独立难以动而言,促销沟通策略是最灵活最易于调整变动的了。事实上,促销沟通也是最短期的营销策略,一次广告传播、一次公关活动、一场促销活动等都比一个产品的生命周期要短得多。促销沟通策略总是在产品、分销渠道等营销策略还没有变化调整之前最先被调整。当市场出现问题时,通常先从沟通策略层面进行调整,广告和促销等沟通手段能解决的问题一般不会动用价格策略,价格策略调整能解决的问题,不会调整分销渠道和产品策略,价格策略调整还解决不了的问题,才会考虑调整分销渠道和产品策略。

正是因为促销沟通策略使用和调整最广泛、最频繁、最灵活,因此形成促销等于营销、广告等于营销和公关等于营销的错觉和误解,但本质并非如此。

美国麦当劳在20世纪后30年快速发展成为全球快餐连锁公司,专家们认为,麦当劳公司获得巨大成功的关键在于采用了适当的市场营销策略组合,无论是它的产品策略、价格策略,还是它的分销策略、沟通策略,都围绕着一个目标,即在整体上满足消费者的各种需求,体现了营销策略整合应用的最大效用。其营销策略组合情况如表8.3所示。

表8.3 麦当劳公司的营销策略组合

营销策略	策略内容
产品策略	标准的、稳定的、高质量的产品,服务时间长,服务速度快
价格策略	低价政策
渠道策略	营业场所选在顾客密集区域
沟通策略	广告力度较大,广告以视觉传播为主,广告对象针对年轻消费群体

三、营销策略整合的基本要求

1. 保持营销策略组合的复合性

从总体上讲,营销策略组合包含产品、价格、分销和促销沟通四大方面,但对于每一个单项营销策略来说,又包含一些更具体更细致的营销手段,比如促销沟通策略就包含广告、公共关系、人员销售和促销活动等四种营销手段。每种具体细致的营销手段中还可能包括更具体的营销技巧,比如促销活动就有针对中间商、消费者和内部销售人员的各种各样的技巧与工具。所以,每一个营销策略组合,不仅仅是4P策略的组合,而且是更多营销手段、更多营销技巧与工具的分层次组合、复合性组合。

2. 保持营销策略组合的灵活性

正是由于企业营销策略组合是各种营销策略、营销手段和营销技巧的复合运用,所以围绕不同的营销任务与目标,面对复杂多变的营销环境,营销策略组合也必须是灵活多变的。按照最基本的4P组合,每1个P之下再分成3种情况,比如价格可以分为高、中、低三档,这样就有 $3^4=81$ 种组合,当然在实际营销活动中实际组合数不可能达到那么多,但这已经足够说明营销策略组合的灵活多变性了。从理论上讲,任何一个营销因素和次因素发生了变化,就会出现新的营销策略组合,但是在实践中来说,并不是如此,比如人员销售策略的改变一般不会带来产品策略的改变,价格的调整也不一定会带来产品策略和分销策略的变化。

3. 保持营销策略组合的协调性

特定时期的营销策略组合总是为实现特定的营销目标服务的,因此,营销策略组合必须在营销目标的统一下形成一个协调的整体。各种单项营销策略在分别使用时,既存在可协调的一面,也存在相排斥的一面,比如新产品上市期,由于研发成本和宣传费用高,不以较高价格销售就难以收回成本,但以较高定价销售又可能难以快速进入市场。产品成熟期一般可采用促销活动来巩固销量,但促销活动又有可能对品牌形象带来不利影响等等。所以,企业各营销职能部门在制定单项营销策略时,必须考虑到其对整体营销策略可能带来的影响,企业的营销综合管理机构制定的整体营销策略则更需要考虑各种营销策略、各种营销手段之间的协调性,以发挥最佳整体效应。

4. 保持营销策略组合的主动性

从本质上说,营销策略组合是企业对其内部可控因素加以组织和运用以应对难以控制的外部营销环境,因此应该具有与生俱来的主动性。但是在营销实践中,消极被动对待市场变化,不主动调整营销策略的情况时常存在,以至于贻误战机损失更多。因此,更需要强调营销策略组合的主动性。

四、营销策略整合的方法途径

1. 以用户需求为根本制定营销策略组合

市场营销的核心逻辑是通过满足用户需求获得价值回报,因此,以用户需求为根本制定营销策略就是营销策略组合制定的首要方法。

用户需求目标决定着用户需要的产品与服务的类型,因此营销策略组合中的产品策略应该以用户需求目标为根本来制定。用户需求强度决定着用户愿意接受的价格与收费水平,因此营销策略组合中的价格策略应该以用户需求强度来制定。用户需求场景决定着用户购买或消费的地点和渠道,因此营销策略组合中的分销策略应该以用户需求场景来制定。用户需求动机决定着沟通和促销,因此营销策略组合中的沟通策略应该以用户需求动机为根本来制定。用户需求和制定营销策略组合之间的关系如图8.5所示。

用户需求基础	营销策略响应
用户需求目标What ➡	产品或服务Product
用户需求强度How ➡	价格或收费Price
用户需求场景Where ➡	地点或渠道Place
用户需求动机Why ➡	沟通或促销Promotion

图8.5 用户需求与营销策略

2. 以行业特征为基础制定营销策略组合

不同的行业,因为存在产品、市场、消费需求和购买行为等方面的差异,因而呈现出不同的行业规律与行业特点,营销实践中常称为行规,在营销策略运用上,也表现出不同的行业特点,形成行业营销的特殊做法与行业特征。从消费品行业和工业品行业的差异看,消费品营销策略更突出品牌传播和广告宣传,更注重分销渠道的便利性,工业品行业营销更强调技术和品质的严格性、服务响应的及时性。消费品行业和工业品行业内部的不同细分行业,也会存在各有特征的行业差别,在制定营销策略组合时需要特别考虑,比如快速消费品行业,产品比较同质化,差异化较小,决定市场和销售的最重要的因素是分销渠道和终端售点,因此渠道策略最为重要,而乘用车行业品牌、技术和服务是影响市场和销售的重要因素,所以产品策略更为重要。

3. 以竞争态势为依据制定营销策略组合

在行业竞争中，主流企业可以凭借自己的相对竞争优势制定企业营销策略组合，实行差异化竞争。比如20世纪90年代中期长虹电视具有较强的价格优势，以价格策略组合其他三个方面的营销策略是长虹在中国彩电行业占有领先地位的一条经验。TCL具有较强的分销渠道优势，以分销策略组合产品、价格和促销推广形成的整体营销策略是TCL从中国彩电前三甲问鼎第一品牌的重要法宝。电商在快速发展期，则是以低价策略和购买渠道便利的优势与实体商业抢夺市场份额。

在市场竞争中，应以反应最快捷、见效最迅速的营销策略为主制定营销策略组合。面对激烈的市场竞争，必须快速做出营销反应。快速营销策略反应通常从沟通策略的改变和重新组合开始。当广告、公共关系、人员销售和促销活动能解决市场问题时，暂时可以不必动用价格手段，当价格策略调整可以解决营销问题时，可以暂不调整产品策略。因此，在营销实践中，促销战、广告战、公关战和价格战是市场竞争最普遍的形式。可口可乐的营销经验证明，沟通手段的变化和灵活调整能够实现产品生命之树的长青。而20世纪80年代可口可乐以改变产品配方应对百事可乐促销宣传挑战所犯的错误，也从反面验证了这一营销规律。调整原来的产品策略是营销策略组合调整的最后一招，作为营销策略组合核心的产品策略一旦调整，则意味着营销策略的根本性调整和全面性调整。随后当可口可乐公司以雪碧、芬达、原叶等品牌推出非可乐饮料时，这个世界饮料巨头才真正在产品这个最核心的营销策略源头上开始了新的不同于原来碳酸饮料的营销策略组合。

4. 以企业资源为支撑制定营销策略组合

制定和实施营销策略组合需要以企业的人财物等各种资源作为背景支撑。产品开发需要关键技术和核心人才，广告宣传需要资金和媒体资源，市场拓展需要具有执行力的销售队伍。企业自身的资源实力和融资能力是制定和实施营销策略组合的背景制约因素。资源雄厚且融资能力强的企业可以制定攻势凌厉的营销策略组合，以快速推进市场进入与市场拓展。资源匮乏且融资能力不强的企业则只能采取慢速渗透的营销策略组合，以稳妥推进市场进入与市场扩展。互联网时代，传播速度的加快大大提高了市场推进和市场扩展速度，也大大提高了互联网企业之间的竞争激烈程度，仅仅利用自身资源发展显然是不行的，必须借助资本的力量。但是仅靠融资烧钱的方式发展也是存在极大风险的，因此，很多互联网创业型企业就死于融资烧钱无以为继的道路上。

第三节 营销计划制订

一、从营销策略到营销计划

企业营销战略规划规定了企业的目标、任务和发展方向,营销策略对如何贯彻实施营销战略制定的营销目标任务做出了策略安排。营销战略和营销策略制定出来以后,就需要在营销过程中加以贯彻执行。在营销管理过程中,企业需要将营销战略和营销策略转换成由具体执行机构和人员、具体目标和任务、具体时间和步骤、具体费用和考核标准组成的营销计划,并通过营销计划的执行和检查,实施营销控制和评估,以保证企业营销目标的实现。

在营销战略规划中,企业需要确定其服务的目标市场并制定进入目标市场的营销策略组合。营销计划是企业的战术计划,是根据营销战略和营销策略而制定的。营销战略是在对市场准确分析的基础上,选择"做正确的事"。营销策略和营销计划是在正确目标确定的基础上优化执行方法,以"正确地做事"。"做正确的事"和"正确地做事"在时间流程上有先后顺序,但都很重要。营销战略选择"做正确的事"是营销策略和营销计划能够"正确地做事"的前提,决定着企业营销目标任务的大方向,从这个角度看是战略决定成败。营销策略和营销计划是实现营销战略的主动作为和行为保证,影响着企业营销目标任务的实现进程和落实进度,从这个角度看是细节决定成败。因此,在正确的营销战略制定之后,营销策略和营销计划的制订也非常重要。

营销策略和营销计划都具有服务于营销战略的共同属性,但两者之间也存在一些差别。营销策略是营销原理和营销规律在具体营销实践和营销问题中的运用,具有原则性、原理性和策略性,追求营销策略方法的适用性、有效性和合理性,常见于质化定性研究和推演。但营销策略不够具体细致,缺乏量化精准研究,缺乏具体执行的操作流程和细则。因此,营销策略还不是可以具体实施的执行计划,需要在营销策略制定的基础上,再制订出可以具体操作执行的营销计划。

在很多场合,计划的概念也比较宽泛,并不单指我们这里的具体操作执行的营销计划,比如有"营销战略计划"的概念,"营销战略计划"的基本含义是对营销战略目标和战略资源的宏观性决策,是长远方向性和框架结构性的安排,更准确的概念名称是"营销战略规划"。为了避免与其他营销计划概念混淆,对于我们这里的具体操作执行性的营销计划,更准确的概念名称是"营销行动计划"。

虽然营销策略通常不直接具备具体执行的可操作性,但却是衔接营销战略规划和营销行动计划必不可少的桥梁和纽带。如果没有营销策略的承接和延续,从营销战略规划直接过渡到营销行动计划,就缺乏中间的策略转换和策略衔接,就缺乏相应的营销策略研究、推演和论证,就缺乏营销策略基础和策略依据。因此,在营销战略规划之后,还需要制定营销策略,再在营销策略的基础上制订营销行动计划。

营销策略是制订营销行动计划的重要基础和依据。没有营销策略,营销行动计划就缺乏合理与有效的营销策略指引与导航,就缺乏策略理性和策略逻辑。营销策略的贯彻实施也必须依靠更具有可操作性的营销行动计划,否则就停留在原则和方法上得不到贯彻和落实。因此,从这个角度来看,营销策略和营销行动计划是紧密联系在一起的。在有些场合,有些企业甚至将营销策略和营销行动计划整合在一起,合并称为"营销计划"。这样的"营销计划",因为包含营销策略,因此具有营销计划的合理性、有效性和策略性,因为包含营销行动计划,因此具有具体执行的可操作性。

在具体营销实战中,既有编制包含营销策略和营销行动计划两者在内的"营销计划",也有仅编制营销行动计划单一内容的"营销计划",前者通常上报营销管理者,以便掌握营销为什么要这样做以及营销如何做,后者通常下发营销执行者,仅要求营销执行者知道怎么做就可以了,因为营销执行者没必要掌握为什么要这样做的深层营销动机。

按照计划时间,营销计划有年度营销计划、季度和月份等短期营销计划,年度营销计划是重点营销计划。按照计划范围,有企业整体营销计划、营销业务单元的营销计划和单个项目营销计划等。企业整体营销计划和营销业务单元必须按照年度编制营销计划,单个新产品的营销计划则以项目周期为计划期编制营销计划,不一定固定为年度营销计划。

二、营销计划的编制

包含营销策略和营销行动计划在内的营销计划,是一份内容详尽的营销文件,涵盖营销现状分析总结、未来市场预测展望、营销战略分析、营销策略推演和营销行动计划安排等一系列内容,具体包括以下方面:

1. 内容概要说明

内容概要是对主要营销目标和措施的简短摘要,目的是使高层管理者迅速了解营销计划的核心要点。例如某企业年度营销计划的内容概要是:"本年度计划销售额为 5000 万元,利润目标为 500 万元,比上年增加 10%。这个目标经过改进服务、灵活定价、加强广告和促销力度,是能够实现的。为达到这个目标,今年的营销预算要达到 100 万元,占计划销售额的 2%,比上年提高 12%。"

2. 营销状况分析

这是营销计划的基础部分,主要提供企业营销现状和与宏观营销环境因素有关的背景资料。具体内容有:

(1) 市场状况。市场近年来的销售规模、销售结构及其增长变化,消费需求的最新变化动态。

(2) 产品状况。列出企业产品组合中每一个品种的近年来的市场地位、销售业绩、成本、费用、利润率等方面的数据。

(3) 竞争状况。界定企业的主要竞争者,并列举竞争者的市场份额、产品质量、价格、销售力量和促销宣传等有关特征,判断竞争变化趋势。

(4) 分销状况。描述企业产品所选择的分销渠道的类型及其在各种分销渠道上的销售数量。如某产品在实体商业渠道和电商渠道上的销售比例等。

(5) 宏观营销环境状况。简要分析宏观营销环境的状况及其主要发展趋势,判断宏观营销环境对市场和企业可能带来的主要影响。

3. SWOT 分析

对计划期内企业与竞争对手相比的优劣势、营销环境变化对企业营销可能带来的机会与威胁进行分析研究,并确定企业的营销战略选择。

4. 营销目标确定

确定营销目标是企业营销计划的重要内容,必须在市场分析的基础上对计划期内要达到的营销目标作出明确决策。营销目标要用数量化指标表达出来,要注意目标的现实性与合理性,并应有一定的开拓性和挑战性。营销目标主要包括销售收入、销售增长率、市场占有率与市场排名、品牌知名度等市场目标,利润额和利润率等财务目标。

5. 营销策略制定

制定企业营销策略,包括目标市场选择和市场定位、营销策略组合等。明确企业营销的目标市场是什么市场,如何进行市场定位,确定何种市场形象;企业采用什么样的产品策略、采取什么样的分销渠道策略、价格策略和沟通促销策略。

6. 营销行动计划

对各种营销策略的实施制定详细的行动计划方案,即明确:做什么?谁来做?何时开始?何时完成?做到什么标准?这是整体营销计划中最具体、最细致、最具有操作性的部分,以保证营销战略目标和营销策略要求能够得到不折不扣的贯彻执行。营销行动计划以 4P 营销策略为主线、以营销活动为重点编制,主要包括以下行动计划内容:

(1) 产品计划。包括产品整体规划、新产品开发和上市计划、产品调整计划等。

(2) 价格计划。预计价格调整的时机、价格调整的产品范围和幅度,并分析价格调整对销售和生产的影响,以对生产供应和新产品研发提出相关建议。

(3) 渠道计划。具体包括市场区域扩展计划、分销渠道建设或调整计划等。

(4) 促销沟通计划。具体包括广告计划、公共关系计划、促销活动计划等,并形成单独的执行文本以便相关的执行机构按照计划贯彻执行。

7. 营销费用预算

从费用的角度对各项营销活动进行资金预算,为营销活动的正常开展提供费用资源保障。

8. 营销控制评估

营销计划的最后一部分是对营销计划执行进行检查和控制的相关安排和规定,用以监督评估营销计划的执行进程和结果。为便于监督检查,通常是将营销目标和营销费用预算按月或季分解,各级营销主管定期检查各部门机构的营销业绩,评估是否完成预期的营销目标。凡未完成计划目标的部门机构,都应分析问题原因,并提出改进措施,以保证营销计划的目标任务的落实。

三、营销计划执行及其效果评估

营销计划必须得到有效的执行实施才能体现出它的价值。没有执行实施,再好的营销计划也只是"纸上谈兵"。在营销计划的执行实施过程中,企业需要了解影响营销计划有效实施的因素,制订营销计划有效执行的行动方案,监控营销计划执行过程,纠正营销计划执行过程中出现的问题,评估营销计划执行的效果。相关内容属于营销管理的范畴,市场营销专业的同学可以通过营销管理课程的学习掌握营销计划执行与效果评估的内容。(参考教材:《营销管理职能与实务》,朱华锋主编,中国科学技术大学出版社,2017 年版)

本章小结

营销策略是贯彻营销战略的手段,需要依据 SWOT 分析等营销战略分析工具,根据企业的优势和劣势、环境机会与威胁的系统分析,在营销战略选择确定的基础上推演制定。营销学者提出了众多营销策略模式,但最经典、最具有操作运用价值的仍然是 4P 营销策略组合模式,其中产品是最重要的策略,价格是最敏感的策略,分销是最复杂的策略,促销沟通是最灵活的策略。

营销策略整合是营销策略组合的动态性与协调性整合,体现着市场营销为消费者创造价值、向消费者传播价值、与消费者交换价值的本质。营销策略整合的方法途径包括以用户需求为根本制定营销策略组合、以行业特征为基础制定营销策略组合、以竞争态势为依据制定营销策略组合和以企业资源为支撑制定营销策略组合。

营销策略需要通过营销行动计划贯彻实施。营销行动计划既是营销战略和营销策略的具体体现,又是市场营销的行动依据和行动指南。企业通过营销行动计划的编制、执行与评估,管控营销过程和营销绩效。

营销理论知识练习

1. 在 SWOT 分析法中,如何展开优势和劣势分析?
2. 在 SWOT 分析法中,如何展开机会和威胁分析?
3. 在 SWOT 分析法中,如何做出战略选择?
4. 简述营销策略之间的整合关系。
5. 简述营销策略整合的基本要求。
6. 简述营销策略整合的方法途径。
7. 为什么要将营销策略发展成为营销计划?

营销实践模拟练习

1. 调查本地餐饮市场,选择一家较为熟悉的餐饮企业,为其制定营销策略组合方案,并撰写出营销计划。

2. 走访一家企业,了解分析它在不同时期的营销策略组合,并分析其不同营销策略组合实施的效果及原因。

第九章　产品:创造市场价值

营销者承诺为市场创造价值不能是一句空洞的口号,也不能是一张空头支票。具有核心利益的产品是营销者创造市场价值的载体和手段。营销者通过产品为消费者和用户创造市场价值,消费者和用户则通过产品的核心利益和整体效用来评判营销者的市场价值。

京东方柔性屏量产打破外国企业垄断

2017年10月,京东方在成都举行了第6代柔性AMOLED(有源矩阵有机发光二极体)生产线量产仪式。这条柔性屏生产线是国内首条、全球第二条生产线,中国科技行业"缺芯少屏"的尴尬局面已经被打破。

柔性屏幕的特点是低功耗、可弯曲,对可穿戴式设备、新一代智能手机的应用均有深远影响。三星的多款手机、苹果的iPhone X,以及华为的Mate 10 Pro,都采用了柔性屏技术。

成都这条第6代柔性AMOLED生产线应用全球最先进的蒸镀工艺,采用低温多晶硅(LTPS)塑胶基板代替传统的非晶硅(a-Si)玻璃基板,具有分辨率高、反应速度快、亮度高、耗电低等优点,可以提供更艳丽、更清晰的高画质,采用柔性封装技术,实现了显示屏幕弯曲和折叠。

在柔性屏量产仪式上,京东方还举行了交付仪式,向华为、OPPO、vivo、小米、中兴努比亚等十余家客户交付了AMOLED柔性显示屏。"京东方的意义在于,即便华为等国产品牌没用我的屏,在与外国品牌谈判时,因为京东方的存在,腰杆也能挺起来。"

在设备、材料和技术方面,京东方有多项知识产权(IP),能够形成壁垒。世界知识产权组织(WIPO)发布的2016年全球国际专利申请(PCT)情况显示,京东方以1673件国际专利的申请量位列全球第八,而根据京东方提供的最新数据,到2017年上半年,京东方拥有OLED相关专利数量已超过1.6万件。

案例思考

京东方柔性屏量产的重大市场意义是什么?

学习目标

1. 理解整体产品概念。
2. 掌握产品生命周期的含义和各阶段的特点以及营销策略。
3. 理解新产品的概念和种类。
4. 了解新产品开发的流程和市场扩散的过程。
5. 掌握品牌的概念与作用。
6. 掌握产品组合策略和包装策略。

重点难点

1. 整体产品概念。
2. 产品生命周期与营销策略。
3. 品牌的概念与作用。

第一节 整体产品概念

一、整体产品概念与顾客价值层级

生产者对产品的理解通常是:产品是经过劳动制造出来的物品。但是在市场营销中,应该从消费者的角度来认识产品。因此,产品是指能够提供给市场用来满足人们需要和欲望的各种有价值的物品和服务。具体包括实物、服务、人物、地点、组织、思想、活动等多种形态。人们购买产品是希望获得某种价值或利益,例如,购买面包(实物)是为了获得它的营养价值;去理发店理发(服务)是为了仪容整齐、形象美丽;到体育馆去看体育比赛(人物)是要感受运动带来的乐趣和精神;游览名山大川(地点)是为了欣赏风景;青少年参加夏令营(组织)是要学习某些技能以及感受集体生活；和朋友一起去KTV(活动)是要享受歌唱的乐趣，等等。所以，市场营销人员应该意识到，产品的形态有很多种，但无论是什么形态，最终都是要让消费者(用户)获得价值或利益，满足人们的需要和欲望。

产品不仅是一个外在形态丰富多样的概念，而且是一个内涵层次丰富的整体概念。在现代市场营销理论中，整体产品包含五个产品层级，每个产品层级都包含着一定的顾客价值，从而形成了一个完整的顾客价值层级(Customer Value Hierarchy)，如图8.1所示。

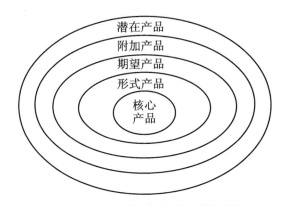

图9.1　产品整体概念与顾客价值层级

1. 核心产品(Core Benefit)

核心产品又称核心利益，是指产品对于消费者的最基本的效用或利益，也就是产品能够满足某种需求的使用价值。核心利益是消费者购买产品最根本的追求。例如，人们购买洗衣机并不是为了拥有洗衣机这个机器，而是为了不用自己动手搓洗就能使衣物洁净，洗衣机的清洗功能就是核心产品。企业生产和销售的任何产品，都必须具有能够满足某种需求的基本效用或利益。

2. 形式产品(Basic Product)

形式产品又称基础产品，是产品核心利益得以实现的外在形式。营销者必须将消费者需要的核心利益转化为形式产品，形成产品的基本形式和形态。形式产品包括产品的结构、成分、品质、式样、品牌、包装、风格等方面。产品的基本效用必须借助于形式产品才能实现。所以，企业在致力于实现产品的核心利益的同时，也要完善产品的外在形式。

3. 期望产品(Expected Product)

期望产品是消费者在购买某产品时期望得到的与产品密切相关的特性与情形。例如，人们去酒店消费，在享受美味的同时还希望酒店环境优雅、餐具清洁卫生。

4. 附加产品(Augmented Product)

附加产品是营销者在销售产品时提供给消费者的各种附加服务或利益,包括质量保证、送货、安装、维修、技术指导或培训、售后服务等。随着生产技术的应用普及,不同企业的产品在核心功能、形式产品、期望产品方面的同质性越来越高,要赢得优势,就要在附加产品上下功夫。

5. 潜在产品(Potential Product)

潜在产品是指现有产品在未来可能进行的改进和变革。比如,互联网电视和智能手机的操作系统及其应用程序能够自动升级等。在技术变化和消费环境变化较快的行业,营销者需要为消费者提供更好的潜在产品,才具有更强的产品吸引力和市场竞争力。

整体产品概念的五个层级,体现了现代市场营销以消费者为中心的指导思想,企业的生产与营销活动都要围绕消费者的需要和欲望展开,要满足消费者当前的需求,也要考虑消费者需求的变化。无论是生产部门、技术部门还是其他部门,都要考虑怎样才能让消费者满意,这样才能在竞争中取胜。

二、产品分类与营销差异

营销者应根据产品形态、产品购买目的和购买习惯等标准对产品进行分类,不同类型的产品需要采取不同的营销策略。

根据产品形态,产品分为有形产品和无形产品。有形产品是具有实物形态的产品,根据其耐用程度又可以分为耐用品和易耗品。

(1)耐用品。一般指使用期限长、价值比较高的有形产品,例如电脑、汽车、洗衣机等。因为价格高、使用期限长,所以消费者在选购时会比较慎重,对质量和售后服务的要求高。营销者需要提供更多的销售服务和售后服务。

(2)易耗品。一般指使用期限短、易消耗、价值较低的有形产品,如食品饮料和牙刷牙膏等。因为是低值易耗品,消费者会经常购买,营销者需要给消费者提供购买的便利性和经济性,要通过广告等方式吸引消费者试用,形成消费者的品牌偏好和习惯性购买行为。

无形产品是没有实物形态的产品,主要包括服务和数字化产品两类。

(1)服务。指不可分割、不可储存的劳动服务,既有各种经营性和消费性的纯粹服务,如理发、洗车、法律咨询;也有与有形产品联系在一起的附加服务,如送货、安装等售后服务。服务营销者需要有严格的质量控制标准和良好的品牌声誉。

（2）数字化产品。指可通过无线电和互联网等非实体渠道传输的数字化无形产品，如广播电视节目、计算机软件、智能 APP、网络信息和在线服务等。数字化产品营销者没有规模制造成本，不需要建设实体销售渠道。

根据购买目的用途不同，产品分为消费品和工业品两类。消费品指直接用于最终消费者生活需要的产品，可分为以下 4 种：

（1）便利品。指消费者经常购买或随时需要购买的产品，并且很少花费精力做购买比较。根据购买场景和频次又可以分为日用品、冲动品和应急品。日用品是消费者经常购买的产品，一般会规律地定期性地购买。冲动品是指消费者事先没有购买动机，当受到某种刺激（如免费试用试吃、广告宣传、实物触摸、赠品、其他消费者影响）后迅速产生购买动机而购买的产品。应急品是消费者平时没有需要但当需要产生时会立即购买的产品，如下暴雨时购买雨伞等。消费者在购买应急品时目标明确，购买迅速。营销便利品必须提供购买的便利渠道和方式。

（2）选购品。指消费者不经常购买的产品，如果确需购买，则对产品的质量、规格、款式、价格、售后服务、品牌等方面都要做认真比较和挑选才能做出最后购买决定。营销选购品必须塑造产品的个性化和差异化形象。

（3）特殊品。指具有特定品牌或独特的品质特征，为特定的消费者群专门提供的产品。如特殊品牌的汽车、昂贵的照相器材和音响设备等。消费者对这类产品有着深刻的了解，购买时不会去和其他同类产品进行比较，需求产生后会直接去特殊品经销商那里购买。所以，作为特殊品的营销者，不用过多考虑消费者是否方便购买，但是要让消费者知道购买渠道。

（4）非渴求品。指消费者不了解或者了解了也不太想购买的产品，比如新上市的普通产品。传统的非渴求品有保险、墓地等。让消费者对非渴求品产生需求尤其需要营销人员付出很多的努力，还需要广告等沟通传播方式的支持。一些复杂的销售技巧就是在非渴求品的营销中发展起来的。

工业品指企业组织购买以后用于生产加工的产品。工业品根据其进入生产过程的程度不同可以分为以下 3 种：

（1）材料和部件。指完全进入生产过程并全部转化为制造商所生产的成品的那类产品，包括原料、材料、部品和零件。营销材料和部件需要采取用户直供直销方式，以保证品质、交货时间和交货数量。

（2）资本项目。指在生产过程中，其价值逐渐、分次地转移到产成品中的产品，分为装备和设备两大类。营销资本项目需要采取直接营销、客户定制和招投标等方式。

（3）补给品和工业服务。指参与企业生产经营活动但本身并不会形成产成品的低价值消耗性产品和无形服务，包括生产运营补给品（如纸张、润滑油）、维修补给品（如油漆、钉子）、维修服务（如修理计算机等办公设备）和咨询服务（如管理咨询、法律事务）。营销补给品和工业服务，需要借助接近客户的分销渠道，客户的差异化需求和品牌偏好不高，价格和服务及时性是重要营销因素。

第二节　产品生命周期

一、产品生命周期的阶段特征

产品生命周期是指某产品从投入市场到最终退出市场的整个过程，也称为产品寿命周期。根据产品销售量的变化，典型的产品生命周期分为导入期、成长期、成熟期、衰退期四个阶段，如图9.2所示。

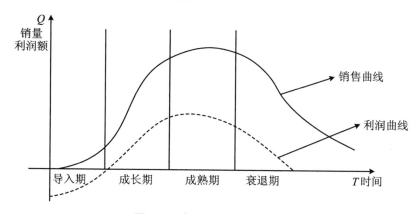

图9.2　产品生命周期曲线图

1. 导入期

导入期又称为投入期或介绍期，是指新产品刚投放到市场，处于向市场推广介绍与销售缓慢增长的阶段。导入期的主要特征是：消费者对新产品不了解或抱有疑虑，只有少数追求新奇产品的顾客购买；产品销售量较小，销售增长缓慢；企业生产批量小，产品生产成本高；要向市场做大量的推广介绍，广告和促销等营销费用高；产品成本费用高导致产品价格高；产品利润很少甚至亏损；市场风险大，只有少数企业生产，竞争者少；产品技术不完善，质量性能不是很稳定。

2. 成长期

成长期指产品经过导入期后被市场迅速接受且销售量迅速增长的阶段。成长期的主要特征是：知晓产品的人群迅速增多，购买者数量迅速上升；产品销量迅猛增加；产品生产技术和性能趋于稳定，具备了大规模生产的市场及技术条件，产品的生产成本因为生产规模扩大而开始下降；产品出现价格下降；产品利润迅速增加；竞争者的数量大大增加。

3. 成熟期

成熟期指产品经过成长期后被大多数消费者接受，销售增长缓慢并达到顶峰的阶段。成熟期的主要特征是：市场基本接受了该产品，市场趋于饱和；产品销量增加并达到顶峰，但销售增长缓慢并在达到销售顶峰后转向下降；生产成本进一步降低；产品价格继续下降；企业利润在这一阶段达到最高点，但随着销量的下降也开始减少；竞争者在数量上比较稳定，但市场上同类产品和替代品不断出现，竞争激烈。

4. 衰退期

衰退期指产品经过成熟期以后销量迅速下降的阶段。衰退期的主要特征是：消费者对该产品的兴趣已经转移，产品销量由缓慢下降变为迅速下降；价格下降到最低水平；企业利润下降；多数企业准备或已经退出市场。

正确理解产品生命周期，需要注意以下几个问题：

（1）产品生命周期曲线只是理论上的曲线。在现实生活中，由于市场环境复杂多变，产品生命周期曲线也是复杂多样的，通常研究的是典型的呈正态分布的产品生命周期曲线。

（2）产品生命周期要与产品的自然寿命区分开来。这是两个不同的概念，产品生命周期是产品在市场上的销售时间，其长短受市场需求变化、新产品开发速度等因素的影响；而产品的自然寿命是指产品从生产出来到使用损坏直至报废为止所经历的时间，它受产品的自然属性和消费者使用状况等因素的影响。

（3）产品生命周期可以指某一种类的产品生命周期，也可以指某一品种或某一品牌的产品生命周期。一般情况下，产品种类的生命周期时间最长。

二、产品生命周期的判断方法

产品生命周期四个阶段的划分和各个阶段的特征在理论上是很清晰的，对于不同阶段营销策略的制定也是有明确意义的。但问题是，要清晰地描绘出产品生命周期曲线，必须等到该产品经历全部生命周期所有阶段退出市场以后，但这时对于企业来讲已经没有意义了。因此,在营销实践中,企业必须在产品生命周期的过程之中就要判断产品处在生命周期的什么阶段才有现实意义,才能针对生命周期的阶段采取针对有效的营销策略。这是一个难题,没有绝对科学准确的判断办法,只有以下3种变通的判断方法:

1. 销售增长率判断法

因为产品生命周期变化的最主要特征是销售量的变化,所以通过销售量的变化来判断产品处于生命周期的哪个阶段是比较可行的一种方法。销售增长率法是以销售增长率或下降率的显著变化拐点作为产品生命周期不同阶段的区分点。

销售增长率＝(本期销售量—上期销售量)/上期销售量×100％

通常判断经验数据标准是:当导入市场的新产品销售增长率在10％以下徘徊时,表明产品仍然处于导入期;当销售增长率持续稳定在10％以上时,标志着产品进入了生命周期的成长期;当销售增长率在经过10％以上的增长以后回落到0.1％～10％时,表明产品进入了成熟期;当销售从正增长转为一段时间的持续负增长时,表明产品已经进入了衰退期。

2. 同类产品类比分析法

根据过往同类产品在市场上的销售过程来分析判断在销产品生命周期的方法。很多新产品都是对以前某种老产品的改进,所以新产品的很多性能特点、销售特征和状况都和老产品有许多相似的地方,可以根据类似的上一代老产品已经经历的生命周期情况来判断新产品的导入期、成长期、成熟期、衰退期的时间长短和市场特征。

同类产品类比分析法的使用要注意两点:第一,两种产品要具有可比性,比如在产品的主要性能、价格、目标市场、销售方式等方面有一定的相似性,这样两者的生命周期才具有类似性,老产品的生命周期曲线才具有借鉴价值。第二,无论新老产品如何相似,毕竟是两种产品,在某些方面总是有差异的,所以在类比分析时只能作为一种参考,不能完全照搬。

3. 产品普及率判断法

产品普及率也是经常使用的一个参考判断方法,产品普及率状况反映出了产品的市场存量和未来增长潜力,因此可以通过产品的普及率来推断产品生命周期的阶段。一般认为,当新产品的普及率小于5％时,可以判断该产品仍然处于产品生命周期的导入期;当普及率由5％增长到50％时,可以基本判断该产品处于成长期;本书作者认为,当普及率在50％～75％之间时,可以判断该产品已经进入了成熟期;当普及率在75％～85％之间时,应该警惕该产品可能已经或即将进入衰退期;而当普及率大于85％时,可以判定该产品已经进入了衰退期。

三、产品生命周期与营销策略

1. 导入期营销策略

导入期的营销目标是创造产品的知名度、提高产品的试用率。营销策略核心关键词是"短",努力缩短新产品上市导入期,尽快进入成长期,策略重点放在价格和促销沟通策略的组合运用上,具体有以下 4 种价格-促销沟通策略组合方式:

(1) 快速取脂策略,以高价格高促销沟通水平的方式推出新产品。企业采用高价格是为了在每单位产品的销售中获得尽可能多的毛利,同时,用高水平的促销沟通活动增加产品的市场接受度,向市场说明该产品虽然价格高,但物有所值。如果企业成功地实施这一策略,企业可以在较短的时间内获取较高利润,以尽快收回开发时的投资。采用这一策略的前提条件是:市场上大多数人还没有意识到该产品;已经了解新产品的顾客求新心理强,急于购买并愿意支付高价格;企业面临潜在竞争,要先声夺人,培养消费者的品牌偏好。

(2) 缓慢取脂策略,以高价格低促销沟通水平的方式推出新产品。企业采用高价格是为了在每单位产品的销售中获得尽可能多的毛利,而采用低水平的促销沟通活动是为了降低营销费用。两者结合使用企业可以获得更多的净利润。采用这一策略的前提条件是:市场规模有限,潜在竞争威胁小;市场上大多数人已经知晓了该产品;购买者愿意支付高价。

(3) 快速渗透策略,以低价格高促销沟通水平的方式推出新产品。企业采用低价格和高水平促销沟通将促进市场迅速接受新产品,给企业带来最快速的市场渗透和最高的市场占有率。采用这一策略的前提条件是:市场规模很大,潜在竞争很激烈;消费者对该产品不熟悉,但对价格敏感;随着生产规模的扩大和制造经验的积累,企业产品的单位制造成本会下降。

(4) 缓慢渗透策略,以低价格低促销沟通水平的方式推出新产品。企业采用低价格是为了使市场迅速接受新产品,低水平的促销沟通活动在于降低营销费用,实现较多的净利润。采用这一策略的前提条件是:市场规模较大;有一些潜在的竞争;市场上大多数人已经知晓该产品;购买者对价格敏感。

2. 成长期营销策略

成长期的营销目标是提升销售增长率、扩大市场占有率、建立企业市场领先地位。营销策略核心关键词是"快",采用多种营销策略促进市场快速增长和发展。

（1）改进产品质量。导入期产品的性能不稳定，企业可以根据消费者的反馈意见改进产品的质量，提高消费者满意度。

（2）增加新产品的特色和式样。成长期销量快速上升，竞争者的数量也在不断增加，并且新的竞争者总是在吸取别人的经验教训上做出改进，因此企业要努力开发产品的特色和式样，提高企业产品的竞争力。

（3）进入新的细分市场。企业应该进一步细分市场，找到新的细分市场，并迅速抢占这一市场，由导入期的无差异性营销转为差异性营销。

（4）扩大分销覆盖面并进入新的分销渠道。由于利润出现增长、风险减小，很多中间商也愿意经销代理该产品，企业可以增加销售网点和经销代理机构，扩大分销覆盖面。同时借助于中间商的力量，加强产品的销售服务工作。

（5）适当降低产品价格。生产成本的下降为降低价格提供了一定的空间，而且竞争在不断加剧，适当降低价格，可以赢得竞争者和价格敏感型消费者。

（6）从产品知名度传播转向品牌偏好度塑造。导入期广告宣传的重点是创造产品的知名度，到了成长期，广告的宣传重点是产品的特色，要树立产品的品牌形象，形成消费者的品牌偏好。

3．成熟期营销策略

成熟期的营销目标是实现销量和利润最大化、巩固企业市场地位和竞争优势。营销策略核心关键词是"长"，要采取多种策略尽可能延长成熟期。

（1）市场改进。一是鼓励现有顾客更多地消费产品：① 提高产品的使用频率。② 增加单次使用的使用量。比如洗发水广告宣传每次洗头时用两遍洗发水效果会更好一些。③ 增加产品新的和更广泛的用途，比如宣传可乐可以用于清洗顽固污渍。二是增加产品新的使用者：① 转变非用户。例如，飞机货运服务增长的一种方式就是转变非用户——喜欢采用铁路、公路货运的用户，说服他们相信空运比陆地运输有更多的好处。② 进入新的细分市场。例如，强生公司将婴儿润肤系列产品推向成年人市场，告诉成年人婴幼儿产品一样适合成年人，甚至有比成年人品牌更好的地方——比如不含任何刺激。③ 争取竞争对手的顾客。例如，香港的迪士尼乐园建成后抢占的主要就是香港海洋公园的游客。

（2）产品改进。① 质量改进策略。增加产品的优质功能特性，如耐用性和可靠性等。这种策略的有效范围是：质量确实能改进；购买者相信质量被改进的说法；要求较高质量的用户数量足够多。② 特色改进策略。增加产品的规格品种，扩展产品的功能性、便利性或安全性。③ 式样改进策略。优化产品外观设计，提升产品设计美感。

（3）营销策略组合改进。增加服务、降低价格以吸引顾客,渗透进入更多的销售渠道,开展多种方式的促销活动,提高促销活动的吸引力。

4. 衰退期营销策略

衰退期的营销目标是压缩费用、降低库存、榨取品牌价值。营销策略核心关键词是"转",必须提前精准预判产品即将进入衰退期,从而有计划地实施产品和市场转变。

（1）集中策略。也称收缩策略,把企业有限的资源集中使用在最有利的细分市场、最有效的分销渠道和最容易销售的产品品种上,以最有利的市场获得尽可能多的利润。

（2）维持策略。继续保持原有的细分市场,沿用过去的分销渠道策略,用低价格把销售维持在一定的水平上,等到合适的机会再退出市场。

（3）放弃策略。大幅度降低价格、降低销售费用,尽可能榨取最后的利润。这种做法会加速产品衰退的速度。

第三节 新产品开发

一、新产品的概念与类型

科学技术进步和消费需求发展,带动了新产品研发和市场增长。市场上的新产品越来越多,开发节奏越来越快。新产品开发竞争早已成为企业市场竞争的重要战场。

市场营销中的新产品概念不是从科技进步和市场整体角度来定义的,而是站在企业微观角度来定义的。只要是企业原来没有生产过的产品,对于企业来说都是新产品,只要是企业对整体产品概念中任何一部分的改进或创新,并且这种改进或创新能给消费者带来新的利益和满足,都是新产品。一般来说,新产品的类型包括以下4种：

（1）全新新产品。指采用新原理、新结构、新技术、新材料制造出来的前所未有的新产品。汽车相对于马车是全新产品,移动电话相对固定电话是全新产品。这类新产品都是科技的重大发明创造,开发难度很大、时间长、费用高、风险大,只有少数科技创新型企业能提供全新新产品,而大多数企业无法提供该类新产品。

但成功研发全新新产品的企业,将会建立起领先的品牌形象和强势的市场地位,获得丰厚的市场回报,并推动科技进步和人类文明。

（2）换代新产品。是指在原有产品的基础上,采用或部分采用新技术、新材料、新工艺制造出来的新产品,如黑白电视发展到彩色电视、3G 手机发展到 4G 手机等。换代新产品比老产品在产品性能方面有显著提高。

（3）改进新产品。是指对老产品的性能、结构、花色品种、材料等方面做出改进的新产品,如著名智能手机厂商每年都会发布新型号产品。改进新产品开发的难度要小很多,成本也较低,市场的接受速度要快很多,所以市场上的新产品很多都是改进新产品。

（4）仿制新产品。是指企业模仿生产市场上已经出现的产品。虽然对于消费者来说已经不新鲜了,但对于企业而言,第一次生产销售的产品就是新产品。市场上的智能手机大多是苹果 iphone 的模仿产品。仿制新产品是发展中国家企业研发新产品的务实方式,正是通过模仿追随积累技术和市场力量,从而逐步实现技术进步和市场发展。

成功的新产品应该具备以下特点：

（1）优越性。与老产品相比,新产品要具有一定的优越性,能给市场带来新的价值利益,新价值利益越多越大,新产品就越容易成功。

（2）适应性。新产品应该适应消费者的价值观念、消费需求或消费习惯,从而加快市场接受新产品的速度,增加新产品的成功率。

（3）易用性。消费者倾向于使用操作简便的产品,因此,新产品的使用方法不能过于复杂,应该简便易用。

二、新产品开发的意义与方式

企业进行新产品开发要耗费大量的人力、财力、物力,而且有一定的风险,但要在激烈的市场竞争中求得生存和发展,就必须进行新产品开发。新产品开发的意义主要表现在：

新产品开发可以适应和满足市场不断变化和增长的需求。随着社会经济的发展,生活水平和购买水平不断提高,消费者的需求向多样化和个性化方向发展,消费需求的变化周期越来越短,这些都迫使企业必须不断地开发新产品,才能适应和满足消费者不断变化和增长的需求。

新产品开发有利于企业生存和发展,有利于企业应对激烈的市场竞争。当在销产品生命周期走向衰退期的时候，如果企业没有开发新产品，也就无法继续生存，只有提前开发出新产品，才能在老产品即将退出市场时用新产品填补老产品的空缺，维持企业的生存和发展。企业要想维持和提高市场地位，就必须持续不断地研发新产品，取代失去活力的老产品，同时通过开发新产品去扩大新市场，在激烈的竞争中取胜。

新产品开发可以充分利用企业资源和生产能力，提高经济效益。随着生产效率和技术水平的提高，企业资源和生产能力就会出现剩余，开发生产新产品，就可以综合利用现有的资源和生产能力来降低生产成本，提高企业的经济效益。

新产品开发的方式主要有以下 4 种：

1. **独立自主研制**

这是企业依靠自己的科研技术力量独立研制新产品的方式。依据基础理论独立研究程度的不同，具体又分为以下 3 类方式：

（1）从基础理论研究开始，经过应用研究和开发研究，直到试制成功新产品并且投放到市场。这种新产品开发方式需要耗费大量的人力、物力和财力，并且时间长、风险大，通常是资金实力雄厚、技术力量强大的市场领先型企业采用的新产品开发方式，是科技创新型企业技术领先型战略在新产品开发上的运用。

（2）利用已有的基础理论，独立进行应用研究和开发研究，直到试制成功新产品并投入市场。这种新产品开发方式比前一种开发方式的难度和人力、财力、物力的投入要小一些，而且时间周期要短一些，风险也小一些，一般大中型企业都有条件采用。

（3）利用已有的基础理论和应用研究成果，独立进行开发性研究，直到试制成功新产品并投入市场。采用这种方式比前两种要容易，一般的企业都有条件采用。

2. **技术引进**

这是市场跟随型企业开发新产品的主要方式。技术引进主要有两种形式：一是引进样品进行仿制，二是引进先进的工艺技术用于新产品的设计生产。技术引进可以使新产品开发的进程缩短，节约研制费用。在企业研发技术能力有限的情况下，有利于加快新产品开发的速度，促进企业技术水平和产品质量提高，为企业赢得更多的市场机会。但需要注意的是，如果引进的技术是别人已经采用的，要认真分析市场的使用状况和容量，还要考虑引进技术的适用性、经济性和成熟程度，避免引进不当给企业带来损失。

3. **研制与引进相结合**

这是市场追赶型企业开发新产品的主要方式，这种新产品开发方式是把自行研制和技术引进结合起来，通过技术引进缩短新产品开发周期，通过自行研制提高自主知识产权和专利占比,消化吸收和完善改进所引进的技术,推动新产品的技术进步与质量性能完善,提升企业技术竞争力。

4. 协作研制

协作研制是指企业与企业之间、企业与科研机构及高等院校之间进行技术协作研制新产品。这种方式可以利用社会的科研力量来弥补企业科研能力的不足,有利于把科研机构和高等院校的科研成果转化为生产力,有利于发挥各方的长处和力量,加快新产品开发的进程。协作研制的必要性还在于现代高新技术产品的研制,往往需要借助其他行业技术的突破,因此必须开展协作研制。比如,新能源汽车研发的关键技术在于电池技术而不在于汽车厂家的发动机技术,因此需要协作研制。无人驾驶技术需要具有强大人工智能创新技术的企业和具有实体整车制造研发强大实力的企业共同协作、联合攻关,才能研发出技术领先、安全可靠的无人驾驶汽车。

三、新产品开发的流程

新产品开发是一项风险很大的工作,为了减少新产品开发失误,提高新产品开发成功率,必须遵循新产品开发的科学流程。

1. 开发创意

新产品的开发从获得创意灵感开始。发现消费者未满足的需求的存在并能够为之创造一个产品解决方案是催生新产品开发创意的成功源泉。新产品开发创意的源头非常丰富,可以来自于消费者未满足需求的发现与解决,可以来自于与企业员工、经销商、供应商、营销咨询公司等营销伙伴的工作探讨与交流,可以来自于竞争对手的新产品研发动向,可以来自于科学技术的最新发现与最新成果,可以来自于神话故事和科幻小说,可以来自于年轻人或创业者的奇思妙想……在开发创意阶段,产品规划和研发部门的主要责任是积极地在不同环境中寻找创意构思,积极地鼓励企业内外人员提出和发展创意构思。

2. 创意筛选

企业获得大量新产品开发创意后就要组织开展新产品创意评估,就新产品开发创意的市场前景与预期收益、技术实现可行性等项目进行讨论,进行创意筛选,选出具有技术和市场可行性、符合本企业发展方向定位和发展目标要求、企业技术能力资本实力和营销能力能够支持的新产品开发创意,去除那些技术和市场可行性小、预期市场规模和收益小且企业能力资源无法支持的开发创意。

3. 产品概念形成和测试

经过筛选后的新产品开发创意需要发展成为具体的新产品概念。新产品开发创意是企业以语言表述拟推向市场的一种可能性产品,而产品概念则是企业站在消费者的角度对新产品开发创意进行的详细描述,即用文字、图像、模型等给予新产品开发创意的阐述与展示。产品概念形成以后,还需要要进行产品概念的测试检验。具体做法是邀请潜在消费者和各方面的专家讨论产品概念,根据他们反映的意见和提出的问题,挑选出可以被消费者接受的产品概念。仅用文字、图像和口头表述让消费者理解产品概念是比较困难的,运用3D打印技术打印出产品概念模型可以帮助消费者更直观地理解产品概念。

4. 制定营销规划

确定产品概念后就要制定投入市场的初步营销规划。新产品营销规划一般包括三部分内容:第一,描述目标市场的规模、结构和消费者行为反应,新产品的市场定位、预期销量、预期利润等;第二,描述新产品的价格策略、分销策略以及上市导入阶段的营销预算;第三,描述预期的长期销售额和投资收益率以及在不同阶段时期的市场营销策略。

5. 进行财务分析

从财务角度分析开发新产品是否符合企业的发展目标和财务要求。具体分析包括两个方面:预测销售额、推算成本和利润。未通过财务分析的新产品概念不具有开发价值。

6. 新产品研制

将通过测试、营销与财务分析的新产品概念交给技术研发部门研制成产品样品,使产品概念转化为具体的产品实体。互联网时代,企业还可以更多地发动用户、创客和协作工厂参与新产品研制。技术研制出来的产品样品,经过测试证明技术、功能与质量可行之后,再转到生产制造部门进行小批量试生产,经过测试证明生产技术和工艺具备可行性之后,再转入大批量生产。新产品研制是新产品开发最重要的技术环节,只有通过这个环节,才能证明新产品概念技术手段实现的可行性,生产工艺实现的可行性,以及质量、成本和效益的可控性。

7. 市场试销

组织新研制产品的市场试销是多数企业的做法。新产品的技术创新、概念创新和形态创新越多,越有必要组织市场试销。而一般仿制新产品和改进新产品,如果企业认为很有市场把握,可以不必花费人力、财力进行市场试销。新产品试销的通常做法是将小批量生产的新产品投放到具有代表性的小市场范围内试销售,主要观察消费者的市场反应,包括消费者首次尝试购买情况、再次重复购买情况,消费使用体验评价等。试销可以让企业对新产品的市场反应、销售潜力和市场前景有更真实的了解,进而从技术上更好地改进新产品、从营销上更好地推广新产品。

8. 批量上市

新产品一旦试销成功,企业就可以正式批量生产批量上市。这时企业要大量投资,扩大生产规模,启动营销推广攻势等,由于上市导入期产品利润很少甚至亏损,所以企业要充分做好各种准备,慎重选择新产品投放的最佳时间、区域和营销策略,确保批量上市成功。

四、新产品的市场扩散

新产品扩散指的是新产品上市后随着时间的推移,不断地被越来越多的消费者采用的过程。了解新产品的市场扩散过程和方式,对于制定新产品营销策略具有借鉴意义。

1. 新产品采用的过程

美国市场营销学者埃弗雷特·罗杰斯(Everett Rogers)根据自己的市场调查,归纳总结出人们接受新产品的一般规律,认为消费者接受新产品的程序分为5个阶段:

(1) 认知。这是消费者获得新产品信息的第一步。消费者通过不同渠道得知市场上有某种产品的存在,其中最常见的渠道来源是广告。这个阶段消费者对产品只是知道它的存在,没有更深的了解。企业要努力吸引消费者的注意,建立消费者对新产品的初步印象。

(2) 兴趣。伴随各种营销刺激的加深,消费者不仅认知了新产品,而且对新产品产生了兴趣。因此,消费者会主动地去搜集相关信息,了解新产品的性能、用途等,与老产品进行对比分析,如果满意就会产生初步的购买动机。

(3) 评价。购买动机产生后,消费者要对新产品是否值得购买予以评价。这个阶段对消费者来说是一个关键的阶段,他会对新产品进行反复比较,从质量、价格一直到满足需求的程度、购买可能承担的风险等进行慎重的考虑。在这一阶段,如果对新产品的评价是否定的,那么消费者接受新产品的过程就此中止,反之,则进入尝试和实际购买阶段。

(4) 试用。消费者在决定购买以后,为了验证自己对新产品的评价的正确性,在可能的情况下,先要体验一下或者尝试一下,才能最终确定是否接受新产品。试用结果满意则会进行第二次购买,不满意就不会重复购买。

(5) 采用。消费者通过试用觉得满意后,完全接受新产品并正式购买或重复购买。完全接受新产品的消费者可能成为新的产品信息扩散源。

2. 新产品采用者的类型

在新产品的市场扩散过程中,由于个人性格、社会地位、消费观念、受教育程度、收入水平等因素的影响,不同消费者接受新产品的态度、程度和时间是不一样的,存在着明显的反应差异。罗杰斯根据消费者接受新产品的快慢程度,将新产品采用者分为以下五种类型:

(1) 创新采用者。这类消费者数量约占所有潜在采用者的2.5%,他们极富个性和冒险精神,性格活跃,交际广泛,信息灵通,收入水平、受教育程度和社会地位较高,消费行为很少受他人影响或左右,被视为意见领袖,具有影响其他消费者的力量。企业推出新产品时,要把营销重点放在创新采用者身上,通过这些意见领袖的影响力促进新产品的市场扩散。

(2) 早期采用者。这一类型的消费者占所有潜在采用者的13.5%,他们一般富于探索性,对新事物有较强的敏感性和适应性,经济状况好,对在早期使用新产品具有自豪感。有的在某一群体中具有较高威信,甚至是意见领袖。他们多在导入期和成长期采用新产品,并对后期的采用者有较大的影响力。各种促销方式对他们也有较大的影响,但与创新采用者相比,他们的态度较为谨慎。

(3) 早期大众。这类消费者约占所有潜在采用者的34%,其基本特征是:受过一定的教育,有较好的工作环境和收入,较少存在保守思想,爱深思熟虑,对社会中有影响力的人物的消费行为具有较强的模仿心理,不甘落伍但又受到经济条件限制,购买高价格产品时持非常谨慎的态度。由于这类消费者所占比重较大,研究他们的心理状况和消费特点,对加速新产品扩散、提高新产品的市场份额有很重要的意义。

(4) 晚期大众。他们也约占所有潜在采用者的34%,其基本特征是:工作环境、收入水平、受教育程度比早期大众要差一些,对新生事物和企业的促销活动都抱有疑虑,从不主动采用新产品,他们的信息大多来自于周围的亲友,只有当大多数人都已经使用过新产品并且具有较好的评价后才会考虑购买。他们往往都是在产品成熟阶段的中后期才会购买。

(5) 落后采用者。这类消费者约占所有潜在采用者的16%,他们社会地位和收入水平低,思想非常保守,对新事物持怀疑、反对的态度,固守传统的消费行为方式,只在产品成熟期后期甚至是衰退期才会购买。

从创新采用者到落后采用者,不同消费者采用新产品的过程随着时间的变化是呈正态分布的,如图9.3所示。图9.3清楚地表明了消费者接受新产品的时间差异性,这种时间差异性与产品生命周期的形成具有一定的联系,所以和产品生命周期曲线很相似,为企业制定产品生命周期各阶段的营销策略提供了可靠的依据。新产品能否扩散,关键在于创新采用者和早期采用者(其中多有意见领袖)的态度,他们一旦认可,后面早期大众跟进购买使用的可能性会很大。

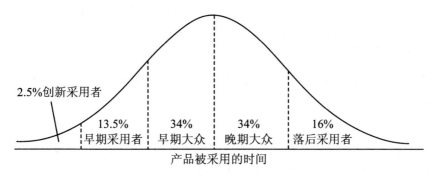

图9.3 新产品的市场扩散

第四节 产品组合

一、产品组合的概念

现代企业为了满足目标市场的各种需求,扩大销售,规避风险,都会考虑生产经营多种产品。为此需要研究产品之间如何组合,才能既满足消费者需求又能使企业获得最佳的经济利益。产品组合的相关概念包括:

1. **产品线**

产品线也称产品大类,是指能满足同类需求,在功能、使用、销售等方面具有类似性的一组产品。每条产品线内包括若干个产品项目。

2. **产品项目**

产品项目是指产品线内各种不同品种、规格、质量和价格的产品,是产品组合的最小单元。

3. **产品组合**

产品组合也称产品阵容,指一个企业提供给市场的全部产品线和产品项目的组合,即企业的业务经营范围和结构。产品组合的内涵包括 4 个方面:① 产品组合的宽度,是指一个企业产品线数量的多少;② 产品组合的长度,是指一个企业产品项目的总数;③ 产品组合的深度,是指一条产品线所含产品项目的多少;④ 产品组合的关联度,是指企业各条产品线在最终用途、生产条件、分销渠道或其他方面的相关程度。

二、产品组合的方式

根据产品线的数量多少和进入的市场范围大小,通常分为 4 种典型的产品组合方式。

1. 全线全面型

全线全面型组合方式是指向众多的市场提供所需要的各种产品,即产品组合的宽度、长度、深度都大而关联度可大可小的组合。这种组合方式的企业向尽可能多的消费者提供各种各样的产品,市场范围很大,产品线的种类和数量也很多。企业能够满足消费者更多的需求,从而稳定企业的市场规模与市场地位。但采用这种组合方式,要求企业实力雄厚,一般的企业无法采用。

2. 市场专业型

市场专业型组合方式是指企业选择某一特定的市场作为目标市场,向这一市场提供尽可能多的产品以满足他们的需求,集中力量为之服务。这种方式市场范围小,产品线数量很多,有利于与消费者建立稳固的市场关系,树立良好的企业形象。当企业推出新产品时,市场的接受速度会比较快。

3. 产品专业型

产品专业型组合方式是指企业只生产或销售一条或少数几条产品线,但尽可能增加产品线内的产品项目,也就是增加产品组合的长度和深度,以面向更多的市场。这种方式有利于企业集中力量,不断改进、创新产品,充分发挥产品专业化的优势,同时又能达到扩大市场的目的。

4. 有限的产品专业型

有限的产品专业型组合方式是指企业只选择一条产品线中的一个或有限的几个产品项目进行生产或经营,来满足某一个细分小众市场的需求,进行集中性营销。这种方式专业化程度很高,企业只需投入较少的资金就可以获得一定的经济效益,但由于市场很小,一旦消费者的需求变化或转移,企业面临的风险就很大。因此,这种方式一般只适用于技术力量和资金薄弱的小型企业。

三、产品组合策略

产品组合决策是指企业根据市场需求,考虑自身的营销目标和资源条件,对产品组合的宽度、长度、深度和关联度做出的最佳决策。

1. 扩大产品组合

扩大产品组合是指扩展产品组合的宽度和深度。扩展产品组合宽度是指在原产品组合中增加产品线。扩展产品组合深度是指在原有的产品线内增加新的产品项目。当企业预测到原有产品线的销售额和盈利率未来可能下降时,就要增加新的有发展潜力的产品线和产品项目。扩大产品组合可以不受产品之间关联度的制约,发展与原有产品线毫无关联的产品线或产品项目。

2. 缩减产品组合

缩减产品组合是指通过缩减产品组合的宽度或深度,实行集中营销。当经济繁荣时,较宽较深的产品组合会带给企业更多的盈利机会,而当经济萧条、市场紧缩或者是企业某些产品的营销状况不佳时,缩减产品组合反而可能使利润上升,因为企业可以集中力量发展获利多的产品线和产品项目,降低成本,提高竞争力,并且可以减少资源占用,加快资金周转。

3. 产品线延伸

产品线延伸是指把产品线延长,也就是增加产品组合的深度,部分或全部地改变企业原有产品线的市场定位。产品线延伸可分为向下延伸、向上延伸和双向延伸3种形式。

(1) 向下延伸。企业在原有的高档产品线中增加中低档产品项目。企业一般基于以下几点而采用向下延伸策略:利用高档产品线的声誉,吸引购买力水平低的消费者慕名购买此产品线中的低档产品;企业最初进入高档产品市场是为了建立品牌和产品质量形象,目的达到后开始进入中低档市场,扩大产品销售范围,提高市场占有率;原有的高档产品销售增长缓慢,企业的设备资源没有得到充分的利用,为赢得更多的消费者而向下延伸。

企业采用向下延伸也会存在着一定的风险:可能会影响高档产品的质量形象和声誉,使一部分老顾客流失,所以低档产品最好使用与高档产品不同的品牌;同时企业可能要面对不愿意经营低档产品的中间商,需要另建分销渠道,从而增加销售管理难度和管理费用。

(2) 向上延伸。企业在原有的低档产品线中增加中高档产品项目。企业可能出于以下原因向上延伸：高档产品市场具有较大的增长率和较高的利润率；企业已经具备了进入高档产品市场的实力；企业希望通过增加高档产品来提升整个产品线的市场形象。

企业向上延伸也有一定的风险：消费者可能会怀疑企业高档产品的质量水平；企业和中间商可能缺乏经营高档产品的能力。

（3）双向延伸。企业在原有的中档产品线中同时增加高档和低档产品项目，实行双向延伸。企业进行双向延伸的原因可能有：企业已经具备了生产高档产品的实力；希望利用高档产品提升品牌形象；通过生产经营低档产品获得更多低收入人群的支持和购买，提高市场份额。

企业双向延伸的风险在于：可能会刺激原来生产经营高档或低档产品的企业进入中档产品市场，加剧竞争；消费者可能怀疑其高档产品的质量水平；中间商可能缺乏经营高档产品的能力而又不愿意经营低档产品；低档产品的增加可能会影响原有的中档产品和延伸后的高档产品的质量形象。

第五节　品牌与包装

一、产品品牌

在市场上的产品同质化程度越来越高的情况下，市场竞争更多地集中在品牌竞争上，消费者将通过品牌来区分企业同质化的产品，企业必须考虑如何建立和管理企业的品牌资产。

美国市场营销协会对品牌的定义是："一个名称、术语、符号、标志或设计，或者是所有这些的组合，他们代表一个或一组销售者的产品或服务，并与其他竞争者的产品或服务区别开来。"

品牌是一个集合概念，包括品牌名称、品牌标志、商标等相关元素。品牌名称指的是品牌集合中可以用语言直接且简洁称呼的部分。如华为、海尔等，品牌名称具有视听双重传播效果，但以语音传播和听觉效果为主。

品牌标志是指品牌集合中可以被识别，但不能用语言直接、简洁而准确称呼的部分，包括专门设计的图案、颜色、符号、文字等。如联合利华的彩色U型图案、华为的菊花图案等，品牌标志具有视觉传播效果。

商标是按照法律程序注册登记并受法律保护的品牌。企业把品牌或品牌的一部分按照法定程序向商标注册机构提出申请,经商标注册机构审查予以核准后,就会被授予商标专用权。商标受法律保护,具有排他性。任何人未经商标持有人许可不得使用或仿冒别人的商标。

品牌和商标既有联系又有区别,品牌是市场概念,它强调的是与产品质量、服务等之间的关系,是品牌所有者对消费者在产品质量、服务等方面的承诺。而商标是法律概念,它是已经获得专用权并受法律保护的品牌,是品牌的一部分。我国民间习惯上将品牌称为牌子或商标,而不区分品牌是否注册,因而存在"注册商标"和"非注册商标"两种说法。注册商标是指经过注册受法律保护、所有者享有专用权的商标,非注册商标是指未办理注册手续、不受法律保护的商标。事实上,这不是严格意义上的概念。为了保护自己的合法权益,企业应该进行商标注册。

品牌代表着品牌所有者提供给市场的品质、特征和利益等方面的承诺,历史悠久的著名品牌本是就是品质的保证。品牌本身就是一种具有市场价值的无形资产。品牌包含着丰富的价值意义:

(1) 属性。品牌代表着产品的属性和功能,这是品牌最基本的内涵。例如,奔驰汽车就代表着工艺精湛、价值昂贵、行驶快速、优质耐用、声誉卓著等属性。

(2) 利益。品牌所代表的各种属性还能够给市场用户带来各种利益,而利益是消费者追求的核心产品。奔驰汽车"工艺精湛"这个属性能给消费者带来更多的安全感;"价值昂贵"这个属性让消费者觉得自己能够受到别人的尊重,获得更多的象征性利益。

(3) 价值。品牌体现出拥有者的某些价值感。如奔驰代表财富和声望。

(4) 文化。品牌还能展现出一些特定的文化。奔驰汽车所展现的就是"有组织、高效率和高品质"的德国文化。

(5) 个性。品牌也能反映一定的个性。不同的品牌能够使人们产生不同的品牌个性联想。奔驰汽车会让人联想到一个严谨的老板、一座庄严的宫殿、一只威猛的狮子。

(6) 用户。品牌能够暗示使用者的类型。我们能够想象奔驰汽车的拥有者应该是事业有成的企业家或经理人,而不是职场新人。

品牌在市场营销中具有非常重要的作用,塑造品牌是营销者最重要、最神圣和最有长远价值的光荣使命。品牌的作用可以表述如下:

(1) 品牌有利于消费者识别产品,促进产品销售。随着科技的发展和市场竞争的加剧,不同企业的产品差距越来越小,产品同质化程度越来越高,消费者在比较选择、购买产品面临困惑时,往往通过品牌来识别和选择产品。企业可以通过塑造简洁、易读易记的品牌名称和品牌标志加深消费者印象,增强产品识别,达到促进销售的目的。

(2)品牌有利于保护消费者利益,维护市场健康秩序。品牌代表了对交付给消费者的产品与服务的品质和利益承诺。为了维护品牌形象,品牌企业会注意保持产品和服务质量的稳定,对自身的产品、服务和市场行为承担责任。品牌在维护消费者利益和市场秩序的同时,也能得到消费者和公众的信赖和支持。

(3)品牌有利于抵御竞争,维护企业市场地位。品牌因为自身的担当赢得了市场的信赖,因此具有更强的抗击竞争对手市场攻击的能力,有利于企业利用消费者忠诚度巩固原有市场。

(4)品牌有利于企业推出新产品,拓展新市场。因为品牌对消费者负责而得到消费者信赖,形成消费者的品牌偏好和品牌信任,因此在推出新产品、拓展新市场时也会得到消费者的支持,从而实现新产品、新市场的快速成长与发展。

(5)品牌有利于保护品牌所有者的合法权益。品牌一旦经过注册成为商标后即获得商标专用权,其他任何未经许可的企业和个人都不能使用或仿效,从而为保护品牌所有者的合法权益奠定了坚强的后盾。

随着品牌的发展和品牌营销的推进,品牌在市场营销中的地位和作用越来越重要,早已从最初的标识和区别某个产品或某项服务的作用,发展成为影响市场全局与长远未来的重要营销战略。为此,企业要制定科学合理的品牌发展战略和品牌营销策略,推动企业的市场发展。相关内容请深入学习本书第十三章"推动市场发展"中的第一节"品牌发展战略"。

二、产品包装

(一)包装的作用

包装是实物产品的一个重要组成部分,大多数实物产品从生产领域到消费领域都需要包装。包装有两个方面的含义:一是指包装容器或包装物;二是指对产品实体进行包装的作业活动。包装的作用主要表现在:

1. 保护产品

这是包装最初始最基本的功能。产品从生产者到使用者手中,要经历运输、装卸、储存、分装、销售、使用等多个环节,会受到物理机械性作用、气候环境、生物性危害因素、社会性因素的影响,产品的性能、成分、结构、外观等可能会发生不同程度的变化,产品的使用价值可能会受到不同程度的破坏。科学合理的包装,能使产品抵抗外界因素的影响,也可以把与内因有关的质量变化控制在允许的范围之内,保证产品质量和数量。

2. **方便储运**

为了方便生产商、销售商和储运商高效率、大规模、长距离运输产品,也为了消费者购买携带和使用消费,产品必须有适合相应用途和场景的包装,特别是没有固定形状的产品,如液态、气态和粉状产品。成分特殊、易挥发的产品,必须通过包装就才能储存、运输、携带和使用。

3. **促进销售**

从市场营销的角度看,促进销售是包装最重要的一个作用。就像"人靠衣装,佛靠金装"一样,好的包装能改进产品的外观,而消费者购买产品时第一印象就是产品的外观,而非产品质量,所以好的包装能提高消费者的购买兴趣,帮助消费者更好地了解产品,激发购买欲望,起到"无声的促销"作用。

4. **提升价值**

包装精美可以提高产品的身价,增加消费者心理上的高贵感和价值感,愿意为此支付较高的价格,从而增加企业品牌形象价值和经济效益。从包装实务和财务核算方面来说,包装本身也是一件产品,也包含着一定的价值和效益,这样产品加包装就能起到$1+1>2$的效果。

(二)包装的分类

按照包装在流通中的不同作用,分为运输包装和销售包装等包装形式。

运输包装是用于盛放一定数量的包装产品或散装产品的大型包装。它又可以分为单件包装(如箱、桶、包、袋、捆等)和集合包装(如集装箱、集装袋、集装盘等)。运输包装一般体积较大,坚固耐用,外形尺寸标准化程度高,表面印有明显的识别标志,主要用于保护产品的品质安全和数量完整,方便装卸、运输和储存。

销售包装是以产品的零售单元为包装个体的包装形式,既有单个产品的独立包装,也有若干个产品的组合包装。销售包装要求美观、新颖,便于销售展示、购买携带和消费使用,除了保护产品外,还有促进销售的功能。

按照包装层次,分为小包装、中包装和外包装三种类型。

小包装是直接包装产品实体的容器,如牙膏软管和饮料瓶罐等,是使用产品和销售产品必须具备的首要包装。外包装是指产品最外层的包装,是产品储存和运输所必需的运输包装。中包装是介于外包装和小包装之间的包装,由若干个小包装组合包装在一起形成,在销售中一般整体出售,也可以拆开成小包装出售。

按照包装所用的材料,分为纸质包装、塑料包装、金属包装、玻璃和陶瓷包装、复合材料包装、木制包装、纺织品包装和草竹藤柳等天然材料包装。

按照包装所用的防护技术的不同,可以分为防潮包装、防锈包装、防霉包装、防盗包装、防伪包装、真空包装、充气包装、隔热包装、低温冷藏包装、收缩包装、无菌包装和保鲜包装等。

(三)包装策略

1. 类似包装策略

类似包装策略指企业所有产品使用类似的包装材料、包装造型、包装色彩和图案,形成类似甚至统一的包装视觉识别,它具有方便顾客识别产品、增强产品销售陈列阵容和冲击力的作用,还可以节省包装设计费用、降低包装成本。但类似包装策略只适合质量水平和档次相同的产品,否则会干扰不同档次产品的形象定位。

2. 等级包装策略

等级包装策略有两种使用场景,一是根据产品质量等级和档次定位分别使用不同的包装,包装水平与产品质量和档次定位相匹配,高档产品使用精致豪华包装向消费者提示产品的优质,中低档产品采用简单实用包装向消费者提示产品的实惠。二是根据消费者的不同用途对同一产品采用不同的等级包装,比如用作馈赠礼品采用精美礼品包装,用作自己消费则采用简易包装。

3. 配套包装策略

配套包装也称为组合包装,是指将若干个消费使用关联性较大的产品放在同一容器内进行包装,比如将洗面奶、爽肤水和润肤霜等产品进行组合包装,方便消费者购买、携带和使用,即一次销售多件产品,扩大了企业产品的销售。尤其是在推出新产品时,将新产品与顾客熟悉的老产品配套包装出售,创造条件让顾客试用新产品,更有利于迅速打开市场。

4. 再使用包装策略

再使用包装策略也称为复用包装策略,指的是包装容器在产品使用完毕后还可以有其他用途。例如,饮料喝完后瓶子可以当作茶杯使用。消费者通过包装物的再利用可以获得一种额外的价值满足,从而激发其购买欲望。如果复用包装设计具有令消费者欣赏的鲜明特色和消费者喜欢的品牌标识,更能通过重复使用起到品牌传播的作用。

5. 附赠品包装策略

附赠品包装是指在包装物内附有赠品，以此诱惑消费者做出购买决策。附赠品可以是实物、图片，也可以是奖券或积分，最好是系列化的赠品，诱惑消费者重复购买，例如洽洽香瓜子上市时附赠金陵十二钗的小卡片，每袋一张卡片，凑齐金陵十二钗还可以兑换礼品，很多人纷纷购买收集，对洽洽瓜子的市场推广起到了很好的作用。附赠品包装策略对少年儿童以及低收入者的影响最大。

6. 改变包装策略

改变包装就是改变原有的包装改用新的包装。当一种产品的包装使用了很长时间，而消费者的需求又出现了新的变化，就需要采用改变包装策略。当由于某种原因导致产品质量和销量下降时，可以在改进质量的同时改变产品包装，以全新的形象出现在市场上。当产品重新定位以新形象再上市时也需要改变包装以新包装形象面世。

本章小结

产品是提供给市场满足人们需要和欲望的任何事物，包括有形产品和无形产品。整体产品包括核心产品、形式产品、期望产品、附加产品和潜在产品五个层次。

产品生命周期是指产品从投入市场到退出市场的整个过程，其典型形态可以分为导入期、成长期、成熟期和衰退期四个阶段，每个阶段有不同的特点，应采取相对应的营销策略。

新产品包括全新新产品、换代新产品、改进新产品和仿制新产品类型。新产品开发具有重要的市场意义。掌握新产品开发方式、科学流程和市场扩散规律，可以提高新产品开发成功率和市场扩散速度。

产品组合有宽度、长度、深度、关联度四个要素，有扩大产品组合、缩减产品组合或产品线延伸三种组合策略。

品牌在营销中具有重要价值，对于消费者和营销者都有重要作用。塑造具有市场竞争力和用户忠诚度的品牌是营销者的光荣使命。包装有多种形式，具有保护产品和促进销售等多种作用，要善于运用各种包装策略发挥包装的作用。

营销理论知识练习

1. 整体产品概念包括哪些产品层级？

2. 什么是产品生命周期？试述各阶段的特点和营销策略。
3. 新产品开发的方式和流程有哪些？
4. 什么是产品组合？产品组合策略有哪几种？
5. 简述品牌的概念和作用。
6. 简述包装的作用和包装策略。

营销实战模拟练习

选择一个进入市场时间不太长的消费品，采用同类产品类比分析法判断其生命周期的走势，并制定该产品所在阶段的营销策略。

第十章 定价:表现市场价值

价格是价值的表现形式。作为营销策略之一的价格,不仅要收回产品成本收获经营利润,更要体现产品的市场价值。只有当产品定价与消费者所理解的产品价值相一致时,营销者才能通过市场交换实现产品的市场价值。

华为智能手机:产品系列与价格定位

华为智能手机是随着移动互联网高速发展而增加的消费者业务,华为手机以其强大的技术实力迅速发展成为中国智能手机第一品牌,旗下华为、荣耀两大品牌,众多系列全面覆盖线上线下多种细分市场。其中荣耀主打线上市场,具备良好的性价比,而华为主要面向公开市场,定位较高。

华为品牌的 P 系列,侧重于时尚与拍照,定位高端,多为年轻消费者旗舰机,如华为 P10、华为 P10 Plus 等。华为 Mate 系列手机主打商务旗舰市场,定位高端,如华为 Mate 10、Mate 9、Mate 8 等。华为 Nova 系列手机定位中端主流,类似 OPPO/vivo 策略,侧重于注重颜值、拍照的年轻消费群体。华为畅享系列定位中低端,主打千元机市场。华为 G 系列/麦芒系列手机均主打运营商市场,相当于运营商定制机,适合消费者结合一些运营商的电信资费优惠套餐购买。

荣耀是华为手机旗下独立子品牌,荣耀 V 系列定位荣耀旗舰机,部分机型加入了 VR 支持,如荣耀 V9、荣耀 V8 等。荣耀 Note 系列机型主打大屏市场,适合大屏影音娱乐用户。荣耀畅玩系列手机主打千元市场,定位入门。

案例思考
华为手机品牌和价格定位的目标是什么?

学习目标

1. 理解影响产品定价的因素。

2. 掌握企业定价目标，了解价格制定的步骤。
3. 熟悉产品定价的基本方法。
4. 理解和掌握产品定价策略。
5. 理解和掌握产品价格调整策略。

重点难点

1. 产品定价方法。
2. 新产品定价策略的选择。
3. 产品价格调整策略。

第一节 定价目标与流程

一、影响产品定价的因素

在营销策略组合中，价格是唯一能产生收入的因素，而其他营销因素则产生成本；价格也表达着企业对产品或品牌的价值定位。价格是市场营销中最敏感的因素，对市场的影响最快速最直接。在互联网和新经济背景下，定价方式和消费者对价格的理解发生了很大变化，制定价格策略必须全面考虑影响定价的因素。

（一）内部影响因素

1. 产品成本

产品价格的下限取决于该产品的成本费用，只有产品的价格高于成本，能够补偿产品生产和交易过程中的所有支出，企业才能获得利润。因此企业在实际定价中，不能无限制地降低价格。

影响价格的各种企业成本包括：① 固定成本，也称沉积成本，是指在短期内不随产量和销量的变动而改变的成本，即使产品的产量和销量为零也照样存在的成本，包括固定资产折旧和债务利息等。② 可变成本，是指随着产量和销量的变化而改变的成本,包括生产所需要的原材料和工资等。③ 总成本,是指维持一定产量规模所需要的成本总额,它随着产量的上升而上升。总成本等于固定成本加可变成本。④ 边际成本,是指每增加一单位产出所增加的成本。⑤ 平均成本,是总成本除以总产量得出的单位成本。由于短期内企业难以控制产品产量和销量,因而也就难以控制各种产品成本,因此企业不能根据短期成本来确定产品定价,而必须以较长时间的均衡成本为依据确定产品价格。

由于生产同种产品或提供相同服务的企业通常不止一家,因此市场上的产品价格并不是由介某个厂家的成本决定的,而是由社会平均成本决定的。企业只有将产品成本控制在社会平均成本以下才能获得盈利。

2. **营销目标**

营销目标是制定营销策略必须遵循的核心要求,对价格策略的制定有着直接和重要的影响。从长期和整体上来说,企业的营销目标定位当然是谋求尽可能多的利润,但在不同的企业发展阶段、在不同的竞争格局下,盈利水平和盈利规模目标却是存在很大差别的。在企业初始发展阶段,企业发展速度和发展规模目标往往比盈利水平和盈利规模目标更为重要,因此追求高毛利的定价是不适合的,但当企业发展到了一定的规模,品牌有了较强的影响力,则可以更多考虑盈利目标,制定有利于实现盈利目标的价格策略。

3. **产品生命周期**

在产品生命周期的不同阶段,应根据市场变化调整定价策略。投入期产品的定价,强势品牌可以采取高定价策略,技术和品牌形象不强的企业则宜采用低价渗透策略;当产品进入成长期和成熟期时,强势品牌则应由高定价转为低定价,快速推动市场增长并维持市场规模,原来采取低价渗透的企业则必须采取有效措施在提升品牌影响力的基础上,从低价格转为适当提高价格以增加企业效益;在产品进入衰退期,规模大的企业应该降价退出市场,规模小的企业则在一定时期内稳定价格维持市场。

4. **营销策略组合的其他变量**

营销策略组合包括产品、价格、渠道和促销沟通 4 种策略,价格作为营销策略组合中的一个重要组成部分,必须考虑与其他营销策略的相互影响和相互配合。

大部分企业都不只生产一种产品而是多种产品,产品组合的宽度、长度、深度和关联度会对企业的定价策略产生复杂的影响。产品组合越宽,不同产品之间的价格比例关系越多;产品组合越深,替代产品之间的价格关系越复杂;产品组合层次越多,连带品的价格关系也越复杂。企业产品还存在品质和档次定位的差异,这些差异也必须通过定价准确传达和体现出来,优质优价和差别定价是必须采用的定价策略。

产品的销售市场区域、销售渠道、销售方式和终端网点设置等,对产品的销量有着重要影响。而销量又影响到销售成本和销售利润的高低,进而影响到企业产品价格的制定。不同销售区域、销售渠道、销售网点还存在形象档次定位的差别,这也会影响产品定价。

促销沟通策略的运用一方面可以刺激消费,增加产品销量,但另一方面又会增加企业的营销费用。富有创意的营销传播能够提升品牌形象,带来品牌和产品溢价,能够提高产品的定价。促销活动的开展一方面能促进产品销售,另一方面又必须对价格进行打折优惠。这些都会对企业定价策略产生复杂的影响。

(二) 外部影响因素

1. 市场供求关系

市场供求关系与价格有着密切联系,供求法则是定价策略选择的最基本的前提,供求关系的变动影响到企业产品价格的形成。具体说来,当产品处在供不应求的卖方市场时,可以实行高价策略;当产品处于供过于求的买方市场时,往往只能接受低价策略。但是,不管是供不应求还是供过于求,市场上的产品价格都会围绕均衡价格上下波动。

为了更好地理解需求和价格之间的影响关系,可以研究产品的需求价格弹性,测量需求数量对价格变化反应的灵敏度,计算公式是:

$$需求价格弹性=需求量变动的百分比 \div 价格变动的百分比$$

不同产品的需求价格弹性存在着差异。影响产品需求价格弹性大小的因素包括:① 产品的可替代程度。如果一种产品的替代品越多,那么该产品的需求价格弹性就越大。因为价格上升时,消费者会购买其他替代品,价格下降时,消费者又会回来购买这种产品。② 消费者对产品的需求强度。一般而言,消费者对生活必需品的需求强度大而稳定,所以生活必需品的需求价格弹性小;对奢侈品的需求强度小而不稳定,所以奢侈品的需求价格弹性大。③ 产品本身的用途。一般产品的用途越广泛,其需求价格弹性也就越大,反之,需求价格弹性也就越小。

对于需求价格弹性大的产品,应该采取低价和降价策略,刺激需求和销售增加,对于需求价格弹性小的产品,低价和降价没有意义,因而应该采取高价格和稳定价格策略。

2. 市场竞争格局

竞争对手的多少和竞争的激烈程度对企业产品定价有着至关重要的影响。竞争对手越多,竞争越激烈,对产品定价的影响也就越大。所以必须研究市场类型和竞争格局对产品定价的影响。

(1) 完全竞争市场的价格形成。在完全竞争市场中,存在着大量的卖方和买方,产品是同质的,卖方之间缺乏品牌、规模和产品差异,价格是按照供求关系决定的,买卖双方都是价格的接受者而不是决定者。

(2) 垄断竞争市场的价格形成。在垄断竞争市场上,也存在大量卖方与买方,但卖方提供的产品和服务具有差异,买方的产品与服务需求也存在差异。买方和卖方对产品价格的形成都有一定的影响力。卖方对差异化的产品具有一定的垄断性和定价权,买方对其需要的差异化产品也有较高的价格承受力,对其需求一般的产品具有较强的议价能力。差异化营销、塑造差异化品牌对于卖方来说,是提高产品价格的重要手段,因此卖方的营销努力具有重要意义。

(3) 寡头垄断市场的价格形成。在寡头垄断市场上,一个行业只有少数几家大企业,他们的产销量规模占全行业总产销量的绝大比例,他们之间的竞争就是寡头竞争。在钢铁和石油等产品标准化同质化行业,寡头之间的竞争主要集中在规模竞争和价格竞争两大方面,表现为完全寡头竞争,行业寡头们对产品价格具有控制性的力量。但是寡头之间也是相互影响相互依存的。每个寡头对竞争对手的产能规模和价格策略都是非常敏感的,任何一个寡头在规模和价格上的主动调整都会引起其他寡头的强烈反应。在汽车、家电和消费类电子等既存在同质化又存在一定差异化的行业,寡头之间规模竞争和价格竞争依然是主要竞争方式,但品牌竞争、技术竞争和营销竞争也非常重要,表现为不完全寡头竞争。规模大、品牌强、技术领先、营销能力优秀的寡头,产品定价权更大,产品价格能够比竞争对手更高。

(4) 完全垄断市场的价格形成。在完全垄断市场中,一个行业被一家垄断企业完全控制,由于没有任何竞争者,市场上没有任何替代产品,垄断企业完全控制了产品价格,能够在不违反政府监管政策和法规的范围内随意定价。

3. 政策和法律法规

由于价格不仅影响着企业、竞争者和广大消费者的利益,而且还影响着市场秩序、财政收入、经济增长和社会稳定,因此成为政府关注的重点问题,必然要受到政策和法规的约束。随着市场经济建设的深入推进,政府控制和直接制定价格的产品越来越少,绝大多数产品都交由企业自主定价,建立了价格的市场形成机制。然而政府作为宏观经济的调控者,虽然不直接干预企业的具体价格制定,但保持着价格监测和价格监管的职能和权力,并依据《反垄断法》《反不正当竞争法》《价格法》等法律法规对企业价格行为进行监管,对违反法律法规的价格行为进行处罚。因此，企业的产品定价一定要符合国家政策和法规要求，同时又要善于运用政策法规保护自身的合法行为与合法利益。

4．网络新经济模式

在互联网时代，互联网企业之间的竞争具有与实体经济和传统经济不同的竞争模式。在互联网行业，只有远远领先的行业"独角兽"或处在"头部位置"和"双寡头"的第一名、第二名才能获得生存发展机会，因此互联网企业之间的竞争异常激烈，马太效应更加明显，为了争夺行业领导者位置，互联网企业往往在资本的支持下，大打价格战和补贴战，这不仅改变了原来正常的价格形成机制，也改变了消费者的价格预期和价格行为。

在基于互联网技术的电商平台上，消费者比较价格和营销者比较价格都非常便捷，电商价格的透明和电商之间的价格竞争，尤其是电商渠道针对制造企业的主要实体销售渠道发起的长期低价竞争和频繁促销进攻，对企业产品价格策略带来了极大的影响。

基于互联网技术运营和发展的共享经济，使得消费者可以仅用非常低廉的费用就能租用产品和服务，不需要花钱购买产品，这也对产品定价带来了影响。

二、定价目标

企业的定价目标是指企业希望通过制定产品价格所要达到的目的。定价目标是企业选择定价策略的依据和基础。不同企业有不同的定价目标，即使是同一企业在不同的发展阶段也有不同的定价目标。企业的定价目标一般包括以下 6 种类型，在一定的时间期间内，为达成一定的营销目标，企业只能选择一个定价目标，最多以一个定价目标为主兼顾另一个定价目标。同时选择 2～3 个定价目标反而无法有效达成任何一个目标。在不同的时间期限内，在企业发展的不同阶段，根据不同的营销目标和营销战略，企业有必要调整定价目标，选择新的定价目标。

1．以获取利润为目标

价格是直接产生收入和利润的营销策略要素。利润是企业生存和发展的基本前提，获取利润是企业营销追求的合理目标。从企业的角度来说，不能取得正常利润是无法生存的，获得利润是定价的核心目标和长期目标。从获利时间期限和利润目标数值两方面来看，利润目标又有几种形式：① 当期最大利润目标。即以当期或短期获得最大利润为定价目标。但利润最大目标不一定要采取高价策略，因为利润受价格和销量两个主要因素影响，价格和销量不一定成正向关系，有时甚至是反向关系。② 长期最大利润目标。即以未来较长时期获得最大利润作为定价目标,当期或短期利润高不高没有太大关系。③ 均衡适度利润目标。兼顾当期和未来的适度利润,不追求当期最大利润,也不指望未来最大利润。因为过度追求当期最大利润可能过于短视危害长远,过于追求长期最大利润未来可能存在不可控制的未知风险。

2. 以市场份额为目标

市场份额是指企业的销售额占整个行业销售额的百分比,或者产品销量占同类产品销售总量的比重。市场份额是衡量企业和产品市场地位与发展前景的重要指标。因此,提高市场份额是企业和产品一定发展阶段的主要目标任务,因而成为企业一定发展阶段的定价目标。提高市场份额通常要求采用低价策略或降价策略,甚至不惜牺牲利润或承受一段时间和一定幅度的亏损。维护市场份额通常要采取稳定价格的策略,但当竞争对手用低价来抢夺市场份额时,维护市场份额最快速最有效的方法依然是低价竞争。

3. 以赢得竞争为目标

市场是存在竞争的。在竞争成为当下最主要的问题时,必须赢得竞争才能赢得未来。竞争的方式多种多样,非价格竞争考验智力和实力,价格竞争最具杀伤力。以赢得竞争为定价目标,可以在定价时预防、阻止甚至封锁竞争,可以在竞争对手发动进攻时通过调整价格应对竞争。

4. 以维持生存为目标

当企业生产能力过剩,或面临激烈的市场竞争时,或由于经营管理不善等原因,造成产品销路不畅,大量积压,甚至企业濒临倒闭时,维持生存是最重要的战略,是产品定价或调价最急迫的目标,此时的定价策略主要是保本或低价。

5. 以塑造形象为目标

企业形象和品牌形象是重要的市场资源,具有形成市场影响力和市场竞争力的价值。因此,营销者努力通过多种营销策略和手段塑造企业和品牌形象。价格是塑造形象最直观最直接的要素,价格高低与形象好坏关系密切。以塑造形象作为定价目标,通过价格塑造形象,是一个双向互动互相支持的能量正循环。以塑造形象为定价目标,定价的高低取决于形象定位的高低。当然影响形象的因素很多,不止价格一种,如果没有高端品质、高端技术和高端设计,仅以高价格支撑高端形象是靠不住的。

6. 以社会责任为目标

以承担社会责任作为定价目标是奉行社会营销观念的企业的选择,是提供公共产品的企业的选择。以承担社会责任作为定价目标,意味着将社会责任置于企业利益至上,通过更公平更实惠的产品和服务定价,放弃可以赚得更多的利润,以承担更多的社会责任。

三、定价流程

企业的产品定价是一项复杂的工作,需要考虑到多方面的因素,遵循合理的定价流程。一般来说,企业的定价流程包括以下7个步骤:

1. 明确定价目标

企业在对产品进行定价时,首先要明确期望凭借产品价格的效用所要达到的目标,这是定价的基本前提。定价目标越清晰,制定价格就越容易。定价目标不明确,价格制定就没有主导思想。

2. 预测市场需求

每一种价格都将导致一个不同水平的需求,并且由此对它的营销目标产生不同的效果。在确定定价目标后,需要进行市场需求分析,无论是什么样的定价目标,市场需求都是定价必须考虑的因素,在正常情况下,需求量会按照价格水平变化相反的方向变动,价格提高需求量下降,价格下降需求量增加。如果预测市场需求量大,且需求价格弹性小,高价格是可行的,低价格是没有太大意义的。如果预测市场需求量不大,且需求价格弹性也大,高价格是没有意义的,低价格是可行的。

3. 估算产品成本

市场需求为企业制定产品价格设定了最高限度,而产品成本通常为产品价格设定了底线。企业明确了消费者的市场需求和价格弹性之后,接下来要做的就是估算产品成本。企业必须了解不同的生产规模产品成本的变化曲线。产品成本估算,既要估算固定成本,又要估算变动成本,从而为制定不同产销量规模下的产品价格提供成本参考依据。

4. 分析竞品价格

企业产品定价还必须考虑竞争产品的特性和价格水平。对于竞争产品的价格分析,主要是分析竞争产品的市场定位、竞争产品的价格及可能变化趋势、竞争产品的销量、竞争产品的成本等,从而为制定本企业具有市场竞争力的价格提供依据。

5. 选择定价方法

企业根据定价目标,在分析市场需求、产品成本和竞品价格三个方面的影响因素后,就可以根据某个最重要的影响因素选择定价方法,进行价格试算,主要的定价方法包括需求导向定价法、成本导向定价法和竞争导向定价法,各种定价方法的具体计算在下一节中介绍。

6. 确定产品价格

经过上述步骤可以计算出一个基本的价格数据。但是,在最终确定价格时还必须考虑一些影响因素,力争把价格定在最合理的水平上。比如,考虑国家有关政策和规定、企业内部销售人员的意见、经销商和分销商对拟定价格的反应、消费者和社会公众对价格的预期和可能的反应等。

7. 进行价格调整

企业产品价格确定之后应该稳定执行一段时间,但价格稳定并非意味着价格一成不变。企业需要根据市场变化(如需求变动、原材料价格变动等)和竞争者的反应,及时合理修订和调整价格。但是无论是提价还是降价,都应向消费者或客户说明调价原因,以避免不必要的误解带来的负面影响。

第二节 定 价 方 法

一、成本导向定价法

成本是企业生产经营过程中所发生的实际耗费,客观上要求通过产品的销售得到补偿,并且要获得大于其支出的收入,超出的部分表现为企业利润。以产品的成本为中心来制定价格的成本导向定价法,是企业最常用、最基本的定价方法。成本导向定价法又包括下列 4 种具体的定价方法:

1. 总成本加成定价法

总成本加成定价法是以产品的总成本为基础,再加上一定百分比的预期利润来定价,即把所有为生产某种产品而发生的耗费均计入成本的范围,计算单位产品的变动成本,合理分摊相应的固定成本,再按一定的成本利润加成率来核定价格。其计算公式为:

$$单位产品价格 = 单位产品总成本 + 单位产品预期利润$$
$$= 单位产品总成本 \times (1 + 成本利润加成率)$$

例如,假定某家电企业生产的某种冰箱的单位成本是 2000 元,设定 30% 的成本利润加成,则该冰箱的价格为:2000×(1+30%)=2600元。

总成本加成定价法的关键和难点在于成本利润加成率的确定。通常需要依据企业定价目标和同行企业的基本水平来确定。

总成本加成定价法的不足是没有充分考虑市场销售因素。如果产品销售出现困难,不仅预期利润很难实现,甚至成本也得不到补偿。但总成本加成定价法仍然是一种较为普遍的定价方法。因为企业成本核算能做到比市场需求预测和竞争预估更准确,因而更具有依据的准确性。如果行业内的所有企业都使用这种方法定价,价格就会接近社会平均水平,使价格趋于均衡与合理。而且这种定价方法,买方和卖方都感觉比较公平,卖方能得合理的成本补偿,买方也能获得合理的价格。

2. 收支平衡定价法

收支平衡定价法又叫保本点定价法、盈亏平衡定价法,是以产品销售收入与产品总成本保持平衡为原则的定价方法。企业往往在销售不景气或价格竞争激烈的情况下,将收支平衡保本经营作为定价的最低目标。

在产品销量可以预知的情况下,保持收支平衡的定价计算公式为:

收支平衡点价格=(固定成本÷收支平衡点销售量)+单位产品变动成本

在产品价格可以确定的情况下,保持收支平衡的销售量计算公式为:

收支平衡点的销售量=固定成本÷(单位产品价格-单位产品变动成本)

例如:某产品年总固定成本为3000万元,单位产品变动成本为1000元,预计销量8000吨时,收支平衡点价格为:

$$3000÷8000+0.1=0.475 \text{万元/吨}$$

3. 投资收益率定价法

投资收益率定价法又叫目标收益定价法,是根据企业的总成本或投资总额、预计销售量和投资收益额来确定价格。企业总成本包括固定成本和预计销售量下的全部变动成本。采用投资收益率定价法确定价格的基本步骤为:

(1) 确定投资收益率

$$投资收益率=1/投资回收期×100\%$$

(2) 确定单位产品的投资收益额

$$单位产品的投资收益额=投资额×投资收益率/预计销售量$$

(3) 计算单位产品价格

$$单位产品价格=(总成本+投资额×投资收益率)÷预计销售量$$
$$=单位产品成本+单位产品的投资收益额$$

投资收益率定价法只是从保证生产者的利益出发,以估计的产品销售量来计算产品价格的做法,完全颠倒了价格与销售量的因果关系,把销售量看成是价格的决定因素,忽略了市场竞争和市场需求的实际情况。这种定价方法对于那些需求价格弹性较大的产品,无法保证销售量的实现,那么预期的投资回收期、目标收益等也都会落空。不过,用于需求价格弹性比较小的产品、较为稳定的大型制造业、垄断性商品,以及大型的公用事业、劳务工程和服务项目等方面,仍不失为一种有效的定价方法。

4. 边际贡献定价法

边际贡献定价法又称边际成本定价法、变动成本定价法。边际贡献定价法只计算变动成本,而不计算固定成本,以预期的边际贡献补偿固定成本并获得盈利。边际贡献是指企业增加一个产品的销售,所获得的收入减去边际成本的数值。即:

$$边际贡献 = 销售收入 - 变动成本$$

如果边际贡献大于固定成本,企业盈利;若边际贡献小于固定成本,企业亏本;若边际贡献等于固定成本,则企业盈亏平衡。

例如,某产品的单位固定成本为 50 元,单位变动成本为 70 元,但市场上同类产品竞争激烈,售价为 105 元,该产品是否继续生产和销售呢?

该产品售价为 105 元,低于单位产品总成本 120 元(50+70),但价格大于单位变动成本 70 元,能够收回变动成本并弥补 35 元固定成本,在企业生产任务不足的情况下,为维持企业生产运营,不丢失市场,即便不赚钱仍可继续生产和销售该产品。

二、需求导向定价法

需求导向定价方法又称"顾客导向定价法""市场导向定价法"。它不是根据产品的成本来定价,而是以顾客对产品价值的理解和需求强度来确定价格。需求导向定价主要包括理解价值定价法、需求差异定价法和反向定价法。

1. 理解价值定价法

理解价值定价法也称感受价值定价法、认知价值定价法。这种定价方法是建立在顾客对产品价值认知基础上的,即以产品的性能、质量、服务和品牌等顾客心目中的价值认知作为定价依据。

通常情况下,顾客并不知道产品的实际成本和合理价格是多少,他们对价格的接受程度,主要取决于他们所理解所感受的产品价值和品牌价值。当产品价格水平与顾客对产品和品牌价值的理解水平大体一致时,顾客就会接受这种价格;反之，顾客就不会接受这个价格，企业的产品就卖不出去。因此，企业如果过高估计顾客的理解价值，其定价就可能过高，难以达到应有的销量；反之，如果企业低估了顾客的理解价值，其定价就可能低于应有水平，使企业收入减少。

理解价值定价法的具体操作执行办法包括以下 3 种：

(1) 直接价格评判法。邀请中间商、顾客、产品专家等人员对产品进行评估并给出合理的产品价格，根据他们的实际出价或平均出价来确定产品的定价。

(2) 属性诊断评判法。邀请有关人员对产品的多种属性进行评分，并根据各种属性的重要性确定权重系数，最后通过加权平均法计算出产品的理解价值和定价。

(3) 比较价值评判法。邀请有关人员对本品牌和竞争品牌的同类产品分别进行打分，来评定本企业产品的相对价值，并以此为依据确定价格。这种方法由于增加了品牌的认知价值对比，因此比上面两种根据产品品质和属性认定理解价值的定价方法更全面一些。但难点在于对品牌理解价值的感知是比较主观的，不同人员对于不同品牌的价值认知差异比较大，对于非著名品牌的价值知识则差异更明显，因而难以达成共识。

2. 需求差异定价法

需求差异定价法，又称区别需求定价法，是指根据市场需求特性的不同，即购买力、购买时间和地点、需求强度、需求层次和需求偏好等方面的不同，对同一种产品制定不同的价格。这种定价方法首先强调适应消费者需求的不同特性，而将成本补偿只放在次要地位。其好处是可以使企业定价适应各种市场需求，有利于促进产品销售。

实行需求差别定价必须具备一定的条件，否则达不到差别定价应达到的效果。能够实行需求差异定价的条件包括：① 消费者对产品的需求有明显的差异性，市场是可以细分的；② 高价市场的竞争者不会以较低的价格竞争，低价市场的同类产品无法在高价市场进行销售；③ 差别定价不会引起消费者的反感；④ 差别定价不违反相关法律法规。

3. 反向定价法

反向定价法是指企业根据消费者能够接受的最终销售价格，确定销售产品的零售价，逆向推算出中间商的批发价和生产企业的出厂价。这种定价方法不以产品实际成本为主要依据，而是以市场需求状况为定价出发点，力求使价格为消费者所接受。

例如，某商品的零售价格为 500 元，按照此价格给予批发商、零售商分别为

10%和40%的折扣,零售商向批发商付款:500－500×40％＝300元,批发商向企业付款300－300×10％＝270元。

反向定价法定价比较灵活,能够反映市场需求情况,有利于加强与中间商的友好关系,使产品迅速向市场渗透。

三、竞争导向定价法

在竞争十分激烈的市场上,企业通过研究竞争对手的生产技术、产品品质、服务状况、价格水平等因素,依据自身的竞争实力,参考成本和供求状况来制定有利于在市场竞争中获胜的产品价格。这种定价方法被称为竞争导向定价法。竞争导向定价法包括以下两种:

1. 随行就市定价法

随行就市定价法又称流行价格定价法,是指在竞争比较激烈的行业或部门中,企业根据市场竞争情况,跟随行业或部门内部的主要竞争者价格,或行业的平均现行价格水平,或市场上一般采用的价格,来进行产品定价。

随行就市定价法是相当常见的定价方法。竞争越激烈,其运用价值就越高,意义也越大。一方面,随行就市定价法被认为反映了整个行业的集体智慧,在成本相近、产品差异小、交易条件基本相同的条件下,采用这种定价方法,可以保证各企业获得合理、适度的利润。另一方面,各企业价格保持相近的水平,能够避免竞争者之间的削价竞销,有利于整个行业的和谐稳定发展。此外,在竞争激烈、市场供求复杂的情况下,由于成本测算有困难,企业又不易了解消费者和竞争对手对价格变化的反应,采取随行就市定价就有利于避免价格风险,是一种比较稳妥的定价方法。

2. 投标竞争定价法

投标竞争定价法,是指投标方根据招标方的条件,主要考虑竞争情况来确定标的物的报价,而不是主要按照投标方自己的成本费用来确定报价。

在招标工作中,招标方需提前公开招标信息,说明拟采购产品的品种规格、数量品质和技术指标等具体要求,邀请多家供应商在规定的时间期限内参加竞争投标,招标方邀请专家开标评标并公布中标结果。

由于招标方只有一个,处于相对垄断地位,而投标方有多个,处于相互竞争地位,因此投标竞争定价法具有竞争意味和竞争技巧。投标方能否中标,取决于招标方制定的中标规则和投标者的报价水平。在最低价中标规则下,报价高中标机会小,报价低中标机会大。但最低价中标容易造成投标者竞相压低报价以求中标从而带来质量隐患,或者导致几家投标单位串通围标。为避免这些问题,有些招标方采用平均价中标规则,使中标机会向报价合理、品质有保障的投标者倾斜,这对于保护招标方自身的利益也有好处。

第三节 定价策略

一、新产品定价策略

新产品定价一直是产品定价的难点,因为新产品的首次定价缺乏成功的价格参照。新产品定价策略主要有以下3种:

1. 撇脂定价策略

撇脂定价策略又称取脂定价策略,是指新产品以较为明显的高定价投入市场,意在短期内获取高额利润。

采用撇脂定价策略需要具备下列条件:① 顾客数量和消费潜力足以构成当前的高需求;② 小批量生产的单位成本不至于高到无法从交易中获得好处的程度;③ 开始的高价不会大量吸引更多竞争者进入这个市场;④ 高价有助于树立优质产品的形象。

撇脂定价策略通常是先从高收入的创新采用者和早期采用者导入市场,这类顾客对新产品价格不太敏感,求新、求奇愿望强烈。他们往往认为新产品有新价值、新利益,价格高一点是应该的。所以,企业在新产品上市之初,趁竞争者尚未进入市场,抢先用高价树立高端品牌形象,迅速获取高额利润,较快回收投资。然后企业开始大批量生产,大幅度降低成本,当竞争者跟风进入市场时,企业主动降价,增强产品价格竞争力,抑制竞争对手,维护市场地位。

撇脂定价策略的优点是能够掌握市场竞争的主动权,也符合价格由高到低的常规走势和市场接受心理。缺点是高价格不利于开拓市场,而且高价格高额利润容易引起竞争对手迅速介入,加剧行业竞争。所以一般是具有核心技术优势和专利保护的企业经常采用的定价策略。

2. 渗透定价策略

渗透定价策略与撇脂定价策略恰恰相反,是一种建立在低价格基础上的新产品定价策略。即在产品生命周期的导入期,将新产品的价格定得较低,既低于竞争者同类产品的实际价格,又低于消费者的预期价格,以吸引大量的目标消费者,快速打开销路,提高市场占有率,谋求较长时期的市场领先地位。渗透定价是一种颇具竞争力的薄利多销策略。

例如,金佰利国际集团旗下的舒而美系列妇女用品针对这一市场品牌众多的特点,在高质量的前提下,制定较低价格,此价格甚至比大众消费品牌安而乐更低,在很短的时间内迅速赢得消费者,从而占领市场。

渗透定价策略的优点是:一方面,由于新产品的定价较低,能迅速为市场所接受,扩大销售量,从多销中增加利润;另一方面,由于利润率低能有效地阻止竞争者进入市场,有利于控制市场。其缺点是:投资回收期较长,低价难以建立优质品牌形象,甚至让人怀疑其是否存在质量问题,低价廉价的市场认知一旦形成再想提高价格拉升形象则难以做到。

采用渗透定价策略需要具备以下条件:① 目标市场对价格的高低比较敏感,产品的需求弹性较大;② 低价不会引起实际和潜在的竞争;③ 生产成本和营销成本能够随着产量和销量的扩大而降低。

3. 满意定价策略

满意定价策略是介于撇脂定价策略和渗透定价策略之间的一种定价策略,因此又被称为温和定价策略。由于撇脂定价策略定价过高,容易引起竞争者的介入和遭到消费者的抱怨,因而具有一定的风险;而渗透定价策略定价过低,在产品上市初期对企业不利,若企业实力不强,将很难承受。既然高价和低价各有利弊,各有一定的风险,那么介于两种价格水平之间,取两者之利,弃两者之弊,应该说是一种比较公平和令人满意的价格策略。因此,以不高不低的中间价格将新产品导入市场,让企业和消费者都满意,既保证企业获得适当的利润,又让消费者感到价格合理,就成为满意定价策略的思维逻辑。

满意定价策略的优点是,产品能较快为市场所接受,风险较小,不会引起竞争对手的对抗。缺点是价格制定比较保守,不适合于复杂多变的市场环境,容易丧失市场机会。

对于企业而言,上述三种新产品定价策略各有利弊,分别适用于不同的市场条件。在具体运用时,到底采用哪一种定价策略,需要企业综合考虑自身的生产能力、营销能力、市场供求状况、产品特性、消费者对价格的敏感程度、市场潜力等多种因素,科学慎重选择。

二、差别定价策略

差别定价也叫价格歧视,是指企业根据交易对象、交易时间、交易地点等的不同,对同一产品制定出两种或两种以上的不同价格,以适应消费者的不同需要,从而扩大销售,增加收益。差别定价是以两种或两种以上不反映成本比例差异的价格向多种类型的消费者销售同一种产品或者提供同一项服务。在一级差别定价中,卖方依据需求的大小而对每个买方制定不同的价格。在二级差别定价中,卖方对于大宗购买者提供更优惠的价格。在三级差别定价中,卖方对不同的购买群体制定不同的价格。由此可见,差别定价并非是由成本费用的差别造成的,而是出于对消费者不同需求特点的考虑。差别定价的具体形式包括:

1. **顾客差别定价**

顾客差别定价是指企业以不同的价格把同一种没有品质和成本差异的产品或者服务卖给不同的消费者。例如,旅游景点的门票对某些消费群体(如学生、军人)给予优惠,许多电影院对儿童和老年人收取的费用低于其他观众等,均属于顾客差别定价。

2. **产品形式差别定价**

产品形式差别定价是指企业对不同型号或式样的产品分别制定不同的价格。即产品的式样不同,制定的价格也不同。但是,这个价格差异与产品品质和成本差异是不成比例的。例如,通过产品式样定价,一种瓶型包装的 500 mL 的矿泉水卖 1 元,而在另一种瓶型包装中,500 mL 的矿泉水可能会卖到 3 元。

3. **产品部位差别定价**

产品部位差别定价是指企业对于处在不同位置的产品或服务分别制定不同的价格,即使这些产品或服务的成本费用没有太大差异,但对于用户却存在明显的消费体验和价值收益差异,因此可以差别定价。例如,火车卧铺的上中下铺、体育场馆的前后排、飞机的头等舱和经济舱均是常见的产品部位差异定价形式。

4. **销售时间差别定价**

销售时间差别定价是指企业对于不同季节、不同日期甚至不同钟点的产品或服务分别制定不同的价格,以体现产品品质和消费体验差异,或平衡消费高峰与低谷需求。例如,旅游景点淡旺季门票价格不同,菜市场早晨和下午菜价不同,酒店中餐和晚餐的打折幅度不同、超级大卖场鲜活产品"早市"和"夜市"价格不同、移动电话有低价夜聊套餐,等等。

三、折扣定价策略

折扣定价策略是在产品基本价格确定的基础上,为了促进和扩大产品销售所做的价格让步或扣除,主要包括 4 种折扣形式:

1. 数量折扣

数量折扣是指企业鼓励客户大量购买或集中够买而给予的一种价格折扣优惠,在二、三级批发市场和零售市场运用最为普遍。一般购买量越大,折扣幅度也越大。典型的例子是,购买服装一件 7 折、两件 5 折。尽管数量折扣使产品价格下降,单位产品利润减少,但多销、快销使企业的资金周转次数和资金使用效率增加,资金占用下降,资金回收加快,库存风险降低。

数量折扣又可分为累计数量折扣和非累计数量折扣两种类型。累计数量折扣是客户在一定的时间内,购买量累计达到一定数量或金额时,就能享受相应的折扣优惠。累计数量折扣有利于稳定客户,鼓励客户经常购买、长期购买,特别适用于长期交易的产品、大批量销售的产品,以及需求相对比较稳定的产品。

非累计数量折扣则是一次性购买或订货达到规定数量或金额时,所给予的一种折扣。非累积数量折扣只考虑每次购买量,而不计算累计购买量。非累计折扣对短期交易的商品、季节性商品、零星交易的商品,以及过时、滞销、易腐、易损商品的销售比较适宜。非累计数量折扣不仅可以鼓励客户大批量购买,而且有利于节省销售、储存和运输费用,促进商品销量的增加和销售速度的加快。

2. 现款折扣

现款折扣是对及时付清账款的客户的一种优惠,即对在规定的时间内提前付款或当即付款客户给予的一种价格折扣。为了鼓励客户尽早及时付款,加速资金周转,许多生产制造企业和商业批发企业都采用现款折扣。现款折扣源于网络普及以前的企业间交易,由于转账结算时间长因而鼓励客户现金交易,并给予现金折扣。网络支付普及以来,一定数额的线上支付可以即刻到账,大额线上支付也可以 24 小时到账,省去了现金支付的麻烦和风险,故采用现款折扣。从资金安全角度考虑,付款时间越长,信用成本就越高,销售风险和财务风险就越大,坏账、死账、呆账也就越多。所以,企业为尽快收回资金,而给予一定的现款折扣是值得的。

3. 商业折扣

商业折扣又称功能折扣、交易折扣、同业折扣、贸易折扣,是指生产企业根据中间商在产品分销过程中所处的环节不同,其所具有的功能、承担的责任和风险不同所提供的一种折扣。商业折扣比例的确定，主要考虑中间商在分销渠道中的地位、对生产企业产品销售的重要性、购买批量、完成的促销功能、承担的风险、服务水平、履行的商业责任，以及产品在流通领域中经历的环节多少和产品在市场上的最终售价等。商业折扣主要目的是通过对中间商的经营成本和费用进行补偿，并让中间商有一定的盈利，鼓励中间商大批量订货，扩大销售，并与生产企业建立长期稳定、良好的合作关系。

4. 季节折扣

现实中，一些商品的生产和消费季节性非常明显，旺季畅销，淡季滞销。季节折扣是指企业对那些购买非当季商品或服务的顾客给予的一种折扣。季节折扣比例的确定，应考虑成本、储存费用、基本价格和资金利息等因素。季节折扣有利于减少库存，加速商品流通，迅速收回资金，促进企业实现均衡生产经营，充分发挥生产和销售潜力，避免因季节需求变化带来的市场风险。季节折扣在蔬菜、食品、果品，以及旅游、运输等服务性行业中应用得较多。

四、心理定价策略

心理定价策略是基于消费者不同的心理需要和价格感受所采取的差异化灵活性定价策略，主要包括以下 5 种策略形式：

1. 尾数定价

尾数定价又称零头定价、非整数定价，是指企业定价时有意保留小数点后的尾数。采用尾数定价可以使消费者对产品价格产生实惠感、合理感、真实感和信任感，从而促进产品销售。例如，把价格定为 9.95 元，而不是 10 元。虽仅相差 5 分钱，但前者给消费者的感觉是还不到 10 元，后者却使人认为达到了 10 元，因此前者给消费者一种价格便宜的感觉，使之易于接受。这种定价策略多适用于需求价格弹性较大的中低档品、购买频率较高的日用品等，对高档高价的高端产品则不宜采用。

美国曾有调查显示：价格在 7 美元以下的菜肴，其价格尾数通常是 9，使消费者认为餐饮企业有意给他们 1 美分的折扣，如某菜肴的定价为 3.99 美元，顾客会认为该菜肴的实际价格是 4 美元，折扣为 1 美分。而价格在 7 美元以上 10 美元以下的餐饮产品的价格尾数通常为 5，以使消费者认为餐饮企业给了他们 5 美分的折扣，因为价格高的菜肴应该有较大的折扣。当然，国外有些消费者会认为以 9 为尾数的价格，是廉价餐饮企业的标志，与他们的身份和地位不相称。因此，以 5 为尾数的价格,更能满足这类顾客的消费心理。如果餐饮产品的价格超过了 10 美元,尾数为 0 也是常见的。

2. 整数定价

整数定价是指企业在给产品定价时有意取整,不带零头尾数,把价格定成整数或整数水平以上,给消费者一种高价优质的感觉,以满足一种心理优越需求。例如以 1000 元整、5000 元整、20000 元整等来表示商品的价格。奢侈品、高档汽车、贵重礼品等,在定价时常采用整数定价,因为消费者购买高档产品时追求的并不是便宜,而是品质和尊贵。

3. 声望定价

声望定价是根据产品在消费者心目中享有的声望、信任度和产品的市场地位来制定较高的价格。声望定价可以满足消费者的某些特殊欲望,借助名牌产品的价格表明其身份、社会地位、财富、名望等。如果价格定得过低,消费者反而会对产品质量产生怀疑而放弃购买。企业也可以利用产品的高声望、高价格,显示其名贵优质,在消费者心目中树立高贵形象。对一些传统的名优产品、具有历史地位的特色产品,以及知名度高深受市场欢迎的畅销产品,比较适合采用这种方法。因为这类产品质量不易鉴别、产品成本不易估算,价格高低常常被看作产品质量优劣最直观的反映。

4. 招徕定价

招徕定价是指企业利用人们贪便宜的心理,将某种或几种产品的价格定得非常低,以吸引顾客在购买"便宜货"的同时购买其他价格比较正常甚至较高的产品,从而带动其他产品的销售,增加利润。例如,超级大卖场会特别设置一些低价畅销产品,或把一些产品用处理价、大减价、特价来销售,消费者在逛卖场的同时,会自然或不自然地产生购买欲望,从而扩大销售。

5. 习惯定价

习惯定价指的是按照广大消费者在长期购买活动中形成的对某种产品的一种稳定性的价格标准认知来制定产品价格。许多产品尤其是生活日常消费品,在市场上已经形成了一个习惯价格。消费者已经非常熟悉和习惯,只愿付出常见的习惯代价,符合标准的价格容易被接受,否则会引起消费者的怀疑和反感。高于习惯价格会被认为是故意涨价,低于习惯价格会被怀疑产品质量有问题。对这些产品的定价,一般应依照习惯价格确定,不要随便改变价格,在不得不涨价时,应采取改换包装或品牌等方式,尽量减少消费者的抵触心理。

五、地区定价策略

地区定价策略是基于产品销售区域的定价策略，主要包括以下4类：

1. 原产地定价

原产地定价又称出厂定价、非送货制定价，是指卖方负责将客户订购的产品装运到产地的某种运输工具（如卡车、火车、轮船、飞机等）上交货，并承担此前的一切风险和费用；交货后的一切风险和费用均由买方承担。按照产地在某种运输工具上交货定价，不同距离的客户都各自承担从产地到目的地的运费，因而比较合理。但是这种定价方式也有不足，不利于吸引距离较远的客户，因为路远运费较高，导致这些客户转而会购买其附近的产品。

2. 基点定价

基点定价是指企业选定某些城市作为基点，然后按一定的出厂价加上从基点城市到客户所在地的运费来定价，而不管产品实际从哪里起运的。基点定价具有灵活性，有利于扩大产品销售。基点定价特别适用于产品体积大、市场范围大、运输成本高、购买者分布较广的产品。

3. 统一定价

统一定价是指企业的产品无论销往何处，客户在任何地方购买这种产品，都按照相同的出厂价再加上相同数额的运费定价，没有地区差价。即对于不同地区的客户，不论远近，都实行统一价格。这种定价策略便于企业进行总成本核算和价格控制，增加销量，扩大市场。但是，距离较近的客户可能认为不合算，宁愿上门购买产品。这种定价方式适用于运费低廉、运费占变动成本比较小的产品。

4. 分区定价

分区定价是企业把整个目标市场划分为若干个区域，对于销售给不同区域的同一种产品，分别制定不同的价格。即在各个区域范围内，实行统一价格；不同的区域市场，采用不同的价格。一般来说，距离企业远的区域定价高，距离企业近的区域定价低。分区定价既避免了原产地定价时的买主自运、远距离运费过高的问题，又基本缓解了实行统一定价在不同客户之间形成的运费承担不公平问题。但是，由于在同一区域内，不同客户也有远近之分，距离较近的客户就不合算。分区定价主要适用于市场具有明显的区域性而销售又具有区域内相对集中性的产品，以及运费成本相对售价比较低的产品。

六、产品组合定价策略

产品组合定价是基于产品组合关系的定价策略,主要包括以下5类:

1. 产品线组合定价

同一产品线上的产品定价要分析各种产品在整体产品组合中的地位、各种产品成本之间的差异、竞争产品的价格等因素,通盘考虑定价而不是单个考虑定价。产品线定价的方法一般有:

(1)产品功能配置组合定价。同一产品线上的不同产品型号和不同产品项目,功能设计和产品配置会有所差异,会给用户带来使用功能和效用上的差异,并给生产带来工艺(或工序)和成本上的差异。因此产品线定价可以按照产品的功能差异和配置差异来进行,功能多的产品型号定价高于功能少的产品型号,配置高的产品型号定价高于配置低的产品型号。

(2)产品市场地位组合定价。根据产品市场的地位不同,产品分为高端形象产品、主力利润产品、主流上量产品和进攻防御产品四种类型,必须分别给予适当的定价。高端形象产品是指支撑品牌形象的代表性产品,应该定最高价位。主力利润产品是保证企业盈利的主要产品,应该定中高价位。主流上量产品是承担企业销量规模与市场份额最大化的产品,应采取中低价位。进攻防御产品是用于攻击竞争者或应付竞争者攻击的产品,价格要比竞争产品更有优势。

(3)产品组合矩阵定价。根据优化产品组合的需要,可以以产品的相对市场占有率和销售增长率为标准,将企业的产品组合分为四个矩阵,形成四类产品,并给予适当的定价形成合理的产品价格结构。第一类是销售增长率与相对市场占有率均高的"明星产品",应定最高价位;第二类是相对市场占有率较高但销售增长率不高的"金牛产品",应定中高价位;第三类是处在高销售增长率与低相对市场占有率的"问题产品",应定中等价位;第四类是销售增长率和相对市场占有率均低的"瘦狗产品",应该制定清仓排空价格或做特价处理。

2. 连带产品组合定价

连带产品又称受制约产品,是指必须与主要产品一同使用的产品,例如,存储卡是数码相机的连带产品,剃须刀头、剃须刀片是剃须刀的连带产品,硒鼓是打印机的连带产品,正版软件是计算机的连带产品。在制定连带产品价格时,通常是主要产品定价较低,而连带产品定价较高。以低价或平价销售主要产品启动消费创造获利机会,以高价销售连带产品达到获利目的。例如,汽车4S店整车销售价格虽然较高,但加价幅度和利润并不高,汽车保养维修服务收费标准则较高。

3. 选择产品组合定价

选择产品是指那些与主要产品有一定关联的可任意选择的产品,消费者可以选择买或者不买,或买哪一种。例如,汽车经销商常以基本车型给用户报价,然后提供其他附加性的产品或服务及其报价,如是否加装电子导航系统与可视倒车雷达等。这样用户会觉得更加合理,消除戒备和紧张心理。选择产品定价有两种策略可供选择:一种是为选择产品定高价,以此来盈利;另一种策略是定低价,甚至免费赠送,把它作为吸引客户的手段之一。

4. 主副产品组合定价

很多行业在生产主导产品的同时往往还有副产品,肉类加工、石油化工等行业副产品更多。通常副产品并不是企业的营销重点,所以定价只要高于成本就可以了。如果副产品没有太大价值,定价高了难以销售处理。而如果副产品不能实现销售还要花费成本处理,会加重成本负担,使得主产品价格高居不下从而缺乏价格竞争力。但如果副产品出现了新的广阔用途和市场,也可以定高一些的价格,成为企业盈利增长点,从而可以降低主产品价格,增强市场竞争力。

5. 跨界产品组合定价

互联网时代随着技术发展和营销策略创新,出现了一些新商业模式和跨界产品产品组合定价策略,如智能硬件产品和软件产品跨界组合定价、智能显示产品和内容产品的跨界组合定价、电商实物产品和互联网金融服务跨界组合定价等,甚至出现大量免费使用的互联网产品,比如电子邮箱免费、计算机杀毒软件永久免费、社交媒体应用软件免费等。

第四节 价格调整策略

虽然企业总是希望价格稳定,但是也必须根据市场变化对价格进行适时适度的调整。企业可以利用自身的品牌、产品或成本优势,主动率先调整价格,将价格作为市场竞争的利器使用。企业的价格调整行为会影响到消费者、竞争者、分销商或供应厂商的利益,也会引起政府和媒体的注意。然而,社会各方对企业价格调整的理解未必和企业一致,如果差距较大,企业价格调整就很有可能达不到预期效果,因此企业在主动调整价格时,必须事先进行预估分析,预计各方面的反应,从而决定是否调整价格、如何调整价格、如何引导社会各方对价格调整的看法和行为反应，从而达到价格调整的预期目的。

鉴于主动调整价格的复杂性，企业也可以不做价格调整急先锋，而是在竞争对手调整价格以后，再择机调整价格或调整非价格的营销策略。但如果竞争对手发动了影响全行业的降价大战，企业通常必须及时采取价格调整措施。

一、主动调整价格

1. 主动降价策略

企业是否降价，通常要考虑企业的实力、产品生命周期、销售季节、消费者对产品的认知等因素。由于影响降价的因素较多，企业必须审慎分析和判断，并根据降价的原因选择合适的方式和时机，制定切实可行的降价策略。在以下市场情况下，企业可以考虑主动降低产品价格：

第一，企业的生产能力过剩，产品供过于求，造成大量库存和积压，占据了大量流动资金。为了摆脱困境，保持生产正常进行，必须采取降价措施。

第二，在激烈的市场竞争中，竞争者的强大压力使企业的市场占有率下降，为了夺回失去的市场和占有更大的市场，需要采用降价策略。

第三，企业的产品成本费用已经降低，如果继续按原价出售，虽然可以得到较高的利润，但难以提高市场占有率。为了提高市场份额、扩大生产和销售，企业可主动调低价格。

第四，企业预期降价会扩大销售，由此获得更大的生产规模。特别是进入成熟期的产品，降价可以大幅度增进销售，从而在价格和生产规模之间形成良性循环。

消费者对于降价通常是欢迎的，企业降价通常是会收到较好的市场效果的。但是消费者自身或受反对降价的竞争对手的影响，也会产生一些不同的看法，比如：降价的产品将要被淘汰；降价的产品功能有缺陷或者质量有问题；降价的企业存在资金困难，现金流出现了问题；这个价格还会进一步下降，应该继续等待观望，等等。这是对降价的消极反应，是发动降价的企业最不希望出现的。降价要达到效果，必须调动消费者的积极反应，形成产品降价了现在正是购买的大好时机，产品价格降了但品质没有下降，购买没有后顾之忧，价格已经降到位了，现在购买不会吃亏等舆论氛围。

2. 主动提价策略

在以下市场情况下，企业可以考虑主动提高产品价格：

第一，产品供不应求，企业的生产不能满足市场上消费者的需要。提价能促进生产发展，缓解市场压力，从而实现供求平衡。

第二，生产成本上升。成本提高的主要原因是外部原材料价格上涨，而技术的进步、生产效率的提高跟不上原材料价格上涨的幅度，企业内部不能化解成本上升所带来的压力，需要提高价格减轻成本压力。

第三，市场竞争的需要。实力雄厚的企业通过提高价格来提升产品的品牌形象，使消费者产生价高质优的心理认知。

对于涨价，消费者通常是不满的，因此，涨价通常不利于销售，但有时候也能引发消费者的积极联想：这种产品是非常热销的，如果不马上购买就可能买不到或者还要涨价；这种产品的品质非常优良，涨价是必然的。消费者对不同产品涨价的反应也有所不同。对于非常昂贵的产品和经常购买的日用消费品，涨价会引起消费者不安和不满。而对不经常购买的某些非生活必需品，有些消费者几乎不在意它的价格高低，因此涨价一般不会引起消费者抵制。

二、应对价格调整

在竞争对手首先调整价格的情况下，企业必须考虑是否需要采取措施应对价格调整以及如何应对竞争对手价格调整。

在竞争对手提高同质化产品价格和降低异质化产品价格的情况下，企业可以跟进调整价格，也可以保持价格不动，这对自己的市场影响都不是太大。但是，如果竞争对手降低同质化产品价格，对市场的影响将会比较大，因此企业需要在深入分析竞争对手降价背景与动机及其市场反应的基础上，采取有效应对策略。

对竞争对手降价背景动机和市场反应的分析包括：① 竞争者发动降价的目的和动机是什么？是想解决其企业自身的问题，如利用闲置的生产能力，快速回收资金，还是想改变整个行业竞争格局？② 竞争者推出的降价是短期行为还是长期战略？③ 降价产品处在生命周期的什么阶段？④ 市场对于这种产品的价格敏感程度有多大？⑤ 同行企业对降价会做出什么样的反应？市场格局将会因此发生什么样的变化？等等。

在深入分析上述问题之后，结合企业自身资源状况、营销目标和竞争策略，可以选择以下应对方式：

（1）维持原价不参与降价。在以下几种情况下，竞争者尤其是市场领导者可以维持原来的价格和利润幅度，不参与降价：① 市场上的降价只不过是小品牌干扰视线的烟幕弹,行业不会发生激烈的价格竞争;② 降价会降低自身品牌形象,并对炒作降价的品牌形成支持;③ 维持原价不会失去很多的市场份额,而且失去的市场份额可以重新获得;④ 不降价能留住优秀的忠诚顾客,而流失一些注重价格和短期利益的顾客无关大局。

(2) 加强促销沟通提升形象。如果降价导致的问题比较严重,简单地维持原价不采取任何措施不足以应对降价威胁,而同时企业不想采取跟进降价或采取价格反击,可以在维持原价的基础上采取加强促销沟通等非价格反击措施。如强化和完善服务,强化广告投放力度,开展公关活动和促销活动,以便使客户能够感受到本品牌产品的更多价值。

(3) 推出高端新品进行错位反击。如果降价问题非常严重,很有可能引发价格大战,不采取有力措施肯定是无法阻止降价品牌进攻的。在这种情况下,有技术实力和产品储备的市场竞争者,如市场领导者和市场挑战者,可以推出高端高价值的新产品,以逆向思维迎战竞争对手降价。

(4) 降价反击维护市场地位。如果产品的成本将随着销量增加而下降,如果不降价将会失去很多的市场份额,就必须坚决、果断地采取降价应对措施。

(5) 跟进降价共同受益。如果降价是合理的,对行业、市场、消费者均有益,而且产品又非常同质化,跟进降价是非常明智的选择。如果不跟进降价,损失的反而是自己。处在市场跟随者地位的企业在这种市场情况下尤其需要采取降价跟进策略。

本章小结

价格是价值的外在表现形式。产品价格是营销策略组合中市场效果最直接、最敏感的因素。影响定价的企业内部因素包括产品成本、营销目标、产品生命周期等,外部因素包括市场供求关系、市场竞争格局、政策和法规等。互联网对定价也带来了新的影响。

企业定价目标包括获取利润、提升市场份额、赢得竞争、维持生存、塑造形象、承担社会责任等。定价方法包括成本导向定价法、需求导向定价法和竞争导向定价法。定价策略包括新产品定价策略、差别定价策略、折扣定价策略、心理定价策略、地区定价策略和产品组合定价策略。虽然企业希望保持价格稳定,但也必须适应市场适时调整价格。

营销理论知识练习
1. 分析探讨定价策略的重要性。
2. 企业在进行产品定价时,应该考虑哪些影响因素?
3. 企业的定价目标有哪些?
4. 比较各种定价方法的不同之处。
5. 简述定价策略的具体内容。
6. 谈谈自己对心理定价策略的体验。
7. 企业应该如何主动调整价格?
8. 企业应该如何应对价格调整?

营销实战模拟练习
调查同一行业内的两家企业,比较其产品定价的差异及其原因与效果。

第十一章 沟通：传播市场价值

营销者必须通过营销沟通向消费者和公众传播产品的市场价值，这是让消费者和公众了解、信赖并购买产品的重要环节，也是营销者建立品牌的重要途径。无论是在信息泛滥的城市市场，还是在信息闭塞的农村市场，营销沟通均是一个必须正视和解决的营销问题。

宝洁与奥运整合营销传播

作为2012～2020年夏季和冬季奥运会官方赞助商，宝洁为2012年伦敦夏季奥运会发起了"感谢母亲"全球多媒体营销传播活动，广告片《最幸福的工作》描绘了奥运冠军背后的母亲的伟大作用，广告标板定格于宝洁公司标志和帮宝适等产品品牌标志。营销传播活动还整合了公共关系、事件营销和促销活动等形式，204个国家和地区的消费者，从智能手机到实体店铺都能融入到宝洁的品牌传播之中。活动估计获得了2亿美元的销售额。2014年冬奥会期间，宝洁发起了"把孩子扶起来"主题活动，生动描绘了母亲给予子女的谆谆教诲与无私关爱，以向全球运动健儿的母亲表达敬意。2016里约奥运会，宝洁发布了"感谢母亲"系列奥运活动广告片《强大》，讲述了4位奥运选手幼年时期妈妈将自己的强大传递给孩子的故事，渲染了"每一个强大的孩子背后，都有一个强大的母亲"的传播主题，在母亲节来临之际，向奥运的幕后英雄献上了一份温情大礼。宝洁还在里约热内卢的宝洁"母亲之家"招待参与合作的运动员和他们的母亲，为他们提供一个轻松、休闲、欢聚的场所，提供宾至如归的舒适感受，包括美容造型、儿童乐园、洗衣服务等。几年来，宝洁的奥运系列广告《奥运选手都是孩子》《把孩子扶起来》《最幸福的工作》《强大》，虽然故事和视角不同，但都共同演绎着"感谢妈妈"的主题。

案例思考

1. 宝洁为什么发动全球多媒体整合营销传播活动？
2. 宝洁为什么将整合营销传播活动主题确定为"感谢母亲"？

学习目标

1. 掌握整合营销传播的概念与原则、决策与评估。
2. 了解广告的概念、构成要素和广告媒体类型。
3. 掌握广告的分类和广告传播管理流程。
4. 掌握公共关系的概念、公众的类型和公关策略。
5. 掌握人员销售的概念、特征与流程。
6. 掌握促销活动的概念、特征与类型。

重点难点

1. 不同营销传播方式的优缺点比较。
2. 销售方格与客户方格的关系。
3. 广告传播管理流程 5M 模式。
4. 营销公关的特征与内容。

第一节　整合营销传播

一、营销传播概述

1. 传播

传播在英文中为"Communication",也有沟通的意思。传播和沟通是密切相关的一对概念。传播是有意识的沟通行为,传播的目的是沟通。沟通的主要手段是有意识的传播。成功沟通则是有效传播已经达到的境界和结果。

传播的要素包含基本要素和隐含要素。传播的基本要素包括:信源,即信息的发布者;信宿,即接受并利用信息的人;信息,即具有新内容、知识和观点的消息(包含观念、态度和情感等);媒介,即用以记录、保存、传递和接收信息的载体;信道,即信息传递的途径和渠道;反馈,即接受者对发布者发出信息的反应。传播的隐含要素包括:时空环境,即传播过程中的时间和空间环境;心理状态,即接受者接受信息时的情绪状态和心态;文化因素,即发布者和接受者在思维方式、价值观念等方面的差异;信誉因素,即传播过程中发布者本人及其传播内容的可信度。

人类的传播有四种类型:自我传播,即个体的内向信息沟通;人际传播,即个体与个体之间的信息沟通;组织传播,即社会组织与其成员之间、社会组织与其所处环境之间的信息沟通;大众传播,即通过大众传媒将信息迅速传播给数量众多且分散的公众。

2. 营销传播

营销传播是指以营销者为主体的、以目标市场为主要对象的营销信息沟通活动。营销传播是双向的,但营销者一般是沟通的主体和主动方;营销传播也是持续的,因为营销沟通的任务是长期而艰巨的。

从营销传播的发展历程看,广告、公共关系、人员销售、促销活动是4大经典营销传播方式。后来,出现了口碑传播、事件和体验传播等营销传播形式。互联网技术出现以来,营销传播领域是互联网技术商业应用的先行试验区和效益主产地,互联网营销、社会化媒体营销、数字营销等方法在营销传播中得到迅速和广泛的应用,但是这些新兴的营销传播技术与方法仍然可以归入四大经典营销传播方式之中。故本书仍然以广告、公共关系、人员销售和促销活动为主体结构展开本章营销沟通传播的介绍,中间加入互联网营销传播的新方法新形式。

广告、公共关系、人员销售和促销活动四大经典营销传播方式,在整合营销传播中各自具有存在价值,是整合营销传播方式不可或缺的重要构成部分。四大经典营销传播也各有优缺点,因而需要取长补短地整合使用,以期达到整合营销传播效应。四大经典营销传播方式的优缺点见表11.1。

表11.1 4大经典营销传播方式的优缺点比较

营销传播手段	优 点	缺 点
广 告	传播面广、速度快、形象生动、表现手法丰富、容易引起注意	传播时间短、针对性不强、费用高、不易促成即时购买
公共关系	影响面广、可信度高、效果持久、可提高企业美誉度	程序复杂、投入较大、效果难以控制
促销活动	强烈刺激购买欲望,促销效果直接快速	线下促销影响面有限,线上促销接触面广但分散
人员销售	直接快速、反应及时、有利于建立与顾客的长期联系	人才难得、费用较高、管理难度较大

二、整合营销传播概念与原则

1. 整合营销传播的涵义

根据营销传播的需要,企业必须对广告、公共关系、促销活动、人员销售等营销传播方式进行合理选择和协调使用,这是营销传播整合的早期形态。但整合营销传播(Integrated Marketing Communications,缩写为 IMC),则是美国西北大学舒尔茨教授等于 20 世纪 80 年代后期提出来的营销传播理论。整合营销传播强调企业要以统一的传播目标来协调各种营销传播手段,强化品牌传播的一致性,从而提高营销传播的整体效果,构建消费者及社会公众与企业之间的长期、稳定的信任与合作关系。

2. 整合营销传播的原则

(1) 传播思维由外而内。多数企业所采取的是一种由内而外的传播规划模式,即首先确定下年度的销售收入、成本控制和利润等目标,然后按照市场战略重点来分配营销资源,制定传播规划。而整合营销传播观念强调企业首先要了解利益相关者接受信息的时间和方式、渠道和媒介、内容与偏好等特征,并依此制定整合营销传播战略,即由外而内制定传播战略。

(2) 传播内容整合一致。整合营销传播的关键是把与企业营销传播有关的一切传播活动整合统一起来,即要求企业把广告、促销活动、公共关系、人员销售等传播活动都统一起来,以"同一声音向公众传播",就像各种乐器承担不同演奏任务,但通过合奏却能够把某一主旋律表现得近乎完美。

(3) 传播形式双向互动。整合营销传播倡导双向沟通,其最佳方法是利用数据库记录和存储互动交流信息,分析利益相关者的基本情况、行为特征,通过持续与利益相关者的双向互动沟通,实现信息和情感交流,建立良好信任与合作关系。互联网与大数据技术则为互动沟通与传播带来了极大便利。

三、整合营销传播决策与评估

1. 传播对象决策

有效传播必须首先明确传播的对象,即目标受众,正确选择传播对象是有效进行整合营销传播决策的前提。传播对象决策包括界定目标受众的基本特征、媒体偏好和兴趣利益点等。

目标受众的基本特征包括年龄、性别、收入、家庭状况、生活方式、个性特征、思维模式、行为模式等，目标受众的基本特征将影响其在传播过程中对传播内容及方式的接受与把握。

目标受众对不同媒体的偏好不同，导致其对不同媒体信息的关注度不同，对不同媒体信息的信任度也不同。相应地，这些媒体信息对目标受众购买行为的影响度也有很大差别。

企业必须充分了解目标受众目前对传播信息的认知状态，掌握他们关注的兴趣利益点，了解哪些信息是他们最为关注的、哪些信息是他们一般关注的、哪些信息是他们忽视及不关注的，从而保证营销传播内容的针对性和有效性。

2. 传播目标决策

企业首先要分析目标受众面对营销传播时的认知、情感、行为等心理反应，然后才能进行沟通目标决策。目标受众面对传播的反应有很多种模式，层次效果模式描述了受众从注意、认知、喜爱、偏好到信任、购买的六种状态。按照该模式，可以确定面对受众不同反应下的基本传播目标。

受众处于注意关注阶段的传播目标，是使目标受众关注要传播的企业、品牌或产品等；受众处于认知建立阶段的传播目标，是使目标受众对传播对象有具体、客观的理解与认知，如对产品特征的了解；受众处于喜爱建立阶段的传播目标，是使目标受众充分了解传播信息，使目标受众对传播对象产生正面的好感；受众处于偏好建立阶段的传播目标，是在目标受众对传播对象有好感的基础上，通过进一步沟通，使目标受众对传播对象产生特别偏爱，如使目标受众对某种品牌或产品特别喜爱；受众处于信任建立阶段的传播目标，是使目标受众在偏好企业品牌的基础上，相信选择企业产品是明智之举，从而信任传播对象。受众处于购买阶段的传播目标，是使目标受众做出购买企业产品的决定，并付诸实际行动。

3. 传播信息决策

有效的营销传播以合适的信息设计为前提。在进行传播信息设计时，要就信息的主题、结构、格式等进行决策。

（1）设计信息主题及其诉求方式。进行信息设计首先必须确定传播信息主题及其诉求方式。信息主题是确定说什么，信息诉求方式是确定怎么说，两者对于有效沟通都非常重要。信息主题有理性诉求、感性诉求和形象诉求三种诉求方式。理性诉求是在信息传播中理性地描述传播对象的客观事实，以真实的数据、科学的原理和严密的推理来说服受众接受所传播的信息。感性诉求是在信息传播中感性地渲染与传播对象相关的故事，以渴望、热爱、骄傲、幽默等肯定性情感鼓励受众的某些行为,或以羞耻、愧疚、恐惧等否定性情感来劝阻受众的某些行为。理性诉求和感性诉求在诉求方式上不同,但在诉求内容上都是围绕产品及服务的特点展开。而形象诉求在信息传播中很少涉及企业产品及服务的具体功能特点,而是重点阐明企业的社会公民形象,在社会责任层面与受众的理念产生共鸣,从而增强其品牌美誉度和忠诚度。

(2)设计信息结构。为了突出信息主题,应该明确传播信息的逻辑结构及表达方式,做到详略得当、重点突出、结构严谨、表达生动。

(3)设计信息格式。确定信息结构之后,紧接着要确定信息的具体表现形式。企业可以综合运用语言、文字、图案、声音、音乐、情境、代言人等表现元素,注意这些表现元素与信息主题的匹配程度,要选择具有贴切创意的表现元素,形象地表现出信息主题,表达传播意图。

4. 传播预算决策

传播费用预算是实施传播活动的财力保障,合理分配有限的营销资源对于实现传播目标有重要意义。制定传播预算的方法包括量力而行法、销售百分比法、竞争对抗法和目标任务法等。

(1)量力而行法。量力而行法是企业根据自身的财务实力来确定传播预算的方法。这种方法简单易行,适合规模稳定型市场和稳健营销型企业。但是对于新兴市场和新兴业务来说,却显得过于保守。从营销投入与营销产出的逻辑关系角度看,也是本末倒置的。按照逻辑,营销传播投入是"本",传播效果良好、销售业绩提升、最终增强财务实力是相应的"末"。但是,此法却把财务实力视为"本",把传播预算视为相应的"末"。按照这种方法,资金雄厚的企业用于传播活动的预算多,从而传播的效果好,对营销的促进作用明显,销售业绩好反过来又进一步强化了其财务实力。反之,资金匮乏的企业投入的传播预算较少,传播效果较差,销售业绩较低,那么这些弱小企业将只能接受永远弱小的命运。因此,量力而行法不是营销预算决策唯一的方法。

(2)销售百分比法。销售百分比法是企业按照销售额的比例来确定营销传播预算。采用这种方法要考虑销售额的高低和传播预算占比的高低,这与量力而行法有着相同特点,存在相同问题。

(3)竞争对抗法。竞争对抗法就是企业依据竞争对手特别是主要竞争对手的传播预算来确定自己的营销传播预算。这种方法可以保证企业在营销传播方面不落后于竞争对手,所以是一种维持与竞争对手竞争均衡的方法。但是,这种方法必须建立在对竞争对手的市场战略、预算安排充分了解的基础上。

(4) 目标任务法。目标任务法是依据企业传播目标来确定营销传播预算。首先,确定传播目标;其次,明确依据传播目标而分解的各项工作任务;再次,估算执行各项任务所需的各种费用;最后,汇总各项工作任务费用得出传播预算总额。目标任务法纠正了量力而行法和销售百分比法的缺点,适合新兴市场和新兴业务营销传播预算的制定。

5. 传播手段组合决策

企业不仅要考虑各种营销传播手段与方式的特点,还要分析产品市场类型、购买者所处的购买阶段、产品生命周期和企业的市场地位,从而决定合适的营销传播手段与方式的组合。

(1) 产品类型与推拉模式。由于不同市场类型的购买者认知模式存在差异,所以应该采用不同的营销传播方式。通常,面对消费者市场的消费品,广告是使用普遍且有效的传播方式,从而形成"拉动"式营销传播组合模式;面对生产者市场的工业品,人员销售是最高效的传播方式,从而形成"推动"式营销传播组合模式。图11.1是营销传播的推拉模式图。

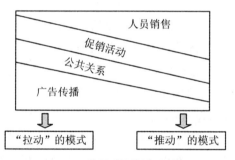

图 11.1 营销传播的推拉模式

(2) 购买阶段与营销传播手段组合。面对购买者所处的不同购买阶段,不同的传播方式具有不同的效应。购买行为过程包括注意、兴趣、欲望和购买行动等阶段。在引起消费者注意阶段,广告作用最明显;在引起消费者兴趣阶段,公共关系作用最大;在刺激消费者购买欲望阶段,促销活动的作用最显著;在促进消费者购买行动决策阶段,人员销售的作用最显著。详见表11.2。

表 11.2 不同购买行为阶段的营销传播重点手段

购买行为阶段	营销传播重点手段
注意	广告
兴趣	公关

续表

购买行为阶段	营销传播重点手段
欲望	促销活动
购买行动	人员销售

（3）产品生命周期与营销传播手段组合。在产品生命周期的不同阶段，不同的营销传播方式的效果也各异，从而形成不同的组合模式，详见表11.3。

表11.3　不同生命周期的传播手段组合

生命周期	传播目标重点	主要传播手段组合
投入期	建立产品知名度	告知性广告＋人员销售
成长期	提高市场知名度和占有率	说服性广告＋促销活动
成熟期	提高产品美誉度 维持和扩大市场占有率	竞争性广告＋公共关系 辅以促销活动
衰退期	巩固忠诚度，维持产品销售	促销活动＋提醒性广告

（4）企业的市场地位。一般而言，企业的市场地位越强大，广告及公共关系的作用越大；而市场地位没有优势的企业，只能通过促销活动来维持和扩大市场占有率，详见图11.2。当然，天猫和京东等大型电商促销活动力度也非常大，这是电商行业的特例，但从另外一个角度来看，也仍然符合这种营销传播手段组合规则，即电商零售占社会商品零售总额的比例还不大（2017年约占15％），仍然处在通过促销活动和价格竞争与实体零售争夺市场份额的阶段。而随着线上流量红利的减少，天猫和京东也已经增加了在电视等传统大众媒体上的广告投放。

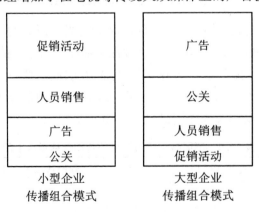

图11.2　不同市场地位企业的传播组合模式

6. 传播效果评估测量

与知晓、了解、喜欢、偏好、信服、购买的传统信息传播效果评估测量顺序不同，整合营销传播则首先评估测量受到营销传播影响而产生的购买行为，即达成交易情况；若没有检测到实际购买行为，则再检测消费者行为的动向，如消费者咨询导购或客服、线上搜索和线下索取产品资料等表示购买兴趣的行为；最后检测营销传播前后消费者对产品属性认知的变化、对品牌内涵理解及认同的变化等情况。

第二节 广 告 传 播

一、广告概述

1. 广告的概念

广告是由广告主（即营销者），以传播品牌和促进销售为目的，以付费方式通过特定的媒体，负责任地向目标受众传播品牌和产品真实信息的沟通传播活动。广告是一种大范围低成本高效益的营销传播方式，即使是在充满变化和挑战的媒体环境中，广告对市场的反应不比营销公关更快速更灵活，但优秀的广告仍然是营销传播的重要方式。

广告传播是一种谋求经济效益的商业传播，其直接目的是为了传播品牌和促进销售。广告的作用也表现为达到传播品牌和促进销售这两个广告目标方面。当然，一场广告运动、一次广告发布，广告目的可以有所侧重，可以主要是传播品牌，可以主要是促进销售，但广告传播的总体目的是传播品牌和促进销售两者兼顾。

广告是一种借助媒体的大范围非人际传播，较之于人际传播，广告传播在以下两个方面具有优势：① 传播的广度、深度和可信度更胜一筹。广告传播的信息是由专家团队精心创作的，具有专业性；传播时，借助可信度高的大众媒介能够保持信息的一致性。而人际传播的信息主要是由传播人员个人表达及传达的，具有个体差异性；传播时，传播人员由于时间、地点、情绪等的变化，很难能够保持信息的一致性，使得传播效果参差不齐。② 人均传播成本较低。广告传播借助大众媒体传播，虽然传播总费用较高，但是除以数量广大的广告受众，其传播的人均成本就较低。而人际传播由于需要花费大量的人工费用、时间成本和其他非媒介费用等，而传播影响的人数却十分有限，使得传播的人均成本较高。

2. 广告的构成要素

（1）广告主（营销者）。广告主是指付费购买媒体的版面或时间，以促进产品销售、树立企业形象或传达消费观念的组织或个人，在这里我们界定为作为营销者的企业。广告之所以要明确主体，原因有两个方面。第一，广告是自我性的宣传活动，为了让公众记住宣传的主体，提高其在社会上的知名度、美誉度和认可度，广告必须明确表达具体的广告主；第二，广告是一种责任承诺性的宣传活动，公众由于广告的影响而采取某种行为，一旦造成损失，有权依法要求广告主承担相应的经济责任和社会责任。

（2）广告受众。广告受众是指广告宣传需要影响的公众，包括现实消费者和潜在消费者。作为信息的接受者，广告受众有被动的一面，大多被动接受广告主宣传的内容。但是作为信息的理解者，广告受众具有主动的一面，他们可以有选择地注意、理解和记忆广告内容。特别是在网络广告中，广告受众自由选择感兴趣的信息，主动性体现得更加明显。因此，在广告传播中，应该重视广告受众的主动性，以受众需求为导向，策划出符合受众心理的广告作品，提高广告的市场影响力。

（3）广告信息。广告信息是广告宣传的基本内容。广告信息包括企业的产品信息、服务信息、品牌及企业形象等，但是受制于刊播时间长短、版面大小、广告预算等，必须精心选择。只有被广告设计者采用的内容才是广告信息，这些信息必须主题鲜明，具有较强的说服力和感染力，能够强烈地冲击广告受众的视觉和听觉，留下深刻认知记忆，进而促使广告受众去购买企业产品。

（4）广告媒介。广告媒介是广告信息的传播载体，发挥着沟通广告主和广告受众之间信息的作用，既向受众传播企业的产品信息和品牌形象，又向广告主反馈受众的需求信息，使双方在互动中强化企业与受众之间的关系。

（5）广告费用。广告费用是指广告活动的支出费用。包括创意设计费、广告制作费、媒介发布费等。媒介发布费是花费最大的广告费用，发布媒介不同计费的方式也有所不同，如在电视媒体上发布广告是按照发布频道、时段、时长和次数计费；而在网络媒体上发布广告，主要是按照点击率进行计费。

3. 广告的分类

根据广告的载体和表现形式，可以将广告分为以下几类：

（1）平面广告，包括报纸广告、杂志广告、画册广告、招贴广告（或称海报）等。

（2）影视广告，包括电视广告、电影广告和网络视频广告等。

（3）广播广告，是指利用无线电或有线广播为媒体发布的广告。

（4）户外广告，包括路牌广告、霓虹灯广告、灯箱广告，交通车辆广告等。

(5) 投递广告,简称 DM,是指采用投递方式传递给消费者或用户的广告。

(6) POP 广告,即售点广告,是指在购物场所内外所做的广告。按外在形式分为传单式、直立式、悬挂式、墙壁式和柜台式四种;按广告位置分为室内 POP 广告和室外 POP 广告两种。室内 POP 广告指购物场所内部的各种广告,如宣传单页、机身贴画、台牌立牌等。室外 POP 广告是购物场所门前和周围的广告,包括门面装饰、商店招牌、橱窗布置等。

(7) 网络广告,是指在互联网站、社交媒体、意见领袖自媒体上发布的广告。早期的网络广告形式主要是类似于平面广告的横幅广告,而后相继出现了文本链接、关键词搜索广告、动画广告和弹窗广告,随着网络传输技术和宽带的发展,视频广告已经成为网络广告的重要形式。

(8) 植入式广告(Product Placement),是一种将广告传播信息植入到受众喜闻乐见的文化艺术作品当中的广告传播形式。常见的广告植入信息有产品实物、品牌名称与标志等,植入方式包括台词表述、特写镜头、扮演角色、剧情场景、剧情道具和奖品提供等。优秀的植入式广告将广告信息巧妙融入视听节目和剧情中间让观众自然接受,成为传播品牌和产品的重要手段。

4. 广告传播管理流程与模式

在制订广告传播计划、实施广告传播管理过程中,营销管理者需要遵循科学的广告运作流程,建立科学的广告传播计划和管理模式。5M 模式(图 11.3)是广告传播计划与管理的经典模式。

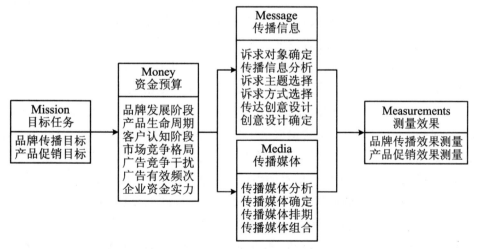

图 11.3 广告计划与管理 5M 模式

第一步,确定广告传播的目标任务(Mission)。通常要在品牌传播目标和产品促销目标两者之间做出主次选择和具体数值决策,以便为下一步确定广告费用预算、广告媒体选择和广告效果测量确立依据。

第二步,确定广告传播的资金预算(Money)。通常需要分析和考虑的因素包括品牌发展阶段、产品生命周期、客户认知阶段、市场竞争格局、广告竞争干扰、广告有效频次和企业资金实力,资金预算的方法见整合营销传播决策中关于传播预算决策的分析。

第三步,确定广告传播的信息内容(Message)。通常首先需要对广告诉求对象进行分析并确定,接着依据广告诉求对象进行广告传播信息分析、筛选和优化广告诉求主题和诉求方式,然后进行传达创意设计、测试和确定。

第四步,确定广告传播媒体(Media)。通常需要根据广告传播目标任务和媒体传播特性与效果选择投放广告的媒体,结合传播资金预算确定传播媒体的时间、频次等广告计划排期,确定传播媒体组合,执行广告媒体发布。

第五步,在广告发布过程中和结束之后,进行广告传播效果监测(Measurements)。通常是对广告传播目标任务进行监测评估。

二、广告媒体

1. 广告媒体类型

(1)新闻媒体。在中国,新闻媒体是具有新闻采访与报道资质的官方新闻机构,包括广播、电视、报纸和杂志4种传统大众媒体,具有新闻性、权威性和普及性,主流新闻媒体历来是广告传播最重要的媒体,在非公网络媒体的冲击下,传统新闻媒体的广告份额有所下降,但主流新闻媒体的广告传播价值仍然十分重要。随着新闻媒体的融合发展,官方网络新闻媒体的作用也明显增强。

(2)网络媒体。随着中国互联网基础设施建设的快速推进,中国已经成为世界互联网第一大国,网络已经成为最大众化的传播媒体。网络媒体具有信息容量大、传播速度快、能双向互动、信息投放准等优点。从技术上来说,甚至可以按照受众个性、兴趣,通过精准算法,实现广告信息的精准化推送,取代传统媒体统一性地大规模信息发布,但是由于追逐商业利益,网络广告数据造假问题也普遍严重存在。

(3)终端媒体。终端媒体通常是指在销售终端用于展现产品信息的物质载体,如商场、墙体、橱窗、展示台、横幅、吊旗、货架标牌、显示屏幕等。终端媒体具有和消费者近距离接触的优势,能够直接刺激消费者视听觉,促使消费者进行冲动性购买。随着移动互联网普及,智能手机已经成为最贴近消费者的终端媒体,成为传播品牌的重要媒体和电商流量的重要入口。从技术层面上来说,已经打通了广告媒体和分销渠道之间的界限,建立了媒体与渠道的直通直连,即所谓"媒介即渠道",通过智能手机推送营销信息即可通过链接进入购物平台点击购买。

(4) 户外媒体。户外媒体包括户外路牌、站点、车体、车厢等,这些媒介可以使产品信息在特定的户外场所得到大面积的暴露。利用新兴显示技术,配合灯光或动画,户外广告效果会更好。

(5) 场地媒体。场地媒体是指在公众关注的场所、场地开发的广告媒体,比如在体育比赛场馆、电视演播厅、办公楼宇和生活小区等场所都可以开发这种广告媒体。这种广告媒体或因广告干扰少(如办公楼宇、生活小区等),或因二次传播(如体育比赛、电视节目、电视直播等)而具有特别价值。场地媒体与户外媒体有联系也有区别,场地媒体可以在户外,也可以在室内。

2. 大众媒体的特性与传播效果

广告传播必须正确选择媒体,但是各种媒体的特性不同,广告传播能力也不同,因此需要科学选择。大众媒体是广告媒体选择的重点,尤其需要掌握其特性和广告效果,见表11.4和11.5。

表11.4　五大广告媒体的特性比较

媒体	优点	缺点
网络	覆盖率高,受众量大 发布迅速,及时性好 制作便捷,易于修改 互动性强,效果易测	受众分散,不便集中 良莠不齐,不够权威 机器刷量,数据虚假
电视	覆盖面广,影响力大 声像兼备,直观生动 娱乐性强,关注度高 权威性强,信誉度高	转瞬即逝,不便存查 制作复杂,费用昂贵
广播	传播迅速,时效性强 覆盖面广,听众较多 方便灵活,声情并茂 制作简便,费用低廉	有声无形,印象不深 转瞬即逝,不便存查
杂志	对象明确,针对性强 有效期长,保存期久 易被接受,效果较好 印刷精美,图文并茂	专业性强,传播面窄 周期较长,灵活性差 制作复杂,成本较高
报纸	读者广泛,覆盖面宽 传播迅速,时效性强 信息清楚,便于查阅 简易灵活,费用经济	寿命短暂,利用率低 内容繁多,分散注意 印刷简单,色彩感差

表 11.5　五大媒体广告效果比较

媒体类型	传播范围	传播速度	传播内容	传播时效	选择性能	保存性能	灵活性能	成本费用	印象效果
网络	广泛	最快	全面	较长	很强	最好	很好	较高	较好
电视	广泛	一般	较全	很短	一般	较差	较差	昂贵	很好
广播	一般	较快	一般	很短	一般	较差	较好	低廉	一般
杂志	较窄	最慢	较全	较长	很强	很好	较差	较高	较好
广播	一般	较快	一般	很短	一般	较差	较好	低廉	一般
报纸	较广	较快	较全	较短	较强	较好	较好	一般	一般

三、广告创意

广告创意是指根据广告传播目标对广告主题内容做出的创造性构思与艺术性表达。广告的生命力在于广告创意，广告创意赋予广告"精神及生命"，是广告产生沟通力量的关键。优秀的广告创意来自对市场和品牌的准确理解，来自于对广告传播目标和传播策略的深刻理解。广告创意看似是灵感的闪现，但其实也有规律和流程。掌握广告创意的科学流程，有利于培育和发展优秀的广告创意。广告创意的流程一般包括以下环节：

（1）收集资料。优秀创意建立在详细调查研究的基础上，调查研究离不开资料的收集和积累。创意者不仅要收集与创意密切相关的特定产品或服务、消费者及竞争者的资料，而且需要特别注意日常生活素材和基础性知识的积累。广告创意实际上就是综合运用广告创意人员积累的知识和经验，并将其按照特定意图加以重新组合的过程。

（2）分析资料。分析资料就是对获得的资料进行归纳和整理，运用 SWOT 分析法，列出广告品牌和产品与竞争对手的优势与劣势、面临的机遇与挑战，找出广告品牌和产品最吸引消费者的特性，发现广告品牌和产品给予消费者的利益点，确定广告诉求主题。

（3）反复酝酿。这是广告创意的孵化阶段。在这一阶段，广告创意人员为找到一个好的创意，会在问题的引导下，积极思考，把各种形象、语言、场景、片段等资料在脑海中进行各种排列组合，可谓绞尽脑汁，甚至到了废寝忘食的程度。广告创意者在反复酝酿过程中，承受着痛苦、焦躁和兴奋的反复折磨，可谓"痛并快乐着"。

（4）产生创意。经过反复酝酿之后，或突然受到外部事物的触发或刺激，灵感的火花闪现，脑海里朦胧的构思突然之间变得清晰，如同牛顿在苹果树下被落下的苹果砸到头部而顿悟到了万有引力定律。或在反复酝酿都收获甚微的情况下，如果创意者有意识地自我放松，也可能在身心放松、精神愉悦的状态下出现创意灵感和顿悟，产生超凡脱俗的广告构思创意。

（5）完善创意。创意形成后，需要对创意构思进行发展和完善，征求同事和领导、行业专家、广告主甚至广告目标受众的意见，最终形成完善的广告创意。

四、广告效果

广告效果是指广告信息发布传播之后对受众产生的直接或间接的影响效应，广告效果包括以下三个方面内容：

（1）沟通效果。沟通效果又称心理效果或接触效果，是广告效果的核心，是广告传播中的品牌传播目标执行以后的效果体现。它是指广告发布后对受众产生的各种心理效应，如广告发布以后对品牌认知、品牌记忆、品牌理解、品牌情感及行动等方面的影响，沟通效果是广告传播效力的直接反映，其大小取决于创意表现效果和媒体传播效果的综合作用。

（2）促销效果。促销效果是广告主最为关心的效果，是广告主从广告活动所获得的经济收益，是广告传播中的促销效果目标执行以后的效果体现，具体表现为广告活动导致的产品销量增长、市场竞争格局变化等情况。

（3）社会效果。社会效果是指广告对整个社会的文化、道德、伦理等方面所造成的影响。优秀的广告不仅对企业品牌形象塑造和产品促销具有现实意义，而且对于社会文化和道德观念也有传播意义。

对广告效果进行评估，是广告传播管理的一个重要环节。通过广告效果评估，广告代理公司可以检验广告策划水平和广告经营效益；通过广告效果评估，广告主可以检验广告决策的准确性和广告执行的实效性，为改进广告传播工作、提高广告效益提供依据。

按照全程跟踪评估的原则，广告效果评估一般采取事前评估、事中评估和事后评估三种方式。事前评估是指在广告活动实施之前对广告策略、创意表现及发布媒体进行评估，以预测广告活动的实施效果。重点是在广告制作与发布之前采用对局部市场或部分受众进行现场访问或心理试验等方法，对广告策略和创意设计进行测试，为优化广告创意设计和发布媒体提供依据。事中评估是指在广告活动实施期间随时了解受众反应,通常采用市场实验法、回函测定法等,对广告实施过程中的沟通及促销效果进行评估。事后评估是指在广告活动结束之后,企业采用统计和访问调研等手段,对广告的沟通、促销及社会效果全面进行评估。

第三节 公 共 关 系

一、公共关系的内涵

公共关系(Public Relation)是指企业为改善与社会公众的关系,促进公众对企业的认识、理解及支持,达到塑造良好企业形象、促进产品销售的营销沟通活动。公共关系的本意是企业必须与内部和外部各种公众建立和保持良好的关系。公共关系是一种状态,任何一个企业或个人都处于某种公共关系状态之中。公共关系又是一种活动,当企业有意识地、自觉地采取行为措施去改善自己的公共关系状态时,就是在开展公共关系活动。

公共关系的基本目标是树立、维护和提升企业的良好形象,其主要手段是信息沟通,其基本原则是以诚取信,互惠互利。

公共关系是一种营销哲学、一门沟通艺术、一项管理职能。作为一种营销哲学,公共关系可以帮助企业树立正确的营销观念:既要考虑企业利益又要尊重消费者利益;既着眼企业利益,也注重社会效益。公共关系正是以全局的高度和长远的角度来帮助企业树立正确的营销理念、制定正确的营销目标和营销策略。作为一门沟通艺术,公共关系通过收集信息,把握社会心理与民众意愿,化解误会和矛盾,增进相互了解和支持,为市场营销和企业发展营造有利的环境。

作为一种管理职能,公共关系可以联系和整合市场营销的四大策略。公共关系在产品策略上的影响和作用表现为,良好的企业形象品牌形象有利于塑造良好的产品形象,同时良好产品的形象又是企业形象和品牌形象的有力支撑。良好的企业形象不是空中楼阁,而是通过产品、品质、品牌、包装构建起来并稳固强化的。对价格策略的影响和作用是引导企业按照产品价值制定价格,实现企业与消费者之间的等价交换,达到实现企业经济效益和保障消费者利益的双重目标。对分销策略的影响和作用主要体现在尊重中间商的价值和利益,正确处理企业与中间商之间的利益关系。对促销沟通策略的影响和作用是尊重消费者需求和意愿,有效沟通信息,激发购买欲望,促成购买行为。

进入互联网时代以来,信息传播越来越便捷,公众舆论和社会舆情对企业形象和市场营销的影响越来越大,企业网站、微博和微信等网络自媒体的作用也越来越明显,公共关系在市场营销中的重要性也越来越明显,与广告传播之间的融合和配合使用也越来越紧密。

二、公众类型与公关策略

按照公众和企业之间的关系,有内部公众和外部公众两种类型。内部公众是与企业有着归属关系的内部成员,包括股东和员工;外部公众是和企业不存在归属关系但有着利益关系的外部组织或个人,包括政府、社区、新闻媒体、金融机构、供应商、分销商、消费者和竞争者。因此存在内部公共关系和外部公共关系两大类型以及股东公共关系、员工公共关系、政府公共关系、媒体公共关系、合作伙伴公共关系、消费者公共关系和同行业公共关系等多种具体公共关系类型。相应的公关策略则是:股东关系以投资与回报为中心,员工关系以关爱与奖励为中心,政府关系以服从与建议为中心,客户关系以回报与服务为中心,媒体关系以合作与沟通为中心,供应商关系以合作与管理为中心,经销商关系以合作、服务与管理为中心,同行业关系以竞争与合作为中心,社区关系以服务与协调为中心。

按照公众的组织状况,公众分为非组织公众和有组织公众两种类型。非组织公众包括分散性的个人公众、临时性公众、周期性集结的公众等,在互联网时代非组织公众可能因为一个公共事件迅速集结起来,瞬间形成强大的舆论和力量;有组织公众是公共关系活动中的特定社会组织与公众对象。对于非组织公众,应该利用大众媒体和企业自媒体开展日常性公关、周期性公关和紧急性公关。对于有组织公众,应该通过组织关系,开展组织和人际沟通协调公关。

按照公众对企业的重要程度,存在首要公众、次要公众和边缘公众三种类型。首要公众是对企业的生存和发展有重要影响力和决定性作用的公众;次要公众是对企业生存和发展有一定影响力但不具有决定性作用的公众;边缘公众是对企业几乎没有影响力的公众。对首要公众必须重点公关,对次要公众应该采取常规性公关,对边缘公众则无需公关。

按照公众对企业的态度,存在顺意公众、逆意公众和独立公众三种类型:顺意公众是对企业持赞同或支持态度的公众,逆意公众是对企业持反对态度的公众,独立公众是对企业持中立态度的公众。对于顺意公众,应该采取维持性公关和强化性公关；对于逆意公众，应该采取转变性公关；对于独立性公众，应该采取引导性和争取性公关。

按照公众发展的状况，存在无关公众、潜在公众、知晓公众和行动公众四种类型。无关公众是既不受企业影响也不对企业产生影响的机构和人员；潜在公众是已经受到企业的影响，但尚未意识到影响及后果的公众；知晓公众是明确意识到企业影响及其后果的公众；行动公众是对企业影响已经采取行动措施的公众。对于无关公众，可以采取无公关策略，也可以采取建设性公关策略，将其发展为拥护企业的公众；对于潜在公众可以采取宣传性公关和服务性公关；对于知晓公众，可以采取交际性公关和引导性公关；对于行动公众，应该根据行动性质开展针对性的公关。

三、营销公关

在营销实战中，公关手段的运用，经历了公共关系、公共宣传和营销公关三个主要发展阶段。

营销实战中，一些大型企业既设立了公共关系部门，也设立了市场营销部门。公共关系部门通常设置在企业集团层面，主要负责企业形象和品牌形象宣传、政府公关事务、股东投资者关系事务和重大法律事务等，一般不直接处理顾客和消费者关系事务。而市场营销部门一般按照产业分布设置于各产品事业部门，直接面对顾客和消费者开展市场营销工作。

企业集团总部的公共关系部门关注的重点是政府关系、股东关系等直接与企业有着重大利害关系的直接型公共关系；其主要职责是负责维护企业整体形象和整体品牌形象，而对于具体产品形象以及产品层面的品牌形象则无暇顾及。因此，对于营销部门来说，难以借助集团总部的公共关系推动产品营销。

公共宣传（Publicity）是不付费的新闻宣传，而新闻媒体的主动宣传，则是看中了企业公共宣传的社会新闻价值，是媒体的受众喜闻乐见的。而由于这种宣传不是广告性质，受众接受性好、排斥性和抵制性小，因此对于企业来说宣传效果更好，于是在企业的市场营销中一度得到广泛应用。但是，公共宣传的内容和节奏比较被动，依靠媒体的无偿或友情支持，运作空间有限，企业无法根据市场营销与产品推广的需要有效把握新闻宣传的内容。公共宣传的见效速度慢，见效方式不直接，对于产品销售的促进作用太间接，这对于现代市场营销的高效率、快节奏运作来说显然非常不适应，于是兼具营销和公关两大优点的营销公关（Marketing Public

Relation,MPR)被推上营销传播的舞台,并在互联网时代借助新媒体技术迅速得到广泛应用。

营销公关的主要特征与内容包括以下几个方面:

(1) 营销公关更聚焦于消费者关系,以改善和维护企业、品牌和产品与消费者的关系为主要职责,其他与市场营销关联不太密切的公共关系则由专门的公关部门和相关职能对口部门维护。比如政府公关、社区公关由企业行政事务部门处理,内部员工关系由人力资源部门维护,等等。

(2) 营销公关更倾力于造势营销和产品促销。营销公关集中资源与力量塑造企业、品牌和产品的正面形象与正面舆论,消除负面形象与负面舆论,从而形成新闻公关、赞助公关以及危机公关等主要营销公关范畴。

(3) 营销公关更善于整合运用传播媒体。营销公关更强调新闻媒体和网络媒体的整合运用和管理,企业家个人自媒体、企业官方自媒体、意见领袖自媒体和社交媒体平台都是非常重要的营销公关传播渠道。

(4) 营销公关更讲究反应速度和声势。互联网时代的营销公关,实现了用户需求和公共舆情的实时监测和快速反应,整合了公关传播、广告传播和人际传播的职能,壮大了营销传播的整合传播声势与能量,强化了形象塑造、产品销售和用户服务之间的直接关系,形成了更加紧密的营销运营体系。

(5) 营销公关更注重投入产出效益。与一般公共关系和公共宣传促销效果的间接性、滞后性不同,营销公关的促销效果应该是直接的、当期可以见效的。营销公关更注重投入产出效益,以考核营销公关对市场营销的支持度来检验营销公关目标的达成度。

第四节 人 员 销 售

一、人员销售的概念与特征

人员销售是指企业通过销售人员与客户的口头沟通促进和扩大销售。人员销售具有广告与公共关系等传播方式不同的特征:

(1) 人员销售注重人际关系。销售人员既代表企业利益,也代表客户利益。销售人员知道,满足客户需要是达成交易的关键。因此,销售人员尽可能为客户提供服务,帮助他们解决问题。同时,在面谈过程中,销售人员与客户不仅可以讨论产品问题,还可以谈论社会、家庭、社交等问题。若销售人员知识面广、谈吐诙谐,与客户兴趣相投,销售人员与客户有可能建立起友谊关系。

(2) 人员销售具有灵活性。销售人员在销售沟通交流过程中能够注意观察客户对销售陈述和销售方法的反应,并揣摩客户的购买心理,根据客户的情绪波动来调整销售陈述和销售方法,使之适应不同客户的需要,最终达成交易。

(3) 人员销售的针对性强。广告所面对的受众范围十分广泛,其中有些确实难以变成企业的客户。与广告相比,销售人员上门拜访客户前都做了详细的拜访计划,目标明确,思路清晰,往往易于与客户进行深度互动沟通,因此,人员销售的针对性强,成功率高。

(4) 人员销售特别适用于销售专业性强的产品。对于专业性强且性能结构复杂的产品,仅仅靠一般的广告宣传是无法促使客户实现购买的。企业必须派出训练有素的销售人员为客户展示、操作产品,并解答其疑难问题,才能达成销售。

当然,人员销售也有一些缺点,如:信息传播成本高,信息传播质量因人而异,高水平销售人员的数量有限,管理销售人员的难度较大,销售人员队伍不稳定等。

二、人员销售的工作流程

产品销售是营销活动具有决定性意义的环节,为有效实现销售,必须合理设计销售流程。以工业品为例,销售人员应该按照以下 6 个步骤来开展销售工作:

1. 寻找潜在客户

找到潜在客户是成功销售的第一步。对于大多数产品销售来说,"二八原则"都是成立的,即 80% 的销售额来自全部购买者中 20% 的客户。所以销售人员要对潜在客户进行分类,挑选出最有希望的客户。一般来说,客户可以分为有明显购买意图并且有购买能力、有一定程度的购买可能、对是否会购买尚有疑问等 3 种类型。为了提高销售绩效,销售人员应该把前两种客户作为重点销售对象。

寻找潜在客户及拜访对象的方法通常有 4 种:第一种是客户利用法,即利用以往的业务客户来寻找新客户;第二种是社会关系法,即通过同学、亲戚、朋友等社会关系来寻找新客户,这种方法的初访成功率较高;第三种是名录法,即通过企业名录寻找潜在客户;第四种是家谱式介绍法,即如果客户对企业的产品满意并与销售人员保持良好的人际关系,可以请他介绍新客户。

2. 认定客户资格

在找到潜在客户后,需要判断潜在客户是否具备购买条件。认定客户资格的

常用依据是"MAN"法则,即:

(1) 具有购买力(Money)。购买力即具有购买产品的货币支付能力。具有购买力的客户才是有效客户,缺乏或没有购买力的准客户不是有效客户。

(2) 具有购买决策权(Authority)。在实际销售过程中,销售人员应了解客户单位组织结构和购买决策模式,把销售努力集中放到有购买决策权的决策者身上,从而提高销售成功率。

(3) 具有产品需求(Need)。即客户对销售的产品存在购买欲望,销售人员所销售的产品正好能够满足客户的需求。

同时具备以上3种条件的"MAN"就可以认定是有效客户,可以开展下一步销售工作。

3. 引起客户兴趣

在拜访有效客户开展产品销售的过程中,正确地向客户介绍产品,引起客户的兴趣,是销售的重要一步,在这个过程中需要注意做好以下几点:

(1) 解答5个"W"。销售人员在策划如何介绍产品时,必须解答客户关心的5个"W"。第一个"W"是"Why"(你为何来),包括销售人员为什么来拜访客户,客户为什么要花时间听销售人员介绍产品,客户为什么要购买产品等问题;第二个"W"是"What is it"(产品是什么),销售人员应该向客户说明产品名称与特征;第三个"W"是"What do I get"(客户能得到什么),销售人员应该向客户说明产品与客户利益之间的关系以及客户从交易中获得利益的具体内容,如节约时间、降低成本、增加安全性、提高效率等,客户才有可能继续倾听销售人员的介绍;第四个"W"是"Who did it"(谁曾经购买),通过已购买者的使用经验来佐证产品的功效和利益,销售人员可以列出客户名单来获取客户信任;第五个"W"是"Who says so"(谁在说),销售人员应该向客户宣传企业获得的权威机构颁发的荣誉证书、认证证书和权威媒体宣传报道等,向客户说明购买本企业产品是有保障的。

(2) 把握客户的兴趣点。销售人员在与客户接触过程中要了解判定客户的兴趣点,进而围绕客户的兴趣点展开产品介绍和销售。产品的兴趣点一般包括产品的使用价值、先进性、安全性、耐久性和经济性等。

(3) 进行产品示范。在发现客户的兴趣点后,为了进一步增强客户对产品的了解,可以向客户进行产品示范,证明产品能够解决他们的问题,适合他们的需求。在示范过程中,销售人员一定要做到动作熟练操作自然,给客户留下精明能干的印象,同时也会让客户对产品产生信心。在示范过程中,如果遇到产品出现故障等情况,一定要从容不迫,可以表现得幽默一些,让客户了解这只是个意外而已,然后谨慎地再来一次示范。千万不能急躁起来，喋喋不休地解释，这样反而会给客户留下强词夺理的印象。

4. 激发客户购买欲望

让客户从感兴趣到产生购买欲望还有一段距离。在这一阶段，销售人员和客户进行的是一场心理战。销售人员要挖掘客户需求，运用多种方式来说服客户。

激发客户购买欲望就是要让客户进一步明确自己的需求，而销售的产品正好能满足他的需求。销售人员要根据客户的兴趣点来发掘他的需求，向客户描述他拥有该产品得到的满足，激发客户的想象力，促使客户想象出该产品可以给他带来的利益和满足。但是不要使用诸如"我想您一定需要……"或"买吧，不会有错的"之类的话语，这会让客户感到销售人员强加于人，导致客户产生逆反心理。

如果指明客户需求后，客户依然表现得不够积极，购买欲望仍不是很强，这时销售人员要运用多种方式来说服客户。比如，引用第三者的话来佐证自己的观点，最有说服力的引言莫过于客户周围某位值得尊重的人的评价。适时介绍产品优惠购买条件也是刺激客户购买欲望的重要方法。销售人员在说服客户的过程中，要使用通俗易懂的语言，而不要使用过多的专业性词语，以此显示自己的专业水平，这样会使客户无法理解而产生厌烦情绪，破坏和谐的销售氛围。

5. 解决客户购买疑虑

销售人员要随时准备解决客户的一切问题。如客户可能在与销售人员洽谈的过程中对产品的质量、作用、价值等提出不同质疑，销售人员要耐心倾听，对于客户的疑惑要及时解答，对于客户的建议应表示认同。要在给予客户充分尊重的同时，有针对性地向客户解释或说明，以消除客户购买的异议，坚定其购买信心。在与客户洽谈过程中，一旦发现客户流露出购买意愿时，销售人员要善于把握成交机会，尽快促成交易。

6. 做好售后服务

做好售后服务工作是增强客户满意度并持续实现产品销售的法宝。良好的售后服务不仅有利于培养现有客户的忠诚度，而且有利于传播企业及产品的好名声，树立良好的企业形象，争取新的客户。因此，企业销售管理者和销售人员都需要努力提高售后服务水平。具体方法包括：① 标准跟进法，即学习先进服务标准，尤其是与市场主导者的服务标准相比较，在比较过程中寻找自身差距，提高服务水平；② 蓝图技巧法，即企业通过分解组织系统和机构，鉴别客户同服务人员的接触点，并从这些接触点出发来改进企业服务质量，可以借助流程图的形式来分解从前台服务到后勤服务的全过程，对不合理的流程进行改进，对服务水平不稳定的环节进行重新设计,使得服务流程趋于合理,使得每个服务环节的工作都十分可靠。

人员销售的工作流程与业务技能还因销售业务类型和岗位存在一定的差别。深入学习销售业务技能,可阅读《销售业务类型与技能》(朱华锋主编,中国科学技术大学出版社,2017年版)一书继续学习。

三、销售风格与类型

20世纪70年代,美国管理学家罗伯特·R·布雷克(Robert R. Break)教授和J. S. 莫顿(Mondon)教授将管理方格理论引入销售行为研究中,形成了销售方格理论,不同的销售方格代表不同的销售风格与类型。该理论从销售主体和销售对象的交易心态和交往心态展开研究,认为销售的达成取决于销售人员与客户之间心态的最佳匹配,对于促进销售成功具有一定的指导意义。

1. 销售方格

销售方格显示出销售人员因对客户和销售的关心程度不同而形成的不同心理状态。销售方格的横坐标表示销售人员对销售任务的关心程度,纵坐标表示销售人员对客户的关心程度。关心程度越大,则相应坐标值越大。销售方格中各个交点代表销售心态,以下说明五种典型的销售心态,如图11.4所示。

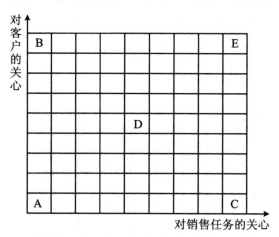

图11.4 销售方格

(1)漠不关心型。如图11.4中A(1,1)所示,具有该心态的销售人员对客户和销售任务都不关心,没有敬业精神,无法完成销售任务,不能胜任销售工作。

(2)迁就客户型。如图11.4中B(1,9)所示,具有该心态的销售人员非常重视与客户的人际关系,对客户坦诚相待,容易成为客户的参谋甚至朋友。但是他忘了销售活动并不是单纯的人际交往,而要实现一定的销售业绩。在该心态指导下,虽能建立良好的人际关系,但是很难完成销售任务,也不是良好的销售心态。

(3) 强硬销售型。如图11.4中C(9,1)所示,该心态与迁就客户型正好相反,销售人员只重视达成交易与完成销售任务,完全忽视与客户保持良好的人际关系。该心态的销售人员为了达到销售目的,甚至会欺骗客户,很少关心客户的真实需求,最终可能导致客户投诉。所以,这种心态是不可取的。

(4) 销售技巧型。如图11.4中D(5,5)所示,这是一种折中的心态。该心态既关心销售,又不是唯利是图;既在一定程度上关心客户,但又不是全心全意地为客户着想。具有该心态的销售人员重视销售任务和客户需求的结合,是基本合格的销售人员,但难以创新和突破。

(5) 解决问题型。如图11.4中E(9,9)所示,该心态是最理想的销售心态。具有该心态的销售人员既能钻研销售技巧、关注销售业绩,又能尽可能地解决客户困难,注重挖掘客户的潜在需求,满足客户的现实需求,能够很好地实现两者的结合,维护良好的客户关系。

2. 客户方格

销售人员对客户和销售任务有不同的心态,客户对销售人员和产品购买也存在不同心态。客户方格显示了客户对销售人员和购买产品的关心程度不同而形成的不同心理状态。客户方格的横坐标表示客户对购买产品的关心程度,纵坐标表示客户对销售人员的关心程度。客户方格中各个交点代表客户心态,以下说明五种典型的客户心态,如图11.5所示。

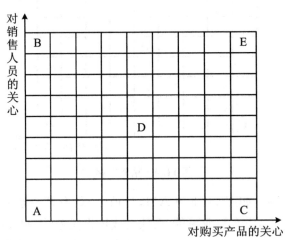

图11.5 客户方格

（1）冷漠型。如图 11.5 中 A(1,1)所示，表明具有该心态的客户既不关心销售人员，也不关心购买产品本身，往往只是受人之托购买，且不愿意承担责任。他们对销售人员的态度是尽量避而远之，或敷衍了事。

（2）软心肠型。如图 11.5 中 B(1,9)所示，表明具有该心态的客户非常重视与销售人员保持良好的人际关系，但不大关心购买产品本身。销售人员为了实现销售成果，表现得热情周到，这种客户往往会感到盛情难却，即便不很需要产品，也有可能购买，这种客户比较容易说服。

（3）防卫型。如图 11.5 中 C(9,1)所示，这种心态与软心肠型恰恰相反。具有该心态的客户极端重视产品本身，对产品百般挑剔。他们并不相信销售人员，无论销售人员如何解释，他们也只相信自己的判断，对销售人员的戒备心特别重。该类心态的客户非常固执，一般很难被说服。

（4）干练型。如图 11.5 中 D(5,5)所示，具有该类心态的客户既重视产品本身，又重视销售人员对待他们的态度和服务。他们往往凭借自己的知识来判断产品，在决策前经过深思熟虑，但又比较愿意听取销售人员的介绍。这种客户既比较理智，又比较重感情，在做出购买决策时，既考虑产品的价值，又考虑与销售人员的关系。

（5）寻求答案型。如图 11.5 中 E(9,9)所示，具有该类心态的客户注重销售人员和购买产品的完美结合。他们既关心购买的产品，又能与销售人员保持良好的关系并与之合作。他们明确自己的购买数量和购买标准，又愿意接受销售人员的意见，并主动与之合作，一般不会提出无理要求。

3. 销售方格与客户方格的关系

在销售过程中，销售人员与客户双方心态的有效组合是实现销售成功的重要条件。布雷克和莫顿教授设计了一个简明的有效组合表，揭示出销售人员与客户心态的组合与销售能否顺利完成的关系及基本规律。表中"＋"表示可完成销售任务，"－"表示无法完成销售任务，"0"表示无法确定，既有可能成交顺利，也有可能成交失败，见表 11.6。

表 11.6　销售有效组合表

客户方格＼销售方格	(1,1)	(1,9)	(5,5)	(9,1)	(9,9)
(1,1)	－	－	0	0	＋
(1,9)	－	＋	＋	＋	＋

续表

客户方格＼销售方格	(1,1)	(1,9)	(5,5)	(9,1)	(9,9)
(5,5)	−	0	+	+	+
(9,1)	−	−	−	0	+
(9,9)	−	0	0	0	+

第五节 促销活动

一、促销活动的概念与特征

促销活动的英文原文为"Sales Promotion",营销教材上通常直译为营业推广或销售促进,但在中国市场上,企业、消费者和社会公众普遍采用促销活动这一概念。促销活动的基本含义是:为直接促进产品销售的启动或销量的提升而采取的短期性与刺激性营销措施,是配合广告、公共关系、人员销售等营销传播方式,以物质刺激方式激励客户购买的销售促进方式。

促销活动具有4个明显的特征:

(1) 时间的短期性与阶段性。促销活动是最接近产品销售的方式,但不是时间长期不变的常规销售方式,促销活动主要是用来解决市场阶段性出现的短期问题的,不能长期使用。

(2) 方式的多样性与灵活性。因为市场问题和促销对象多种多样,促销活动的方式也必须多种多样,灵活选择。

(3) 效果的刺激性与迅速性。促销活动是距离产品销售最近的方式,促销活动的物质刺激不是常规的,优惠购买的机会是不常见的,因此作用效果具有刺激性和速效性,这与广告、公关和人员销售明显不同。

(4) 作用的局限性与负面性。促销活动虽然可以产生直接的销售促进效果,但不能解决营销深层次的问题,还有可能降低产品身价,甚至有可能降低品牌形象,因此促销活动不能滥用。

二、促销活动的类型与方式

1. **终端促销**

终端促销是针对消费者开展的促销活动,可以促进新顾客尝试使用,鼓励老顾客继续使用,引导竞争品牌的顾客改变购买习惯,转而选购本品牌产品。终端促销主要有以下4种方式:

(1) 免费体验促销(Free)。快消品的样品派发、免费品尝或免费使用、耐用品的免费试用等手段,可以通过免费体验方式促进终端消费者对于这类新产品的接触和理解,并进而实现尝试性购买,实现新产品销售的启动。

(2) 优惠节省促销(Save)。包括打折、特价、补贴、买赠、抽奖、积分、以旧换新、加量不加价等各种购买单价或总价优惠的促销方式。这是最为广泛的促销活动形式,可以针对各种产品使用,可以降低新产品购买的风险从而促进新产品销售启动,可以降低成熟产品大量购买和持续购买的成本从而促进其销售提升。

(3) 竞赛奖励促销(Wins)。生产制造企业和零售企业可以开展消费者品牌和产品知识主题有奖竞赛、售点有奖游戏竞赛等方式传播品牌理念,制造沟通话题,促进产品销售。

(4) 组合手段促销(Mix)。包括同时组合或者先后组合上述三类促销手段的促销活动,甚至是组合促销活动与广告传播、与公关活动、与人员销售等方式的整合促销活动。

2. **通路促销**

通路促销是针对中间商开展的促销活动,以鼓励经销商大量进货或努力销售某些产品。通路促销主要包括以下4种方式:

(1) 价格折扣和销售返利。企业为争取经销商和分销商增加产品购进,在一定的促销时间内按照达到的购进数量或金额等级给予相应的价格优惠和销售利润返还,以减少经销商或分销商资金占用和增加销售利润的方式促进产品销售。

(2) 推广津贴。制造商提供费用补贴,鼓励中间商突出宣传和推广制造商的产品,具体有广告津贴和陈列津贴等形式,前者用以补偿为制造商发布产品广告的费用支出,后者用以奖励对产品进行展示陈列的行为。

(3) 免费配赠。为了鼓励中间商购进一定数量或特殊品种的产品,制造商按一定比例免费配赠同类产品或促销礼品。配赠同类产品可以在不改变价格的条件下增加中间商的销售收入和利润。配赠促销礼品可以在不改变价格的条件下增加产品促销的力度，帮助中间商快速销售产品。

3. 内部促销

内部促销是针对企业内部销售人员开展的促销活动，目的是鼓励销售人员积极销售新产品或处理某些老产品，或促使他们努力提升销售量。内部促销主要包括以下3种方式：

（1）销售提成。销售提成是一种基础性内部促销方式，按照企业规定销售人员能够按销售回款的一定比例来提取销售报酬或奖励。

（2）销售竞赛。销售竞赛是指组织全体销售人员在一定时间内开展销售竞赛，对优胜者给予物质与精神激励的内部促销方式。

（3）培训进修。培训是最好的福利。企业除了对销售人员进行常规业务培训外，还可以向业绩优胜者提供免费脱产带薪培训进修机会，帮助其更快成长。

三、促销活动的策划与执行

1. 确定促销活动目标

确定促销活动目标是促销活动策划的第一步。促销活动目标应包括品牌目标和销售目标两大方面。品牌目标是指促销活动对品牌知名度、美誉度、偏好度、忠诚度的贡献。虽然促销活动对品牌建设的正向作用有限，因而品牌目标不是促销活动目标的重点，但是，还是应该树立促销活动的品牌目标意识。

销售目标是促销活动目标的重点，具体因促销对象不同而有所不同。针对消费者的促销活动目标包括鼓励消费者更多地使用本产品和促进大批量购买，争取未使用者试用，吸引竞争品牌的使用者。针对经销商的促销活动目标包括吸引经销商多进货、进新货或即将淘汰的产品，抵消主要竞争品牌的促销影响，吸引新经销商的加盟，建立原有经销商的品牌忠诚，加强与经销商的战略合作关系等。针对销售队伍的促销活动目标包括激励销售人员开拓客户和市场，促销新品或消化库存，刺激他们提高销售业绩等。所有这些销售目标都必须量化，以便预算和配置促销活动资源、考核促销活动业绩、评估促销活动效果。

2. 选择促销活动方式

策划和选择促销活动方式是成功策划促销活动的关键。促销活动方法得当，可收到事半功倍的效果。促销活动方法使用不当，则可能与促销活动目标南辕北辙。所以选择促销活动方法时应注意三种因素即促销目标因素、产品因素和企业因素。促销目标因素要求所选择的促销方法必须有利于达到所制定的促销目标，符合促销目标对象的心理需要,比如现场促销方式要掌握目标顾客的购买心理,做到恰到好处。产品因素是指选择促销方法时要考虑产品的类型和所处的生命周期,针对不同的产品、产品不同的寿命周期应使用不同的促销方式。而企业自身因素就是要充分考虑企业自身的优劣势和可利用资源,并要符合品牌形象和企业营销策略。

3. 制定促销活动方案

制定促销活动方案是策划促销活动的重要环节。一般来说,促销活动方案应该包括的内容有:

① 促销对象;② 促销产品;③ 促销时间与促销区域;④ 促销方式与促销力度;⑤ 促销活动的主题口号;⑥ 促销活动的传播告知;⑦ 促销活动的组织管理;⑧ 促销目标与费用预算。

4. 论证促销活动方案

促销活动策划方案制订出来以后,要进行提案讨论,通过研讨,发现策划方案的问题与不足,进一步修订和完善策划方案。对于大规模的促销活动,必要时还可以在正式实施前选择小区域市场进行促销方案的测试,以确保促销活动方案的严密性、可操作性和实效性。

5. 促销活动执行控制

在促销活动中,有三分策划七分执行之说,可见促销活动执行的重要性。促销活动的执行和控制包括前期准备和促销执行两大方面。前期准备包括促销广告的创意设计,促销礼品、赠品及广告宣传品等促销物料的设计制作与发放,促销活动的内部沟通、动员与培训,促销活动现场的包装、陈列与布置,促销产品的生产、运输与储存等。促销活动执行包括促销广告的发布、促销活动现场控制、销售接待与服务、销售统计与货款回收等。要加强促销活动的执行力,确保促销活动按照促销方案执行。要注意促销活动过程的市场变化动态,研究和及时解决促销活动过程中出现的问题。

6. 评估促销活动效果

促销活动结束以后,要对照原先确定的促销活动目标检查促销活动的执行过程,对促销效果及时进行评估,总结促销方案策划和执行过程中的经验教训,以动态提高促销活动策划水平和执行水平。

深入全面学习促销活动的创意策划和组织实施,可阅读《促销活动策划与执行》(朱华锋主编,中国科学技术大学出版社,2016年版)一书继续学习。

本章小结

营销传播是向用户传递市场价值的营销行为。在互联网时代，营销者面对复杂多变的媒体环境，更需要采用由外而内的传播思维，整合多种媒体和多种渠道，保持传播内容协调一致。重要的营销传播方式仍然是广告、公共关系、人员销售和促销活动等4种经典形式。

广告是范围广泛的营销传播方式，精准地确定广告对象和目标，优化广告创意和投放媒体是提高广告效益的基础。公共关系是塑造和传播企业形象的重要方式，面对多种公众类型需要采取多种公共关系策略，在网络时代，企业更需要整合新闻媒体、社会化媒体和企业自媒体，开展以消费者为主要对象、以传播市场价值为主要内容的营销公关，以有效促进市场销售。人员销售虽然沟通面不宽，但具有互动交流和深度沟通的优势，是促进产品销售的重要沟通方式。促销活动是有效刺激客户购买欲望的营销沟通方式，在终端消费者、渠道分销商和内部销售人员促销激励上具有重要应用价值。

营销理论知识练习

1. 营销传播有哪些方式？试述各营销传播方式的优缺点。
2. 试述整合营销传播决策与评估的内容。
3. 广告构成要素有哪些？广告媒体有哪些类型？
4. 什么是广告创意？试述广告创意的流程。
5. 什么是公共关系？试述营销公关的特征与内容。
6. 人员销售的特征是什么？人员销售包括哪些步骤？
7. 促销活动的概念和特征是什么？促销活动包括哪些类型和方式？

营销实战模拟练习

国庆或春节长假时，各厂商都在黄金周推出大规模的促销活动，请以某类产品为例（如：手机、彩电、国内旅游等）比较两个以上厂商促销活动的优劣。

第十二章 分销：交换市场价值

营销者创造的市场价值必须通过市场交换才能最终得以实现，无论是终端销售还是中间分销，消费者和中间商均是在认可产品市场价值的基础上才愿意与营销者进行价值交换的。而在销售环节，如何更快更好地达成市场交换，则是营销者需要认真研究的。

宝洁和沃尔玛：对手变盟友

宝洁是消费品的全球领导者，零售巨擘沃尔玛是它最大的客户之一。20 世纪 80 年代中期，这两家巨型企业之间的关系曾经剑拔弩张。宝洁的促销力度很大，给零售商很大的折扣优惠。沃尔玛趁机大量囤积宝洁的产品。为此宝洁不得不增加生产，但是现金流却不尽如人意。为了提高现金流，宝洁又不得不开展更多的促销活动，而沃尔玛的反应则是更多囤货，如此往复形成恶性循环。最终宝洁下决心化敌为友，向沃尔玛提出成立战略联盟的想法。

充分理解对方的需要之后，这两家公司在双赢战略的基础上开始合作，宝洁也无需再向沃尔玛提供折扣。宝洁甚至几乎停止了所有的降价推广活动，为此它几乎得罪了整个零售业，但却使宝洁的盈利大幅攀升。

这两家公司把软件系统连接到一起，实现了信息共享。当沃尔玛分销中心里宝洁的产品存货量较低时，它们的整合信息系统会自动提醒宝洁要补货了。该系统还允许宝洁通过通信卫星和网络技术远程监控沃尔玛每个分店的宝洁产品专区的销售情况，而网络会把这些信息实时反映给宝洁的工厂。宝洁的产品在通过沃尔玛的收银台结账时，宝洁就能知道产品销售的数量和价格。这些实时信息使宝洁能够更准确地安排生产、运输。节省下来的库存费用就使得宝洁可以向沃尔玛提供更加低价的产品，这样沃尔玛就能继续它的"天天平价"策略了。沃尔玛还向宝洁反馈市场和消费信息，直接指导宝洁调整产品结构，改进产品质量。双方结成了一种双赢的合作联盟。

案例思考

宝洁和沃尔玛是怎样从制造商和零售商的敌对关系转化为双赢的合作关系的？此案例对企业分销渠道的改进有何借鉴意义？

学习目标

1. 了解分销渠道的概念。
2. 理解产品分销渠道的流程与类型。
3. 掌握中间商的功能和类型。
4. 了解产品分销渠道设计的影响因素。
5. 了解分销渠道管理的主要内容。
6. 掌握物流的概念和相关内容。

重点难点

1. 分销渠道和营销渠道的联系与区别。
2. 分销渠道的设计与管理。
3. 分销物流。

第一节 分销渠道概述

一、分销渠道的概念

大多数生产者并不是将产品全部直接出售给最终用户，而是通过中间商更多、更快、更广泛地销售产品。在生产者和最终用户之间有一系列的商业中介机构承担着多种功能。这些中介机构组成了分销渠道。因此，可以说分销渠道就是生产者向消费者销售产品所借助的商业途径和中间环节，其本质是从事产品转售业务的商业组织。从产品所有权转移的角度看，分销渠道是指某种产品和服务在从生产者向消费者转移过程中，取得这种产品和服务的所有权或帮助所有权转移的所有企业和个人。因此,分销渠道包括经销商(因为他们取得所有权)和代理商(因为他们帮助转移所有权),此外,还包括处于渠道起点和终点的生产者和最终用户,但不包括供应商和辅助商。

在生产者的产品分销过程中,分销渠道不仅要起到分销产品的作用,甚至还需要承担营销的职能,即需要帮助生产者开展市场营销工作才能将产品分销出去,比如为生产制造企业开展本地化落地性营销推广,通过本地化广告宣传、公关活动、促销活动和人员销售,甚至提供产品铺货送货服务,说服下级批发商和零售商进货,吸引当地消费者购买,因而出现了营销渠道的概念(Marketing Channel)。狭义的营销渠道是指具有营销功能的分销渠道,但广义的营销渠道,不仅包括具有营销功能的分销渠道,还包括为生产制造企业系统提供营销策划、广告创意与投放、公关和促销活动策划与执行以及营销人员培训服务的合作伙伴。因此,分销渠道和营销渠道既有联系又有区别,但与狭义的营销渠道概念非常接近。

分销渠道决策是企业最重要的营销决策之一。企业所选择的分销渠道不仅会影响到企业的产品能否"货畅其流",而且将直接影响企业其他营销决策,比如能进入渠道销售的产品品种、档次和价位等。企业构建一条有效的分销渠道,需要花费大量资金、精力和时间,而渠道一旦建成就很难经常调整。因此,选择分销渠道应当兼顾商业环境的现实状况和未来发展趋势,确保其具有持续的竞争力。

二、分销渠道的特征

1. 分销渠道反映产品价值的实现过程和产品实体的转移过程

分销渠道一端连接生产,另一端连接消费,是产品从生产领域到消费领域的流通渠道。在分销渠道产品流通过程中,主要包含两种转移:一是产品价值形式的转移(产品所有权的转移,即商流),二是产品实体的转移(即物流)。这两种转移,既相互联系又相互区别。产品实体的转移是以产品所有权的转移为前提条件的,它也是实现产品所有权转移的保证,两者的起点和终点是结合在一起的。但在现代化大生产大流通的条件下,中间往往是分离的。

2. 分销渠道的主体是中间商

各种类型的中间商构成了产品分销渠道的主体,这些中间商为解决产品价值实现问题而执行各自不同的功能,因共同的经济与社会利益结成共生伙伴关系,同时他们也有各自独立的经济利益,有时也会发生各种矛盾和冲突,需要统一管理和协调。

3. 产品从生产者向消费者的分销过程中至少转移一次

在特定条件下,产品生产者可以将其产品直接销售给消费者(用户),这时,分销渠道最短,产品所有权只被转移了一次。但在绝大多数情况下,生产者必须通过中间商转卖产品,因此产品被转移的次数将会增加,产品转移的次数越多,分销任务就越多,分销渠道就越长。

4. 分销渠道存在多种流通辅助形式

在分销渠道中,与产品所有权转移直接或间接相关的,还有一系列流通辅助形式,如物流、信息流、资金流等,在产品分销过程中也发挥着不可或缺的作用。

三、分销渠道的流程

分销渠道将产品从生产者转移到消费者的过程中存在商流(所有权流程)、物流(实体流程)、资金流(付款流程)、信息流和推广流(促销流程)等五个流程,有些流程(实物、所有权和促销推广)是正向流程,从生产者逐步流向消费者;付款资金则是反向流程,从渠道下级环节流向上级环节;信息是双向流程,在渠道各环节之间双向互动流动。分销渠道流程如图12.1所示。

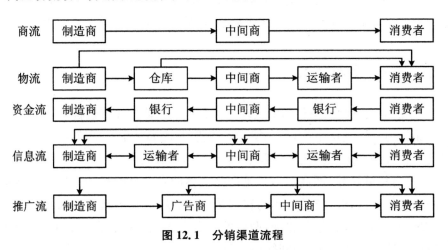

图12.1 分销渠道流程

物流(实体流程)是指产品实体从制造商转移到最终消费者的过程。商流(所有权流程)是指产品所有权从一个渠道成员向另一个渠道成员的转移过程。资金流(付款流程)是指货款在各渠道成员之间的流动过程。信息流是指各渠道成员之间相互传递信息的过程。推广流(促销流程)通常是指上游渠道成员运用广告、人员销售、公共关系、促销活动等对下游渠道成员施加影响的过程。

四、分销渠道的类型

分销渠道不是一成不变的,新型的批发机构和零售机构不断涌现,全新的渠道系统又在逐步形成。这里我们主要按照渠道成员相互联系的紧密程度,将其分为传统渠道和渠道系统两大类型。

1. 传统渠道

传统渠道是指由独立的生产者、批发商、零售商和消费者组成的分销渠道。这种渠道的每一个成员均是独立的,他们都为追求其自身利益最大化而与其他成员短期合作或展开激烈竞争,没有一个渠道成员能完全或基本控制其他成员。随着科技进步和社会经济的发展,传统渠道正面临着严峻挑战。

2. 渠道系统

渠道系统是指渠道成员采取不同程度的联合经营或一体化经营而形成的分销渠道体系。

(1) 垂直营销系统。垂直营销系统是由生产商、批发商和零售商所组成的一个联合体。某个渠道成员拥有其他成员的产权,或者是一种特许经营关系,或者这个渠道成员拥有相当实力,其他成员愿意合作。垂直营销系统可以由生产商支配,也可以由批发商或者零售商支配。由生产商控制渠道系统的例子,如可口可乐领导了软饮料渠道,宝洁公司则领导了洗衣粉渠道。垂直营销系统能够通过其规模、谈判实力和重复服务的减少而获得利益。在美国的消费市场中,它已成为主要渠道方式,其服务覆盖全美市场的70%以上。在中国,娃哈哈的销售联合体引领了饮料销售渠道,格力的销售体系控制着其空调产品分销渠道。垂直营销系统有公司式垂直营销系统、管理式垂直营销系统和合同式营销系统三种主要形式。

(2) 水平市场营销系统。水平市场营销系统由两个或两个以上公司联合资源或方案共同开发市场机会。这是分销系统中同一环节企业之间的联合。由单一公司所有的零售连锁集团就属于水平营销系统。沃尔玛公司这种大型零售连锁的发展就是针对制造商为首的垂直营销系统对流通领域的控制。还有一种可称为共生营销的水平式营销系统,如某些公司或因资本、生产技术、营销资源不足无力单独开拓市场,或因不愿冒风险、或因看到与其他公司合作可以带来巨大的协同效益,因而组成水平营销系统。

(3) 多渠道营销系统。当一个生产商利用两个或更多的市场营销渠道以接触一个或更多的细分市场时,就出现了多渠道营销系统。随着细分市场和可能性渠道的不断增加,越来越多的生产商采用多渠道营销系统。通过增加更多的渠道,生产商增加了市场覆盖面和个性化定制销售。然而获得新渠道也需要付出代价。引进新渠道还会产生冲突和控制问题,两个或更多的渠道可能会为争夺同一客户而竞争,同时新渠道将更具独立性,并使合作越来越困难。因此,生产企业实行多渠道营销必须加强渠道的控制与协调,使多渠道系统健康发展。

(4) 电子商务系统。这是随着互联网技术的商用普及而发展起来的销售渠道系统,生产制造或电子商务企业通过电商网站和移动客户端发布产品信息开展网络营销,接受顾客网上订购,通过电子支付结算货款,然后通过快递将产品配送到家。电子商务没有实体渠道,只有网络虚拟渠道,打破了产品销售的空间和时间限制,方便了顾客,扩大了市场。在中国,阿里巴巴和京东是发展最快规模最大的电子商务企业,小米是借助电子商务发展得最快的产品品牌。

第二节 中间商与流通业态

一、中间商的功能

中间商是指介于生产者和消费者(用户)之间,专门从事产品流通活动的经济组织或个人。中间商的具体功能表现在以下几个方面:

1. **提高销售活动效率的功能**

如果没有中间商,生产制造企业直接将产品销售给消费者,工作流程将非常复杂,工作量特别大。没有中间商,消费者购物空间距离和时间耗费大大增加。中间商简化了交易复杂程度,降低了交易时间与空间成本,提高了交易效率。

2. **集中、平衡和扩散产品的功能**

集中功能就是通过采购活动把若干生产企业的产品集中起来;平衡功能就是将各种不同的产品根据不同的细分市场需要加以平衡分配,满足各种需要;扩散功能就是将集中采购的大量产品运销各地,从而满足不同地区消费者的需要。

3. **帮助生产企业分销产品的功能**

如果没有中间商,生产企业就要担负起产品中转销售、储存和运输等分销功能,这样就会分散从事技术研发和产品生产的精力,不利于提高专业分工效率。而让中间商承担这部分功能,不仅可以降低成本,而且可以扩大产品流通。

4. 营销传播和市场推广的功能

中间商部分承担了生产企业在消费地市场的营销传播和市场推广功能。中间商为了更好地分销产品，需要结合地方媒体资源和接近本地消费者的优势，在开展商业品牌宣传的同时，整合制造商的品牌资源和营销资源，传播和推广制造商品牌和产品。正是从这个意义上来说，中间商不止是分销渠道，而且是营销渠道。

二、经销商和代理商

经销商是指从事产品交易业务，在产品买卖过程中能够取得产品所有权的中间商。其利润来源主要是产品的进销差价。一旦买进产品，则产品的销售风险与利益均由经销商自己独立承担。

代理商是指接受生产者委托代理产品销售，但不取得产品所有权也不承担市场风险的中间商，其利润主要来源于服务手续费或销售佣金。

中国企业在国内市场通常和经销商合作，通过经销商拓展市场分销产品，在海外市场通常和代理商合作，通过代理商在不熟悉的海外市场分销产品。但在营销实践中，中国多存在经销商和代理商概念混用的状况，并不严格区分经销商和代理商的概念。

三、批发商和零售商

1. 批发商

批发商是从事产品大规模采购与转卖的中间商。批发商处于产品流通起点和中间阶段，交易对象是生产企业、下游批发商和零售商，一方面向生产企业或上级批发企业采购产品，另一方面又向下级批发商或零售商批量销售产品。批发商并不直接服务最终消费者。批发商在分销渠道结构中扮演了重要角色，是联系生产者与零售商的桥梁和纽带，批发商的一些独特功能是生产者或零售商无法替代的。按批发产品的种类，可分为一般批发商和专业批发商，前者经营产品种类繁多，后者只经营某一类或几类产品；按服务地区范围大小，可分为全国性批发商、区域批发商和地方批发商；按是否拥有产品所有权，可分为经销批发商和代理批发商；按批发层次，可以分为一级批发商和二、三级批发商。

2. 零售商

零售商是指将产品直接销售给最终消费者的中间商。零售商是分销渠道的最终环节，承担着产品价值最终实现的任务，对于企业和国民生活都有着重要的意义。零售商的行业特征是：

（1）终端细致服务。零售商面对的终端顾客每次购买数量小，要求产品档次、花色品种齐全，提供购买与消费的方便服务，从而形成了零售商少量多次进货、低库存，重视现场促销和细节服务体验的特点。

（2）业态丰富多元。为解决顾客需求多样、快速变化与零售经营规模效益之间的矛盾，适应不同消费者群体需要，零售业的经营方式（即零售业态）呈现多元化特点。存在百货商店、超级市场、专业商店、连锁商店、折扣商店、便利店等各具特色的多元业态，而且还在不断创新。

（3）商圈范围有限。与批发销售辐射范围不同，零售商的顾客主要是商场附近的居民和流动人口。这是实体零售商经营的重要特点。

（4）竞争非常激烈。零售商之间的竞争更为直接，更加激烈。不但要经常进行店面装修和形象调整、产品布局调整，还要频繁开展促销活动，千方百计吸引客流。

零售商的种类繁多，可以分为实体零售商店、无店铺零售和虚拟电商等类型。主要类型包括：

（1）零售商店。零售商店又称单体零售店铺，是较为传统的零售业态，主要有以下6种类型：

① 百货商店。百货商店指综合经营各类产品的零售商店，其特点主要是：产品种类丰富齐全，客流量大，资金雄厚，人才齐全，重视商誉和企业形象，注重购物环境和产品陈列。

② 专业商店。专业商店指专门经营某一类产品或某一类产品中的某一品牌的商店，突出"专"的特点。

③ 超级市场。超级市场是以主、副食及家庭日用产品为主要经营范围，实行敞开式售货、顾客自我服务的零售商店。这种零售组织最初诞生于20世纪30年代的美国，早先的超级市场以出售食品为主兼营少量杂货，现在已向多品种、大型化方面发展，经营的产品多属于价格比较便宜的中低档产品，但产品包装生动化、规格化、条码化，以替代售货员的产品介绍和导购服务，自动吸引顾客自主购买产品并便于扫码快速结算。

④ 便利商店。接近居民生活区的小型商店。营业时间长，以经营方便品、应急品等周转快的产品为主，并提供优质服务。如饮料、食品、日用杂品和快递服务等。

⑤ 折扣商店。以低价、薄利多销的方式销售产品的商店。其特点包括：设在租金便宜但交通繁忙的地段；经营产品品种齐全，多为知名度高的品牌；设施投入少，尽量降低费用；实行自助式售货，提供的服务很少。

⑥ 仓储商店。仓储商店是20世纪90年代后期才在我国出现的一种折扣商店，其特征包括：位于郊区低租金地区；装修简单，货仓面积很大，一般不低于1万平方米；以零售的方式运作批发，故又称量贩商店；通常采取会员制销售来锁定顾客。

(2) 综合零售业态。众多零售商店形成的零售商业生态，是城市化发展和商业资本集中带来的实体商业繁荣业态，主要包括以下3种类型：

① 连锁商业。在核心企业(连锁总部)的统一领导下，实行集中采购和分散销售，通过规范化经营管理，实现规模经济效益的现代流通组织形式。

② 商业街区。由经营同类的或异类的产品的多家独立零售商店集合在一个地区形成的零售商店集中区，也有集购物、休闲、娱乐综合功能于一体的商业街。

③ 超大规模购物中心(Shopping Mall)，是以大型零售业为主体，众多专业店为辅助业态和多功能商业服务设施形成的城市综合体。其显著特征，一是规模大，面积通常在10万平方米以上；二是功能全，集购物和其他商业服务甚至金融、文化功能于一体，容纳了众多不同类型的商店、餐饮店，购买、美容、娱乐、健身、休闲等功能齐全，是一种超巨型的商业零售模式。有庞大的停车场设施，顾客购物来去方便。

(3) 无店铺零售。指不通过实体店铺销售产品的零售业态，主要包括：

① 人员直销。销售人员直接上门推销产品。现在已经较少使用。

② 电话电视销售。利用电话、电视作为沟通工具，向潜在客户传递产品信息，顾客通过电话直接订货，卖方送货上门。受电子商务的影响，电话电视销售规模在下降。

③ 自动售货机。第二次世界大战以来，自动售货机被大量运用在高频次即时性消费的便利产品上，如饮料、食品等。公共场所常见自动售货机，但产品销售范围有限。2017年出现的无人超市和无人货架可以看成是自动售货机在互联网时代的新尝试。

④ 电子商务。指通过互联网虚拟渠道销售产品的零售业态。2010年以来实现了快速发展，是无店铺零售中体量最大、影响最大、竞争也最激烈的业态。微商也可以包括在这一类型之内。

第三节　分销渠道设计

一、分销渠道影响因素

1. 客户特性

分销渠道设计受客户人数、地理分布、购买频率、平均购买数量等因素影响。当客户人数多而分散,且经常小批量购买,则需要采取广泛性的长渠道分销。当客户人数不多,集中分布,购买频次不高时,则只需要采取短渠道和窄渠道分销。

2. 产品特性

产品的理化特性和技术特性直接影响分销渠道。产品的体积和重量直接影响运输和储存的方式、流程、效率和费用,体积大的笨重产品应尽可能选择短渠道分销,小而轻的产品则可考虑采取间接渠道分销。易腐烂和易损耗的生鲜产品适用短渠道或采用直接渠道和专用渠道,理化性能稳定的产品适用长渠道和宽渠道。价值高的工业品和耐用消费品适用短渠道和窄渠道,价值低的日用消费品适用长渠道和宽渠道。快时尚及流行性程度高的产品适用短渠道,款式不易变化的经典产品适用长渠道。标准化程度高和通用性强的产品适用长渠道和宽渠道,非标准化产品适用短渠道和窄渠道。产品技术越复杂,需要的售后服务要求越高,适宜采用直接渠道或短渠道。

3. 竞争特性

分销渠道的设计还受到竞争对手分销渠道的影响。当市场竞争不激烈时,可采用同竞争者类似的分销渠道,反之,则采用与竞争者不同的分销渠道。还有某些行业的生产者采用与竞争者相同或相近的分销渠道和地点以与竞争者抗衡。例如,食品生产者就希望其品牌和竞争品牌摆放在一起进行销售。

4. 企业特性

企业规模和渠道控制能力对渠道选择具有影响。规模大的企业需要更广泛的市场和更多的渠道,而渠道控制能力强的大企业能够驾驭复杂的渠道。渠道控制能力不强的大规模销售企业只能依赖中间商。规模不大但希望做大的企业,通常控制渠道的愿望较为强烈,往往选择短而窄的渠道。希望借助现有渠道实现发展的企业,往往渠道控制愿望不强烈,因而会放任渠道发展。

5. 环境特性

经济形势和法律规定对分销渠道的设计也有较大的制约性。当经济萧条和衰退时,企业往往采用短渠道;当经济形势好转时,则可以考虑长渠道。国家政策、国际惯例也可能限制某些分销渠道的安排。如专卖制度、反垄断法等因素也都影响企业对分销渠道的选择。

二、分销渠道长度设计

1. 分销渠道层级

分销渠道可以按照中间环节(层级)的多少来进行分类。在产品从生产者向消费者转移的过程中,任何一个对产品所有权实现一次转移承担促进职能的中间销售环节都叫做一个渠道层级。一般将分销渠道分为4级,渠道层级多的叫做长渠道,渠道层级少的叫做短渠道。

(1)零级渠道。又称直接渠道,即制造商—消费者。这是没有中间商参与的一种渠道模式。在零级渠道中,产品或服务直接由制造商销售给消费者。零级渠道是大型或贵重产品以及技术复杂、需要提供专门服务的产品销售采取的主要渠道。在IT产业中,联想、IBM、HP等公司设立的大客户部或行业客户部等就属于零级渠道。DELL的直销模式也是一种典型的零级渠道。

(2)一级渠道。包括一个渠道中间商,即制造商—中间商—消费者。在消费品市场上,这个渠道中间商则通常是零售商;在工业品市场上,中间商通常是一个代理商或经销商。

(3)二级渠道。包括两个渠道中间商,即制造商—批发商—零售商—消费者,或者是制造商—代理商—零售商—消费者。在消费品市场上,这两个渠道中间商则通常是批发商(或代理商)与零售商;在工业品市场上,这两个渠道中间商通常是二个层级的代理商。

(4)三级渠道。包括三个渠道中间商,即制造商—经销商—批发商—零售商—消费者。这类渠道主要出现在市场范围宽广、市场层级丰富的日用品和快消品行业。一些小型的零售商通常不是大型经销商的服务对象,因此,便在大型经销商和小型零售商之间衍生出一级中小批发商,形成三级渠道结构。

2. 采用直接渠道

直接渠道也就是零级渠道,是指生产企业不通过中间商环节,直接将产品销售给消费者。直接渠道是工业品销售的主要方式。例如大型设备、专用工具及技复杂需要提供专门服务的产品,适宜采用直接分销。飞机、船舶等产品必须按照客户订单生产直供客户。部分消费品如鲜活产品和手工制品也适宜于以直接渠道销售,并有长期以直接渠道销售的传统习惯。B2C电子商务是互联网时代发展最为迅速的直接渠道模式。

采取直接渠道的优点是:① 企业可迅速及时地获得信息反馈,了解市场动态,据以制定适宜的营销策略;② 对于技术复杂的专用产品,可以根据特定需求特征与数量安排生产;③ 生产者直接向客户推介产品,便于客户掌握产品的性能、特点和使用方法;④ 可以降低流通费用,掌握价格的主动权,积极参与竞争。直接渠道的不足是:销售范围受到较大限制、市场拓展速度较慢等。

3. 采用间接渠道

间接渠道是指生产企业通过中间商环节把产品销售到消费者手中,产品经由一个或多个商业环节转手销售到消费者(用户)。间接渠道包括一级渠道、二级渠道和三级渠道。间接分销渠道是消费品分销的主要类型,工业品中也有部分产品采用间接渠道进行分销。

采用间接渠道,制造商可以集中精力从事技术研发和产品生产,有利于提高产品技术含量和质量,有利于扩大产品销售的市场范围和市场占有率。不足在于使制造商与消费者之间直接沟通不便,制造商难以直接了解消费者需求,中间环节太多会增加营销成本。

三、分销渠道宽度设计

在分销渠道设计中,渠道宽度是指分销渠道的每一个层级中使用同类型中间商数量的多少。使用的同类中间商多,称为宽渠道。使用的同类中间商少,称为窄渠道。但渠道宽窄并无严格划分标准,不同行业之间差距也较为明显。分销渠道宽度的设计包括3种策略:

1. 采用密集性分销渠道策略

密集性分销渠道策略也叫广泛性分销渠道策略,是指制造商在每个渠道层级运用尽可能多的中间商分销,尽可能拓宽分销渠道,以扩大产品销售。密集分销意味着广泛的产品市场覆盖率,并导致渠道成员之间的激烈竞争。消费品中的日用品和快消品多采用密集型分销渠道策略。工业品中的补给品等也常用密集型分销渠道策略。

密集性分销渠道策略带来的广泛深度市场覆盖,极大地方便了消费者购买产品,能够推动产品销售广泛持续增长,并有效阻击竞争对手。采用密集型分销渠道策略,企业必须广泛实行深度分销,实行市场的精耕细作。但缺点往往也由此而来,企业必须耗费大量的营销资源,分销商之间也因为竞争激烈而容易出现市场违规操作,加大了企业市场管理的难度。

2. 采用选择性分销渠道策略

选择性分销渠道策略是指生产制造企业在每个分销层级都通过少数精挑细选的优秀分销商来销售产品。在这种渠道策略中,每一层级分销机构成员都不止一家,但又不是让所有愿意参与的分销机构都进入分销渠道队伍。一些已建立信誉的企业或一些快速成长的企业,往往利用选择性分销渠道策略来吸引优秀分销机构的加入。与密集性分销渠道策略相比,选择性分销渠道策略具有较强的控制力,成本也较低。选择性分销渠道策略理论上适合所有的行业,尤其适合消费品中的选购品和特殊品。

在营销实战中,选择性分销渠道策略较难把握的问题是渠道成员合适数量的界定和市场区域范围的划分和衔接。分销渠道成员数量多了,虽然有利于市场销售和客户选购,但也可能出现市场交叉与重叠,造成渠道成员之间的矛盾冲突;分销渠道成员数量少了,又会形成市场覆盖不足,留有市场空白,丢失销售机会。

3. 采用独家性分销渠道策略

独家性分销渠道策略也叫专营性分销策略,即生产企业在一定地区、一定时期只选择一家中间商销售自己的产品。独家分销的特点是市场覆盖面较小,竞争程度低。一般情况下,只有当企业想要与中间商建立长久而密切的合作关系时才会使用。因为独家分销渠道策略比其他任何形式的分销更需要企业与中间商之间的紧密合作,其成功是相互依存的。采用独家分销通常双方要签订协议,在一定的地区、时间内,规定中间商不得再经销其他竞争者的产品;生产商也不得再找其他中间商经销该产品。

当产品针对的是专业市场,或产品虽然具有别具一格的高附加值和技术上的不可替代性,但由于市场容量有限、而且市场不容易进入和维护的情况下,需要考虑采用独家性分销渠道策略,利用独家分销的紧密合作优势,厂商双方共同开拓市场,共享市场成果。

独家性分销渠道策略的优点是可以充分调动分销商市场投入和市场推广的积极性,可以较好地规范和控制市场。不足之处主要是由于缺乏渠道竞争会导致经销商斗志松懈和市场努力程度下降,也容易导致分销商利用独家分销地位怠慢客户。

四、分销渠道结构设计

分销渠道需要在一定的时间内保持稳定性，但也需要随着市场和企业发展而调整。当企业采用两种以上的分销渠道类型时，就出现了分销渠道结构的设计与规范问题。

初创企业通常是通过单一渠道进入单一市场的。为促进企业的发展壮大，原来单一的渠道模式已经不适用了，需要增加新的分销渠道类型，并与原有分销渠道建立合理结构且保持协调运行。已经发展起来的大型企业，为了巩固市场地位、维护市场份额，并寻求新的市场突破，也需要在已经建立起来的多元渠道结构模式中进行优化设计，淘汰不适应市场发展的旧渠道，发展适应市场发展趋势的新渠道，形成动态优化的分销渠道结构模式。

比如，一家20世纪90年代创建的家电企业，最初是通过避开激烈竞争的城市市场，从开拓农村家电专卖渠道占领竞争尚不充分的农村市场发展起来的，进而通过开拓城市百货商店渠道和专业商店渠道进入城市市场。2000年以来，为应对城市家电连锁的快速发展，该家电企业又建立了家电连锁大客户渠道，由于专业商店渠道受家电连锁冲击业务萎缩，遂取消了专业商店渠道。2010年以来，为顺应电子商务快速发展趋势，该家电企业又建立了电商渠道。因此，现在这家家电企业就形成了电商渠道、家电连锁渠道、城市百货渠道和农村专卖渠道并存的渠道结构模式，而且各种渠道在市场规模、结构比例、市场投入和资源分配上保持着合适比例与动态平衡。

从横向上来看，渠道多元化是满足不同细分市场、尽可能覆盖广阔市场的需要。多元化渠道结构在快速消费品、消费类电子产品（如手机、电视、数码产品）等领域应用最为广泛。企业采取多元化、复合渠道模式，多种流通模式同时并存，如既有直营，亦有分销，甚至包括直销等。但多元化渠道带来的问题是渠道冲突和资源分配难题，甚至因此影响渠道的整体效能。因此，渠道多元化对于企业的营销管理能力也提出了巨大挑战。

从纵向上来看，渠道扁平化是加快产品流通，实现产品快速分销和规范控制市场的需要。市场和行业的发展，尤其是电子商务的快速增长，已经让渠道扁平化成为现实，计算机技术和互联网技术的发展已经为渠道扁平化奠定了扎实的技术基础，未来大数据、云计算和人工智能的应用或许将为渠道扁平化提供更强大的技术支持。

第四节 分销渠道管理

一、选择分销渠道成员

选择渠道成员就是从众多相同类型的分销成员中选出分销伙伴,在分销实践中主要表现为选择经销商。经销商选择得是否得当,直接关系着企业的营销绩效。经销商的选择标准,可以参考以下"6C"要求:

1. Character——业态特征

选择经销商要考察其业态特征和产品经营范围。应该选择主流业态的经销商以帮助企业占领主流市场,或者与企业目标客户适应业态的经销商以帮助企业成功进入目标市场。应该选择经销本企业同类产品的经销商,避免经销竞争产品的经销商。

2. Coverage——覆盖范围

选择经销商要考察其市场覆盖范围和市场辐射能力,一是经销商的市场覆盖范围要与企业产品的目标市场空间范围一致,二是经销商的顾客定位要与企业的目标消费者定位一致。而企业分销成员中的重要零售商的选择,地理覆盖范围和目标市场定位尤其重要。

3. Continuity——持续经营

分销渠道是相对稳定的营销策略,持续经营能力是选择经销商的重要考核因素。难以长期持续经营的经销商不仅会贻误企业市场时机,还有可能造成企业货物和资金损失。能够持续经营的经销商则能保持企业市场的长期稳定发展。

4. Control——可控制性

优秀的经销商具有强大的市场开拓能力和产品分销能力,但也可能具有反制制造商的倾向和行为,如果制造商遇到不可控制的中间商,类似"强龙拗不过地头蛇",就有可能失去区域市场控制权,因此选择经销商需要考虑对方的合作意愿和配合精神,保证渠道和市场的可控制性。

5. Cost——成本费用

优秀的经销商具有一定的身价和合作门槛,对制造商的供货价格和利润要求也可能比较高,因此选择经销商还需要考虑成本费用,尤其是中小制造商高攀强势经销商特别需要慎重考虑。如果合作成本费用过高,还得不到经销商主推,很有可能得不偿失。

6. Capital——资本实力

经销商的市场运作能力和产品分销规模,与其资本实力有一定的关系。大规模、快节奏、高效率分销产品的制造商,一定要选择资本实力强、市场运作能力强、货款结算快回笼快的经销商。

二、激励分销渠道成员

制造商不仅要优选经销商,而且要在合作过程中适度激励经销商,避免激励过分或激励不足。

当制造商给予经销商的优惠条件和奖励刺激超过正常水平时,就会出现激励过分的情况,其结果是企业销量可能因为经销商受到高度激励冲刺业绩而提高,但企业也为之付出更多代价而导致利润下降。当制造商给予经销商的条件过于苛刻,以致不能激励经销商的销售努力时,则会出现激励不足的情况,其结果是销量降低且利润减少。所以,制造商必须确定应花费多少力量以及花费何种力量来激励经销商。

一般来讲,对经销商的基本激励水平,应以合作协议和销售政策为基础。如果仍然激励不足,制造商还可采取多种措施增加激励:① 提高经销商的毛利率,提高经销商盈利水平;② 延长结算周期,放宽信用条件;③ 提高价格折扣;④ 增加广告投放力度、促销活动力度或推广补贴力度;⑤ 提高销售奖励和销售返利力度;⑥ 增加销售与市场培训力度等。

如果这些正向激励不能奏效,制造商还有必要采取一些消极的惩罚性手段对经销商进行负激励,例如,威胁减少畅销产品的供应、降低补贴和奖励力度,减少对经销商的服务,甚至终止双方合作关系等。但是如果负激励不得法,效果甚至可能适得其反。

一些有经验的制造商往往善于综合运用以下 5 种力量来激励经销商,以获得经销商的合作:

(1) 强制力。强制力是指制造商对不合作的经销商(如销售业绩下滑、市场运作不规范、扰乱市场价格、窜货扰乱市场秩序等)提出警告或执行罚款、断货甚至终止合作关系而形成的威慑力和制约力。制造商品牌和产品越强势,经销商对制造商依赖性越强,这种强制力就越有效果。

（2）法定力。法定力是制造商依据双方合作协议而合法行使职责与权力所形成的约束力。如果经销商认为制造商在法律上占据有利地位,法律力量对经销商行为就能起到约束作用了。

（3）奖赏力。奖赏力是制造商对经销商积极完成目标任务给予奖励形成的利益刺激力和诱惑力。奖赏力通常比强制力效果更好,但也存在负面效应,比如存在边际效应递减效应,经销商完成目标任务不是出于职责本能而是出于外部物质刺激等。

（4）专长力。专长力是制造商拥有令经销商敬佩的专业知识与能力优势所形成的影响力。比如制造商洞察和引领市场的能力、技术研发实力、品牌打造能力、市场开拓能力和市场规范能力强大,使得经销商得到市场运作能力的提升和经济效益的保障。制造商的专长力能够很好地引导和激励经销商的行为。

（5）感召力。感召力是因制造商的品牌魅力和人格魅力导致经销商产生以与制造商长期合作为荣的精神力量。对合作伙伴高度负责、对社会承担责任的优秀品牌,最具有感召力。

感召力、专长力和奖赏力是正激励作用更明显的力量,法定力和强制力是负激励作用更明显的力量。更多使用感召力、专长力和奖赏力,更少使用强制力和法定力,更有利于激励经销商,更有利于塑造双方长期友好紧密合作关系。

三、评估分销渠道成员

制造商除了选择和激励渠道成员外,还必须定期地、客观地评估他们的行为和绩效。如果某一渠道成员的绩效过分低于既定标准,则需要和渠道成员一起分析原因并寻找改进方法,帮助其提升业绩,如果业绩得不到有效提升则需要适时考虑调整。

分销渠道成员定期常规评估,标准主要来自于合作协议以及所签订的销售目标任务。评估考核的基本指标包括:

（1）销售任务完成率。这是分销渠道成员考核最基本的数量指标。依据实际销售任务完成金额占销售任务目标金额的比值计算。

（2）销售回款完成率。这是分销渠道成员考核最重要的质量指标。依据实际销售回款金额占销售回款任务目标金额的比值计算。

（3）销售业绩增长率。这是考核分销渠道成员销售发展趋势的指标。依据本期销售业绩与上年同期对比或上期环比计算。销售业绩可以用销售金额作为依据,也可以用销售回款金额作为依据。

(4) 市场运作规范度。考核分销渠道成员按照合作协议和市场营销方案规范市场运作的情况,是否存在窜货等跨区域销售情况,是否存在低价冲击市场情况,是否存在擅自降价情况,等等。

(5) 客户服务满意度。考核分销渠道成员客户服务水平和质量情况,如有无客户表彰,有无客户投诉,客户投诉处理及时率与满意度,等等。

在一些特定阶段,对分销渠道成员还需要根据营销策略和市场推广重点任务进行阶段性专项任务完成情况考核评估。通常情况下,阶段性评估考核的专项指标主要包括:

(1) 渠道开发。考核分销渠道网点开发完成情况。

(2) 铺货上样。考核销售终端产品铺货和上样情况。

(3) 广告发布。考核产品广告正确发布执行情况。

(4) 促销活动。考核促销活动开展场次和效果情况。

(5) 销售培训。考核销售人员产品知识与销售技能培训效果情况。

分销渠道成员考核评估的方法主要包括纵向比较法和横向比较法两种。

(1) 纵向比较法。主要是以各分销渠道成员的销售任务完成率和销售回款完成率两项指标为标准进行纵向历史对比,评估各分销渠道成员的销售业绩变化情况,分析渠道成员业绩上升或下降原因,并提出改进措施。

(2) 横向比较法。主要是以各分销渠道成员的销售任务完成率和销售回款完成率两项指标为标准进行横向对比,评估各分销渠道成员的销售业绩排名顺序,分析渠道成员排名靠前或靠后的原因,为调整分销渠道成员提供依据。

四、调整分销渠道

根据分销渠道成员的评估情况,结合市场环境发展变化趋势、企业营销战略规划和分销渠道策略,企业需要思考是否进行分销渠道调整,何时进行分销渠道调整,以及如何进行分销渠道调整。通常情况下,制造商分销渠道调整的方式及其背景有以下3种情况:

1. 增减渠道成员

这是指在某一分销渠道里增减个别经销商,而不是增减某种渠道模式。经过考核,对销售业绩不佳、难于有效改进和提升、不能继续与之合作的经销商,必须终止合作,同时增补新的经销商继续维护市场。为了开拓新的区域市场,还需要发展新的经销商。

2. 增减分销渠道

这是指增减某一渠道模式,而不是增减渠道里的个别经销商。当某种分销渠道销售业绩一直不够理想,或者市场需求扩大而原来的渠道模式不能满足需求时,企业可以考虑在全部目标市场或某个区域内撤销这种渠道类型,而增设另外一种渠道类型。在减少或增加某条渠道时,制造商要考虑增减某一渠道会带来的经济效益以及其他渠道的反应,并且要估计到被剔除的渠道日后可能成为本企业渠道的竞争者,令保留的渠道产生不安全感,从而导致销量降低等的可能性。

3. 调整整个分销渠道

这是指制造商对全部渠道都进行调整。有时由于市场和流通环境发生重大变化,企业对原有渠道进行部分调整已难以适应市场的重大变化,必须对企业的分销渠道进行全面的调整,如直接渠道改为间接渠道,单一渠道改为多渠道等,才能适应新趋势、新环境。这种调整是最困难的。它不仅是全部销售渠道的改变,而且还会涉及营销策略组合的系统改变。因此需要进行系统分析和慎重决策,以防考虑不周造成重大失误。

第五节 分 销 物 流

一、物流与分销物流

市场营销不仅意味着发掘并刺激客户的需求和欲望,而且还意味着适时、适地、适量地将产品实体提供给客户。为此企业必须提供分销物流服务。优质的分销物流服务,对于方便客户购买、增强企业竞争能力、降低成本费用、提高企业效益,具有重要的意义。比如,京东自建物流提高配送速度就是京东快速发展并区别于淘宝的核心竞争力。

物流一词最早出现在美国,第二次世界大战中,围绕战争供应,美军建立了"后勤"(Logistics)理论。此时的"后勤"是指将战时物资生产、采购、运输、配给等活动作为一个整体进行统一部署,以使战略物资补给的费用更低、速度更快、服务更好。随后这一概念被运用于经济领域,在我国曾一度叫做"产品储运"。

整体物流是一个系统的供应链,包括原料采购供应物流、在产品制造物流和产品分销物流。在市场营销的分销渠道策略中,主要是指分销物流。分销物流是指产品从出厂到送达最终消费者这一阶段的物流,不包括原料采购供应物流和在产品制造物流。分销物流不仅包括产品的运输、保管、装卸和搬运,而且还包括开展这些活动所伴随的信息流,所以经济高效的分销物流需要信息技术支持。已有的计算机、产品条形码、卫星定位、数据传输和新兴的大数据、云计算与网络支付等技术的运用发展,提高了订单处理效率,降低了差错率,并改进了对分销物流的控制,使企业能够更好地满足客户的需要。

二、订货批量与存货控制

在实际销售工作中,销售人员总是喜欢企业备有充足的库存,以便随时满足客户的订货,但是维持大量存货对于企业来说存在困难,因为产品存货越多,占用资金越多,储存成本也越高。储存成本包括仓储费用、资金成本、保险费、折旧和报废等等,储存成本有时可能高达存货价值的30%,这就使企业的存货控制显得非常重要。但是存货过少,势必增加订货次数,则订货成本又会上升。因此,需要准确把握存货与订货的关系,在保证销售供应的前提下,实现总成本最低。合理的订货与存货控制方法主要包括:

1. 分类控制

将产品分为几大类,依类设定控制原则,分类进行产品存货与订货控制。常用的分类控制方法是ABC控制法,将产品按照销售量、价值额等指标分为A、B、C三大类,进行分类控制。A类产品数量不多,但是占销售金额的比重大,因此需要保障供应,备有充足的存货,防止缺货。C类产品数量众多,但是销售金额不多,存货应严格控制。B类产品则进行一般性控制。

2. 定量控制

定量控制的每次订购数量一定,订货周期按需求决定。定量控制需要确定安全存量,时常检查当前的存货是否减至订购点。

经济订货批量(Economic Order Quantity, EOQ)是存货定量控制与产品订购的一种计算方法,可以用来确定一次订货的最佳经济数量。当企业按照经济订货批量来订货时,可实现订货成本和储存成本之和最小化。经济订货批量的计算公式是:

$$Q^* = \sqrt{\frac{2CR}{PF}}$$

其中,C:年需要量,R:每次订货费用,P:单位产品价格,F:储存费用率。

3. 定期控制

定期控制订货的周期固定不变,订货的数量为存货水平的数量减去现存量,每次订货数量是不确定的。实行定期控制需要定期进行存货盘点以确定实际产品存货量,并计算订货数量。

三、订货受理与订单处理

订货受理和订单处理是企业物流信息系统的核心业务流程部分。由接到客户订货开始至准备着手拣货之间的作业阶段称为订单处理。它包括订单准备、订单传递、订单登录、按订单供货、订单处理状态跟踪等活动。订货受理与订单处理是影响销售效率与客户满意程度的重要因素。大多数企业都在努力缩短从订单到收款的周期,即从拿到订单、交货到付款的这段时间。该周期包括许多步骤:客户提交订单;订单受理和客户信用检查;存货与生产安排;订单和发票传递;产品发货、配送与交货;收到货款。这个周期越长,客户越不耐烦。因此,改善订货处理过程,缩短订货处理周期,提高订单满足率和供货的准确率,提供订货处理全程跟踪信息,可以大大提高客户服务水平与客户满意度,同时降低物流总成本。

订单处理可以通过人工或计算机等设备来完成。人工处理只适合少量的订单,人工处理大量订单速度会变得缓慢且容易出错,而计算机程序化处理能大大提高效率和准确率。

改善订货处理过程的动因主要来自两个方面:第一,从客户角度看,客户所购买的不仅仅是产品本身,更重要的是获得价值,感受到满意。而搜寻产品信息的便利性、订货处理状态跟踪的便捷性和物流配送的准确性等因素是实现价值与客户满意的重要保证。第二,从企业的角度来说,提高客户服务水平与降低库存及物流费用是一个十分重要的问题,运用先进的技术手段对业务流程进行重组与改进,在提高客户服务水平的同时降低物流总成本,获得竞争对手难以模仿的竞争优势,是一项至关重要的竞争战略。改善订货处理过程的关键因素有以下几点:

(1) 时间因素。订货处理过程的时间耗用,在企业来看通常理解为订货处理周期,客户则通常将之定义为订货提前期。改善的目标是在保证时间耗用稳定性的前提下,努力减少时间耗费,不要频繁大幅波动。

(2) 供货准确性因素。要求按照客户订单的内容提供准确品种、数量、质量的产品,并运送到正确的交货地点。当需要延期供货或分批送货时,应与客户充分协调与沟通,取得客户的同意。

（3）成本因素。与产品库存地点和数量、运输批量和运输路线有关。

（4）信息因素。通过完善的物流信息系统,向客户以及企业内部的生产、销售、财务及仓储运输等部门快速提供准确、完备的信息服务。

四、物流运输与产品配送

1. 物流运输的概念

运输是人和物的载运及输送。物流运输专指"物"的载运及输送。物流运输是在不同地域或地点范围之间改变"物"的空间位置的位移活动。

物流是"物"的物理性运动,这种运动不但改变了物的时间状态,也改变了物的空间状态。而运输承担了改变空间状态的主要任务,运输是改变空间状态的主要手段,运输再配以搬运、配送等活动,就能圆满完成改变空间状态的全部任务。运输和搬运的区别在于,运输是较大范围的活动,而搬运是在较小范围之内的活动。

运输是社会物质生产的必要条件之一。运输是国民经济的基础和先行行业。马克思将运输称之为"第四个物质生产部门",将运输看成是生产过程的继续,这个继续虽然以生产过程为前提,但如果没有这个继续,生产过程则不能最后完成。所以,虽然运输的这种生产活动和一般生产活动不同,它不创造新的物质产品,不增加社会产品数量,不赋予产品以新的使用价值,而只变动其所在的空间位置,但这一变动则使生产能继续下去,使社会再生产能够不断推进,所以将其看成是一种物质生产部门。

2. 物流运输三要素

从物流系统的观点来看,有三个因素对运输是十分重要的,即成本、速度和一致性。运输成本是指为两个地理位置间的运输所支付的款项以及与管理和维护运输中的产品有关的费用。运输速度是指完成特定的运输所需的时间。运输的一致性是指在若干次装运中履行某一特定的运次所需的时间与原定时间或与前面数次运输所需时间的一致性,它是运输可靠性的反映。提高物流运输的速度和一致性则是提高运输质量的必要条件。这是因为时间的价值是很重要的。在物流系统的设计中,必须发掘并管理运输的低成本、高质量,保证运输的一致性,较好地实现三者的平衡,这是物流管理的一项最基本的责任。

3. 物流运输的方式

运输方式影响到运输效率与运输成本,而这些又将影响客户的满意程度。企业在发货给经销商和客户时,可在以下 5 种运输方式中进行选择:

(1) 公路运输。这是主要使用汽车在公路上进行物流运输的一种方式。公路运输主要承担：① 近距离、小批量的货运；② 水运、铁路运输难以到达地区的长途、大批量货运；③ 铁路、水运优势难以发挥的短途运输。高速公路的贯通为公路运输创造了良好条件。公路运输的主要优点是灵活性强，对收到站设施要求不高。可以采取"门到门"运输形式，即从发货者门口直到收货者门口，而不需转运或反复装卸搬运。公路运输也可作为其他运输方式的衔接手段。

(2) 铁路运输。铁路运输主要承担长距离、大规模的货运，在没有水运条件的地区，几乎所有大批量货物都要依靠铁路运输，这是干线运输中起主力运输作用的运输形式。铁路运输的优点是速度快，载运量大，运输成本较低。主要缺点是灵活性差，只能在固定线路上实现运输，需要以其他运输手段配合和衔接。铁路运输经济里程一般在200千米以上。

(3) 水路运输。船舶水运主要承担大规模、长距离的运输，是干线运输中起主力作用的运输形式。在内河及沿海，水运也常作为小型运输工具使用，担任补充及衔接大批量干线运输的任务。水运的主要优点是成本低，能进行低成本、大批量、远距离的运输。但是水运也有显而易见的缺点，主要是运输速度慢，受港口、水位、季节、气候影响较大。

(4) 航空运输。这是使用飞机或其他航空器进行运输的一种形式。航空运输的速度快，但成本很高，因此，主要适合运载的货物有两类，一类是价值高、运费承担能力很强的货物，如贵重设备的零部件、高档产品等；另一类是紧急需要的物资，如救灾抢险物资等。

(5) 管道运输。这是利用管道输送气体、液体和粉状固体的一种运输方式。其运输形式是靠物体在管道内顺着压力方向循序移动实现的。和其他运输方式的重要区别在于，管道设备是静止不动的。管道运输的主要优点是，由于采用密封设备，在运输过程中可避免散失、丢失等损失，也不存在其他运输设备本身在运输过程中消耗动力所形成的无效运输问题。特别适合于大量连续不间断运送物资的运输。

在选择运输方法时，要考虑到速度、频率、可靠性、运载能力、可用性和成本等因素，因此现代企业已越来越多地将两种以上的运输方式通过集装箱结合起来使用。集装箱将产品装于箱内或挂车内，方便了两种运输方式的转换。例如，猪背联运是指铁路和卡车的联合运输；鱼背联运是指水路和卡车的联合运输；水陆联运是指水路和铁路联合运输；空中卡车联运是指航空和卡车运输结合使用。这些都已经被实践证明是具有独特优势的新的运输方法。

4. 物流运输合理化

运输合理化的影响因素很多,起重要影响作用的有5个方面的因素,称作合理运输的"五要素":

(1) 运输距离。简称运距。在运输过程中,运输时间、运输货损、运费、车辆或船舶周转等运输的若干技术经济指标,都与运距有一定比例关系,运距长短是运输方式选择是否合理最基本的影响因素。

(2) 运输环节。每增加一次运输,不但会增加起运的运费和总运费,而且还要增加运输的附属活动,如装卸、包装等,因此需要优化运输环节。

(3) 运输工具。各种运输工具都有其使用的优势领域,对运输工具进行优化选择,按运输工具特点进行装卸运输作业,最大限度发挥所用运输工具的作用,是运输合理化的重要一环。

(4) 运输时间。运输是物流过程中需要花费较多时间的环节,尤其是远程运输,在全部物流时间中,运输时间占绝大部分,所以,运输时间的缩短对整个分销物流时间的缩短具有重要作用。

(5) 运输费用。运费在全部物流费用中占很大比例,运费高低在很大程度上影响整个物流系统的竞争能力。

5. 产品配送

产品配送是指在经济合理区域范围内,根据客户要求,对物品进行分拣、包装和组配,并按时送达指定地点的物流活动。配送是在经济合理区域范围内的送货。配送不宜在大范围内实施,通常仅局限在一个城市或地区范围内进行。因此,配送在营销实践中,更多是指批发商对零售商的产品配送、电商对网购用户的产品上门配送。

配送是物流中一种特殊的综合活动形式,配送几乎包括了所有的物流功能要素,是物流的一个缩影或在某个小范围中物流全部活动的体现。配送提供的是物流服务,因此满足客户对物流服务的需求是配送的前提。由于在买方市场条件下,客户的需求是灵活多变的,消费特点是多品种、小批量的,因此从这个意义上说,配送活动绝不是简单的送货活动,单一的送货功能无法较好地满足客户对物流服务的需求,因此配送活动是多项物流活动的统一体。更有些学者认为配送就是"小物流",只是比大物流系统在程度上有些降低和范围上有些缩小罢了。

但是,配送的主体活动与一般物流却有不同,一般物流是运输及保管,而配送则是运输及分拣配货,分拣配货是配送的独特要求,以送货为目的的运输则是最后实现配送的主要手段。

配送和物流的不同之处还在于,物流是商流和物流分离的产物,而配送则是商流与物流合一的产物。虽然配送具体实施时,也有以商物分离形式实现的,但商流与物流越来越紧密的结合是配送发展的主要趋势。

配送是"配"与"送"的有机结合。所谓"合理地配"是指在送货活动之前必须依据客户需求进行合理的组织与计划。只有"有组织有计划"地"配"才能实现现代物流管理中所谓的"低成本、快速度"地"送",进而有效满足客户的需求。

本章小结

分销渠道承担着企业产品大规模、大范围、高效率的分销职能,同时还具有市场推广和销售促进的职能,因此分销渠道又称营销渠道。

中间商是分销渠道的重要成员,中间商的类型包括经销商和代理商、批发商和零售商,既有实体商业,也有虚拟形态的电子商务。经销商、大型零售商和电商平台在分销渠道中的作用和影响非常明显。

进行渠道设计应考虑客户、产品、竞争、企业和环境的特性等多种因素,合理设计分销渠道的长度、宽度和结构。分销渠道设计完成之后,还需要按照一定的标准选择渠道成员、激励渠道成员、评估渠道成员,并根据企业发展和市场需要对渠道成员乃至整个渠道进行改进和调整。

分销物流是实现产品销售的重要支持手段,分销物流管理要做好与销售任务的衔接,处理好订货批量与存货控制、订货受理与订单处理、物流运输与产品配送等环节。

营销理论知识练习

1. 简述分销渠道和营销渠道的概念。
2. 简述中间商的功能和分类。
3. 分销渠道的设计受到哪些因素的影响?
4. 怎样有效地管理分销渠道?
5. 如何对分销渠道成员进行激励?
6. 什么是物流运输三要素?如何做到合理运输?

营销实战模拟练习

选择你熟悉的一家生产企业,试为其制定合适的分销渠道方案。

第四篇

发展市场价值

◎ **第十三章　推动市场发展**
品牌发展战略·市场发展战略·市场竞争战略

◎ **第十四章　担当社会责任**
社会责任营销·营销行为伦理·营销道德修炼

第十三章　推动市场发展

经过市场研究、价值分析和定位、价值创造、传播与交换，一个产品的市场营销过程得以完成。众多产品营销过程的循环将成就一个成功创业的企业。但是企业继续发展壮大，必须实现企业市场价值的提升。因此，推动企业发展还需要营销者研究更具长远性和全局性的品牌发展战略、市场发展战略和市场竞争战略。

海尔的发展战略

海尔1984年创立于青岛。创业以来，海尔坚持以用户需求为中心的创新体系驱动企业实现持续健康发展，从一家资不抵债、濒临倒闭的集体小厂发展成为全球大型白色家电第一品牌。2017年全球营业额达到2419亿元。海尔经历了五个发展战略阶段：名牌战略发展阶段(1984～1991)，1985年，一位用户来信反映海尔冰箱有质量问题，首席执行官张瑞敏让员工用大锤一举砸毁76台有缺陷的冰箱，砸醒了员工的质量意识。这一阶段海尔专心致志做冰箱，实施全面质量管理，凭借质量赢得竞争优势。多元化战略发展阶段(1991～1998)，凭借国家鼓励兼并重组的时代机遇，兼并国内多家家电企业，进入空调、洗衣机和彩电等多元化产品领域。国际化战略发展阶段(1998～2005)，凭借中国加入WTO的时代机遇，采取"先难后易"战略，首先进入发达国家创名牌，再以高屋建瓴之势进入发展中国家，逐渐在海外建立起设计、制造、营销的"三位一体"本土化模式。全球化品牌战略发展阶段(2005～2012)，利用互联网发展的时代机遇，创造互联网时代的全球化品牌，探索"人单合一双赢"商业模式。网络化战略发展阶段(2012～2019)，创建互联网时代的平台型企业。2016年海尔以56亿美元收购美国通用电气(GE)家电业务。海尔旗下拥有海尔、统帅、卡萨帝、亚科雅(AQUA)、斐雪派克(Fisher&Paykel)、日日顺和通用家电等品牌。

案例思考

海尔发展战略路径给我们的启示有哪些？

学习目标

1. 理解品牌发展战略的主要内容。
2. 了解市场发展战略的主要内容。
3. 掌握一般性竞争战略的动因、时机、条件及弱点。
4. 了解竞争性营销战略的市场角色及其战略。

重点难点

1. 品牌发展战略的主要内容。
2. 市场发展战略的基本思路。
3. 一般性竞争战略的选择依据。

第一节 品牌发展战略

在市场经济条件下，品牌的命运维系着企业的兴衰。品牌还是国家与地区的重要象征之一，是一个国家或地区经济、科技和文化等综合实力的重要体现。因此，企业和政府都必须重视品牌发展战略，实施品牌发展战略，促进品牌发展壮大。

一、统一品牌战略

统一品牌战略是指企业所生产的所有产品都使用一个品牌，在企业不同的产品之间形成了一种最强的品牌协同结构，使品牌资产得到最充分的共享。

1. 统一品牌战略的优点

统一品牌战略的优点是企业可以集中力量塑造一个品牌形象，让一个成功的品牌带动若干种产品的市场，使每一个产品都能够共享品牌的资源优势。海尔多元化发展阶段采用的是统一品牌战略，从1984年的单一冰箱发展到空调、洗衣机和彩电等多元化产品，使用的全部是统一的"海尔"品牌。海尔品牌也作为企业名称和域名来使用,做到了"三位一体"。

统一品牌的另一个优点就是品牌运营的成本低,这里的成本不仅仅指品牌传播与市场推广的成本,而且还包括品牌管理的成本以及消费者认知的成本。统一品牌更能集中体现企业的意图,容易形成市场竞争的核心优势。

2. 统一品牌战略的缺点

统一品牌战略具有"一荣共荣"的优点,但同样也具有"一损俱损"的风险。如果某一品牌名下的某种产品出现了问题,那么在该品牌旗下的其他产品也难免会受到株连,甚至整个产品体系可能面临着重大的灾难。统一品牌不能区分不同产品独有的特征,不利于区分产品的差异化细分市场,因而难以有效开展差异化细分市场营销,也不便于消费者有针对性地选择产品。解决的办法,通常是在统一品牌之下使用产品"副品牌",形成主副品牌策略,用统一品牌塑造品牌的整体形象,用差异化的产品副品牌塑造产品特性。

海尔在统一品牌战略时代就采用了主副品牌策略。电冰箱在"海尔"统一品牌下,有王子和统帅等副品牌;空调器在"海尔"统一品牌下,有"超人"等副品牌。洗衣机在"海尔"统一品牌下,有"神童"等副品牌。这种统一品牌战略既保证企业集中力量塑造一个品牌形象,使每个产品都能够共享优势品牌的良好效应,又体现一个企业众多产品的差异性,更是扩大市场占有率的重要手段。

二、多品牌战略

1. 多品牌战略的含义及种类

多品牌战略是指企业同时使用两种或两种以上品牌,以便通过差异化品牌之间的互补效应实现企业品牌资产的最大化。多品牌战略有多种类型:

(1) 市场多样化导向的多品牌战略。即对同一产品品类在不同的细分市场采用不同的品牌。美国通用汽车是多品牌战略的首创者,旗下有凯迪拉克、别克、雪佛兰、庞蒂亚克等多个家族品牌,适应了美国汽车消费者需求的多样化和品牌忠诚度降低的趋势。这种多品牌战略的着眼点是市场的差异或多样化。品类较少的行业,如家电、汽车等,倾向于市场多样化导向的多品牌战略。

(2) 产品多样化导向的多品牌战略。即对同一企业的不同产品品类或同一品类的不同品种采用不同的品牌。如联合利华旗下有力士(香皂)、夏士莲(洗发水)、旁氏(化妆品)、和路雪(冰激凌)、洁诺(牙膏)、立顿(茶)、凡士林、梨牌和金纺等多个品牌,这种产品多样化导向的多品牌战略的着眼点是产品品类或品种的差异或多样化。品类或品种较多的行业,如精细化工、药品、食品、服装等,易倾向于产品多样化导向的多品牌战略。

(3) 综合多样化导向的多品牌战略。即对同一企业多种市场和多种产品分别采用多种品牌进行差异化区别。既有"市场+产品"形成的多品牌,也有"产品+市场"形成的多品牌。比如,海尔在国际化和全球化发展阶段,就有"市场+产品"形成的多品牌,有1998年上市的主销中国和海外主流市场的"统帅",有2007年上市的定位于国际高端家电的品牌"卡萨帝",两者在产品种类上存在重合,都包括冰箱和洗衣机等产品;"日日顺"则是海尔集团的综合服务品牌,旗下有物流、健康、乐家等产业平台。

2. 多品牌战略的特点

多品牌战略有两个特点:一是品牌的经营具有相对的独立性。在全球实施多品牌战略最成功的企业当数宝洁公司,它旗下的独立品牌曾经多达200余种。在洗发护发用品领域,就包括了海飞丝、潘婷、飘柔、沙宣等品牌;在清洁剂领域,有汰渍、碧浪、波得、依若、起而、利纳等品牌。事实上,很多消费者根本就不知道汰渍、碧浪、舒肤佳是同一个企业的。在宝洁内部,飘柔、潘婷和海飞丝分属于不同的品牌经理管辖,他们之间相互独立、相互竞争。二是不同的品牌针对不同的目标市场。飘柔、潘婷、海飞丝、沙宣的区别就在于:飘柔强调使"头发更飘、更柔";潘婷则突出"拥有健康,当然亮泽";海飞丝则是"头屑去无踪,秀发更出众";而沙宣是专业美发,走美容院路线。

3. 多品牌战略的作用

(1) 全面覆盖市场。多品牌战略是与差异化营销策略相匹配的品牌战略,能够分别占领各主要细分目标市场,由此增加市场覆盖率。

(2) 保护主力品牌。多品牌战略可以抵御竞争风险和市场危机,运用"田忌赛马"等竞争思维,保护主力品牌,维护整体利益。

(3) 活化主力品牌。新增加的品牌能够激发主力品牌的活力,满足忠实消费者的多样化需求,增强内部品牌之间的竞争性与战斗力。

(4) 成就规模经济。实行多品牌战略可以充分发挥企业整体规模经济效应。因为一家企业整合地生产多种产品的成本要低于多家企业分别地生产多种产品的成本之和。这也是多品牌与单一品牌相比最大的优势。

4. 多品牌战略的局限性

(1) 品牌成本高昂。打造一个知名品牌尚且需要付出大量的财力和人力,打造多个品牌则更需要投入高昂的品牌建设成本、品牌传播成本和品牌维护成本。

(2) 品牌管理困难。实施多品牌战略,需要数量众多的高素质的品牌管理人才,需要协调多个品牌之间的企业内部竞争、外部渠道竞争和终端市场竞争,要建立完善的跨部门管理协调体制,并在实际营销工作中实现良好的协调运作,这是非常具有挑战性的。

(3) 整体形象模糊。多品牌可能导致消费者认知困难,形成品牌形象杂乱、模糊不清甚至冲突抵触,从而导致企业整体品牌形象价值的降低或弱化。

因此,多品牌战略一般只适用那些具有强大营销资源实力和品牌管理能力的企业。对于实力和能力不强的企业来说,必须首先做大做强统一品牌,不能过早实施多品牌。如万象集团曾经注册了107个商标,其中较为知名的有"象牌""恒源祥""小囡"等。众多品牌"弱点"频频暴露:营销资源浪费,品牌宣传各自为战,产品销售网络多头开拓,相互"交叉""撞车"。经过反复权衡利弊得失后,万象集团果断决定,百种品牌重点抓一种,确定将全国著名商标"恒源祥"作为集团的总商标,做大品牌"蛋糕",其余商标则暂停使用。而多品牌战略运用能力最强的宝洁也在21世纪初业绩下滑的压力下削减了品牌数量。

三、品牌延伸战略

1. 品牌延伸战略的含义

品牌延伸战略是将已经成功的品牌用于新产品上的一种战略。当一个品牌有了足够的市场影响力和知名度的时候,就可以通过拓宽自己的产品系列来分享品牌所蕴含的潜在竞争力,成功的品牌延伸战略也可以通过品牌旗下产品阵容的扩大和市场的扩大进一步提高品牌影响力和竞争力。品牌延伸既可以是企业统一品牌的延伸,也可以是多品牌的延伸,比如宝洁的舒肤佳从香皂延伸到沐浴露。品牌延伸的方式主要有两类:

(1) 在产品质量档次上延伸。① 向上延伸,即在产品线上增加高档次产品生产线,使产品进入高档市场。② 向下延伸,即在产品线中增加较低档次的产品。但如果原品牌是知名度很高的高端品牌,这种延伸极易损害品牌的声誉,因此风险很大。③ 双向延伸,即原定位于中档产品市场的企业掌握了市场优势以后,决定向产品线的上下两个方向延伸,一方面增加高档产品,另一方面增加低档产品,扩大市场阵容。

(2) 在产品品类和相关产业上延伸。结合市场发展战略中的一体化发展途径,品牌延伸一是可以分别或同时向同一产业的上下游产品方向延伸,即向上向下延伸。二是进行产业平行延伸,即向行业水平方向延伸,一般适应于具有相同或相近的生产技术、目标市场和销售渠道的产品领域,这样一方面有利于新产品的营销,另一方面有利于品牌形象的巩固。

2. 品牌延伸战略的作用

品牌延伸战略是企业推出新产品,快速占有并扩大市场的有力手段,是对品牌资产的充分发掘和战略性运用,因而成为众多企业的现实选择。

(1)降低新产品上市的市场风险。新产品推向市场首先必须获得消费者的认识、认同、接受和信任,成熟品牌的信任背书能有利于消费者接受新产品,提高新产品成功率。

(2)降低新产品的市场导入费用。品牌延伸使得消费者对品牌的信任感较为自然地传递延伸到新产品上,可以大大减少新产品上市宣传和推广的营销传播费用。

(3)丰富品牌内涵强化品牌效应。品牌从单一产品向多产品延伸,丰富了品牌旗下的产品阵容,增强了品牌实力,活化了品牌形象,扩展和强化了品牌效应。

3. 品牌延伸战略的风险

品牌延伸既有收益也有风险。品牌延伸需要遵循规律,不能盲目延伸,否则就会陷入品牌延伸的陷阱。而在营销实践中,大量存在品牌错误延伸现象,大有"品牌是个筐,什么都可以往里装"之势,牵强附会地推出与原有品牌毫无关联的产品,战线拉得太长,往往得不到消费者的认可,结果为了吃"馅饼"而纷纷掉进"陷阱"。因此企业在运用品牌延伸策略时必须规避品牌延伸风险。一般来说,品牌延伸的风险类型主要包括:

(1)损害原有品牌形象。当某一类产品在市场上取得领导地位后,这一品牌就成为强势品牌,在消费者心目中就有了特殊的形象定位,甚至成为该类产品的代名词。将这一强势品牌进行延伸后,由于近因效应(即最近的印象对人们的认知具有较为深刻的影响)的作用,就有可能减弱或损害原有品牌形象。

(2)有悖消费心理。企业把强势品牌延伸到用途不同或者不相干的产品上时,就有可能有悖消费常理,造成消费者心理冲突或不适,从而拒绝或回避品牌。比如美国 Scott 公司生产的舒洁牌卫生纸,本来是卫生纸市场上的头号品牌,但随着舒洁餐巾纸的出现,消费者的心理发生了微妙的变化,不清楚舒洁到底用来擦什么部位更合适。

(3)出现"跷跷板"现象。跷跷板效应是定位理论创建者艾·里斯所描述的一种品牌定位现象,即一个品牌名称不能同时代表两个完全不同的产品,当一种产品市场销售上来时，另一种就要下去。品牌延伸于不同产品间的此消彼长变化，即"跷跷板"效应。进行品牌延伸时必须防止出现"跷跷板"效应。

（4）造成株连效应。将强势品牌名称冠于别的产品上，如果产品在质量、档次上相差悬殊，这就使原强势品牌产品和延伸品牌产品产生冲击，株连原强势品牌。如美国"派克"钢笔以其质优价昂闻名于世，被誉为"钢笔之王"。然而该企业1992年将"派克"品牌用在仅售3美元的低档笔上，结果形象、声誉大受影响。

（5）淡化品牌特性。当一个品牌在市场上取得成功后，在消费者心目中就有了特殊的形象定位。如果企业用同一品牌推出功用、质量相差甚远的产品，会使消费者晕头转向，该品牌特性就会被淡化。

成功的品牌延伸确实能使品牌资产得到充分利用，并在利用中增值，但品牌延伸毕竟有许多陷阱，存在很多潜在的风险。因此，企业必须从长远发展的战略高度审视品牌延伸，切不可只因眼前利益而不顾时机、不考虑延伸条件和可行性，盲目地实施品牌延伸。品牌延伸决策时要理智地权衡利弊得失，采取科学、合理及有效的方法规避风险，确保品牌延伸战略的成功。

四、品牌创新战略

1. 品牌创新的含义

从总体上讲，品牌创新战略是企业依据市场变化和顾客需求，综合运用各种先进技术和手段创造新的品牌，或者创造老品牌的新运用，从而保持和发展品牌竞争力的战略。

具体来讲，品牌创新概念有狭义和广义两种。狭义的品牌创新是指围绕原有品牌的名称、理念、视觉系统与品牌形象、品牌战略与策略等的创新行为。比如，江苏三毛集团原来主要从事各种服装面料生产。随着国际国内市场形势的发展，2002年集团决定实施品牌创新战略，对品牌名称、品牌视觉系统、品牌形象等进行创新，启用了新的企业名称——江苏海澜集团，并以一艘航行于大海的船作为企业形象标志，产品从单纯生产和经营面料发展到以品质西服为主以面料为辅，创建了"海澜之家"服装品牌，以"高品质、中价位"定位于大众消费群体。2009年4月，海澜之家被国家工商总局认定为中国驰名商标。

广义的品牌创新，是指通过运用新的技术，采用更科学的生产和服务方式，借助新产品与新市场的开拓、新产业的进入与新组织形式的建立、新品牌的创建、新的品牌延伸、新的品牌理念的融入或品牌的重新定位，抑或是新的品牌战略的实施等,通过增强品牌的核心竞争力以及对品牌内外部资源的控制力,来达到厚积品牌资产的各种创新行为。

品牌创新是塑造具有成长性和发展前景的品牌的最佳途径,也是强势品牌稳定保持强势的不二法宝;实施品牌创新战略是适应不断发展变化的营销环境的正确路径,也是保持品牌市场活力的重要手段;品牌创新是开拓市场的有力武器,也是与竞争对手抗衡的有效方式;品牌创新体现了品牌的生命力和价值所在,也是增强消费者品牌心理效应的重要举措。

2. 品牌创新战略的实施

(1)品牌初创期的品牌创新。品牌初创期的消费认知几乎为零,品牌传播几乎是从零开始的。在品牌初创时期,品牌创新强调的是创造出不同于竞争对手的具有鲜明个性的品牌形象。品牌个性的差异是界定品牌的重要因素。因此,清晰的品牌定位是品牌创新的基石,在此基础之上,要通过品牌传播快速提升品牌的知名度,并努力提高品牌的认知度,适当建立和引导品牌联想。

(2)品牌成长期的品牌创新。在品牌成长阶段,品牌创新主要是从进一步提升品牌知名度、加强品牌认知、明晰品牌联想上下功夫,并从整体上平衡区域市场之间的品牌认知差别,加强与消费者的品牌利益沟通,推动品牌产品销售增长,实现品牌更好更快的发展。

(3)品牌成熟期的品牌创新。这一时期的品牌往往处于一个分界线上,最容易出现品牌老化现象,麻痹大意就会前功尽弃,继续努力就会柳暗花明,成为同行业的佼佼者。成熟期的品牌创新应在不失原有的品牌基因与个性风格的基础上进行大胆的突破,突破品牌老化瓶颈,实现品牌形象活化。在品牌的成熟期,产品的改进和创新是品牌创新的重要途径,同时,还需要实施品牌传播的创新,展现品牌形象活力,提升品质认知,优化品牌联想,提升和巩固消费者的品牌忠诚度,增加消费者的指名购买和重复购买次数。当品牌进入成熟期以后,品牌管理与品牌维护也变得非常重要,要及时解决品牌存在的问题,修复品牌损伤,强健品牌机能,从而使品牌生命力得以长盛不衰。

一个品牌有其诞生、成长、壮大、成熟的过程,品牌也存在生命周期。但是,不能将品牌的生命周期完全等同于产品的生命周期。应该说,产品的生命周期要比品牌的生命周期短暂,品牌创新的目的就是要与时俱进地发展品牌,尽可能地延长品牌的生命周期。产品的更替是品牌延续和品牌发展的重要形式。原有产品因为不合时宜而退出市场是一种市场必然,必须创建可以接替的新产品来延续品牌生命,避免品牌的生命周期随着产品生命周期的终结而走向衰亡。

第二节　市场发展战略

一、密集型发展战略

密集型发展战略,是指企业现有产品与市场尚有发展潜力,于是充分挖掘自身潜力,实现自我发展的战略,具体来说,实行这种战略通常有三条途径:

1. 市场渗透

市场渗透是指企业在原有市场空间和原有产品不变的基础上,通过营销策略的调整和优化,加强市场渗透,提高销售业绩和市场占有率,实现市场发展。市场渗透一般有三种具体途径:

(1)促进现有顾客增加购买频率或购买数量。如统一和康师傅通过传播"多C多漂亮"和"鲜的每日C"来提高顾客对鲜橙多的购买次数和消费数量,以增加它在现有市场上的销售份额。

(2)争取竞争对手的顾客。在现有的市场上,通过提高产品质量、改善服务、改进营销策略,争夺竞争对手的顾客以扩大自己的市场份额。如百事可乐运用各种营销策略争夺可口可乐的顾客。

(3)吸引未使用过的顾客,使更多的潜在顾客成为现实顾客。任何一种产品都可能存在一些潜在顾客,也就是还没有购买和消费过这种产品的人。企业营销者可以通过特定的营销策略,将这些潜在的顾客转化为现实的顾客,从而扩展市场。

2. 市场开发

市场开发是指企业在原有产品的基础上寻找和开拓新的市场,进一步拓展产品的市场空间、市场层面和市场用途,从而实现市场发展。当企业产品在原有市场趋于饱和之后,市场开发就成为必须采取的重要策略之一。市场开发一般有三种实现途径:

(1)开发原有产品的新市场空间,从市场空间区域方面开发新市场。这是企业最常用的市场开发途径,如从城市到农村,从省内到省外,从国内到国际。

(2)开发原有产品的新市场层面,从市场顾客角度开发新市场。美国强生公司的婴儿洗发香波原专为婴儿设计，产品推向市场后意外地受到成年女性的青睐，于是强生公司调整市场策略大力向成年女性市场推广，从而实现销量大增。

（3）开发原有产品的新市场用途，从产品用途方面开发新市场。如小苏打一度曾被用作家庭的刷牙剂、除臭剂和烘焙配料等，后被用作冰箱除臭剂和垃圾污物的防臭剂，后又被用作调味汁，还被用作夏令饮料的原料等，用途的扩大开发出了产品的新市场。

3. 产品开发

产品开发是指企业在原有市场范围不变的基础上，通过开发新产品来实现市场发展。这种策略一般适用于技术力量较强和技术基础较好的企业。比如彩电产业已经是一个全球性竞争产业，中国彩电品牌从显像管彩电时代的跟随到液晶彩电时代的独立开发，已经取得了非凡的市场成就，不仅将外国彩电品牌挤出了中国市场，而且走向了国际市场，成为全球彩电主流品牌。

产品是一个包含五个层级的整体概念，产品开发也可以从产品的每一个层级上展开，如从核心产品着手开发产品，可以增加产品的核心价值和核心利益；从形式产品着手开发产品，可以改变产品外观、造型、规格、式样；从期望产品着手开发产品，可以增加产品核心价值以外的期望利益。

企业还可以通过增加产品项目丰富产品线的方式来开发产品。如原来只生产一种化妆品，现在发展为系列化妆品；原来只生产一种汽油卡车，现发展到生产柴油车、自动装卸车等新产品，甚至研发新能源汽车和无人驾驶汽车等。

二、一体化发展战略

一体化发展战略是指企业充分利用自己在产品、技术、市场上的优势，以产业链延伸为线索不断地向深度和广度发展的一种战略。向产业链上游方向延伸称为后向一体化，向产业链下游方向移动称为前向一体化，向产业链同一层级延伸则称为横向一体化。

1. 后向一体化

后向一体化发展是指企业产品在市场上拥有明显优势，可以继续扩大生产，但是由于协作配套企业的材料、外购件供应跟不上或成本过高，影响产能的扩大。在这种情况下，企业可以综合自己的力量，由自己来生产材料或配套零部件，也可以把协作配套企业联合起来，组织联合体。TCL集团联合深圳市政府投资创建华星光电,从彩电行业进入液晶面板产业就是后向一体化。

企业还可以通过购买、合并或兼并本企业的原材料供应企业,实现后向一体化。例如某汽车制造商原来向其他厂商购进汽车轮胎,后来发现汽车市场需求增长很快,改为自己开办轮胎厂生产轮胎,或通过收购其产业链条上的"前手"股份参与控制现有的轮胎企业,谋求更大市场利益。

2. 前向一体化

前向一体化与后向一体化相反,当发现产业链条上的"下游"利润丰厚或为了进一步控制市场,可以投资收购或新建下游企业,实现前向一体化发展。例如生产原材料或半成品的企业,充分利用自己的优势和潜力,或自己投资建厂生产成品,或并购成品厂进入成品生产领域。如纺织厂兴办服装厂、木材加工企业投资家具制造业等均属此例。德国奔驰汽车公司就是在两位创始人发明制造发动机的基础上发展起来的。

3. 横向一体化

横向一体化又称水平一体化,是指企业收购或兼并同类企业以扩大规模的市场发展战略。横向一体化的战略优势是可以实现规模经济,降低产品成本,巩固市场地位,提高竞争优势,减少竞争对手。问题是不同企业文化融合较为困难,管理成本增加。当企业所在行业竞争较为激烈、规模经济特征较为显著、企业具备横向一体化发展所需要的资金实力和管理能力、横向一体化不违反反垄断法的规定并能在局部取得一定的垄断地位的情况下,可以实施横向一体化发展战略。

三、多元化发展战略

如果企业发现在现有的业务范围内缺乏良好的发展机会,或者发现原业务范围以外的行业或领域有更好或很好的发展机会,则可以考虑多元化发展战略。多元化发展战略是指企业增加产品种类、实行跨行业发展的战略。这种战略能使企业自身的特长得以充分发挥,人、财、物力资源得以充分利用,并且能够分散风险,提高整体效益。

多元化亦称多样化或多角化,它有多种层面,如在原行业发展另一产品系列,或跨出行业寻求具有一定相关性的行业,或向与原行业完全无关的行业发展。但是,多元化发展必须慎重,不是毫无选择地扩展自己的业务范围,更不是哪个行业发展势头好,就进入哪个行业,必须结合企业的人、财、物等状况,在充分分析竞争对手和市场需求的情况下,正确利用企业已有的资源优势和新的市场机会,谨慎决策以避开各种威胁。多元化发展战略主要有3种思路：

1. 同心多元化

同心多元化是指企业以自己拥有的技术特长为核心，开发生产制造技术基本相同但用途和类别不同的新产品。比如电冰箱制造商向同是依托制冷技术的空调产品延伸等；再如一个大型拖拉机制造企业可能利用其技术优势而去发展小型农用货车或农用排灌机械等；生产塑料薄膜的企业，可增加各种包装袋、塑胶花、塑料玩具、塑料盒等生产制造项目。

2. 水平多元化

水平型多元化是指企业以自己拥有的市场优势为核心，开发市场基本相同但生产制造技术不同的新产品。如洗衣机生产厂家，为充分挖掘市场网络潜力和品牌在家庭住户中的影响，投资生产冰箱、空调、微波炉、热水器、电视机等家用电器；经营农用机械的企业，面对农村市场，将经营范围扩展到农药、化肥、种子、除草剂、农用塑料薄膜等一系列产品。

3. 混合多元化

企业在资金充足、人力资源丰富、社会影响比较大的情况下，可以通过收购、兼并其他行业的企业，将业务扩展到与其原来业务、技术、市场、产品、行业毫无关系的领域，实行跨部门、跨行业的混合多元化发展。如某冰箱生产企业为了规模扩张，同时经营汽车制造、房地产、注塑机械等。

实施混合多元化发展战略，可以减少企业未来可能出现的风险。在国外，一个企业同时经营彼此无关的几项甚至多项事业的现象比较普遍，如美国电话电报公司早已不再是一个纯粹通信业的佼佼者，其业务涵盖金融、饭店、房地产等众多领域。但是多元化并不意味着毫无选择地利用一切可获得的机会，而是要扬长避短，结合自身的资源优势来选择市场机会，以充分发挥资源潜力并分散风险。

根据以上分析，企业的市场发展战略包括三大战略九项子战略，见表13.1。

表13.1 市场发展战略简表

战略类型	密集型发展战略	一体化发展战略		多元化发展战略
子战略类型	市场渗透	纵向	后向一体化	同心多元化
	市场开发		前向一体化	横向多元化
	产品开发		横向一体化	综合多元化

市场发展战略的选择应量力而行，切合实际，不能盲目决策。一般而言，企业规模或自身实力不强时，宜采取密集型发展战略；实力比较强的企业可选择一体化

发展或多元化发展战略；当企业尚未完全开发出现有产品和市场的潜力时,宜选择密集型发展战略；当企业所处行业或产业链中有很多机会可开发,一般选择一体化发展战略；当所处行业机会甚少,其他行业又有强劲的吸引力,可采用多元化发展战略。

第三节　市场竞争战略

一、一般性竞争战略

根据迈克尔·波特的理论,企业获得竞争优势的三种基本战略是:成本领先战略、差异化战略和集中性战略。

（一）成本领先战略

成本领先战略在 20 世纪 70 年代由于经验曲线概念的流行而得到重视和应用。成本领先战略要求企业不断降低产品和运营成本,使产品总成本低于同行竞争者,并以较低价格取得竞争优势,从而争取最大的市场份额。

1. 企业采用成本领先战略的动因

（1）形成进入障碍。企业的成本低,就具有降价能力,从而为行业潜在进入者设置了较高的进入障碍。

（2）增强议价能力。企业的成本低,可以在某种程度上应付由于投入因素的变化所引起的投入费用的增长现象,从而提高自身与供应者的议价能力。同时,企业成本低,能够为自己的利润率提供保障,从而提高自己对购买者的定价能力,对抗强有力的购买者。

（3）降低替代品的威胁。企业的成本低,可以在与替代品竞争时,通过降低价格来吸引顾客,从而降低或缓解替代品的威胁,使自己处于有利的竞争地位。

（4）保持强势竞争地位。企业的成本低,在与行业内的竞争对手进行价格战时,可以利用低价格的吸引力从竞争对手那里夺得市场份额,也可以在竞争对手毫无利润的低价格水平上保持一定的盈利,从而保证绝对的竞争优势。

2. 成本领先战略实施的条件

成功实施成本领先战略的市场前提条件比较多,包括:市场是充分竞争的,没有行业垄断；市场容量大，具备足够的规模经济性；需求差异小，产品标准化，消费者对产品价格敏感，价格是市场竞争最主要的形式。在这样的市场前提下，成本领先才有可能实现，成本领先优势才有价值和意义。如果不具备这些市场条件，难以实施成本领先战略。

企业要获得成本领先战略优势，就必须使自己的价值链的累积成本低于竞争对手的累积成本。通常可以通过两个途径达到这一目标：一是要更好地管理企业价值链各种活动的成本因素，比竞争对手更加有效地开展内部价值链活动。二是改造公司价值链，省略或跨过一些高成本的价值活动。因此企业必须做到以下4点：

（1）提高管理水平。企业在采购成本、生产成本、资金占用、人力成本和营销成本等方面都能精打细算，厉行节约，从而达到低成本运作。

（2）实施规模经营。一般来说，单位产品成本与生产经营规模的扩大呈按比例下降趋势。如麦当劳每年的广告投入近2亿美元，但由于实现全球连锁化经营，分摊到每个分店的广告费用不到1000美元。

（3）提高市场份额。拥有较大的市场份额和市场规模，才能降低成本，实现成本领先。

（4）提高技术水平。采用先进技术或进行技术改造，不断提高生产效率，以技术领先来降低成本，取得成本优先的竞争优势。

3. 成本领先战略存在的弱点

成本领先战略也有其自身的弱点。如果竞争对手的竞争能力过强，采用成本领先战略的企业就有可能处于不利的地位，甚至导致成本领先战略的失效。比如：

（1）竞争对手开发出更低成本的生产方法。例如，竞争对手运用新技术或更低的人工成本，形成新的低成本优势，使得企业原有的成本优势成为劣势。

（2）竞争对手采取模仿的方法。当企业的产品或服务具有竞争优势时，竞争对手往往会采取模仿的方法，形成与企业相似的产品和成本，使企业陷入困境。

（3）顾客需求的改变。企业如果过分地追求低成本，降低了产品和服务的质量，会影响顾客的需求，结果企业非但没有获得竞争优势，反而会处于劣势。

（二）差异化战略

差异化战略是指企业为满足各种顾客的不同需求，形成自身竞争优势，而提供与众不同的产品和服务的战略。实行差异化战略可以有品牌形象、生产技术、产品品质等方面的独特性。当然，差异化战略并不意味着忽略成本，但此时，低成本已不是企业的首要战略目标,产品和服务特色才是制胜武器。

1. 企业采用差异化战略的动因

在顾客需求多样化的情形下,企业很难通过标准化的产品完全满足顾客的需求。因此,差异化战略就成为一个很有吸引力的竞争战略。企业采用这种战略的主要原因是:

(1) 形成进入壁垒。由于企业产品和服务具有特色,顾客对该产品或服务具有很高的忠诚度,从而使该产品和服务具有强有力的进入门槛。

(2) 降低顾客敏感程度。由于顾客对企业产品和服务有一定的忠诚度,对价格的敏感程度不高,因此企业便可以运用产品差异战略,在行业的竞争中形成一个隔离地带,避免竞争的侵害。

(3) 增强企业定价能力。产品差异化战略可以使企业获得较高的边际收益,增强企业应对供应者讨价还价的能力。同时,由于购买者对价格的敏感程度较低,企业可以运用这一战略削弱购买者讨价还价能力。

(4) 抗击替代品威胁。企业的产品与服务具有特色,能够赢得顾客的信任,便可在与替代品的较量中处于更有利的地位。

2. 差异化战略的实施条件

实施差异化战略的企业要获得战略上的成功,就必须认真研究购买者的需求和行为,了解他们对产品和服务的看法,如什么是重要的,什么是有价值的,愿意付出多大代价等。然后,企业还必须使产品或者服务包含购买者希望获得的特定属性,其中企业自己所提供的这些属性与竞争对手所提供的属性有着明显的易于分辨的差别。

企业要成功地实施差异化战略,需要考虑价值链上的活动项目、特殊类型的管理技能以及组织结构。在价值链上,每一项活动中都存在创造差异化的可能性。企业需要根据市场的要求,考虑突出某一活动项目的差异化。在管理技能上,公司管理者应当充分掌握获得竞争优势的各种差别化途径,制定并实施有效的差异化战略。为实施这一战略,企业需要具备强大的技术研发与市场营销能力。在组织结构上,成功的差别化战略需要具备良好的组织结构以协调各个职能领域,需要具备能够确保激励员工创造性的激励机制和管理体制。

一般来说,实行差异化战略的企业必须具备以下条件:

(1) 独特基因。企业拥有竞争者所不具备的独特的产品文化基因。

(2) 创新能力。企业在硬技术和软技术开发上具有很强的创新能力。硬技术的创新使企业产品不断推陈出新,以实现技术领先;软技术的开发和运用,保证企业高效营运,也是竞争者难以模仿和比拟的,如麦德龙公司、沃尔玛公司的管理系统,就各具特色,同行是难以抗衡的。

(3) 营销能力。企业的营销战略、策略和方法手段别具一格。与竞争者相比,有独特的创造性营销思维,对市场的适应能力和应变能力都很强,这也是企业能够实施差异化战略的重要基础。

3. 差异化战略存在的弱点

企业在实施差异化战略时,面临两种主要风险:一是企业不能形成适当的差异化;二是在竞争对手的模仿和进攻下,行业格局发生了变化,企业不能保持差异化。

企业在保持差异化优势上,还面临着以下3种威胁:

(1) 企业成本上升。企业形成产品差别化的成本过高,大多数购买者难以承受产品高成本带来的高价格。由于差异化与高市场份额有时是矛盾的,企业为了形成产品差异化,有时需要放弃获得较高市场份额的目标。在实施差异化的过程中,企业需要进行广泛的研究开发、产品设计、采用高质量原材料等,代价是高昂的。然而,企业还必须认识到并不是所有的顾客都愿意或能够支付产品差异化后所形成的较高价格。

(2) 竞争产品出现。竞争对手可以推出类似的产品或更有差异化的产品,降低了企业产品差异化的特色,使得企业原有的购买者转向了竞争对手。

(3) 用户需求转移。购买者不再需要本企业长期赖以生存的那些产品差异化的因素。例如,产品经过一段时间的市场成长,进入市场普及和成熟阶段,消费者对于产品的价格越来越敏感,这些产品差异化的重要性就降低了。

(三) 集中性战略

集中性战略是指企业把经营战略的重点放在一个特定的目标市场上,为特定地区或特定购买者群体提供特殊产品和服务的战略。

集中性战略与前两个市场竞争战略不同。成本领先战略与差异化战略面向整体市场,而集中性战略则是面向一个特定的细分市场。三者之间的关系与第七章中的目标市场营销策略中的无差异营销策略、差异化营销策略和集中化营销策略类似。集中性战略要求企业能够比竞争对手提供更为有效的产品和服务。

1. 企业采用集中性战略的动因

与前两个战略一样,集中性战略可以防御行业中的各种竞争对手。这种战略可以用来防御替代品的威胁,也可以针对竞争对手最薄弱的环节采取行动,从而使企业在本行业中获得高于一般水平的收益。

应当指出,企业实施集中性战略,尽管能在细分市场上保持一定的竞争优势,获得较高的市场份额,但由于其市场相对狭小,该企业的市场份额总体水平是较低的,而且集中性战略在获得市场份额方面常存在着某些局限性。因此,企业选择集中性战略时,应在产品获利能力和销售量之间进行比较和取舍,有时还要在产品差别化与成本状况间进行权衡。如针对要求低价的年轻消费者,市场上提供的家具产品一般综合了如下特点:设计新颖,功能齐全,质量保证,价格低廉。家具公司可以采用不同的方式使成本保持在较低水平。而宜家公司把家具摆成"家居型",顾客可以自行将不同的家具按照需要进行自由组合,这样就可以减少导购人员。作为成本的领导者,宜家在低价之外,还提供了许多对顾客极具吸引力的服务,包括照看孩子、延长营业时间等。

2. 集中性战略的实施条件

集中性战略往往只适用于非主流的细分市场,而不适用于市场规模较大的主流市场,因此,企业实施集中性战略的关键是选择好非主流细分市场,选择的一般原则是,企业要尽可能地选择那些竞争对手最薄弱的和最不易受替代产品冲击的非主流细分市场。在选择之前,企业必须确认:

(1) 该非主流细分市场与其他购买者群体之间存在需求差异;

(2) 在该非主流细分市场上,没有其他竞争对手采取集中性战略;

(3) 该非主流细分市场在市场容量、成长速度、获利能力、竞争强度等方面,对本企业具有一定的吸引力;

(4) 本企业资源实力有限,不能追求更大的目标市场。

集中性战略在非主流细分市场能够获得成功的原因是:

(1) 在该非主流细分市场上,竞争对手很难满足顾客在专业化或特殊性上的需求;

(2) 企业拥有足够的资源和能力能有效服务于非主流细分市场;

(3) 非主流细分市场具有很好的成长潜力,企业可以借长期经营而获得盈利;

(4) 在非主流细分市场上,企业能够凭借其建立起来的顾客忠诚度有效防御行业中的挑战者。

3. 集中性战略存在的弱点

企业在实施集中性战略时,可能会面临以下的风险:

(1) 以较广阔的市场为目标的竞争对手采取同样的集中性战略;或者竞争对手从企业的目标市场中找到了更加细分的市场,并以此为目标来实施集中性战略,从而使原来实施集中性战略的企业失去优势。

（2）由于技术进步、替代产品出现、价值观念更新、消费偏好变化等多方面的原因，非主流细分市场与总体市场之间在产品或服务的需求上差别变小，企业原来赖以形成集中性战略的基础也就失去效用。

（3）虽然成本领先战略和差异化战略是针对整体市场的，但是如果竞争对手的成本领先战略在细分市场上抵消了本企业集中性战略所形成的竞争优势，或者竞争对手的差异化战略在细分市场上抵消了本企业集中性战略所形成的产品差异化优势，都会导致企业集中性战略的失败。

二、竞争性营销战略

（一）市场领导者战略

多数行业中都有一个市场领导者，它在产品市场中占有最大的市场份额。市场领导者在行业发展方向上起着领导作用。一般来说，市场领导者通常可采取三种具体战略。

1. 扩大市场需求总量

当整个市场扩张时，处于主导地位的企业通常可以获得最大的利益。因此，市场领导者自己总是乐于采取扩大市场需求总量战略，并鼓励同行一起采取行动扩大市场需求总量。市场领导者通常采用市场渗透和市场开发等方式，通过寻找产品的新使用者、新用途以及更多的使用量，来达到扩大市场需求总量的目的。

2. 保持现有市场份额

在努力扩大市场需求总量的同时，领导者企业还必须时刻防备竞争对手的进攻和挑战，保护企业现有的市场阵地。因此市场领导者需要采用防御战略。一般来说，市场防御战略分为6种：

（1）阵地防御。市场领导者在其现有的市场周围建造坚不可摧的防御工事，以各种有效战略战术防止竞争对手侵入自己的市场阵地，这是一种静态的、被动的防御战略。

阵地防御是最基本的防御形式，但不能作为唯一的形式，如果将所有力量都投入这种防御，最后很可能导致失败。如第二次世界大战时法国的"马其诺防线"。对营销者来说，单纯采用消极的静态防御，是一种"营销近视症"。例如，当年亨利·福特对T型车的偏爱就造成了严重的后果，使得年赢利10亿美元的福特公司从顶峰跌到了濒临破产的边缘。而可口可乐公司虽然已经发展到年产量占全球软饮料半数左右的规模,但仍然积极从事多元化经营,如兼并水果饮料公司,从事塑料和海水淡化设备制造等。

(2) 侧翼防御。市场领导者不仅应守卫自己的领土,还要建立一些防御的辅助性基地以保护其空虚的前沿,并还可充当反击的基地。特别要注意保卫自己较弱的侧翼,防止竞争对手乘虚而入。例如,20世纪70年代美国的几大汽车公司就因为没有注意侧翼防御,遭到日本小型汽车的无情进攻,失去了大片阵地。

(3) 主动防御。在竞争对手尚未有足够能力进攻之前,先主动攻击,并挫败竞争对手,必要时对市场上的所有竞争者采取连续不断的正面攻击,从而在竞争中处于主动地位。

(4) 反攻防御。当竞争对手无视市场领导者的侧翼防御和主动防御措施而发动进攻时,市场领导者可采用反攻防御,包括正面反攻、侧翼反攻,或发动钳形攻势以切断进攻者的后路。如对竞争对手发动的降价或促销攻势,或改进产品、实施市场渗透等进攻时,不能只是被动应战,应主动反攻入侵者的主要市场阵地。例如当京东向天猫的服装品类发动低价攻击时,天猫没有在服装品类上实施降价反击,而是在京东的主要优势领域3C家电品类上发动了降价还击。

(5) 运动防御。这种防御要求领导者不仅要防守其现有市场领域,还要将自己的势力范围向一些有潜力的市场领域扩展,这些领域可以充当未来防御和进攻的中心,并使企业在战略上有较多的回旋余地。市场扩展可通过两种方式实现:一是市场扩大化,即企业将其注意力从目前的产品品类上转到该产品的行业大类上,并全面研究与开发与该行业有关的科学技术,例如把"石油"公司变成"能源"公司就意味着市场范围的扩大,不只限于一种能源——石油,而是要覆盖整个能源市场。但是,市场扩大化必须有一个适当的限度,否则将发生"营销远视症"。二是市场多角化,即向其他行业和市场扩展,实行多元化经营。

(6) 收缩防御。有时市场领导者也无法继续固守其所有市场阵地。一是兵力过于分散,竞争对手会趁机蚕食某些细分市场;二是在所有市场阵地上全面防御有时会顾此失彼或得不偿失。这时,有计划地收缩是一种最好的策略。即放弃某些本企业实力较弱的市场阵地,把力量集中用到实力较强的市场阵地上去,这并不是放弃市场,而是放弃薄弱的领域,将资源重新分配以集中用于主要的、能获取较高收益的市场。例如美国通用电气将其家电产业出售给中国海尔就更有利于其优势产业的发展。

3. 持续扩大市场份额

市场领导者设法提高市场占有率,也是增加收益、保持主导地位的一个重要途径。美国的一项研究(PIMS)表明,市场占有率越高,投资收益率也越大。市场占有率高于40%的企业其平均投资收益率相当于市场占有率低于10%者的3倍。因此,许多企业以提高市场占有率为主要目标。例如,美国通用电气公司要求它的产品在每个市场上都占据第一位或第二位,否则便撤出该市场。

通过扩大市场份额,市场领导者能够保持自身成长和市场主导地位,使利润更上一层楼。企业在确定自己是否以提高市场占有率为主要努力方向时应考虑:是否引发反垄断行为;经营成本是否提高;采取的营销策略是否准确。但企业绝不能以为只要提高了市场份额就能自动地增加盈利,在很大程度上还要看企业提升市场份额的策略是什么,有时市场份额是提升了,但是盈利水平却下降了。扩大市场份额的基本措施包括:增加新产品以增加市场覆盖面、提高产品质量以提高产品竞争力、增加营销费用投入以发动更大的营销攻势等。

总之,市场领导者必须善于扩大市场需求总量,保卫自己的市场阵地,防御挑战者的进攻,并在保证收益增加的前提下提高市场占有率,这样才能持久地占据市场主导地位。

(二) 市场挑战者战略

行业中排名第二、第三或更靠后的企业,一般可以分成两类:一是市场挑战者。他们不甘心于行业现状,试图向市场领导者或其他竞争对手发起进攻,以获取更多的市场份额;二是市场追随者。他们虽然也参与竞争,但避免与市场领导者和其他竞争对手产生争端以免自身难保。

市场挑战者大多在本行业产品的销售额中处于前几名,一般称为亚军企业或者追赶企业。他们虽然实力不及市场领导者,但也占领了相当多的市场份额,并且企业发展目标、斗志和实力远远强于市场中的其他竞争者。如美国汽车市场中的福特公司、软饮料市场中的百事可乐公司等就居于市场挑战者的地位。发动市场挑战,需要明确以下两大方面:

1. 明确竞争对手和竞争目标

(1) 挑战市场领导者。这是一种具有高风险但又极具潜在高回报的战略,如果市场领导者"并非真正的领导者"且无法为市场提供良好服务时,或市场领导者"出现失误"时,则这种战略更具有意义。挑战者进攻市场领导者企业,可以有两种意图:一种是要争夺市场占有率,而不在于马上打垮领导者企业;另一种是击败对手取而代之。一旦成功,挑战者企业的市场地位将会发生根本性的改变,因此颇具吸引力。当然,企业采用这一战略时应十分谨慎,必须保证自己具有确实高于领导者的竞争优势,同时要周密策划以提高成功的可能性。另外,挑战者必须有办法将领导者的反攻限制在最小范围内,否则所获得的利益不会长久。

(2) 挑战那些与自己规模相当但经营不善且财务状况不佳的企业。即市场挑战者抓住有利时机,向那些势均力敌经营不善而发生危机的企业发动进攻,把竞争对手的顾客吸引过来,夺取它们的市场份额,壮大自己的市场。这种战略风险较小,还可以对市场领导者造成潜在威胁,甚至有可能改变企业的市场地位。

(3) 挑战那些规模不大、经营不善、资金缺乏的地方性或区域性企业。挑战者可以通过兼并、收购等方式,以较小的代价夺取这些企业的市场份额,以壮大自身的实力和扩大市场占有率。很多大公司之所以有今日的规模,并不是彼此争夺顾客而来的,主要是靠着夺取一些"小企业"或"小公司"的顾客而日渐壮大的。例如,美国几家主要的啤酒公司能成长到目前的规模,就是靠夺取一些小企业的顾客而达到的。

无论在何种情况下,如果要发动攻势,进行挑战,最重要的原则依然是:每一项行动都必须指向一个明确规定的、决定性的及可以达到的目标。

2. 正确选择进攻战略

在确定了竞争对手和目标后,应该考虑如何进攻,即选择特定的进攻战略。进攻的总体原则是"数量优势原则",即"集中优势兵力于关键的时机和位置,实现决定性的目标"。如果没有绝对把握,一般不能展开全面进攻,而是集中优势兵力在关键的时刻和地点发动进攻。市场挑战者可选择的战略包括以下 5 种:

(1) 正面进攻。即集中所有的优势兵力,直接对竞争者的主力发动攻击,打击的目标是竞争对手的强项而不是弱点。其胜负结果,要看谁有更强的爆发力与持久力。在一个纯粹的正面进攻中,进攻者可对其竞争对手的产品、广告与价格等方面发动进攻。但如果进攻者的战斗力较防御者弱,则正面进攻非但不理智,甚至会造成自己的重大损失。

(2) 侧翼进攻。即集中力量打击敌人的弱点。进攻者可采取声东击西的方式,佯攻正面,以牵制对方的精锐部队,同时对其侧翼或背后发动真正的进攻,使竞争对手措手不及。侧翼攻击在营销上有非常重大的意义,尤其是对那些资源较其竞争对手少的进攻者而言。对手期望你去攻击的部位,往往是其最强大的防御地带,一般易防不易攻。而在其侧翼和后方则通常存在易攻不易防的薄弱地带。侧翼攻击可以采用两种战略角度来攻击竞争对手:一种是地理性侧翼进攻,即是在某一地理范围内针对竞争对手的经营绩效尚未达到高水平的地区布置进攻点,向竞争对手在全国乃至全球经营薄弱的地区发起进攻。例如,有些 IBM 的竞争对手选择在中小型的城市设立强大的分支机构,因为这些城市往往是 IBM 所忽略的地区。另一种更具潜在威力的侧翼攻击是细分性侧翼进攻,即寻找还未被领导者企业覆盖的产品细分市场作为攻击的目标并迅速填空补缺,使之发展成强大的市场区域。侧翼攻击成功率往往比正面攻击高。

(3) 包围进攻。包围进攻是一种全方位、大规模的进攻策略,它在几个战线发动全面攻击,迫使竞争对手腹背受敌,必须在正面、侧翼和后方同时全面防御。这一战略的成功要求进攻者运用"闪电战术"调动更丰富的资源,而且要确保这种迅速包围能够击垮对手的意志,使其无还手之力。有资料显示全面进攻要求进攻者具备优于竞争对手 3 倍以上的优势才能成功。日本精工公司对美国手表市场的进攻是采用包围进攻的成功范例。

(4) 迂回进攻。迂回是最间接的进攻战略,这种战略是市场挑战者完全避开与对手现有的市场阵地交锋而通过进攻较为容易的市场来扩大自己的资源基础。它有三种途径:① 实行产品多元化经营,发展某些与现有产品具有不同关联度的产品;② 实行市场多元化经营,把现有产品打入新市场;③ 发展新技术产品取代技术落后的产品。高科技行业经常采用迂回战略。这种战略并不去模仿竞争对手的产品进行正面攻击,而是耐心地从事研究发展更新的技术。一旦企业由该项新技术而取得优势地位时,便可展开进攻,这样一来便可将战场转移至自己占有优势地位的市场,从而获得实质性的利益。

(5) 游击进攻。游击进攻对规模较小、力量较弱、资本不足的小企业特别适用。可以通过向对方不同地区发动小规模的、间断性的攻击干扰对方,使竞争对手的士气衰落,不断削弱其力量;也可以向较大竞争对手市场的某些角落发动游击式的促销或价格攻势,使之疲于应付,逐渐削弱对手的实力。游击进攻战略的特点是不能依仗某一个别战役的结果决出战局的最终胜负。采用游击战的进攻者可兼用传统与非传统两种方法来进攻竞争对手,这些方法包括:选择性的降价、加强促销活动,以及运用法律的进攻行动等。

(三) 市场追随者战略

市场追随者是指那些不愿扰乱市场形势的一般性企业。因为并非所有屈居第二的企业都会向市场领导者挑战,除非能够在产品创新或营销渠道方面有所突破,否则通常宁愿追随领导者而不是去攻击领导者。当然,市场追随者也不是被动地单纯追随领导者,它必须找到一条不致引起领导者竞争性报复的成长途径。

1. 市场追随者战略的主要特征

市场追随者战略的主要特征是安于次要地位,在"和平共处"的状态下求得尽可能多的收益。在资本密集的同质性产品的行业中,如钢铁、原油和化工行业中,市场追随者战略是大多数企业的选择,这是由行业和产品的特点所决定的。这些行业产品同质化程度高,产品差异化和形象差异化的机会较少;服务质量和服务标准趋同;消费者对价格的敏感程度高;行业中任何价格挑衅都可能引发价格大战;行业退出成本高,大多数企业不得不留在行业中长期经营。

2. 市场追随者战略的基本要求

市场追随者不是盲目、被动地单纯追随领导者,而是确定一个不致引起竞争性报复的追随战略,在不同的情形下有自己的营销策略组合和实施方案。必须懂得如何稳定自己的目标市场,保持现有顾客,以及怎样去努力争取一定数量的新顾客;必须设法创造独有的优势,给自己的目标市场带来如地点、服务、融资等某些特有的利益;还必须尽力降低成本并提供较高质量的产品和服务,提防市场挑战者的攻击,因为市场追随者最易成为市场挑战者的首选攻击目标。

3. 市场追随者可选择的追随战略

按追随的紧密程度,市场追随者的具体战略分为紧密追随、有距离追随和有选择追随3种。

(1) 紧密追随战略。这种追随者战略突出"仿效"和"低调"。紧密追随者在尽可能多的细分市场和营销策略手段如产品、广告等方面模仿市场领导者,以至于有时会使人感到这种追随者好像是挑战者,但它不会发动任何进攻而只是期望能分享市场领导者的投资效应,在刺激市场方面保持"低调",避免与领导者发生直接冲突。有些追随者甚至被说成是寄生者,他们在刺激市场方面很少主动作为,而是靠紧密追随领导者而获利。

(2) 有距离追随战略。这种追随者战略与市场领导者"保持合适的距离",在目标市场、产品创新与开发、产品价格水平和分销渠道等方面追随领导者,但仍与领导者保持若干差异以形成明显的距离。只要有距离追随者未积极地进攻领导者,领导者就十分欢迎这种追随者,乐意让他们占有一些市场份额,以使自己免遭垄断市场指责。采取有距离追随战略的企业,可以通过兼并同行业中的一些小企业来发展自己的实力。

(3) 有选择追随战略。这种跟随者战略选择"追随和创新并举",除了生产领导者相似的产品外,通常也会在另一些方面别出心裁,进一步改良产品。也就是说,这类企业不是盲目追随,而是择优追随,在对自己有明显利益时追随领导者,在追随的同时还不断地发挥自己的创造性,但一般不与领导者进行直接竞争,避免与领导者发生正面交锋。采取这类战略的追随者有些可能发展成为挑战者。

（四）市场补缺者战略

市场补缺者是指那些专门生产某类专业化产品满足空隙市场需要的企业，又称市场利基者。如果企业不想在较大的市场上做追随者，那么可以争取在较小的市场上或者在其他更适合的补缺市场上成为领导者。每个行业几乎都有些小企业——市场补缺者，它们不与主要的企业竞争，而只是通过专业化经营来占据有利的市场位置，精心服务于市场的某些细小部分。不过，现在越来越多的大企业也在设立经营单位或公司去服务于这类市场，设法寻找一个或几个这种既安全又有利的"利基"。一个最好的"利基"应具有以下特征：市场规模能保证一定利润，并有增长的潜力；企业可为之提供有效服务；对主要竞争者不具有吸引力；当这个市场"利基"成长到具有更大吸引力时，企业所具备的技术和信誉足以对抗主要竞争者的进攻。

市场补缺者的目标是主要竞争者（领导者、挑战者和追随者）不感兴趣的市场空白或市场夹缝。作为市场补缺者要完成三个任务：创造补缺市场，扩大补缺市场，保护补缺市场。

市场补缺者战略可选择的专业化方案包括：① 按最终使用者专业化。专门致力于为某类最终使用者服务，如电脑行业有些小企业专门针对某一类用户（如诊疗所、银行等）进行营销。② 按垂直层面专业化。专门致力于生产专业垂直领域某些层面的产品，如铝制品厂可专门生产铝制品或铝质零部件。③ 按顾客规模专业化。专门为某一种规模的客户服务，如有些小企业专门为那些被大企业忽略的小客户服务。④ 按特定顾客专业化。只对某一个或几个主要客户服务，如美国有些厂商专门为西尔斯百货公司或通用汽车公司供货。⑤ 按地理区域专业化。专为国内外某一地区或地点服务。⑥ 按产品或产品线专业化。只生产一大类产品，如美国的 Wrigley 公司专门生产口香糖一种产品，现已发展成为一家世界著名的全球性公司。⑦ 按质量和价格专业化。专门生产经营某种质量和价格的产品，如专门生产高质高价产品或低质低价产品。⑧ 按服务项目专业化。专门提供某一种或几种其他企业没有的服务项目，如小额贷款公司为小客户提供无抵押贷款业务。

市场补缺者战略在实施中应注意：① 企业的目标高度集中化，"利基"者一般在较狭窄的细分市场中，集中在一个较狭窄的产品线上。这是一种彻底细分市场的策略。② 正确选择补缺的目标市场。许多盈利的补缺企业是在很稳定的成长的市场上发现的。③ 有效地使用研发费用。④ 注重实际收益，注意降低成本。

本章小结

企业取得初步成功之后需要进一步推动企业发展和市场增长。为此,需要制定品牌发展战略、市场发展战略和市场竞争战略。

品牌发展战略通常包括统一品牌战略、多品牌战略、品牌延伸战略等形式。实施品牌创新也是发展品牌、建立品牌长期竞争优势的需要。

市场发展战略可以在原有产品、原有市场的基础上进行思考,通常有密集型发展战略、一体化发展战略和多元化发展战略等形式。

企业竞争战略因企业市场地位不同而有所差异。处于市场领导者地位的企业,通常设法扩大整个市场需求,采取有效的防守与攻击战略;处于市场挑战者地位的企业,可采用向领导者挑战或跟随的战略;处于市场跟随者地位的企业,可选择跟随在领导者之后采取不致引起报复的竞争战略;处于市场拾遗补缺者地位的企业则主要采用专业化战略。

营销理论知识练习

1. 简述统一品牌战略、多品牌战略与品牌延伸战略。
2. 简述品牌创新战略的含义与实施过程。
3. 市场发展战略包括哪些内容?应如何进行选择?
4. 简述一般性竞争战略的类型和内容。
5. 简述竞争性营销战略的类型和内容。

营销实战模拟练习

分析我国手机市场的竞争格局与主要品牌的竞争性营销战略。

第十四章　担当社会责任

发展市场价值不仅需要采取正确的市场发展战略、市场竞争战略和品牌发展战略,还需要企业担当社会责任。西方发达国家公众对于损害消费者长期利益和社会公共利益的企业行为所提出的多种尖锐的批评意见,已经影响到了企业的可持续营销。中国的市场营销同样必须坚持营销伦理道德,担当社会责任,才能实现企业长期稳定可持续发展。

伊利:将社会责任融入企业的发展战略

作为国内乳品行业的领军企业,伊利集团始终坚信社会价值大于商业财富,一家优秀的企业不仅要实现经济价值的最大化,还要积极履行社会责任,实现企业与社会的共鸣、共生和共赢。

伊利集团在自身发展过程中,长期坚持"平衡为主、责任为先",围绕"社区、青少年、环境"三大核心目标的健康发展,推动"健康中国"计划,形成并且践行着完整的企业社会责任体系——"健康中国责任体系"。

2012年,伊利集团与中国西部人才开发基金会共同发起"伊利方舟"工程。联手贵州、湖北、陕西、云南、内蒙古等中西部5个省的43所学校,共同展开"儿童安全生态校"建设公益行动,传播儿童安全知识,开展儿童安全专项培训。

伊利集团提倡"绿色产业链",坚持投入大量人力、财力支持环境保护,于2016年7月与世界自然基金会建立专项保护项目,协助对吉林松原地区进行新型农业改造,保护草原生态系统。

伊利集团在汶川地震、玉树地震、西南旱灾、雅安地震、余姚水灾、鲁甸地震、景谷地震、康定地震等大型自然灾害发生时,都第一时间启动自然灾害应急机制,为灾区提供资金及物资援助。伊利集团董事长潘刚认为,短期捐赠和临时性投身公益事业不等同于企业的社会责任,一个企业要真正承担社会责任,就应把社会责任融入企业发展战略,制定长远规划,接受社会监督,长期坚持做下来。

案例思考

社会责任营销对于伊利集团长期持续发展的作用是什么?

学习目标

1. 理解社会责任营销的价值意义与基本内涵。
2. 掌握营销策略与营销行为伦理的主要内容。
3. 了解营销道德修炼的主要内容。

重点难点

1. 社会责任营销。
2. 营销行为伦理。
3. 营销道德修炼。

第一节 社会责任营销

一、规范市场营销的社会舆论与行动

市场上出现的假借"营销"名义的非规范、不道德行为,受到了社会舆论的批评和消费者的行动抵制,尤其是受到消费者保护主义者和环境保护主义者的批评与抵制。

1. 消费者保护主义

消费者保护主义(Consumerism)是指为保护消费者权利和利益,改变消费者相对于企业的弱势地位,而由消费者和政府机构共同倡导的有组织运动。消费者保护主义主张消费者应有的主权和权益必须得到保障,消费者与生产者、经营者应处于平等地位,要防止市场权利被生产者、经营者滥用或独占,要谴责和处罚生产者和经营者欺诈消费者、侵害消费者正当权益的行为。

1898年,全世界第一个消费者组织在美国成立。后来很多国家和区域也相继成立了自己的消费者组织。国际消费者协会提出的满足基本需求的权利、公正解决纠纷的权利、掌握消费基本知识的权利和在健康环境中生活工作的权利等四项权利,成为世界消费者权益保护工作的基本准则。1983年,国际消费者联盟组织将每年的3月15日确定为"国际消费者权益日"。

中国消费者协会成立于1984年。《中华人民共和国消费者权益保护法》1994年起实施并进行了两次修订,明确规定了消费者拥有安全权、知情权、自主选择权、公平交易权等多项权利。

政府、媒体和相关组织在消费者权益保护方面做出了大量努力,也取得了一定成效。如央视"3·15晚会"自1991年开播以来,通过揭穿市场黑幕、陷阱和骗局,推动了消费者权益的进一步发展。

随着消费者权益保护的不断发展,消费者的维权意识也在进一步加强,能够有效利用各种手段维护自身的合法权益,出现了职业打假人士王海,出现了积极维权的楼盘业主等。同时,消费者也会主动宣传负责任讲诚信的企业,以重复购买和品牌忠诚体现他们的支持。

2. 环境保护主义

环境保护主义(Environmentalism)是指为保护、恢复和改善自然环境,而由社会公众、企业和政府机构共同倡导的有组织运动。环境保护主义主张企业生产和销售绿色产品、倡导公众进行绿色消费、督促政府制定环保政策,调整粗放型的经济结构、生产方式和消费模式,促进生产、消费与环境的协调发展。

自18世纪工业革命兴起以来,生产力水平大幅提高,经济日趋繁荣。但也导致了严重的环境污染和生态破坏,造成了如比利时马斯河谷烟雾事件、多诺拉烟雾事件、洛杉矶光化学烟雾事件、日本水俣病事件等世界环境污染公害事件。日趋严重的环境问题使人类的环境保护意识开始觉醒。1972年,联合国人类环境会议通过了《人类环境宣言》,并将每年的6月5日定为"世界环境日"。2012年,联合国可持续发展大会通过了《我们憧憬的未来》这一文件,提出绿色经济是实现可持续发展的重要手段,推动经济与环境关系的重新调整。

新中国非常重视环境保护工作,国务院于1973年召开了第一次全国环境保护会议,并提出了"全面规划、合理布局、综合利用、化害为利、依靠群众、大家动手,保护环境、造福人民"的32字环境保护方针。1988年国家环境保护局成立,后来还在国家机构精简的大背景下升格为环境保护部,2018年在环境保护部的基础上组建了生态环境部。《中华人民共和国环境保护法》于1989年实施,并于2014年修订。以习近平总书记为核心的党中央高度重视环境保护工作,不断加强环境督查和环境保护工作力度。

在环保思潮的影响下,"绿色产品""绿色营销"等观念得到支持,越来越多的企业意识到环境保护事关企业的生存与发展。忽视环境保护的企业,一方面会遭受环境保护主义者的抵制和法律法规的惩罚,另一方面会阻碍企业的长远发展。

二、社会责任营销的价值和意义

为用户和社会创造价值并积极承担社会责任,或许会使企业在短期内存在经济压力,但对于企业的长期发展和社会的和谐发展具有重要意义。

1. 建立信誉,树立形象

古人云:人无信不立,事无信不成,商无信不兴。信誉是企业获得的社会公认的信用和声誉。信誉属于商业道德,是企业的立身之本和精神支柱。践行社会责任营销的企业有利于赢得消费者信赖,建立良好的企业信誉,树立良好的企业形象。同时,社会责任营销要求企业在自身发展的同时承担一定的社会责任和义务,对公众负责,树立企业良好的公民形象,也有利于在消费者心中树立对企业的正面认识,形成企业的无形资产,实现企业的可持续发展。

2. 促成交易,扩展生意

承担社会责任、践行社会责任营销的企业虽然会付出更多的成本,但也会得到更多的市场回报。美国环保署的一项民意调查显示,80%以上的受访者认为致力于环境保护的企业容易获得社会的肯定;84%的受访者认为符合环保标准的产品的销量会增加。中国台湾学者梁晓珍对132个家庭的调查也显示,消费者对绿色营销多持正面评价,并且愿意以实际购买行为作为支持。

3. 和谐环境,健康生态

践行社会责任营销的企业能够通过为员工提供合理的报酬福利、工作环境、培训发展,提升员工的使命感、幸福感及归属感,塑造和谐的内部环境;通过提供优质服务和造福公众社区,形成和谐的外部环境;通过绿色环保生产,形成健康的自然环境,实现经济利益、社会利益和环境利益的协调发展。

4. 传承文化,基业长青

责任担当不是一次简单的作秀,而应该是一种长期的持续行为,必须内化到企业的文化基因里。也正因为如此,真正有责任担当的企业一定会将社会责任融入自身的企业文化之中并不断传承,而不为短期利益所动摇或放弃,这种内化于心的责任坚守和文化传承,一定能巩固企业在公众心目中的良好形象,受到社会各方的长期支持,从而实现基业长青。

三、欺诈经营的后果分析

为一己之利,"欺诈骗销""暴力强销""恐吓推销"的现象时有存在;为一己之利,侵害消费者利益、侵害社会公共利益的现象时有发生。这些现象虽然表面上能使行为者短期获利,但却不能赢得正大光明的未来,反而会形成负面影响。

1. 见利忘义,苟且偷生

改革开放以来,随着市场经济的发展,也出现了唯利是图的拜金主义,一些企业和个人见利忘义,为追求利润而不择手段、不顾道义,比如生产和销售假冒伪劣产品、价格欺诈、虚假宣传、坑蒙拐骗等,虽然短期也能获得一些蝇头小利,但永远见不得阳光,永远不能做大做强成为受人尊敬的著名品牌。而随着市场经济体制的完善以及法律体制的健全,欺诈经营的生存空间必然大大缩小,打击力度也会越来越大,欺诈行为必将无以为继。

2. 眼前获利,长远失利

市场上一些企业目光短浅,容易受眼前利益的驱动,而忽视了长远利益,采取急功近利的短期行为,对消费者进行欺诈。这样做虽然能够眼前获利,但一旦败露就会严重损害企业的信誉和形象,丧失企业长期发展远大前程。古语有云:人而无信,不知其可也。因此,欺诈经营是一种短视行为,会导致企业长远利益的丧失。例如,三鹿集团生产的奶粉中含有化工原料三聚氰胺,导致食用的婴儿罹患肾结石,这一事件曝光之后,不仅三鹿集团相关责任人被惩处,三鹿品牌从市场上消失,并且重创了中国乳品行业的整体信誉。

3. 破坏公平,损害环境

市场上的不法企业如果能够长期通过损害消费者、社会公众利益的方式获利,就会破坏社会公平,打击诚信经营的企业,使得社会风气不正、歪风邪气横行,市场公平交易环境和企业公平竞争将荡然无存,这对健康市场秩序和社会文化环境建设是极其不利的,也是政府和社会绝不能容忍的。

4. 损害地方、国家形象

一些企业的欺诈行为,不仅损害了自身的信誉和形象,甚至还影响了地方或国家的形象。资本市场流传的名言"投资不过山海关",源于极个别东北人的"忽悠"和"造假"行为损害了东北的形象,是东北经济下滑的重要原因之一。莆田系民营医院损害了福建莆田的地方形象。电商售假加深了不尊重知识产权的形象。这些问题不解决,地方形象和国家形象就得不到有效正面维护。

四、社会责任营销的基本内涵

社会责任营销的内涵包括对员工、对消费者、对股东、对政府和对社区等 5 大主要方面的社会责任。TCL 的企业使命"为用户创造价值、为员工创造机会、为股东创造效益、为社会承担责任"是对企业社会责任的精炼概括。

1. 企业对员工的社会责任

企业是由员工组成的,员工是企业最大的财富。企业对员工的社会责任主要体现在以下方面:

(1) 为员工提供安全工作环境。企业必须为员工提供健康安全的工作环境和工作条件,工作环境中的有害物质、噪音污染和电磁辐射等必须控制在国家规定的标准范围以内,并对员工进行安全教育,建立健全企业安全制度等软环境,这也有利于增强员工归属感、提高企业生产力。

(2) 为员工提供合理工作报酬。工作报酬是员工努力工作应该所得的经济补偿和回报,是员工个人价值的体现。企业必须以员工对企业的贡献大小和社会薪资水平为依据为员工提供合理报酬,不得以雇主的优势地位和降低企业成本为理由强行压低员工工资水平。

(3) 为员工提供合规劳保福利。劳保及福利关系每个员工的切身利益,企业要尽可能地为员工创造良好的劳保福利待遇。劳保是指保护劳动者在生产过程中安全的物品,包括工作服、工作手套、防暑降温用品等。福利是员工的间接报酬,国家规定应该交缴五险一金(基本养老保险、医疗保险、失业保险、生育保险、工伤保险和住房公积金),享受带薪休假和其他集体福利等。在中国,以低价为竞争手段的企业在员工劳保福利保障方面做得很不够,例如:除京东外,很多电商和外卖企业不给快递员购买五险一金,还辩称与员工是合作关系而不是雇佣关系。

(4) 为员工提供岗位技能培训。企业为员工提供培训,有利于提升员工能力,提高工作效率,增强员工的归属感,增强企业凝聚力和向心力,提升企业综合竞争力。员工培训包括员工岗位技能培训和员工个人素质培训,其中员工岗位技能培训是指培训员工适应岗位的能力。随着人工智能的发展和应用,机器人将替代工人,无人车、无人机将替代快递员,这就需要给员工提供转岗机会和转岗培训。

(5) 为员工提供职业发展机会。对员工负责任的企业应该结合企业战略目标,为员工明确职业发展方向,设计清晰、明确和公平的职业发展通道,并通过内部提拔、岗位竞聘等手段,为员工提供职务晋升的机会,使员工看到未来发展的希望,提高员工的工作积极性和企业归属感。

(6) 为裁减岗位员工提供补偿。当企业需要调整业务减员裁员时，必须为裁岗员工提供符合国家规定标准的补偿，这是员工受法律保护的正当权益。对此，《中华人民共和国劳动合同法》有明确规定，承担社会责任的企业应该自觉遵守。

2. 企业对消费者的社会责任

消费者为企业提供市场，失去消费者企业也就失去了市场。企业对消费者应该承担的社会责任包括以下4个方面：

(1) 提供安全、优质的产品和服务。企业必须向消费者提供安全的产品和服务，必须对消费者的安全承担责任，这是最基本的责任。随着消费升级，企业还必须向消费者提供优质的产品和服务，满足消费者增长的消费需求，这是企业发展必须承担的责任。但是，现实当中，消费安全问题、产品和服务质量问题，仍然是消费者普遍诟病的问题，企业必须彻底端正营销理念，发扬工匠精神，提高产品和服务质量，创造让消费者放心、安心和舒心的安全消费环境。

(2) 尊重消费者的知情权。知情权是法律赋予消费者的一项基本权利，是指消费者对其购买、使用的产品或服务享有了解其真实情况的权利。消费者有权要求了解产品的价格、产地、主要成分、性能、生产日期、有效期限、检验合格证明、使用方法以及售后服务等相关信息，为其购买决策作参考。企业不得在品牌信息、产品信息、广告宣传、价格和促销等方面欺骗消费者。

(3) 尊重消费者的选择权。消费者享有自主选择产品或服务的权利，自主选择经营者、产品品种或服务方式。企业在营销活动过程中，不得强行推销、暴力"营销"、恐吓"营销"、强行捆绑销售、强制结算方式。例如，企业不得以建设"无现金城市"或"无现金社会"为名而强制使用移动支付，不得歧视和排斥现金支付等。

(4) 保护消费者的隐私权。新修订的《中华人民共和国消费者权益保护法》明确规定：消费者在购买、使用商品和接受服务时，享有人格尊严、民族风俗习惯得到尊重的权利，享有个人信息依法得到保护的权利。然而随着网络和智能终端的广泛使用，经营者任意收集消费者个人信息、非法利用和交易消费者个人信息等现象也越发严重，个人信息泄露事件屡见不鲜。2017年，顺丰和菜鸟突然掐架，先是菜鸟发出声明，指责顺丰关闭了对菜鸟的数据接口。随后顺丰回应称是菜鸟在索要与其无关的客户隐私数据被拒后率先发难封杀了丰巢，最后在国家邮政总局的协调下问题才得以解决。因此，在互联网和大数据时代，强调保护消费者的隐私权尤为重要。

3. 企业对股东的社会责任

股东是企业的所有者，为企业提供生存和发展所必需的资本，拥有决定企业发展目标方向和经营管理团队的权利。企业应对股东承担以下责任：

（1）贯彻落实股东大会决定的企业经营战略。股东大会是公司的最高权力机关，对公司重大事项进行决策，股东大会并不具体和直接介入企业生产经营管理，公司设立董事会，由股东大会选举产生，作为股东大会这一权力机关的业务执行机关，对内掌管公司事务、对外代表公司形象，执行股东大会决议并向股东大会报告工作。企业必须完善公司治理结构，股东尽责而不越位，董事尽责而不失控，经理尽责而不越权，要防止企业内部人控制现象，经营管理团队必须尽职尽责地贯彻执行股东大会制定的经营战略。

（2）及时准确地向股东报告公司真实经营状况。企业股东拥有法律赋予的知情权。《公司法》规定：股东有权查阅公司董事会会议决议、监事会会议决议、财务会计报告，对公司的经营提出建议或者质询。上市公司应当定期通过年度报告、中期报告和季度报告向股东报告公司真实经营情况。报告的内容必须真实、准确、完整地反映公司的实际情况，不得有虚假记载、误导性陈述或者重大遗漏。

（3）保障股东所有者权益，按时足额分配利润。股东作为企业的投资人，其目的就是获得资本投资收益。企业股东享有法定的资产收益权，其核心是分红权。法律规定股东可以按照实缴的出资比例或者章程规定的其他方式分取红利。企业对股东的社会责任自然必须包括为股东创造利润。

4. 企业对政府的社会责任

政府为企业和公民等社会成员提供公共产品与公共服务，也对企业和公民的行为依法进行管理。政府对企业承担公共服务和社会管理的职责，企业也需要对政府承担相关社会责任。

（1）履行纳税义务。政府提供公共产品与公共服务，开展社会管理，需要一定的收入保障。税收是政府取得公共财政收入的主要来源，是实现政府政治、经济、文化管理职能的物质基础。企业作为政府公共产品和公共服务的享受者，必须按照税收法规的要求，及时足额缴纳税收，承担企业作为纳税人的责任和义务，不得为了企业私利偷税漏税，损害企业公德形象，违反税收法规。

（2）遵守法律法规。企业是法人机构，企业所有的生产活动和营销行为都必须在法律法规允许的范围内进行，自觉遵守法律法规是企业应当履行的基本义务。企业自身规章制度的制定和执行也不得违背国家法律法规。在法治社会，企业必须做一个知法守法的社会公民。

（3）遵循政府政策。政府具有社会经济管理职能，通过制定和运用财政政策、货币政策、金融政策，对整个国民经济运行进行宏观调控，通过制定产业政策、财政与税收特殊政策,对各种社会资源配置的流向、结构等进行引导。企业作为经济活动法人实体和市场竞争主体,需要遵循政府的宏观调控政策和产业政策,遵循政府政策导向与指引,合理开展企业投资行为和经营行为,保障国民经济的健康稳定发展,保障企业生产经营健康有序开展,保障市场流通秩序健康运行。

(4) 服从政府监管。为防止市场失灵,政府对市场具有监管职能,即政府为确保市场运行畅通、保证公平竞争和公平交易、维护企业和消费者的合法权益,必须对企业的市场行为进行监管。政府监管的范围包括企业经营主体资格或资质监管、生产经营行为监管、产品质量监管、价格监管、劳动和消费环境安全监管、环境污染防治与保护监管等。企业必须在法律许可与政府政策允许的范围内开展经营活动,必须接受政府监管和行政执法,不得抵制和对抗政府监管和行政执法。

(5) 维护国家安全。国家安全是指国家政权、主权、统一和领土完整、人民福祉、经济社会可持续发展和国家其他重大利益相对处于没有危险和不受内外威胁的状态,并处于持续安全状态。国家安全不仅关乎国家的兴亡,还关乎每个公民的切身利益。企业作为社会公民,有义务主动维护国家安全,包括主权安全、金融安全、产业安全、技术安全、民族安全,将国家利益、民族利益放在重要的地位,不得为了企业利益尤其是个别企业出资人的利益损害国家利益和民族利益、危害国家经济与金融安全。

5. 企业对社区的社会责任

在地理空间上,企业总是处在一定的社区范围内,如产业园区、商业街区等具有多种社会功能的地理空间范围内。社区为企业生产经营活动提供土地空间、生产条件、市场条件和生活服务等社会功能,比如供水供电、便利交通、卫生健康、社会治安等。企业在社区范围内开展生产经营活动,也应该对社区承担社会责任。

(1) 生产经营活动不污染社区自然环境。企业在社区当中开展生产经营活动,不仅会对当地带来就业机会和税收贡献,还会对社区自然环境带来影响,因而维护社区的自然环境是企业义不容辞的责任。企业在生产经营过程中要尽量降低对社区自然环境的负面影响,严格控制生产经营活动产生的粉尘污染、空气污染和噪音污染,控制废气、废水和废渣等"三废"的排放,保障社区居民正常的工作与生活环境符合国家标准。

(2) 生产经营活动不危害社区人文环境。社区人文环境主要是指社区的文化环境、生活习惯和人际关系状况。社区为企业提供基础设施、劳动力等条件,使企业的生产经营活动得以正常开展。企业作为社区的一分子,对维护社区的人文环境有着不可推卸的责任,不得危害社区和谐的人文环境。企业在生产经营活动中,要加强与社区公众的沟通,建立与所在社区相互理解和信任的和谐关系,寻求社区公众的支持,积极开展社区活动,成为社区人文环境的积极建设者和持续维护者,为塑造社区整体人文形象和人文环境贡献力量,成为社区最受欢迎、最受尊重的成员单位。

(3) 参与社区公共事务并提供公共服务。社区是企业赖以生存和发展的外部环境,是企业生存和发展的自然根基和社会根基。企业有责任去维护自己所在社区的整体利益、积极参加社区建设、促进社区和谐发展。企业的生存和发展是以社区为依托的,因此企业有必要关注社区的发展与进步,并以努力为社区发展作出自己的贡献为己任,例如参与社区公共事务管理、美化社区环境、修建休闲健身运动场地、修缮学校、维护道路交通安全等。

(4) 积极参与社区的公益事业。企业可以通过捐款、资助、创办基金会、参加各种慈善活动等形式对社区公益事业给予物质、资金和人力等方面的支持,关怀社区失业人员、残疾人、孤寡老人等弱势群体,丰富社区文化生活,支持社区教育事业和公共卫生事业等。如果社区遭受自然灾害袭击受到影响或损失时,企业应该积极帮助受灾损失严重的社区成员,并积极发动抗灾救灾活动,重建社区工作秩序和生活秩序。

第二节　营销行为伦理

《说文解字》对"伦理"的解释是"伦,从人,辈也,明道也;理,从玉,治玉也"。现在通常认为"伦"即人伦,是指人与人之间的关系;"理"即原理和原则。"伦理"的本质是指人与人相处应遵守的行为准则。"道德"是道和德的合成词,"道"主要指方向、方法、技术的总称;"德"主要指素养、品性、品质。道德是一种社会意识形态,是人们共同生活及其行为的准则与规范。道德往往代表着社会的正面价值取向,起判断行为正当与否的作用。道德是指以善恶为标准,通过社会舆论、内心信念和传统习惯来评价人的行为,调整人与人之间以及个人与社会之间相互关系的行动规范的总和。道德具有调节、认识、教育、导向等功能。"伦理"和"道德"可以分开使用,也常联合使用,称为"伦理道德"。

营销伦理是指营销主体在开展营销活动中所应遵守的基本行为准则,核心是处理营销过程中利益各方相互关系的准则。营销道德则主要是指营销主体在意识形态上的观念与准则,是引导营销行为的正面积极影响。人们也可以通过营销行为和营销现象分析营销主体的营销道德意识。营销伦理与营销道德的概念可以单独使用,也可以联合使用,称为营销伦理道德。在企业营销行为活动的各个阶段,如市场调查过程,产品、价格、分销和沟通等营销策略的制定和实施过程中,都存在着营销理论道德。

一、市场调查中的伦理道德

1. 对待调查对象的伦理道德

(1) 尊重调查对象是否受访意愿。企业在进行市场调查时,要尊重受访对象的意愿,并不是所有调查对象都愿意接受调查,因为调查有可能会干扰调查对象的日常工作、生活和学习,甚至有些调查内容涉及个人隐私。因此,除国家规定的人口普查等必须参加的调查外,所有市场调查必须坚持自愿参加的原则,尊重调查对象拒绝接受调查访问的权利。而且即便调查对象勉强接受调查,调查结论也未必真实,调查效果也未必好。因此,市场调查必须取得调查对象的信任和支持,对不接受调查的受访者表示理解,对接受调查的受访者表示感谢。

(2) 保护调查对象个人身份信息。在市场调查过程中,调查者要注意保护调查对象的个人身份信息,保护调查对象的权益不受损害。匿名是保护调查对象个人信息的有效手段,即只采集与调查问题相关的信息,不要求调查对象署名,不收集与调查对象个人身份有关的信息,不暴露调查对象,调查资料的阅览者和使用者无法得知调查对象的个人身份信息。事实上,很多调查并不需要知道调查对象的具体身份,只需要采集某些属性特征,如性别、年龄段、受教育水平等,因此就没有必要署名。如果调查要求必须了解调查对象的个人身份信息,则调查者必须执行保密原则,除用于统计分析之外,不得对外泄露或借此获利,损害调查对象的个人权益。

(3) 保护调查对象个人隐私信息。保护调查对象个人隐私信息是营销行为伦理中的一个重要方面。市场调查是企业获取市场信息的重要途径,通过市场调研,企业可以获得大量的信息资源,其中包括消费者的个人信息。调查对象出于对调查者的信任,从而透漏了自己的个人隐私信息,调查者有义务遵循保密原则,自觉保护这些信息不被滥用。但个别企业违背道德伦理,利用调查对象的个人隐私信息为自身谋取利益,或者缺乏必要的隐私保护措施,导致调查对象隐私信息被窃取。目前社会上个人隐私外泄的事件频繁发生,一方面影响了人们的日常生活和工作,如人们时常收到的来自陌生号码的广告推送或电话营销,另一方面给人们造成经济损失,如电信诈骗等。这不单纯是伦理道德问题,也会让公众对市场调查失去信任,甚至避而远之,不愿意接受企业调查或不愿意提供真实信息,从而阻碍企业的市场调查工作。

(4) 调研方法科学规范符合道德。企业在进行市场调查时,所采用的方法手段要符合道德。有些企业有意向调查对象隐瞒真实的调查目的,假借其他名义来进行调查,欺骗调查对象,甚至对调查对象造成一定程度上的伤害。有些企业利用错误的方法或现代化技术手段进行窃听、窃视、伪装侦察等,这既违反了道德伦理,也属于违法行为。企业在市场调查过程中要注意调研方式方法的科学性。使用不科学的方法、主观臆断的方法甚至弄虚作假的方法,既是调查动机和行为的不道德,也使调查结果不真实,将不真实的调查结果提交给企业,不仅浪费企业资源,更会误导企业营销策划和决策,是更不负责任和更不道德的行为。

2. 对待调查主体的伦理道德

(1) 调研数据真实客观不造假。市场调查的目的是通过收集相关信息资料,分析市场情况,为调查主体的营销策划和决策提供依据。因此,必须确保调研数据的客观和真实。调研数据的准确性、完整性和及时性是高质量市场调查活动所应具备的特征,其中准确性是最基本的特征,它决定了调查数据价值的高低,是市场调查活动成功与否的重要标志。不准确的市场调查数据结果是"失真"的,而失真的数据即使再完整、再及时,也将使市场调查失去真正的意义。客观公正、实事求是是市场营销调研中应遵守的最基本的道德准则,对调查数据不得弄虚作假,主观臆断,避免带着某种预先设定的观点和论点确定调查范围或样本,确保数据的真实性与客观性。

(2) 调研过程严谨不偷工减料。市场调查是一项严密细致的科学工作,它要求调研人员在信息的收集、记录、整理、分析上都必须采取认真、严谨的态度。在组织实地调查时,要认真做好调查记录,系统地收集材料,而不能敷衍了事,更不能为图省事和节约开支而随意减少调查样本或人为地修改、编造数据资料。

(3) 调研费用合理适度不虚报。市场营销调研的费用一般是由调研项目的难度和工作量的大小决定的。市场营销调研机构在报价时,应使企业了解调研项目的难度,并对调研的内容进行适当的界定,不能为了提高价格增加盈利而夸大项目的难度和扩大项目的研究范围,应事先明确界定企业所花费用的范围,避免在项目执行中间提出新的费用开支项目。同时对于所需花费的调研费用,市场营销调研机构不应以任何理由予以克扣,以保证调研工作的质量。在市场营销调研中,虚报价格、克扣调研过程中的费用开支都被认为是不道德的行为。

（4）调研数据保密不泄露出卖。对于调研数据应加以保密，不得泄露，无论是有意还是无意，也不得出卖以获取私利。被调查者的个人资料不得对外泄露。客户委托市场调研的结果，必须为客户严格保密，市场调研机构不应向任何第三方泄露。

3. 收集竞争情报的伦理道德

（1）不使用商业间谍方式收集竞争情报。竞争情报是指关于竞争环境、竞争对手和竞争策略的重要信息。及时准确获得竞争情报对于企业营销具有重要意义。必须注意竞争情报收集的合法性与道德性，可以通过行业公开信息和竞争对手发布的信息，并经过适当推论分析来收集竞争情报。不得使用商业间谍方式窃取竞争对手的商业机密，这是违反商业道德的行为，也是涉嫌违反法律的行为，将会受到舆论的谴责和法律的惩罚。

（2）不使用商业贿赂方式收集竞争情报。使用商业贿赂行为收集竞争情报，通常是暗中给予竞争对手关键人物和能够对其产生影响的相关人员以财物或其他好处的不正当行为，是以收买方式引诱竞争对手内部人员出卖企业情报的行为，是不符合商业道德的行为，遵守商业道德规范的企业不应该采取商业贿赂方式收集竞争情报。

（3）不使用商业欺诈方式收集竞争情报。竞争情报的收集虽然需要讲究技巧，但也应遵循诚信原则。不能采用欺骗手段，例如假借谈判合作和招聘竞争对手的离职人员，骗取有关竞争对手的情报或商业秘密。

（4）不使用威胁施压方式收集竞争情报。以竞争对手相关人员的隐私、利益为要挟，要求对方提供竞争情报的做法，也是不符合商业道德的做法。光明磊落的企业不通过非法手段、不采取威胁或施压等方式逼迫相关人员违背个人意愿和企业制度而泄露商业秘密。

二、产品策略中的伦理道德

1. 产品生产过程对人体无害，对环境无污染

产品生产过程是指从原材料投入到成品出产的全过程，企业要尽量确保生产过程各环节的安全、环保、无公害，将危害消灭在生产源头，使整个生产过程对人体和环境友好。生产过程中应尽量减少对人体有害的原材料，对环境造成污染的粉尘、噪音、废气、废水和废渣。开发和生产具有高使用效益低环境毒性的产品。改

革能源结构,多采用无污染能源(如太阳能、风能、水力发电)等。

2. 产品生产技术安全可靠,不侵犯别人专利

技术是制造一种产品的系统知识,包括有形的工具装备、机器设备、实体物质等硬件以及无形的工艺、方法、规则等软件。技术是生产产品的必要条件,是创造品牌价值和经济效益的重要武器。企业可以通过使用安全可靠的技术从源头上保证产品质量,可以利用自有技术优势建立市场竞争优势。技术合作和专利授权使用是企业合作的重要形式,缺乏技术的企业可以通过购买专利技术或专有技术生产制造产品,但不得侵权或侵犯别人专利,否则必将受到法律的惩处。

3. 产品品质优良可靠,服务优质,缺陷品召回

为消费者提供品质优良的产品和服务是企业生存立命之本,也是企业发展壮大之基。生产制造低质量的粗制滥造产品,只会让企业陷入低价竞争泥潭无法自拔,无法打造高价值品牌,无法实现产业升级。对自身产品和服务的品质负责,既是对消费者负责,也是对自己品牌负责。必须确保产品在消费使用过程中的安全,不存在危及人身、财产安全的危险因素与健康隐患,应当遵循保障人体健康、人身和财产安全的国家标准和行业标准。如果由于竞争时拼速度赶时间,或由于当时技术检测限制,导致存在安全和质量隐患的产品已经出厂销售,必须实行产品召回,通过维修等技术手段消除产品安全隐患或缺陷,向消费者负责到底,并采取措施消除产品设计和制造等环节上的缺陷,确保从源头上排除产品质量隐患。

4. 产品品牌注册商标不假冒,不仿冒,不侵权

品牌和注册商标具有重要的市场价值,企业在品牌与商标注册过程中,一方面需要利用法律制度保护自身品牌和商标利益,另一方面也要注意尊重著名品牌和商标的价值和利益,不假冒、不仿冒著名品牌和商标,不侵犯著名品牌和商标的权益。在发展中国家市场上,假冒、仿冒著名品牌和商标的现象比较普遍,不少中低端企业在品牌和注册商标上故意以细微差别让消费者产生混淆和错觉,如曾经出现以"NOKLA""NOKTA"和"NCKIA"来冒充著名品牌"NOKIA"的现象,其实这些低端侵权做法并不能真正建立品牌,当然越是著名品牌和驰名商标,越需要具备独特识别性,以区别于其他品牌和商标。

5. 产品包装不侵权、不仿冒,环保包装不过度

产品包装可以提高产品价值感,具有促进产品销售的作用。包装越是与著名品牌接近,越具有混淆特性,越能被品牌识别能力不强的消费者买走。但是仿冒其他品牌的包装,特别是已经注册专利的包装外形,是一种侵权行为,是有责任担当有营销道德的品牌不应该有的行为。

产品包装还应注意环保节约,适度包装而不过度包装,不增加环境保护和消费者经济负担。我国相关法律规定,设计产品包装物应当执行产品包装标准,防止过度包装造成资源浪费和环境污染。应尽量选择采用可重复使用和可再生的包装材料、可降解材料和天然纸质材料等环保包装材料。

6. 产品标签和说明信息完整,不遗漏,不隐瞒

产品标签和使用说明是包装的重要组成部分,在宣传产品功效、争取消费者了解、指导正确消费方面具有明确作用。包装标签是指附着或系挂在产品销售包装上的文字、图形、雕刻及印制的说明。企业应当通过产品标签、包装标签、产品使用手册或说明书等形式明确完整地介绍制造者或销售者的名称和地址、商标、产品名称、成分、品质特点、包装内产品数量、质检号、生产日期和有效期、使用方法及用量、贮藏应注意的事项等信息,不得遗漏和隐瞒有关事项,不得误导消费者。

三、价格策略中的伦理道德

1. 不搞价格欺诈和误导

《价格法》第 14 条第 4 项规定,经营者不得利用虚假或者使人误解的价格手段,诱骗消费者或者其他经营者与其进行交易。目前市场上的价格欺诈现象屡禁不止。一些企业虚夸标价,利用"全网最低价""全城最低价"等无依据或者无从比较的标价方式来误导消费者。一些企业虚构原价来制造价格陷阱,如某百货商场降价销售某品牌服装,向消费者宣传折价销售,虚构原价 3000 元,现价 1000 元,实际上是故意抬高原价,欺骗消费者。有些企业为了引诱消费者在店内循环消费,故意设置隐蔽的价格附加条件,如某百货公司采取"购物返 A、B 券"的手段促销,其中 A 券可当现金使用,而没有事先告知消费者 B 券只能附等值人民币现钞才能使用。这些价格欺诈行为,扰乱了正常的市场秩序,违反了公平交易的原则。

2. 不搞价格串通与同盟

价格串通行为或同盟是指某一行业的部分经营者,就产品或服务的价格达成同盟协议,用价格同盟代替市场价格形成机制,以获取更多的利润。根据《价格法》第 14 条第 1 项规定,经营者"相互串通,操纵市场价格,损害其他经营者或者消费者的合法权益的"行为,属于不正当价格行为。价格串通行为有可能使部分消费者或放弃消费,或被迫选择其他替代品,从而降低市场的整体效率。政府价格监管部门对于价格串通行为在调查取证确认之后,将酌情进行处罚,并责令停止和纠正其价格串通行为以消除社会影响。承担社会责任、遵循营销道德的企业,尊重市场机制和价格形成规律,不搞价格串通,不搞价格同盟。

3. 不搞价格垄断与暴利

价格垄断是垄断厂商凭借自身的垄断地位(即在一个行业内,某些企业所占份额很大,既可决定产量又可操纵产品价格),为谋求自身利益最大化而制定垄断高价或垄断低价的行为。通过垄断价格行为,垄断者或垄断部门可获得高额垄断利润或强化市场垄断地位。垄断价格行为的存在,使得价格作为资源配置的信号失真,调节生产和流通的杠杆发生扭曲,公平、充分竞争受到限制或排斥,正常的市场秩序受到危害。2016 年 8 月滴滴收购优步(中国)之后,中国网约车市场上滴滴一家独大,被消费者批评利用网约车垄断地位涨价过多过快,因而品牌形象受到很大影响。承担社会责任、遵循营销道德的企业,不搞价格垄断,不谋求暴利。

4. 不搞价格倾销与掠夺

低价倾销行为是指经营者凭借市场支配地位,以排挤、损害竞争对手为目的,以低于成本的价格销售产品,或者采取回扣和补贴等手段变相降价,使商品市场销售价低于商品自身成本。《价格法》第 14 条规定:经营者不得为排挤竞争对手或独占市场,以低于成本的价格倾销,扰乱正常的生产经营秩序,损害国家利益或者其他经营者的合法权益。低价倾销违背企业生存原理及价值规律,在市场竞争中往往引发价格大战、中小企业纷纷倒闭等恶性竞争事件,甚至导致全行业萎缩的严重后果。承担社会责任、遵循营销道德的企业,尊重中小企业利益,不搞价格倾销,不扰乱市场秩序。

四、分销策略中的伦理道德

1. 供应商的分销伦理道德

(1) 遵守合约准时按质按量按价供货。具有营销道德精神的供应商应严格遵守合约规定,保质保量保价地给分销商提供产品,不得凭借自身的供应商地位优势控制货源,采取威逼手段对分销商减少或停止供货,以达到提高价格额外增加盈利的目的。要防止供应商员工凭借品牌优势和产品畅销地位,利用职务之便,向分销商谋取供货私利。

(2) 不采用商业贿赂手段以开拓市场。供应商不得违反《反不正当竞争法》,以商业贿赂手段开拓销售市场。在实践中,商业贿赂的手段已经从最基本的"财物手段"变化得更加纷繁多样、形形色色。以药品购销的商业贿赂手段为例,从赤裸裸的馈赠钱物,到巧立名目,以"宣传费""广告费""促销费""临床观察费""医疗器械保健费"等为名行贿赂之实,贿赂手段可谓名目繁多,花样层出不穷,令人眼花缭乱,分销伦理道德严重失范。

(3) 不拖欠商业客户销售返利和奖励。为激励商业客户,在商业活动中,很多供应商厂家为了达到促销和及时回款,以及调动商业客户积极性的目的,都会制定相关返利奖励政策。返利是以现金或实物的形式对商业客户进行奖励,它具有滞后兑现的特点。供应商应以诚信为本,遵守基本伦理道德和合约精神,不拖欠满足合约规定的销售返利和奖励。

(4) 扶植中小客户促进厂商共同发展。中小型客户处于销售市场的中低端,扶植中小型客户,对于增加就业率、维护市场多元化、促进厂商共同发展,有着重要的现实意义,同时这也是供应商厂家应该承担的社会责任。

2. 中间商的分销伦理道德

(1) 规范招商行为,不设置多种高额进场费。在中国市场,先有大型零售卖场如家乐福、国美、苏宁等凭借市场优势地位,向供应商收取进场费、展位费、条码费等多种高额费用,后有强势电商平台向卖家收取技术服务费和展位费等多项费用。这些行为直接损害了供应商的正常利益,引起了供应商和零售商之间的矛盾,也间接损害了零售商自身的长期利益,是导致零售业态轮回的主要原因之一。这些行为还有悖商业伦理道德,涉嫌违反《反垄断法》和《价格违法行为行政处罚规定》。

(2) 规范销售区域,不跨区域窜货销售产品。跨区域销售(即窜货)是指在区域代理销售制度下,中间商跨区域销售的一种恶性商业行为。这种行为会造成相关品牌产品市场价格混乱、中间商间恶性竞争、消耗企业资源等问题,还可能使假冒伪劣产品及竞争品牌乘虚而入,严重影响消费者对产品的信任,对企业品牌产生极坏影响。中间商应与生产供应商建立伙伴型渠道关系,坚守分销伦理道德,真正实现利益一致与目标统一。

(3) 规范销售价格,不低价乱市不高价惜售。在销售管理体系中,价格管控是重中之重,既要防止中间商低价冲量,又要打击中间商高价牟利。高价牟利和低价冲量,都是扰乱市场的黑洞。销售价格的高低,直接影响到中间商的利润空间。部分中间商为追求更多的利润,常常会采取低价多销或高价惜售的销售策略。这种行为同样有失伦理道德,导致产品市场价格混乱。

(4) 规范销售产品,不暗中销售假冒伪劣品。销售假冒伪劣商品,不仅有损品牌声誉,扰乱正常市场秩序,严重者还会对人体健康和生命财产安全造成极大威胁。政府及其有关部门对打假也做出了很多努力,早在1995年,针对当时市场上假冒伪劣现象较为严重、干部群众反响强烈等问题，中宣部、原国内贸易部在全国范围内共同发起了"百城万店无假货"活动，对于治理实体商业售假起到了良好的作用。近年来，电商平台售假现象十分严重，成为消费者投诉热点。为此，政府根据电商销售特点，于 2017 年 8 月创新设立杭州互联网法院，公开发布十大典型案例。电子商务法立法进程的加快也有利于规范电商销售，打击电商售假行为。

（5）尊重厂商权力，不强制排他性独家经营。签订排他性独家协议是一种不正当竞争行为，严重影响市场秩序的健康发展。在电商时代，这种行为屡见不鲜，例如，天猫、京东都曾被曝出强制供应商二选一，强制签署排他性渠道专供协议，与其合作必须从其他平台退出，否则将会有相应的惩罚。这种行为涉嫌违反了《反不正当竞争法》，因为它剥夺了供应商自主选择中间商的权利。

五、促销沟通策略中的伦理道德

1. 不做虚假广告欺骗顾客

广告是企业与消费者沟通的工具，是市场竞争的武器，也是品牌对市场的投资。广告是品牌对消费者的承诺，理应真实无假，但是实际上虚假广告却十分流行，保健品、房地产和中介服务行业的虚假广告尤其严重。2015 年修订并实施的《广告法》对虚假广告做了界线规定。虚假广告对我国经济、文化、道德等各方面的危害极大，通过欺骗消费者的方式牟利是极其不道德的，也是无法真正建立品牌的。负责任的制造商和销售商均不应该发布虚假广告。

2. 不做贬低同行比较广告

比较广告也称对比广告和竞争广告。国外的比较广告最突出的特征是广告主在广告中将自己的产品或服务与同类竞争者的产品或者服务进行对比，以凸现其产品或服务优于竞争对手。中国《广告法》规定广告不得贬低其他生产经营者的商品或者服务。国家工商总局制定的《广告审查标准》规定，比较广告应符合公平、正当竞争的原则；广告中的比较性内容，不得涉及具体的产品或服务，或采用其他直接的比较方式；对一般性同类产品或服务进行间接比较的广告，必须有科学的依据和证明；比较广告使用的语言、文字的描述，应当准确，并且能使消费者理解。不得以直接或影射方式中伤、诽谤其他产品。

3. 不做恶俗广告污染视听

广告是社会文化的一部分，潜移默化地影响着消费观念和消费文化。广告应以健康的表现形式表达广告内容。恶俗广告的低级趣味语言和庸俗观点会对社会文化产生不良影响，尤其是宣扬奢侈享受、拜金主义等享乐主义思想，不利于社会精神文明建设，也不利于弘扬中华民族传统文化。有社会责任担当的企业，会通过优秀的广告创意，表达人文精神和情感价值，传达品牌理念，塑造品牌形象，而不会用恶俗内容吸引眼球、博取出位效应。

4. 不用有偿新闻混淆广告

很多商家和媒体出于利益考虑，故意混淆广告和有偿"新闻"的区别，将广告混同于新闻或相关节目，这是误导消费者的违法行为。新《广告法》规定：广告应当具有可识别性，能够使消费者辨明其为广告。大众传播媒介不得以新闻报道形式变相发布广告。通过大众传播媒介发布的广告应当显著标明"广告"，与其他非广告信息相区别，不得使消费者产生误解。

5. 不用暴力公关掩盖真相

一些企业不在日常营销管理中下功夫，而是在出现质量事故时极力通过危机公关做文章，以暴力公关掩盖事实真相，企图以此躲过危机。这种做法是把"危机公关"当作"搞定"政府部门、"摆平"媒体，进而欺骗消费者的工具，是彻底的暴力欺诈，根本得不到公众的谅解，其效果无异于掩耳盗铃。再强势的品牌在遇到危机之时，都应该将社会利益和公众利益放在首位，以诚信的态度和诚实的原则，坦诚与公众沟通。真正的危机公关不是掩盖真相，而是通过披露事实真相，揭示危机根源，消除危机影响，争取公众谅解。

6. 不做虚假促销陷阱促销

真正的营销是使促销成为多余。但是很多行业的营销没有将重点放在研究消费需求、研发优质产品上，而是放在库存产品促销上，从而导致频繁发生促销大战，并演化成为市场竞争最常见的形式。为在促销大战中吸引眼球并获得赢利，不少商家又玩起了虚假促销陷阱促销的歪招。以红包补贴为诱饵引诱高价消费、以满减为理由设置消费门槛、以优惠折扣掩盖先涨价后打折的事实等，促销花样层出不穷，许多看似"优惠"的背后，却是挖空心思设计好的"陷阱"和"套路"，不仅损害了消费者的物质利益，还会影响消费者对企业和品牌的感受和评价，具有品牌责任担当的企业不应该使用这些促销套路。

第三节 营销道德修炼

营销失德现象的存在、不道德不规范营销行为的出现,与规范营销、道德营销受到的冲击和挑战不无关系。坚守营销道德,实现企业的长期持续健康发展,需要剖析冲击营销道德的根源,加强企业营销道德的自我修炼,同时还需要从政府、社会和行业等宏观层面强化营销道德的维护机制,塑造营销道德的良好氛围。

一、营销道德的挑战冲击

1. 西方功利主义冲击

西方功利主义以"最大多数的最大幸福"为原则,即每个人所实施的行为或遵守的道德规则应该给行为相关者带来最大总量的好处或幸福。改革开放以来,功利主义的思想观点符合中国人民渴望得到丰富物质生活的愿望,顺应了市场经济的发展趋势,与我国市场经济的发展相融合,在很大程度上促进了我国经济建设的迅猛发展。但是,在功利主义的影响下,过多地注重发展结果而忽视发展过程,导致企业和个人为了追求自身利益,在营销过程中难免会做出无视规则、损人利己的行为,造成了市场秩序的混乱和营销道德的缺失。

2. 西方利己主义冲击

西方利己主义主张在自我与他人的关系中,以自我为中心,最大限度地追求自我满足。在以金钱和财富代表成功而不管金钱和财富来源方式的社会氛围中,玩资本运作、不择手段赚快钱赚大钱,被视为有能耐而受到追捧,老老实实奉公守法赚慢钱赚踏实钱却被嘲笑为无能而受到歧视,这对于遵守商业伦理道德的企业来说,确实是一种冲击和挑战。

3. 国产富豪暴富冲击

随着经济的高速发展,中国出现了一批一夜暴富的富豪。部分富豪暴富的背后,不乏巧取豪夺的"原罪"行为,而暴富之后的为富不仁不但没有受到批评,反而促进了富豪的产业扩张,众多富豪成为媒体宣传报道的中心,成为发展经济的英雄,成为招商引资的明星,成为某些政府官员的座上宾,只要能够增加 GDP,只要能够增加政绩,哪怕污染环境,哪怕冲击中小企业,统统为富豪的产业扩张与财富增值让路。诸如此类的"官商勾结"行为,严重败坏了社会风气和商业精神,对于诚信经营的企业一度确实造成了严重的冲击。

4. 诚信经营遭受打击

诚信是企业立足之本,只有有信誉才能在市场竞争中占有一席之地。诚信作为经营与管理的核心,是企业赖以生存的土壤,可以打开市场,扩大经营份额。但在激烈竞争的市场环境下,企业诚信经营面临着不小的挑战,假冒伪劣、合同欺诈、赖账拖欠、盗版侵权、金融诈骗、出口骗税等不讲信用行为屡见不鲜,而不诚信企业的存在甚至能在竞争中获胜,对于诚信经营的企业是一个残酷的打击,导致不诚信之风更加蔓延。

二、营销道德的自我修炼

在营销道德受到冲击和挑战的背景下,坚守营销道德绝对不是一件容易的事情,需要经得起诱惑、守得住底线,无论不规范的"营销"行为多有市场多能赚钱,都要不为所动,坚持道德营销不动摇。这需要秉持类似谷歌公司提倡的"永不作恶"理念。从营销道德的自我修炼与自我坚守方面来看,尤其需要做到以下6个方面:

1. 坚持环境友好及绿色、健康营销

坚持营销道德的企业必须坚持合理利用自然资源,合理保护自然环境,不为获取企业单方面的短期利益而破坏人类共同的生态环境。只有将生态环境保护当成企业的责任,才能实现企业自身和社会整体的可持续发展。

2. 坚持用户价值、用户导向营销

坚持营销道德的企业必须从以自我为中心、以产品为中心的营销思维导向转移到以市场为中心、以用户价值为中心,围绕满足用户需求、创造用户价值来展开企业市场营销活动。只有这样才能持续获得用户长期支持,实现企业长期健康稳定发展。

3. 坚守社会利益高于企业利益

企业想要获得持续发展,不能只想着如何实现自身利益最大化,而要把社会利益置于自身利益之上,这既是为了企业的长远发展,也是企业应该坚持的社会责任。单纯地追求自身盈利,完全忽略社会利益,企业就有可能走向社会的对立面,将面临无源之水、无本之木的困境。近年来发生的网络直播平台涉黄案件、电商假货泛滥化、媒体营销过度娱乐化等负面案例告诉我们,不遵守营销道德底线带来的暴利,终究是暂时的,是被唾弃的。

4. 坚守用户利益高于企业利益

在用户利益和企业利益出现矛盾时,坚守营销道德的企业坚持将用户利益放在首位。而为了自身利益牺牲用户利益的企业,往往获得的利益是短期的,是暂时的。企业为了长远发展,必须坚持用户利益高于企业利益。没有一个伟大的企业,可以把基础构建在对于自己用户的欺骗、隐瞒和糊弄上。要真正做到基业长青,必须高度重视用户利益,坚持"用户至上"。

5. 坚守长远利益高于眼前利益

企业的长远利益和眼前利益有时是存在矛盾的。协调长远利益和眼前利益的矛盾,考验着企业的营销道德。不少企业为了眼前既得利益,不顾企业长远利益,容易失去企业形象和口碑。有道德意识和营销远见的企业更应该从长远利益考虑,不为眼前利益所困,谋求企业长期可持续发展。

6. 坚守品牌形象高于产品销售

品牌形象和产品销售从根本上来说是一致的,良好的品牌形象有利于促进产品销售,产品销售良好的业绩也能提升品牌形象。但是品牌形象和产品销售有时也是存在矛盾的,比如为维护品牌形象,不得不停止问题产品的销售;为大力促进产品销售,有可能带来品牌形象受损。当品牌形象与产品销售出现矛盾之时,坚持道德营销的企业,应该更重视品牌形象的维护,宁愿牺牲产品销售的市场份额也要维护品牌形象。因为,丢失的产品市场份额比较容易重新获得,而受损的品牌形象是很难修复的。

三、营销道德的维护机制

营销道德的弘扬和发展需要靠企业自身的道德修炼和坚守,但仅有企业自身一个方面的努力是不够的,还需要政府和社会各方面从市场赏罚、法律约束、舆论监督和教育传承等方面建立起有效机制,形成营销道德的社会维护氛围和维护机制。

1. 完善市场赏罚机制

政府应引导建立和完善市场赏罚机制,完善失信企业名单曝光制度,规范守信联合激励对象和失信联合惩戒对象名单管理,加大营销失德行为的法律成本和经济成本,从法律和政策方面对遵循营销道德的企业给予鼓励,对营销失德的企业给予处罚。消费者要更多支持遵守营销道德的良心企业,更多购买品质优良、价格公道的产品,对营销失德的企业产品,不要一味贪图便宜盲目购买。

2. 完善法律约束机制

利益驱动是营销失德企业违规违法欺诈钻营的动力。加强立法和执法,加快法律法规修订和完善,健全法律约束机制是惩戒营销失德企业不规范行为的重要方式。2017年11月初,新修订的《反不正当竞争法》对不正当竞争行为作了更加明确、具体、便于操作的规定,有利于鼓励和保护公平竞争,保护经营者和消费者的合法权益,如针对一些电商卖家"刷单",将处二十万元以上一百万元以下罚款,情节严重的,处一百万元以上二百万元以下罚款,并可以吊销营业执照。

3. 完善舆论监督机制

舆论监督是规范营销道德的重要手段,官方权威新闻媒体和社会网络媒体都应加大对营销违规行为的曝光力度,形成一种对违规行为及时曝光的共识,充分利用消费者舆论进行监督,使消费者积极地行动起来抵制营销中的不道德行为。政府行政执法部门要加强市场监督检查,引导舆论监督,督查企业合规合法经营。2017年11月初,国家工商总局等多个部门密集出台措施,对当年"双11"进行全方位规范,采取行政告诫、联合座谈约谈、发布典型案例、加强警示宣传、强化监测监管等方式,督促指导网络促销活动组织者和经营者做到"七不得":不得发布虚假广告、虚报特价揽客、实施有价无货的欺诈行为;不得先涨价再打折,借机以次充好,以假充真;不得利用格式条款侵害消费者合法权益;不得虚构交易、对平台成交量或成交额进行虚假宣传;不得限制、排斥竞争;不得攻击贬低对手;不得限制、排斥促销经营者参加其他平台组织的促销活动等。

4. 完善教育传承机制

良好的营销道德需要教育培养和教育传承,营销道德也应该薪火相传。在社会主义核心价值观教育的大背景下,在建设新时代中国特色社会主义精神文明的过程中,政府、社会和市场各方应该齐心协力建立和完善教育传承机制,确保营销道德建设持续推进,促进企业树立和巩固正确的营销价值观、营销道德观,促进企业以正确的营销理念指导营销行为。

本章小结

社会公众对企业过度营销和虚假营销的批评警示企业必须关注社会责任和营销道德,企业的可持续发展必须担当社会责任,遵守营销道德,履行企业对消费者、对员工、对股东、对政府和社区的责任,在产品、价格、分销或促销沟通等营销策略制定与执行过程当中遵循营销道德规范,必须抵制利己主义的冲击和诱惑,加强营销道德行为修炼,坚持社会利益和用户利益高于企业利益。政府、消费者和社会共同建立营销道德的市场赏罚机制、法律约束机制、舆论监督机制和教育传承机制,有益于完善全社会的健康营销环境。

营销理论知识练习

1. 简述社会责任营销的基本内涵、价值和意义。
2. 简述营销行为伦理的主要内容。
3. 企业应该如何加强营销道德的自我修炼?

营销实战模拟练习

结合近期发生的重大营销事件,分析社会责任营销的意义、经验与得失。

参考文献

[1] 菲利普·科特勒,凯文·莱恩·凯勒.营销管理:精要版[M].王永贵,华迎,译.6版.北京:清华大学出版社,2017.

[2] 菲利普·科特勒,凯文·莱恩·凯勒.营销管理[M].何佳讯,于洪彦,牛永革,等译.15版.上海:格致出版社,2016.

[3] 菲利普·科特勒,凯文·莱恩·凯勒.营销管理[M].王永贵,于洪彦,何佳讯,等译.14版.上海:格致出版社,2012.

[4] KOTLER P, KELLER K L. Marketing Management[M]. 13th ed. Englewood: Prentice Hall, 2009.

[5] 菲利普·科特勒,加里·阿姆斯特朗.市场营销原理与实践[M].楼尊,译.16版.北京:中国人民大学出版社,2015.

[6] 菲利普·科特勒,加里·阿姆斯特朗.市场营销原理[M].郭国庆,译.14版.北京:清华大学出版社,2013.

[7] 郭国庆.市场营销学通论[M].北京:中国人民大学出版社,2017.

[8] 郭国庆.营销伦理[M].北京:中国人民大学出版社,2012.

[9] 晁钢令.市场营销学[M].上海:上海财经大学出版社,2009.

[10] 朱华锋.市场营销原理[M].合肥:中国科学技术大学出版社,2010.

[11] 朱华锋,朱芳菲.营销策划理论与实践[M].4版.合肥:中国科学技术大学出版社,2017.

[12] 朱华锋,朱芳菲.政府营销与形象传播[M].合肥:中国科学技术大学出版社,2017.

[13] 朱华锋.营销管理职能与实务[M].合肥:中国科学技术大学出版社,2017.

[14] 朱华锋.销售业务类型与技能[M].合肥:中国科学技术大学出版社,2017.

[15] 朱华锋.促销活动策划与执行[M].合肥:中国科学技术大学出版社,2013.

[16] 朱华锋.中国市场营销策划[M].2版.合肥:中国科学技术大学出版社,2013.

[17] 张圣亮.市场营销管理[M].合肥:中国科学技术大学出版社,2007.

[18] 徐二明.企业战略管理[M].7版.北京:中国人民大学出版社,2006.

[19] 余明阳.品牌学教程[M].上海:复旦大学出版社,2007.